教育部人文社会科学重点研究基地中山大学中国非物质
文化遗产研究中心非物质文化遗产保护研究丛书

非物质文化遗产保护标准研究资料汇编

王霄冰　胡玉福　编

中山大学出版社
·广州·

版权所有 翻印必究

图书在版编目（CIP）数据

非物质文化遗产保护标准研究资料汇编／王霄冰，胡玉福编 . —广州：中山大学出版社，2021.11

（教育部人文社会科学重点研究基地中山大学中国非物质文化遗产研究中心非物质文化遗产保护研究丛书）

ISBN 978 - 7 - 306 - 07343 - 3

Ⅰ. ①非… Ⅱ. ①王… ②胡… Ⅲ. ①非物质文化遗产—保护—研究资料—汇编—中国 Ⅳ. ①G122

中国版本图书馆 CIP 数据核字（2021）第 254154 号

出 版 人：	王天琪
责任编辑：	裴大泉　李海东
封面设计：	曾　斌
责任校对：	佟　新　赵　婷
责任技编：	靳晓虹
出版发行：	中山大学出版社
电　　话：	编辑部 020 - 84110771，84110283，84111997，84110779
	发行部 020 - 84111998，84111981，84111160
地　　址：	广州市新港西路 135 号
邮　　编：	510275　　　　传　真：020 - 84036565
网　　址：	http://www.zsup.com.cn　E-mail:zdcbs@mail.sysu.edu.cn
印 刷 者：	佛山市浩文彩色印刷有限公司
规　　格：	787mm×1092mm　1/16　21.75 印张　518 千字
版次印次：	2021 年 11 月第 1 版　2021 年 11 月第 1 次印刷
定　　价：	158.00 元

如发现本书因印装质量影响阅读，请与出版社发行部联系调换

2016年度教育部人文社会科学重点研究基地重大项目"非遗保护的中国标准研究"（项目批准号：16JJD850016）的阶段性成果。

教育部人文社会科学重点研究基地
中山大学中国非物质文化遗产研究中心成果。

目　录

前　言 ································王霄冰　胡玉福 Ⅰ

第一单元　总　论

分形全球化与非遗保护的中国标准 ························高小康（3）

论非物质文化遗产保护工作的规范化与标准体系的建立 ·········王霄冰　胡玉福（13）

非遗保护标准与文化多样性的矛盾与调谐 ···················胡玉福（26）

"文化工业"标准化与文化产业标准化语境之辨析 ··············周晓健（37）

文化产业标准化问题研究 ·····························阎　平（45）

英美文化遗产保护标准化及对我国的启示 ···················李春玲（54）

"标准化时代"基层非遗保护若干问题探讨 ··················白宪波（63）

第二单元　非遗保护工作的规范化研究

非物质文化遗产保护的科学管理及操作规程 ··················乌丙安（77）

非物质文化遗产的保护工作规程 ························乌丙安（84）

从语词层面理解非物质文化遗产
　——基于《公约》"两个中文本"的分析 ·················巴莫曲布嫫（92）

论中国非物质文化遗产保护的"名录制度"建设 ···········孔庆夫　宋俊华（106）

我国现行省级非物质文化遗产保护法规研究 ·················李晓松（117）

"中国非遗代表性项目名录"列入标准研究 …………………………… 马千里（129）
非物质文化遗产传承人认定标准研究 …………………………………… 苑 利（139）

第三单元 非遗数字化及建档标准研究

中国非物质文化遗产数字化保护与开发研究 ……………… 黄永林 谈国新（147）
口头传统专业元数据标准定制：边界作业与数字共同体
　　……………………… 巴莫曲布嫫 郭翠潇 高瑜蔚 宋贞子 张建军（157）
非物质文化遗产建档标准的建设：国外经验与中国对策 ……………… 戴 旸（171）
我国非物质文化遗产资源长期保存标准体系建设 ………… 周耀林 李丛林（179）

第四单元 生产与技艺标准研究

明清北京"钦工砖"的材质标准与制造工艺 …………………………… 蔡 青（191）
试论传统民间刺绣挑花手工艺类非物质文化遗产的保护标准
　　——以湖南隆回花瑶挑花为例 ……………………………………… 吕晓珊（197）
传统饮食制作技艺类非物质文化遗产的标准化建设研究 ……………… 程 鹏（211）
传统工艺类非遗的生产标准问题讨论
　　——基于钱万隆酱油酿造技艺的思考 …………………… 毕旭玲 程 鹏（217）

第五单元 非遗保护伦理规范研究

联合国教科文组织《保护非物质文化遗产伦理原则》：绎读与评骘 …… 朝戈金（227）
《保护非物质文化遗产公约》中的相互尊重原则及其适用探析 …… 黄 瑶 王 薇（244）
非物质文化遗产从记录到消费中的伦理问题 …………………………… 张举文（255）
"红线"：非遗保护观念的确定性 ………………………………………… 高小康（265）

附录：相关法规与标准举要

中华人民共和国非物质文化遗产法 …………………………………………（277）
中华人民共和国标准化法 ……………………………………………………（283）
文化标准化中长期发展规划（2007—2020） ………………………………（289）
非物质文化遗产"三位一体"传承基地建设规范 ……………………………（293）
芜湖铁画保护和发展条例 ……………………………………………………（303）
景德镇传统制瓷工艺 …………………………………………………………（308）
天津地方传统名吃　制作加工技术规范　天津煎饼馃子 …………………（326）

前　言

在非遗保护领域，提起"标准""标准化"，很多人会将其与近现代工业大生产中的"机械化""流水线""同质性"等特征相联系，他们担心丰富多样的文化遗产在标准化的过程中个性消弭，成为失去生机的文化工业产品。正是因为这样的刻板印象，部分学者才会谈非遗保护的标准化问题而色变。

反对标准化的学者们的出发点主要在于，非遗作为各民族人民在长期的生产和生活中形成的传统文化，有它自身的传承方式和发展脉络，政府在对其进行保护时不应过度干预，以致造成保护工作的过于行政化和官方化，从而使得非遗本身丧失生存活力。如何从学理上对此加以辩驳，厘清非遗管理工作标准化和规范化与保护文化多样性之间的辩证关系，同时通过实例来证实，是需要解决的一个问题。

实际上，标准化不等同于行政化，更不等同于官僚主义和形式主义的管理方式。标准化并不只是现代化管理的手段，它在历史上一直都是文化传统形成机制的催化剂，是确保文化传承的重要方略。标准化所满足的也不仅仅是政府方面的需求，它同时也回应了非遗传承主体的内在诉求。

在非遗由自在的生活空间进入以市场化、商业化为标志的公共社会的今天，有许多保护实践方面的问题需要进一步探讨和解决，诸如非遗保护工作的标准化与规范化管理、数字化传承与保护、非遗与现代社会规范的协调、非遗生产与消费秩序的规范、非遗的可持续发展等。开展非遗保护标准问题研究，不仅是传承和发展非遗的基础，也是改进非遗保护工作、提高效率的重要手段，对中国非遗保护实践具有重要的意义。

《非物质文化遗产保护标准研究资料汇编》收入了迄今为止发表的、与非遗保护标准化问题有关的研究成果和相关文献，目的在于为非遗保护的标准化研究提供参考和指导，推进该领域的学术探索，推动非遗保护工作的规范化进程。本书内容包括总论、非遗保护工作的规范化研究、数字化和建档标准研究、生产和技艺规范研究、非遗保护伦理规范研究、相关法规和标准举要，共六部分。

第一单元"总论"，从学理上厘清非遗保护工作的标准化、规范化与促进文化多样性之间的辩证关系，进而探讨非遗保护在当代语境中应如何处理传承与发展之间的冲突，并就非遗保护的标准体系进行论述。

第二单元"非遗保护工作的规范化研究",将规范化管理的理念引入非物质文化遗产保护工作,建立一套行之有效的有关非遗调查、申报、评审、建档、教育、传播等各个方面的非遗保护工作管理标准,以对保护工作进行监测评估,使其在科学管理之下进行。

第三单元"非遗数字化和建档标准研究",从我国非遗资源保存与数字化保护的现状出发,对建设标准体系框架的必要性、原则及方法进行探索。借鉴国内外优秀建档实践,探究建立非遗档案管理标准和数字化技术标准的路径。

第四单元"生产与技艺标准研究",在规范生产性保护实践秩序的层面,针对传统技艺的原料使用、生产环境、加工过程等相关环节建立与现代社会要求相符合的生产标准,让传统工艺更顺利地走进现代市场体系。从传统工艺传承的独特性出发,倡导对技艺进行标准化、规范化的记录,实现技艺的永久传承。

第五单元"非遗保护伦理规范研究",以联合国教科文组织《保护非物质文化遗产公约》《保护非物质文化遗产伦理原则》等文件为标尺,讨论非遗保护实践过程中的伦理规范、相互尊重原则的适用性、非遗保护中的"红线"观念、影像记录中的生产与消费等横向问题,为保护实践提供指导。

最后作为附录,"相关法规与标准举要"部分,列举了与非遗保护相关的法律文本和部分标准文本,为非遗保护实践以及相关标准的制定提供参考。

本书在编辑过程中,得到诸多师友的无私帮助,在此深表谢意!同时也衷心感谢中山大学出版社尤其是责任编辑裴大泉老师对于本书的出版所给予的大力支持!书中难免有疏漏之处,诚请广大读者批评指正。

王霄冰　胡玉福
2020 年 10 月于广州

第一单元 总论

分形全球化与非遗保护的中国标准

高小康*

一、从全球分裂到全球化

联合国教科文组织的《保护非物质文化遗产公约》颁布于2003年，但关于非遗保护的文化背景——全球化与文化多元主义的冲突却是上个世纪后期发生的全球政治现象，也是留给21世纪世界的重要问题。

上个世纪80年代初，著名美国史学家斯塔夫利亚诺斯（Stravrianos）继《全球通史》之后出版了一部更加惊世骇俗的著作《全球分裂》（Global Rift），这部著作的副标题是"第三世界的历史进程"。这部书研究的是"二战"后的世界格局中处在美苏两大集团之外的世界"欠发达国家"的群体地位与文化特征。作者把20世纪资本主义的全球扩张形成的发达国家集团与殖民主义之后兴起的欠发达国家群体之间的分裂与冲突称为"全球分裂"。①

全球分裂是20世纪民族主义革命的兴起及其对"全球化"的冲击。但在斯塔夫利亚诺斯书中所说的全球化与20世纪80年代以来人们热衷谈论的"全球化"概念之间其实是有差异的。"全球化"不是一个专有名词概念，人们在不同背景和语境谈论全球化的所指往往不同。《全球分裂》的作者在书中把全球化区分为几个历史阶段和形态：书中称之为"全球性体系"的第一个全球化形态出现于1770—1870年，这是工业资本主义的兴起与老殖民主义渐趋衰落的时代；第二个阶段是1870—1914年，"垄断资本主义和全球殖民主义的时代"。而此后自1914年"一战"结束直到20世纪80年代，被作者统称为"全球性革命浪潮"的两个阶段，也就是从全球化走向全球分裂的时代。但当代人所熟知的"全球化"观念恰恰是"全球分裂"之后出现的以经济全球化为主导形态特征的文化现象，实际上是20世纪中期以后特定的国际政治、经济和文化背景下形成的关于世界状况的一种表述。

简单回顾一下世界历史就可以看出一个大的趋势：从多种文明分立并存的世界转变为一个相互联系的普遍化的世界。这是殖民化时代以来发生的基本趋势。也可以说，西方文化向

---

* 高小康，南京大学文学院教授。
① 斯塔夫利亚诺斯：《全球分裂：第三世界的历史进程》，迟越等译，商务印书馆1995年版，第9页。

全球的传播、入侵，殖民主义的发展造成了自中世纪后期以来全球不同文明之间的影响和此后文明发展趋势的全球化趋同，也就是斯塔夫利亚诺斯所说的"全球性体系的出现"。这个全球化趋势的观念根据是相信科学技术和理性主义、启蒙主义所代表的现代西方文明的先进性。按照19世纪的进化论和历史主义观念的普遍性逻辑，这意味着其他文明尚处在不够先进的低级阶段，只可能被先进的西方文明涵化或消灭。

但是，到20世纪发生了一个重要的变化，就是俄国十月革命引发的民族主义兴起以及随后"第三世界"的出现，由此造成现代全球性体系的崩裂即所谓"全球分裂"。这是从20世纪初开始产生一个大的世界文化发展趋势的新背景。

实际上作为现代文化思潮的民族主义还有一个更早的民俗学的背景，就是从德国18世纪以赫尔德为代表的民俗学对民间文化传统的重新发现和评价，尤其是格林兄弟对"雅利安民族原始共同神话"的研究，引发了现代民族—国家思潮的产生和发展；到"一战"后形成越来越多边缘文化和殖民地的民族共同体想象与独立意识的发展，全球范围的各种矛盾冲突不断发生和激化，由此而形成了现代世界"全球分裂"的形势。

但自20世纪80年代以来谈论的全球化，就其主流而言，并非如斯塔夫利亚诺斯书中所说的全球性体系那样的现代史问题，而是一个"二战"之后发生的新状况、新问题。

虽然在当代历史研究中两次世界大战往往并提，但实际上"二战"对世界秩序做了一个很特殊的重组。"二战"的开端是在全球两个距离遥远且关联甚少的区域分别发生的冲突：一个在太平洋地区，就是以日本侵华开始的东亚战场；另一个是欧洲战场。日本侵华战争的背景是1894年中日甲午战争、1904年日俄东北战争等一系列战争后日本随着国力强大而增长的侵吞朝鲜、中国东北的欲望导致的东亚地缘冲突，欧洲战事实际上是自19世纪中期克里米亚战争以来近一个世纪欧洲列强纵横折冲历史的延续。

这两个区域战事从历史来看没有什么实质性联系，从战衅肇端来看也和以前的战争没有什么太大差别——简单地说这些战争都是弱肉强食的利益之战。以往各国之间的这类战争打完之后接着就是一件事：坐下来算账——割地、赔款、通商之类，总之都是利益问题。"二战"两个不相关的战场打到半道上，加入了一个本来和战争无直接关系的美国。美国加入了两个战场后实际上使两个战场变成了美国主导的一个战场，这时候才成为真正意义上的第二次世界大战。大战结束后美国主导的战胜国集团同盟国"五强"对这次战争进行了道德定义——不是成王败寇，而是人类的正义力量联合抵抗反人类的法西斯主义的战争。所以战争的结局很特殊：首先不是计算利益补偿，而是进行道义审判——纽伦堡审判和东京审判，审判反人类罪。这样一来，"二战"被赋予了全球普适的道义价值，战后依据这种普适价值观重组世界秩序的典型政治制度设计就是成立联合国。整个战后世界发展的主要趋势就是美国主导的全球秩序的重组和发展理念的实施。

从总的趋势来看，从马歇尔计划、冷战到其后的国际政治局势发展，其实就是逐渐由美国来重组世界秩序的过程。战后没隔多久就形成了美苏两个超级大国领导的两个相互对立的集团并开始冷战。后来在冷战过程中苏联集团崩溃，80年代到90年代世界政治形势发生重大变化。与政治形势变化相应，这个时期整个世界的经济形态、产业特征的变化更为鲜明：

从工业化到后工业化信息技术的发展,全球性的跨国生产、贸易与金融体系的出现,形成了一个前所未有的经济全球化格局。

冷战结束以后美国学者福山出版了《历史的终结》一书,他认为冷战的结束意味着美国的自由、民主、人权等价值观念成为全球的普遍价值,因而也就是人类意识形态发展的终点。历史终结论把当代的经济全球化推衍为政治、文化的全球化。这种泛全球化观念在80年代到90年代成为当时一个非常典型的解释历史发展的观念。除了福山的《历史的终结》,这个时期还出现了未来学派,他们的基本的观点认为未来科技的发展将深刻影响世界发展,信息技术、生物工程等新技术的发展将解决以前工业带来的问题;政治冷战结束意味着民主政治的胜利,以往的政治冲突也都会被解决。这个全球化的核心是美国主导下的世界政治、经济秩序安排,也是美国文化影响的全球化,也就是说全球化意味着全球的美国化趋势。

但是到了90年代中期以后,人们发现冷战的结束并不意味着全球文化冲突的结束。全球化并非世界大同的愿景实现。质疑者中一个比较重要的人物就是亨廷顿,他《文明的冲突》一书中的基本观点是,世界不可能成为西方化的统一文明。世界从一个文明对所有其他文明单方向支配的阶段,走向了所有文明之间强烈的、持续的和多方面相互作用的阶段。全球化以来,世界不是一个历史终结的统一世界,而是由"断层线"(fault lines)形成的不同文明相互冲突的世界:

> 全球政治正沿着文化的界线重构……以意识形态和超级大国关系确定的结盟让位于以文化和文明确定的结盟,重新划分的政治界线越来越与种族、宗教、文明等文化的界线趋于一致,文化共同体正在取代冷战阵营,文明间的断层线正在成为全球政治冲突的中心界线。[①]

与亨廷顿所说的文明冲突相应的是90年代后期出现的文化多元主义文化批判思潮,即对抗美国的普世主义和文化同质化的全球化而提出的多元文化主张。普世主义的全球化被意识到是对不同文明价值和权利的剥夺,因而在这样一个新的全球文化关系背景下产生的"断层线冲突",实质就是文化多元主义和普世主义全球化之间的矛盾。联合国教科文组织于2001年通过的《世界文化多样性宣言》、2003年颁布的《保护非物质文化遗产公约》、2005年开始实施的《保护和促进文化表现形式多样性公约》等一系列文件都是在这个文化背景下产生的。

在这个背景下审视非遗保护的观念,可以看出是世界文化多样性宣言的延伸和深化发展。这是对20世纪中期以来的普世主义全球化批判性反思形成的新的全球文化认识和对策,也可以说是后全球化时代的文化发展观念。

---

① (美)S. 亨廷顿:《文明的冲突与世界秩序的重建》,周琪等译,新华出版社1998年版,第129页。

二、多元文化主义与分形全球化

亨廷顿的"断层线"理论是在多元文化主义兴起的背景下对全球化问题的重新定义，也可以视为后全球化的一个预言：

> 在20世纪，文明之间的关系从受一个文明对所有其他文明单方向影响支配的阶段，走向所有文明之间强烈的、持续的和多方向的相互作用的阶段……非西方社会远不只是西方创造的历史的客体，而是日益成为它们自己的历史和西方的历史的推动者和塑造者……由于这些发展，国际体系超越了西方，成为多文明的。①

亨廷顿从捍卫西方文明的保守主义立场对多文明的国际体系持怀疑和警惕的态度。对于自由主义精英来看，文化多元主义（cultural pluralism）恰恰是未来世界文化发展的合理趋势：

> 在日益走向多样化的当今社会中，必须确保具有多元、多样和充满活力的文化个性的个人和群体之间和睦交往和共处。促进所有公民融入和参与的政策是增强社会凝聚力、市民社会活力及和平的可靠保障。②

如果说20世纪80到90年代随着冷战结束而形成了普世主义全球化的乐观主义思潮，那么此后从90年代后期到21世纪蓬勃发展的后殖民主义、文化帝国主义、女性主义等后现代文化批判思潮则意味着对抗普世主义全球化的文化多元主义观念的兴起。从2001年的《世界文化多样性宣言》到2003年的《保护非物质文化遗产公约》和2005年的《保护和促进文化表现形式多样性公约》，联合国教科文组织发布的这一系列文件体现出一个关于当代世界文化发展的基本态度，就是通过"非物质文化遗产保护"理念的提出和实施，推进多元全球化的实践策略。

然而自"9·11"恐袭事件之后，全球文化关系迎来了新的挑战。越来越多针对美国和西方发达国家的恐怖袭击使得文化多元主义主张受到质疑，右翼保守主义兴起；基于文化多元主义立场的多元全球化观念在实践中遇到日益强大的保守主义挑战。亨廷顿把文化多元主义视为对美国传统所代表的西方价值观念的挑战和消解：

> 在历史上，美国的民族认同在文化上是由西方文明的遗产所界定的，在政治上则是

---

① （美）S. 亨廷顿：《文明的冲突与世界秩序的重建》，周琪等译，新华出版社1998年版，第39页。
② 联合国教科文组织《世界文化多样性宣言》第二条"从文化多样性到文化多元主义"，2001年11月2日。http://portal.unesco.org/en/ev.php—URL_ID=13179&URL_DO=DO_TOPIC&URL_SECTION=201.html。

由美国信条的原则所界定的,即绝大多数美国人都赞同的自由、民主、个人主义、法律面前人人平等、宪政和私人财产权。20世纪末,美国认同的这两个组成部分受到了为数不多但极有影响的知识分子和国际法专家集中而持久的攻击……60年代民权法案通过后制定的各项立法也表现了多元文化的趋势,而在90年代,克林顿政府把鼓励多样性化作为其主要目标之一……多元文化主义者还通过以集体权利代替个人权利来对美国信条的中心内容提出挑战,而集体权利在很大程度上是根据种族、民族、性别和性别偏好来界定的……摒弃美国信条和西方文明,就意味着我们所认识的美利坚合众国的终结。实际上这也意味着西方文明的终结。①

亨廷顿代表的西方保守主义与激进的左翼文化多元主义之间的冲突日益剧烈,形成了21世纪第二个十年期间反全球化浪潮的发展:民族主义/民粹主义、普世主义/本土主义、自由贸易/新关税壁垒等一系列二元对立关系的形成及其影响的增长,标志着20世纪美国主导的普世主义全球化时代走向终结,同时文化多元主义也渐渐改变了争取文化平等与文化间性沟通的方向,越来越走向文化对立与政治对抗。自2008年世界金融危机以来,全球经济、政治发展中出现了强烈的保守主义与民粹主义倾向。全球化趋势似乎已经逆转,"后全球化"时代临近了。

在这个时代,福山心目中作为历史终结形态的普世主义全球化显然已经不合时宜。但是否这就意味着全球化已经走向终结还是个问题。从文化多元主义的立场看,亨廷顿的文明冲突论是一种后退、保守的历史观和价值观,是西方中心主义在当代文化冲突中的一种演变形态。但比政治正确与否更重要的是需要深入、科学地研究他的国际政治主张是否有意义。他的"保卫文明断层线"理论看上去符合当代人所看到的全球性文化冲突现实,但这种表面的断层划分能否科学地解释文化冲突的内在意义与特征却值得怀疑。他在书中提到了一个"达沃斯文化"概念:

> 每年大约有一千名商人、银行家、政府官员、知识分子和记者从几十个国家聚集到瑞士达沃斯的世界经济论坛。几乎所有这些人都有物理学、社会学、商学或法学的学位,从事文字或数字工作,英语相当娴熟,受雇于政府、公司和学术机构,有着广泛的国际交往,时常在他们自己的国家之外旅行。他们一般具有对个人主义、市场经济和政治民主的共同信念,这些也是西方文明中的人所共有的。达沃斯人实际上控制了所有的国际机构,许多世界管理机构,以及大量的世界政治和军事职位,达沃斯文化因此极为重要。然而,在世界范围内有多少人共有这种文化?……正如赫德利·布尔所指出的,"共同的知识文化只存在于精英层次:它在许多社会中根基很浅……"②

---

① (美)S. 亨廷顿:《文明的冲突与世界秩序的重建》,周琪等译,新华出版社1998年版,352—354页。
② (美)S. 亨廷顿:《文明的冲突与世界秩序的重建》,周琪等译,新华出版社1998年版,第44—45页。

亨廷顿注意到了"达沃斯人"在西方文明之外的世界很少有代表性，但他没有注意到的是，这些全球文化精英在西方文明中也并非具有当然的代表性和主导性。但在他提出"达沃斯人"和"达沃斯文化"概念十年后，纽约时报一位专栏作家弗里德曼撰文说"广场人让达沃斯人靠边站"：

> 随着IT革命和全球化蔓延开来，变得普及——当初只有精英人士才拥有笔记本电脑，现在每个人都有智能手机；当初只有少数幸运儿才能上网，现在人人都上Facebook；当初权力机构里只能听到富人的声音，现在每个人都能在Twitter上反驳他们的领导者——一股新的全球性政治力量正在诞生，而且它比达沃斯人更巨大、更重要。我称他们为"广场人"。
>
> 大多数广场人都很年轻，渴望拥有更优质的生活和更多的自由。无论是寻求改革还是革命（这取决于他们现在的政府），他们都通过在广场上集结，或者是在虚拟广场汇合，或者两者兼而有之的方式与彼此连接在一起。在更多的情况下，他们是通过一个共同方向，而不是共同的纲领团结起来的；他们希望自己的社会朝那个方向迈进。①

实际上弗里德曼所说的"广场人"在2008年的金融危机时期就以"占领华尔街"等广场运动表现出了自己的存在。值得注意的是，"广场人"和"达沃斯人"的冲突在极多的情境中与亨廷顿以民族、宗教、历史传统划分的"文明断层线"并不同维。许多占领广场反对全球化的人恰恰是发达国家的大学生、学者等西方文明意义上的社会精英。随着21世纪信息传播、社交、生活方式日益流动多元，全球联系趋向越来越复杂和动态化，如美国社会学家卡斯特所说：

> 流动空间与地方空间的张力与结合……通过互联网水平传播的扩展，加速了片断化和象征性沟通的个体化过程。所以，片断化的都市和沟通的个体化促使双方产生无止境的文化次领域群体。②

流动空间与地理社区之间的张力正在造成越来越复杂的社会关系，并由此产生着越来越混杂的社会矛盾和冲突。以相对明确固定的历史文化和空间特征"断层线"来标识社会区隔、身份及其矛盾冲突，这种研究范式出现了明显的缺陷和偏差。可以说，后全球化时代的文化冲突的特征不再是疆界清晰的"断层线"，而是复杂多维的分形（fractal）几何图形。当美国社会学家萨林斯说出"爱斯基摩文化还在"的时候，就已经预示了未来全球文化关系超出全球化想象的复杂性。

美国城市学家索亚在谈到后现代的城市形态"后大都市"特征时用到过"分形"这个

---

① T. 弗里德曼：《"广场人"让"达沃斯人"靠边站》，纽约时报中文网2014年5月15日。
② （西班牙）曼纽尔·卡斯特：《21世纪的都市社会学》，刘益诚、夏铸九译，《国外城市规划》2006年第5期。

概念，即"把流动、碎片、散乱的社会重组成复杂的构型"。① 这种分形化的重构并非如一些后现代主义理论意指的碎片化或无序化，而是在信息与物质移动互联状态中形成的流动链接的世界体系。这可能意味着一个新的全球连接形态的开始。全球化趋势不是在向前全球化的列强时代倒退逆转，而是在转向超越传统的全球关系——信息化与智能化构建的多元多维自组织的分形连接关系，这种关系超越了物质拥有和地理关系的重要性。这种新的分形重组关系才是美国主导的普遍主义全球化崩盘的内在原因与动力。由此而产生的后全球化新型全球关系特征可以命名为"分形全球化"。

在这种新的"分形全球化"形势下，基于文化多元主义观念的文化多样性保护工作面临着更加复杂的文化冲突挑战——文化的主体、权利、价值、意义等问题都需要深度探讨和交流。非遗保护不再是单纯从技术层面考察、确定保护对象的范围、形态和方法，更需要从理念展示转向意义理解与沟通。联合国教科文组织于2016年通过的《保护非物质文化遗产伦理原则》提出了非遗保护的12项伦理原则，从道德、立法和商业利用等各层面确认了相关社区、群体和个人在保护非物质文化遗产中的地位，旨在防止对非物质文化遗产的不尊重和滥用。

非遗保护伦理问题的提出涉及了与文化多样性保护直接相关的文化主体性与主体间性，即文化传承的内在根据与当代多元文化环境中文化传播、交往的意义与价值，这在分形全球化的多维文化冲突场景中具有促进不同文化立场相互沟通与分享的意义，有助于非遗保护标准问题的深度探讨。

三、分形全球化时代的中国标准

非遗保护的标准制定问题起于1972年巴黎世界文化及自然遗产保护公约的制订。在世界遗产公约获得通过之后，一部分会员国提出在联合国教科文组织内制订有关民间传统文化非物质遗产各个方面的国际标准文件。1989年11月，联合国教科文组织第25届大会上通过了关于民间传统文化保护的建议，并在最后的一章关于促进国际合作的条文中指出，会员国要对那些民众或社团的具有象征性精神价值的非物质遗产给予更大的关注。

联合国教科文组织在提出制订保护非物质文化遗产的国际标准时，注意到非物质遗产"具有象征性精神价值"，因而需要不同于保护物质形态遗产的方法和标准。简单地说，一般意义上的物质遗产保护对象是物质形态，保护目的和标准都是与保护对象可感知形态的本真性、完整性及其价值相关。从这个意义上讲，保护是一种固化对象的行为。而非物质遗产与物质形态遗产的主要差异在于非物质性质，就是说真正的保护对象不是物质形态，而是物质形态背后的"象征性精神价值"，即文化形态的意义内涵。这种对精神价值的保护体现出联合国教科文组织关于世界文化保护的基本立场和价值根据。正如在该组织的组织法中所

---

① Edward W. Soja. *Postmetropolis: Critical Studies of Cities and Regions*. Wiley-Blackwell, 2000, 264—265.

说:"战争起源于人之思想,故务需于人之思想中筑起保卫和平之屏障"① 这种全球文化沟通和世界和平理想可以说是全球化时代形成的重要价值观念,也是非遗保护标准所涉及的精神价值内涵的评价基础。

然而近几年来的反全球化趋势对这种全球化价值理念和文化保护标准都产生了复杂的影响。特朗普宣布美国退出联合国教科文组织就是这种影响的一个重大表现。美国因为不满意联合国教科文组织的许多做法和立场而"退群"已经不是第一次了,但这次的退出在这个具有重要全球性意义的转折时期产生了不同以往的重要影响。在全球化面临重大挑战的时刻退出联合国教科文组织,这是特朗普表达的一个清晰立场和态度:美国将从文化立场上放弃20世纪中期以来的普世主义全球化理念。

联合国教科文组织在成立迄今的70多年来,在促进世界各国文化表达、对话与沟通方面进行了大量工作,从而建构起了一个前所未有的全球性文化交往行为场景。自联合国以及下设各国际组织成立起,这类全球性文化交往主要是在美国主导下进行。21世纪以来随着多元文化主义兴起,美国政府影响力下降,因此产生退出这些国际组织的行为。

美国退出联合国教科文组织,意味着放弃在这个国际文化活动场景中的主导地位。一个直接、现实的影响就是正式减少了美国原承担的占比22%的会员费(实际上已拖欠甚久)。这将使得各个成员国承担的经费比例发生变化,因而也就相应地使得各成员国在教科文组织实际运作中的影响力也将发生变化。这是一个典型的后全球化场景——传统的"老大"离场,美国放弃了在国际文化活动中的主导地位,也就意味着半个世纪以来的全球一体化格局结束。各国将不得不重新定义、协商、组织和引导国际交往行为。

反全球化并非从全球化倒退到列强争霸的前全球化,而是美国主导式全球化正在让位于多元多维自组织的分形全球化。这种变化对中国这样一个世界第二大经济体、如今联合国教科文组织中最大的成员国来说具有更重要也更复杂的意义。在人类非物质文化遗产保护中,中国的地位产生了重要变化,这将影响到中国在新的全球文化发展情境中所处的立场、挑战和机遇。

这种国际政治和文化交往关系的重大转折对于世界非遗保护实践来说,意味着要适应这个分形全球化新时代的情境,重新审视和研究多维复杂全球关系中的文化保护规则和标准。就中国而言,不仅意味着需要面向当代世界情境研究自己的非遗保护标准即中国标准,而且由于中国在分形全球化的国际文化交往关系中地位、义务和影响力的突出,也使得非遗保护的中国标准研究同时具有了全球性的文化意义和学术价值。从这个视角我们可以把非遗保护的中国标准研究内容区分出三个层面的意义:

第一个层面是本土性研究,即基于中国非遗保护的本土性特征对中国本土非遗保护的标准进行的研究。

第二个层面是全球性研究,即基于分形全球化的世界文化发展状况,由中国倡议、创新对全球性非遗保护标准的重新认识和深化研究。

---

① 《联合国教科文组织法·序言》,http://unesdoc.unesco.org/images/0012/001255/125590c.pdf。

第三个层面是互享性研究，即在多元多维文化关系情境中，中国介入、推进多元文化相互沟通互享的保护标准研究。

这三个层面显示出非遗保护标准问题研究的当代性、全球性和复杂性，这种研究及其成果将对正在重构中的全球文化关系以及中国在这种文化关系情境中所需要构建的文化自知—自信具有重大而深刻的意义。

四、历史标准与美学标准

福山《历史的终结》代表了一种全球化走向顶峰时代的普遍主义想象——相信理性主义的普适性必将引导全世界人民和文化通过人同此心心同此理的共识走向世界大同的普遍价值观。世界文化遗产保护理念也是基于这样一种普遍价值观而提出的。非遗保护虽然是从文化多元主义立场上提出的文化多样性保护理念，也强调了不同文化特有的象征性精神价值，但在具体的保护内容、方法、标准等实践性意图方面更多关注的是文化形态的多样性及其保护。这种基于形态保护提出的实践方法与标准与文化保护的动机、精神之间存在着差异。

文化形态保护可以通过物质条件支持以传习模仿的方式实现，但如果没有对文化内涵的保护，最终会使得传统文化遗产失去活力和发展的可持续性，使文化保护变成对传统的临终关怀。要真正实现传统文化在当代的活态传承和发展，就意味着传统文化精神内涵在当代文化环境中的活化。在进化论和总体主义历史观看来这是个反历史的悖论，而在当今多元多维的分形文化环境中，不同时空各种文化的再生、共生、并置和相互影响发展将成为未来趋势。通过深入研究去认识、理解这些深层文化内涵，使之在当代文化生活中活化，才能使非遗在当今全球文化生态环境中获得生机和发展，从而推动当代社会的交流进步和创新。

基于这种文化传承发展观念，非遗保护的标准问题需要从原点出发进行新的探索——不仅需要制定和完善对可感知形态的保护标准，而且需要探索保护文化内涵的标准。恩格斯1859年在写给费迪南·拉萨尔的一封批评作品的信中有一句很有名的关于文学评价标准的话："我是从美学观点和历史观点，以非常高的、即最高的标准来衡量您的作品的。"① 在马克思主义文学理论研究中，"美学观点和历史观点"是分析文学作品和两个维度；美学标准和历史标准就是基于这两个研究维度而生成的评价文学的两条基本标准。从某种意义上说，非遗保护也需要认识文化价值的两个维度和两个评价标准——关于文化形态特征及其历史、社会价值的标准和关于文化内涵的精神意义及其人文的标准，类似于马克思主义文艺学的历史标准和美学标准。

这里提出的非遗价值评判的美学标准涉及的美学概念是一个文化理论意义上的美学观念。特定文化群体的文化娱乐、生活习俗、地方性知识、信仰仪式等历史文化形态的深层，是在社会发展、文化传承中整合、积淀生成的集体意象、情感体验、文化认同和审美趣味等

---

① 《马克思恩格斯全集》第29卷，中共中央编译局译，人民出版社1982年版，第581页。

活态的文化内涵，也就是非遗的美学内涵。非遗从形态保护到内涵保护的扩展就是美学价值的发现与评估。

物质形态的评价方法和标准是可以量化和客观化的，而精神内涵和美学价值的评估方法标准如何制定？这里涉及两个评价标准的不同性质和功能。中国传统美学中通常把文学创作和评价的标准称为"法"或"文法"。清代文人叶燮把文法区分为死法和活法两类，他认为死法是"定位"，活法是"虚名"，是"神明之法""感通之法""变化生心之法""虚名不可以为有，定位不可以为无"。[①] 这种以言说定位的"死法"与神明感通的"活法"在中国传统美学和艺术批评史上以二元对立相辅相成的关系构成一系列美学范畴——言/意、气/象、风/骨、神/韵、意/境、格/调、情/趣等等，通过对体验的辨析与沟通形成活的美学评价标准。

非遗的精神内涵在今天都可以归为广义的审美内涵，对这些审美内涵的评价标准也可以借鉴传统美学的"活法"。但问题在于，"活法"如何能够从玄虚惝恍的心灵感悟进入社会交往，成为评价非遗保护效果的实践标准？

实际上这倒不是什么不可解的难题。在当代世界的艺术品评价体系形成机制中就可以看到这种活的评价行为所起的作用：在商业化的艺术品交易市场机制的背后，存在着由传统的艺术教育、创作、传播活动生成的主流趣味及其影响社会的意见体系。社会文化活动中的主流意见体系实际上构成了特定社会文化环境中艺术品评价标准的生态基础。

非遗文化内涵的价值评估与标准体系建设在某种程度上也类似于艺术品评价体系的生成逻辑。非遗保护中的保存、传承、教育、传播、交流等各种具体实践行为不应当仅仅把注意力集中于作为保护对象的物质形态，更重要的是通过美学研究和接受活动培育对非遗精神内涵的感受、体验、认同和想象力。意大利哲学家说"一切真历史都是当代史"，对传统文化的接受只有通过这种心灵能力的美学培育才可能使历史成为能够激活当代人精神需要的当代史。有了这种接受实践所培育的文化生态环境，才有可能形成对社会趣味和精神的影响力氛围。这种文化氛围有助于培育起主流文化趣味和意见体系，从而构建起对非遗精神内涵的评价方法与标准，使非遗真正从文化精神根基上得到保护和活化传承。

（原文载于《文化遗产》2018年第6期）

---

① 〔清〕叶燮：《原诗 一瓢诗话 说诗晬语》，霍松林校注，人民出版社1979年版。

论非物质文化遗产保护工作的规范化与标准体系的建立

王霄冰　胡玉福*

非物质文化遗产（以下简称"非遗"）保护工作是否需要标准？为何需要标准？需要什么样的标准？标准的内涵是什么？标准如何确立？其确立过程有何意义？随着非遗保护工作在中国大地上的蓬勃开展，这些问题逐渐浮上水面。特别是部分非遗产品的市场化给保护工作带来了新的挑战。如何在现代化、商业化的背景下，在不偏离联合国教科文组织《保护非物质文化遗产公约》（2003）（以下简称《公约》）和《保护非物质文化遗产伦理原则》（2015）（以下简称《伦理原则》）以及《中华人民共和国非物质文化遗产法》（2011）（以下简称《非遗法》）的基础上，制订各类行动规则和保护标准，以保证非遗保护工作的顺利推进，参与各方的价值理念、经济和文化利益都得到相应的保护？这是目前中国的非遗保护实践对我们研究者提出的一个重要命题。

一、非遗保护为何需要标准？

说到"标准"，人们往往会联想到机械化工业大生产中的标准化零件、标准化操作程序、产品等级和价格标准以及标准化的检验制度等等，它给人的印象除了批量生产和整齐划一之外，还经常被与机械化、刻板化、缺乏创新精神等负面效果联系在一起。或许正是出于这种刻板印象，部分学者和实践者才会谈非遗保护的标准化而色变。他们担心传统文化的多样性会因各类标准的引入而遭受毁灭性打击，一方面，原本鲜活生动的民间文化表现形式会因此而被凝固为一种静态的、固化的产品，越来越丧失其自由创作的个性；另一方面则会造成文化现象的碎片化及与原本生存语境的脱离，从而违背了非遗保护最为根本的整体性和活态性原则。

但在非遗保护实践当中，却又往往因为缺乏统一的规范和标准而出现各种冲突与问题。

---

* 王霄冰，中山大学中国非物质文化遗产研究中心、中文系教授；胡玉福，华南师范大学城市文化学院讲师。

总结起来,主要体现在以下几个方面。

1. 围绕非遗产品名称的知识产权之争。如 2007 年,山东鲁锦实业有限公司(注册商标为"鲁锦")将鄄城县鲁锦工艺品有限责任公司(注册商标为"精一坊")和济宁礼之邦家纺有限公司("精一坊"鲁锦代理商)告上法庭,理由是后者侵犯了该公司的注册商标专用权,属不正当竞争。初审法院济宁市中级人民法院认为,"精一坊"公司在与"鲁锦"公司相近的商品上使用"鲁锦"标识,"构成对原告注册商标专用权的侵犯",并判定被告所提供证据"不足以说明'鲁锦'是历史文化遗产、社会公共资源","精一坊"公司因此败诉。但二审法院山东省高级人民法院却重新提出了一个关键性问题,即"'鲁锦'是否是一种山东民间纯棉手工纺织品的通用名称?"经法庭争辩,得出与初审不同的结论,最终认定"鲁锦"是通用名称,"精一坊"等不构成侵权和不正当竞争。① 此案被最高人民法院列为"2009 年中国法院知识产权司法保护 10 大案件"② 之一。2009 年,自贡市扎染工艺厂也以"擅用扎染厂的商品特有名称或者冒用其质量标志"构成"不正当竞争"为由,将本地另外两家扎染公司诉至公堂,并要求对方不再使用带有"非遗"字样的包装宣传。最终法院以立法不明为由驳回了原告的诉求。③

2. 因大多数非遗产品缺乏统一的生产标准,从而造成大量自称"非遗"的假冒伪劣产品充斥市场。如 2013 年,曾被 2011 年央视"3·15"晚会曝光的成都市田婆婆洗灸堂因涉嫌使用假药被判赔偿原告 194 万元。在此之前田婆婆洗灸堂曾以成都市非遗项目"新繁药浴"的名义进行宣传。④ 2013 年,《中华手工》杂志以"揭秘工艺造假"为题组织专栏,集中介绍了漆器、木雕、陶瓷、紫砂等手工艺在材质、工艺、产地、时间方面以假乱真的问题。⑤

3. 关于非遗项目起源地和归属地的争议。由于很多非遗事项都是多地域甚至多民族共享的文化遗产,而非遗名录的申报采取通过各级行政机构、自下而上层层申报的方式,所以在申报过程中很难达成跨区域、跨民族的联合申报,这就使得一些非遗项目在进入名录之后似乎变成了某一地区的"特产",从而伤害到了孕育和保存有同样文化事项的其他地区人民的情感和权益。如 2010 年,文化部公布第三批国家级非物质文化遗产代表作建议名单,浙江省龙游县的申报项目"宣纸制作技艺"进入公示,安徽省宣城随即发起"宣纸保卫战"。几经周折,最终龙游不得不将所申报的项目改名为"龙游皮纸制作技艺",才得以顺利进入名录。⑥

4. 一些非遗项目的传统生产方式不符合国家有关部门制订的各项法规,从而造成停产、

---

① 《山东鲁锦实业有限公司诉鄄城县鲁锦工艺品有限责任公司、济宁礼之邦家纺有限公司侵犯注册商标专用权及不正当竞争纠纷案》,《中华人民共和国最高人民法院公报》2010 年第 1 期。
② 《最高法院公布 2009 年中国法院知识产权司法保护 10 大案件》,《人民法院报》2010 年 4 月 22 日第 2 版。
③ 《"自贡扎染"打"非遗"侵权官司原告败诉》,《华西都市报》2010 年 1 月 17 日第 11 版。
④ 刘伟:《"田婆婆"一方被判赔偿 194 万元》,《南方都市报》2013 年 3 月 8 日第 AA26 版。
⑤ 《中华手工》编辑部:《揭秘工艺造假》,《中华手工》2013 年第 6 期。
⑥ 《宣城完胜"宣纸保卫战"》,《皖江晚报》2011 年 6 月 10 日第 A03 版。

转产或者产品不能得到政府认可。如 2011 年，拥有国家级非遗项目"钱万隆酱油酿造技艺"的上海钱万隆官酱园被质检部门勒令停产，原因是"局部生产环境及生产流程不符合食品生产卫生标准"。① 2015 年，河南省食品药品监督管理局认定河南省省级非遗项目"聂麟郊膏药"的衍生品"聂麟郊祛痛贴"为假药，引起了当地行业商会和传承人的不满，有关此药的定性问题各方至今未能达成共识。② 河北省井陉县省级非遗项目"窦王醋酿制技艺"代表性传承人仇彦军使用其传承的技艺制作的食醋在进入超市销售时，也因"没有市场准入证"而被拒门外，只能在醋坊周圈交易，不能进入更宽渠道的市场流通。③ 最近又有报道称，北京门头沟区龙泉镇的所有琉璃烧制厂因不符合环保规定而被关停，因为该地流传的国家级非遗项目"琉璃烧制技艺"采用的是传统烧煤方式，与当下的环保政策相冲突。④

5. 一些民间传承人对于非遗项目的调查、申报和认定程序及其结果感到不满。如 2016 年，北京西城区民间艺人袁益中将西城区政府以及西城区文委会诉至公堂，指责二者在区级非遗项目"古建筑模型扎小样"的调查与认定时，违反了《非遗法》第十二条、第十七条中有关征收代表性实物及确定项目代表性传承人的相关规定，并要求撤销已公示的该非遗项目。最终法院认为原告起诉不符合法定条件而驳回。

以上案例反映出，传统非遗在从自在的生活空间进入公共领域之后所面临的种种不适，同时也说明社会各界对于非遗保护工作在许多方面都未能达成共识。解决这些矛盾和冲突的关键，就在于加强非遗保护工作的制度化和规范性，制订统一的纲领与适合操作的标准。早在我国非遗保护工作开展之初，民俗学家乌丙安就从推动非遗保护工作合理有序进行的角度，要求实行"严格的科学管理和标准化的操作程序"，前者指的是对非遗项目的"科学认定及审定的管理"，后者则指非遗保护工作在相关政策下，从调查、申报、评审到后续保护等都需要按照一定标准进行实施。⑤ 徐艺乙认为，申报和保护都需要规范，以避免非遗保护工作中出现的功利化、形式化问题。⑥ 高小康也指出，"如果要使非遗保护走向法制化，保护限制的确定性是必须的。也就是说，在观念上需要有某种形态的'红线'作为规范。没有了保护限制的确定性，保护行为就变成了无法实施强制性限制和约束的随意活动。如果不能强制性实施和确定效果，法规意义上的保护行为也就不存在了。"⑦ 此外，还有陈金文⑧、

---

① 《古法酿酱油不符现代标准停产》，《东方早报》2012 年 3 月 7 日第 A14 版。
② 《河南非遗"聂麟郊膏药"是假药》，《兰州晨报》2015 年 5 月 26 日第 AII04 版。
③ 《井陉"非遗"手工醋为何被拒柜台外》，《燕赵晚报》2015 年 8 月 8 日第 A02 版。
④ 李梦婷：《北京叫停非遗"皇家琉璃"生产》，《北京青年报》2017 年 8 月 23 日第 A05 版。
⑤ 乌丙安：《非物质文化遗产保护的科学管理及规程》，王文章主编《非物质文化遗产保护国际学术研讨会 2004 论文集》，文化艺术出版社 2005 年版，第 10—20 页。
⑥ 徐艺乙：《非遗申报和保护都须规范》，《世界遗产》2013 年第 3 期。
⑦ 高小康：《"红线"：非遗保护观念的确定性》，《文化遗产》2013 年第 3 期。
⑧ 陈金文：《"非遗"保护应更加规范有效》，《中国社会科学报》2012 年 3 月 5 日第 B05 版。

袁学骏①、孔维强和刘云升②、乔凯③等学者都从不同角度强调了确立非遗保护工作标准的必要性。

俗语说，"无规矩不能成方圆"。无论古今中外，规范在推动社会发展和进步方面效果明显。历史上秦朝"书同文""车同轨""统一度量衡"就是例证。现代的标准建设兴起于西方。我国标准建设开始于经济领域，随着标准工作范围的拓展，文化服务领域也逐渐引入标准，并得到国家的重视。2007年，文化部制定《文化标准化中长期发展规划（2007—2020年）》。2008年，全国文化艺术资源标准化技术委员会成立，挂靠在文化部民族民间文艺发展中心，负责"文化艺术资源的收集、整理、保护、开发、数字化等领域的标准化工作"④。

作为新世纪初全球性的一项文化事业，非遗保护也需要规范化、标准化的行动指南。联合国教科文组织针对落实《公约》而制定的《实施〈保护非物质文化遗产公约〉的业务指南》⑤就是这方面的一个典范。因为只有确立了规范和标准，参与各方才能统一认识，政府与司法部门才能拥有裁决依据，非遗保护工作才有可能得到有序推进。当然，参与各方在制定标准和规范之前也应达成以下共识，即引入"标准"的目的在于完善制度，协调相关部门之间的关系，平衡参与其中的各方利益，促进非遗项目的可持续发展，而绝非为了限制作为传承主体的地方社区与传承者个人的创新自由。

二、非遗保护标准体系的构成

由国家标准化管理委员会编辑的《标准化工作手册》将"标准"定义为："为了在一定范围内获得最佳秩序，经协商一致制定并由公认机构批准、共同使用的和重复使用的一种规范性文件。"⑥"标准化"则是指"为了在一定范围内获得最佳秩序，对现实问题或潜在问题制定共同使用和重复使用的条款的活动。"⑦这一定义显然也适用于非物质文化遗产保护领域。

根据1988年通过的《中华人民共和国标准化法》，我国现行的标准体系包括国家标准、行业标准、地方标准和企业标准四个层次，按照执行力度又可分为强制性标准和推荐性标准两种。这个标准体系主要满足市场经济的需要，对企业生产环境、产品生产流通环节等进行

---

① 袁学骏：《非遗保护必须科学规范》，《中国文化报》2013年8月28日第003版。
② 孔维强、刘云升：《反思"非遗"的保护标准》，《河北法学》2013年第6期。
③ 乔凯：《非物质文化遗产之界定标准议》，《齐鲁艺苑》2011年第6期。
④ 《8个文化领域全国专业标准化技术委员会获批成立》，中央政府门户网站，http://www.gov.cn/gzdt/2008-11/18/content_1153005.htm，2017年2月16日。
⑤ 《实施〈保护非物质文化遗产公约〉的业务指南》（2016年版）由教科文组织创意处非物质文化遗产科于2016年编制，教科文官网下载地址为：https://ich.unesco.org/doc/src/ICH-Operational_Directives—6.GA-ZH.docx。
⑥ 国家标准化管理委员会编：《标准化工作手册》（第2版），中国标准出版社2004年版，第451页。
⑦ 国家标准化管理委员会编：《标准化工作手册》（第2版），中国标准出版社2004年版，第451页。

技术性的规定,并以量化的形式呈现出来。尤其是强制性标准,具有法律效力,涉及的主要是有关人体健康、人身财产安全等方面的要求,一经发布,就由政府行政部门强制执行。非物质文化遗产保护则是一项文化事业,与经济技术活动有一定的区别,加之非遗项目种类繁多,每一项目都具有自己的历史渊源和文化特性,所以很难制订一部涵盖所有项目的保护标准。正因为此,无论是联合国教科文组织的《公约》和《伦理原则》,还是我国的《非遗法》,都采用纲领性的表述方式来制订规范,为具体执行者留出了较多灵活运用的空间。现在如要根据我国的国情和非遗保护实践制订一个标准体系,实际上就是要对《公约》《伦理原则》和《非遗法》的相关规定加以具体化,使之变为更容易操作和衡量的各类细则。它在形式上可以参考经济技术领域标准化工作的量化处理方式,但同时也需要兼顾到非遗自身所具有的活态性、整体性等特点。

具体来讲,这一标准体系可分为非遗保护工作的操作标准、非遗分类保护标准和非遗项目标准三个层次。

1. 非遗保护工作的操作标准

非遗保护工作的操作标准主要针对从事非遗保护工作的政府各部门而言,具体是指在国际公约、国家立法等的指导下,确立关于非遗保护的普查、认定、申报、记录、评审、保护等工作的相关规范。非遗保护是一个新鲜事物,相关的机构设置、工作人员、管理政策、工作制度以前不曾有过,各级政府都是在保护实践中摸索前行,逐步完善制度。在我国,非遗保护主要以政府为主导、自上而下地推行,因此中央和地方各级政府部门迄今为止发布的与非遗有关的各种政策性文件,可视为非遗保护的行动指南和纲领,同时也是制订相关规范化标准的基础和出发点。

在非遗保护的工作机制方面,我国首先在政策层面上明确了"保护为主、抢救第一、合理利用、传承发展"的工作方针以及"政府主导、社会参与,明确职责、形成合力;长远规划、分步实施,点面结合、讲求实效"的工作原则,并建立起了以政府为主导、多方参与的非遗保护工作机制。文化部下设非遗司,对接地方非遗保护机构,专职进行非遗保护工作。2011年,全国人大常委会通过《非遗法》,将非遗保护上升为国家意志。文化部、中宣部、教育部、民政部、商务部等有关部委前后也都出台了相关规范、制度条例和文件。据统计,到2016年止,已有24个省市自治区制定了省级非遗地方性法规。[①]

在非遗项目和代表性传承人的申报认定方面,国家非物质文化遗产保护工作专家委员会负责咨询、论证、评审和专业指导。我国已经公布了四批国家级非物质文化遗产名录以及四批国家级非物质文化遗产代表性传承人名录。2015年,文化部非遗司启动了"国家级非物质文化遗产代表性传承人抢救性记录工作",并制定了《国家级非物质文化遗产代表性传承人抢救性记录工作规范(试行稿)》,旨在规范记录工作。在文化部"十三五规划"中的

---

① 《各地贯彻落实〈中华人民共和国非物质文化遗产法〉情况评估报告》,中华人民共和国文化部,http://www.mcprc.gov.cn/whzx/whyw/201702/t20170210_490717.html,2017年4月26日。

"非物质文化遗产记录工程"一项,也明确提出要"按照统一的标准规范,对国家级非物质文化遗产代表性项目的内容与表现形式、流变过程、核心技艺和传承实践情况进行全面、真实、系统的记录,对其中部分濒危项目和代表性传承人抓紧实施抢救性记录"①。

作为一种有效的记录方式,数字化保护在非遗保护中被广泛采用,但由于缺乏统一的技术标准,各地数字化保护存在较大差异,阻碍了工作的科学开展。部分学者已经注意到该问题。如许鑫、张悦悦以国际通用的 DC 元数据标准为基础,从资源内容及属性、管理规范两个角度提炼出非遗资源的核心元数据集,使元数据规范体系更具兼容性、互操作性和非遗特色,并以瓯塑为例进行试用。② 张勇等人分析了非遗数字资源元数据标准,对元数据标准与本地资源、应用平台、用户的对接中存在的问题进行了分析。③ 黄永林、王伟杰从数据分析、归类的视角总结了国内非遗分类体系存在的问题,即"分类多为单线索式、一级分类不完善、二级分类较为缺乏"。④ 黄永林还倡议"构建非物质文化遗产资源数字化分类标准规范和检索技术体系"。⑤ 事实上,目前数字化保护标准的制定工作已然启动。由中国艺术研究院编制的《非物质文化遗产数字化保护专业标准》已制定完成,待进入公布实施阶段。此标准包括《非物质文化遗产数字化保护数字资源采集方案编制规范》《非物质文化遗产数字化保护数字资源采集实施规范》《非物质文化遗产数字化保护数字资源著录规则》三部分,每一部标准都从数字化保护的相应环节及非遗十大门类特性来制定。标准正式实施后,将有利于数字化保护的科学规范化。⑥

尽管如此,各级政府制定的非遗保护工作标准仍然有待完善。王海瀛曾对我国非遗的标准化现状及问题进行分析,⑦ 并以福建省为例,指出非遗保护标准化仍存在"未成立标准化技术组织""缺少统一规划、缺乏基于顶层设计的标准体系""缺少相关配套标准""缺少综合性专业人才"等问题。⑧

2. 非遗分类保护标准

分类保护标准是根据不同的分类指标对非遗类型制定针对性保护标准。我国现有的非遗项目共分十大门类,在每一类别中又可以分为不同的种别。已经公布的四批国家级非遗名录共有 1372 项,加上全国省、市、县三级名录公布的总额达百万项。非遗项目复杂多样,同

---

① 《文化部"十三五"时期文化发展改革规划》,中华人民共和国文化部,http://zwgk.mcprc.gov.cn/auto255/201702/t20170223_491392.html,2017 年 3 月 26 日。
② 许鑫、张悦悦:《非遗数字资源的元数据规范与应用研究》,《图书情报工作》2014 年第 21 期。
③ 张勇、蔡璐、李月明:《非物质文化遗产数字资源元数据标准应用的研究和思考》,《图书馆》2016 年第 2 期。
④ 黄永林、王伟杰:《数字化传承视域下我国非物质文化遗产分类体系的重构》,《西南民族大学学报(人文社科版)》2013 年第 8 期。
⑤ 黄永林:《数字化背景下非物质文化遗产的保护与利用》,《文化遗产》2015 年第 1 期。
⑥ 《关于文化行业标准〈非物质文化遗产数字化保护专业标准〉公开征求意见的通知》,文化部民族民间文艺发展中心,http://www.cefla.org/home/Detail/209,2016 年 12 月 30 日。
⑦ 王海瀛:《标准化视角下的非物质文化遗产保护》,《标准科学》2015 年第 10 期。
⑧ 王海瀛:《福建省非物质文化遗产保护标准化现状及对策》,《中国标准导报》2016 年第 8 期。

一类项目之下往往也有不同的子类别。以传统技艺类项目为例,从功能上可划分为实用性和欣赏性两大类,从属性上可划分为编织、雕刻、捏塑、纺织、印染、刺绣、编结、陶瓷、髹漆、冶锻、轧制、剪贴和印刷等十三类①。千姿百态的非遗项目决定了不能用统一的标准来保护,而是需要制定相应的分类保护标准。随着时代进步和社会变革以及民众消费、审美的变化,项目的生存状况产生了不同的变化。有的项目实现产业化生产,有的仍然保持家庭作坊模式,部分项目逐渐淡出人们的生活世界,还有被重新挖掘出来以新的形态在当下展演。针对这样的不同状态,也无法采用统一的方式进行保护。因此,分类保护标准就显得尤为重要。从每一类非遗的特性出发确立有针对性的保护方式,是分类保护标准所要达到的目的。这样的分类保护标准既可以是全国性的,也可以是地方性的,可以在各个不同的层次、由政府部门或保护主体牵头来制定并负责执行。

早在 2011 年《非遗法》颁布实施之初,就曾有在国家层面制定非遗分类保护标准规范的呼声②,在 2017 年 5 月召开的"全国非物质文化遗产保护工作会议"上,文化部非遗司正式提出制定"分类保护传承计划"③。与此同时,部分省份率先开展了尝试。如山东省文化厅从 2013 年起相继委托省内院校以及研究机构分类开展非遗保护标准基础性研究,截至 2016 年底已经完成十大门类保护标准的研究,进入成果转化阶段。其中《山东省曲艺类非物质文化遗产保护标准基础性研究报告》分"山东曲艺发展现状、山东曲艺类非物质文化遗产项目保护现状、保护工作中存在的问题、制定保护标准的思路建议和参考标准"等五个部分,较为全面地呈现了曲艺类项目的保护需求。④ 2015 年,湖北省文化厅与省内六所高校分别签订了"民间文学、民俗、传统技艺、传统体育、曲艺和传统戏剧六大类非遗保护规范研究课题协议"⑤。湖南、北京等省市也在"十三五"期间将非遗保护的分类标准制定提上了议程。⑥

学术界也就分类标准的建立发表了一些先行成果。如陈静梅、文永辉以贵州少数民族传承人为例,对现有的以政府补贴为主的保护方式进行分析,认为对"传承人在境遇以及保护诉求方面"差异的忽视,容易造成"保护性破坏",最后提出"市场化保护"、"扶持性

---

① 田小杭:《中国传统工艺全集·民间手工艺》,大象出版社 2007 年版,第 4—5 页。
② 《非遗分类保护标准将制定》,《法制日报》2011 年 6 月 2 日第 06 版。
③ 《全国非物质文化遗产保护工作会议在京召开》,中国民俗学网,http://www.chinafolklore.org/web/index.php?Page=1&NewsID=15780,2017 年 5 月 16 日。
④ 《非物质文化遗产十大类别分类保护标准基础性研究工作持续推进》,山东省文化厅,http://www.sdwht.gov.cn/html/2014/fyky_1215/17524.html,2017 年 2 月 25 日;《省文化厅召开非物质文化遗产保护标准基础性研究鉴定会》,山东省文化厅,http://www.sdwht.gov.cn/html/2016/gzdt_1119/37294.html,2017 年 2 月 25 日。此项目的研究性成果还没有在互联网上公开,仅能检索到相关新闻线索。
⑤ 《湖北省文化厅正式启动非遗保护规范研究工作》,湖北省文化厅,http://www.hbwh.gov.cn/xwdt/zgyw/12102.htm,2017 年 3 月 4 日。
⑥ 《北京市文化局"十三五"时期文化发展规划》,北京市文化局,http://www.bjwh.gov.cn/bjwh/zwgk0/bmdt/gh/401200/index.html,2017 年 3 月 18 日;《湖南省文化厅关于印发〈湖南省文化厅"十三五"时期文化发展规划〉的通知》,湖南省文化厅,http://www.hnswht.gov.cn/new/xxgk/gggs/content_99165.html,2017 年 3 月 4 日。

保护"和"半体制化保护"的分类保护方式。① 陆勇昌以贵州的非遗项目为例，从非遗项目的特点与实际生存状态出发，对十大类非遗项目提出针对性的分类保护规范建议。② 尹乐、晋秀龙针对民间美术观赏类、民间音乐、歌舞、曲艺、戏曲、杂技等表演类、传统手工技艺类、民俗类非遗项目提出了因类制宜的保护传承策略。③ 王伟杰认为当下的中国传统医药类非物质文化遗产存在"名录稀少""归属不清""层次模糊"的问题，且存在复合型项目与单一型项目并存的现象，针对此问题，作者提出了一种多线性分类体系。④ 孙向裕、郑耀星以福建省音乐类非遗项目为例，在分析非遗保护标准化运用的必要性和可行性基础上，采用"围栏式"非遗标准化模型，论证了标准化在传承与保护方面的有效性。⑤ 以上先行研究和个案分析，为今后的分类保护标准制定提供了参考和借鉴。

3. 非遗项目标准

分类保护标准是要明确不同类别的非遗项目的特殊性，从而制定出有针对性的保护方案，而非遗项目的单项标准则是在分类保护的基础上针对特定项目而制订的保护标准。这类标准主要适用于那些已经进入公共领域特别是市场经济之中的非遗项目。

单项标准的确立是基于非遗传承的独特性和现代社会市场经济的需要。一方面，非遗项目独特的传承方式限制了非遗项目进一步社会化。首先，"传内不传外""传男不传女"的家族式内部传承模式，决定了相关的非遗知识具有保密性质，即使有记录，也是家族秘密。随着传承人的老龄化，年轻人不感兴趣，出现"人老艺亡"、难以为继的局面。其次，部分技艺的传统学习是口传心授的经验式过程，靠悟性来传承，没有完整的文本参照。学习者从小耳濡目染，但没有专门的老师，只有靠自己的勤奋及模仿能力。平时看着简单的工艺，做起来却会走样。对于技艺繁复的项目，由于经验式传承的学习过程漫长，现在已很难找到掌握全部技艺的人。加之很多非遗项目的传承因为社会变迁的原因而出现断代的现象，当代虽有恢复，却往往因为缺乏文字记录而无标可依，从而阻碍了该项目的健康发展。

另一方面，非遗产品在进入市场经济的流通和消费渠道之后都会面临一系列新的挑战。首先，进入市场、成为消费品的项目必须要过标准关。以传统工艺为例，其原材料使用、生产环境、产品形式、产品质量等等都存在着与现代社会秩序、市场安全标准、生态环境保护、人们的消费需求相互冲突的地方。为了能生产出环保、安全、高品质的产品，并确保生产过程符合环保与质检等方面的要求，传统工艺项目需要确立一套能与当代社会和市场接轨

---

① 陈静梅、文永辉：《论少数民族非物质文化遗产传承人的分类保护——基于贵州的田野调查》，《广西民族研究》2012年第4期。
② 陆勇昌：《贵州非物质文化遗产分类保护研究》，《贵州民族研究》2015年第8期。
③ 尹乐、晋秀龙：《皖东地区非物质文化遗产的分类保护及传承》，《安徽农业大学学报（社会科学版）》2012年第6期。
④ 王伟杰：《中国传统医药类非物质文化遗产分类研究》，《江西社会科学》2013年第11期。
⑤ 孙向裕、郑耀星：《福建传统音乐类非物质文化遗产标准化保护研究》，《海南师范大学学报（自然科学版）》2015年第2期。

的保护标准。其次,在管理方面,传统作坊做大做强、实现产业化也需要有标准保证。传统作坊限于规模、资金、设备、技术、营销的问题,产品形式单一、更新速度慢,一旦进行产业化生产,就会暴露出种种弊端。因此需要通过制定标准来提升整体的生产效率和管理水平,以适应当代的市场竞争。最后,制定项目标准,也是知识产权保护的需要。如今在产品包装上使用非遗标识已经见怪不怪,有时由于仿制品多了,反而挤占了正品的市场,出现"劣币驱逐良币"的现象。通过制定项目标准,可以保护传承主体的知识产权,助力非遗传承人打造品牌、提升效益,同时有效维护消费者利益,为识别、监管、仲裁工作提供依据。

目前,在已公布的四批国家非遗名录中,传统医药类、传统美术类、传统技艺类、民俗类(服装)等已经有多个项目建立起了保护标准或产品标准。以服饰类为例,目前国家级非遗名录中共有 23 项服饰类非遗项目①,其中有 11 项已制定有保护标准(见表 1)。

从表 1 中可以看出,已有民族服饰类项目标准在类型上均属于我国现行标准体系中的地方标准,牵头制定单位主要为质量监管部门或标准化研究部门。标准的内容,以海南省地方标准《黎族服饰》(DB 46/T 370)为例共包括 6 个部分,分别为"术语""哈方言服饰""杞方言服饰""润方言服饰""赛方言服饰""美孚方言服饰"。在第 1 部分"术语"中,首先在技术层面规定了以下术语的定义并配以图示:黎锦、双面绣、绗染、头饰部分(鬃结、头巾、头帕、簪等)、耳饰、颈饰和胸饰部分(项圈、胸挂、肚兜等)、腰饰部分(腰链、锦穗、腰带等)、手饰部分(手镯、戒指)、脚饰部分(脚环、绑腿)、服装部分(①男装:树皮衣、无钮对襟上衣、犊鼻裤等;②女装:贯首衣、对襟衣、右衽衣等;③衣领:V 型领、圆领、立领;④纽扣:系绳、排纽等;⑤衣襟:对襟、偏襟、琵琶襟;⑥其他:镶边、包边、氏族标志等)。② 在 2－6 部分中,针对各个方言区的服饰定义、规格、分类、款式等做出了详细的规定,并对服饰的部位、纹样、面料、色彩、工艺、效果图等提出了具体要求。通过制定服饰标准,一方面记录了黎族服饰的文化多样性,另一方面则为生产、教学和文化宣传提供了该项目的核心要素,有助于提高黎族服饰文化的认知度。

表 1　现有国家级非遗名录中服饰类项目标准的制定情况③

序号	名称	批次	标准名称	发布年份	牵头单位
1	赫哲族鱼皮制作技艺④	1	赫哲族鱼皮服饰	2016	黑龙江省质监局

---

① 苏州甪直水乡妇女服饰、惠安女服饰、苗族服饰、回族服饰、瑶族服饰、蒙古族服饰、朝鲜族服饰、畲族服饰、黎族服饰、珞巴族服饰、藏族服饰、裕固族服饰、土族服饰、撒拉族服饰、维吾尔族服饰、哈萨克族服饰、塔吉克族服饰、达斡尔族服饰、鄂温克族服饰、彝族服饰、布依族服饰、侗族服饰、柯尔克孜族服饰。
② 《黎族服饰·第 1 部分·术语》(DB46/T370.12016),海南省质量技术监督局,http://qtsb.hainan.gov.cn/qtsb/yw_pd/sjcs/bzhc/jgzn_30724/201605/W020161205586322675319.pdf,2017 年 3 月 20 日。
③ 这 11 项标准全部为我国现行标准体系中的地方标准,除说明外,均已正式公布。
④ "赫哲族鱼皮制作技艺"(Ⅷ—85)属于第一批国家级非遗中"传统手工技艺"门类。

(续上表)

序号	名称	批次	标准名称	发布年份	牵头单位
2	苗族服饰	1扩	苗族服饰	2014立项，未公布	湘西州质监局
3	瑶族服饰	1	瑶族服饰1部分；南丹白裤瑶服饰	2016	广西壮族自治区标准技术研究院
4	蒙古族服饰	2	蒙古族部落服饰	2012	内蒙古自治区标准化研究院
5	朝鲜族服饰	2	朝鲜族服饰	2016	吉林延边州质监局
6	畲族服饰	2	畲族服饰	2015立项，未公布	福建宁德市质监局
7	黎族服饰	2	黎族服饰	2016	海南省质量技术监督局
8	藏族服饰	2	藏族服饰（拉萨地区）	2016制定完成，暂未公布	西藏自治区质监局标准化研究所
9	维吾尔族服饰	2	维吾尔传统服饰名词与术语、维吾尔传统服饰分类和编码	2016	新疆维吾尔自治区质量技术监督局
10	达斡尔族服饰	4	达斡尔民族服饰	2013	内蒙古自治区标准化研究院
11	鄂温克族服饰	4	鄂温克族民族服饰	2013	内蒙古自治区标准化研究院

三、非遗保护标准的确立过程及其意义

在迄今为止的非遗标准化研究中，学者们主要把关注的焦点集中在了制订非遗保护标准的必要性、标准体系的理想模式、标准化过程中存在的问题等方面，而较少有人专门去追踪和探讨标准确立的过程及其意义。这些研究有一个共同特点，就是把标准的制订看成政府部门或者研究机构一方的事情，学者们往往从自己的立场出发提出一些冠冕堂皇的理论或建议，却没有意识到，标准的设立在某种程度上就相当于立法，立法的前提则在于其过程的正当性。一般来说，只有基于民权的立法才具有正当性、合理性和有效性。此前有学者曾在《中国标准》发文，介绍了藏族服饰标准制定的过程和经验，[①] 但也只从技术层面上加以总

---

① 赵宏春、周波、宋赓韬、张洪斌、刘继辉：《西藏藏族服饰标准化研究思考》，《标准科学》2016第4期。该文主要介绍了课题组在标准化研究中所采用的方法（对比分析法和实证研究法），以及藏族服饰标准设计研究的原则（传承性、多样性、创新性、协调性）。

结，与本文所讲的标准确立过程有所不同。我们在这里更加关注的是非遗保护标准确立过程中的话语权问题。

以海南省地方标准《黎族服饰》为例，该标准的起草单位有海南省质量技术监督标准与信息所、海南省民族研究所、海南省民族宗教事务委员会、海南省文化广电出版体育厅、海南省标准化协会。制定该标准的出发点是在现代工业文明的冲击下，在黎族服饰的文化多样性日渐消失的背景下，为了"记录和传承黎族传统服饰文化"。选择的服饰主要以20世纪50年代前普遍流行的款式为主，这代表了现存黎族服饰中的经典式样。从表面上看起来，这一过程似乎相当的规范化和学术化，参与制定的单位也包括了质量监督、标准化、民族宗教和文化部门和学术机构等，然而，作为传承主体的民众组织或行业协会在这里却明显缺席。

在藏族服饰标准化研究设计的过程中，也存在同样的问题。研究者在前期也进行了"广泛调研和多方收集相关资料"，"与相关专家、学者多次进行学术探讨，交换意见"，"并有针对性地到林芝、山南、拉萨等地区展开实地调研，走访当地文化馆、博物馆、社科院等相关单位，以及民族服装加工企业，拜访当地民俗专家、学者，获得一手藏族服饰图片资料，实证确认了通用基本要素的可行性和适用性"。① 但是，这种沟通仅限于走访形式，其目的也主要在于获取资料，而不是通过建立一定的交流平台，让相关各方都拥有平等的话语权，都能在标准确立的过程中发声，并实质性地参与到标准的设计中来。

也许有人会说，学者们通过研究得出的结论，在很大程度上已经代表了传承主体的利益，是综合各方意见的结果。如果一定要让享有非遗的广大民众参与到标准制定的过程中来，自由地发表意见，不仅会耗时耗力，而且最后意见不容易统一，可能会降低办事的效率。这样的说法显然过于功利，因为说话者只看到了结果，只注重效率，而忘记了民主协商这一过程本身的重要意义。

联合国教科文组织政府间委员会于2015年通过《保护非物质文化遗产伦理原则》，其中第一条就特别强调，"相关社区、群体和个人在保护其所持有的非物质文化遗产过程中应发挥主要作用"。第三条和第四条又明确指出，"相互尊重以及对非物质文化遗产的尊重和相互欣赏，应在缔约国之间，社区、群体和个人之间的互动中蔚成风气"，"与创造、保护、延续和传承非物质文化遗产的社区、群体和个人的所有互动应以透明的合作、对话、协商和咨询为特征，并取决于尊重其意愿、使其事先、持续知情同意的前提而定"。② 我们注意到，这份《伦理原则》主要突出了作为传承主体的"社区、群体和个人"在非遗保护中的中心地位，其中"互动""尊重"等词汇反复出现，体现出联合国教科文组织鼓励政府、学界与传承群体和个人以及传承者和传承者之间积极开展对话、增进相互理解与认同的基本理念。

笔者（王霄冰）曾经作为观察员参加了联合国教科文组织亚太中心举办的亚太地区非

---

① 赵宏春、周波、宋虎韬、张洪斌、刘继辉：《西藏藏族服饰标准化研究思考》，《标准科学》2016第4期。
② 联合国教科文组织：《保护非物质文化遗产伦理原则》，巴莫曲布嫫、张玲译，《民族文学研究》2016年第3期。

物质文化遗产保护计划与政策支持师资培训班（2015年1月19—23日，深圳宝安），发现其培训方式也始终都以圆桌会议和不断互动、交流协商的形式展开。培训师并没有一个现成的保护计划和政策方案提供给大家学习和讨论，而只是预设了一项特定非遗项目的语境以及围绕它的不同利益和立场的人群，然后让参加培训的学员各自扮演其中的一个角色，分别代表一方。在培训过程中，学员们试图按照他所扮演角色的理念和思路，模仿他们的话语，来充分表达这一人群的心声。通过几轮的深入交流与磋商，最后共同打磨出一个综合了各方意见的保护计划与政策方案。这一过程可谓生动地体现了联合国教科文组织所倡导的"互动"与"尊重"理念，非常值得我们去深刻体会，并在中国的非遗保护实践中效仿。

应当指出，《伦理原则》中特别强调的"互动"与"尊重"并非空穴来风，而是针对各国非遗保护实践中时有出现的政府包办和权威垄断现象提出的。其哲学基础，可回溯到德国当代哲学家哈贝马斯提出的"交往理性"概念和商谈理论。针对后现代社会出现的各种社会矛盾和冲突，哈贝马斯主张用"交往理性"来限制与现代性相伴相生、在资本主义社会大肆横行的"工具理性"，以"重建人类的生活世界，让价值和规范重回人类的生活世界"①。这种"交往理性"可被理解为"一种以主体间性、非强制的平等对话为基础的规范"②。它发展了康德的以人的自由意志和先天道德性为前提的"实践理性"，把"法律和社会规范的制定问题放在话语的交流过程中，用对话中的恰当理由来证明社会规范的正当性"③。对话的原则，则在于参与交流的每个人都要"使用能够让人听懂的语言"，承诺自己所说的话是"真实的、真诚的或者是正当的"，用王晓升的话讲，即"描述外部世界的话语必须是真实的，表达内在情感的句子必须是真诚的，提出的行为规则必须是正当的"④。在哈贝马斯看来，只有这样一种"用自己的智慧来建立正当的人际关系的人"，才能算是理性的人，他可以"通过道理来说服别人"，"能够在理想的语言框架中来兑现自己的话语中所包含的有效性要求"⑤。在这样一种以"交往理性"为指导的商议过程中，规范可以得到改进并获得其正当性。

回到非遗保护标准体系的确立上来，我们应该明确的是，不仅作为成果的标准体系的建立有意义，标准形成的商议过程本身也有着不可取代的重要意义。从人文价值和社会整合的角度来讲，商谈过程的意义实际上更大于结果。正如哈贝马斯在述及商谈理论时所言：

> 在公共交往过程中，通过富有实效的传播媒介来扩散内容和观点并不是唯一重要的

---

① 刘同舫、韩淑梅：《重置交往理性：哈贝马斯人类解放思想的逻辑主线》，《浙江社会科学》2011年第8期。
② 宋晓东：《交往理性规约工具理性：哈贝马斯交往理性理论转型及其中国启示》，《西北大学学报（哲学社会科学版）》2016年第1期。
③ 王晓升：《从实践理性到交往理性——哈贝马斯的社会整合方案》，《云南大学学报（社会科学版）》2008年第6期。
④ 王晓升：《从实践理性到交往理性——哈贝马斯的社会整合方案》，《云南大学学报（社会科学版）》2008年第6期。
⑤ 王晓升：《从实践理性到交往理性——哈贝马斯的社会整合方案》，《云南大学学报（社会科学版）》2008年第6期。

事情，也不是第一重要的事情。当然，只有对可理解的、引人注目的信息的广泛流传，才能确保对参与者的充分包容。但是对于一种公共意见的形成来说，一种共同进行的交往实践的规则具有更重要意义。对于议题和提议的同意，只能作为一种或多或少穷尽的（erschöpfende）争论——在这种争论中，建议、信息和理论是或多或少被合理地处理的——的结果才能形成。一般来说，意见形成过程的商谈水平和结果的"质量"，是依据对"穷尽的"建议、信息和理论所作的"合理"处理的这种"或多或少"而定的。因此，公共交往之成功本身的衡量标准，也不是"普遍公众之建立"（Herstellung von Allgemeinheit），① 而是合格的公共意见之形成的形式标准。②

哈贝马斯在这里表述得非常清楚：一项社会规范的质量，不在于其在多大程度上代表了意见的"普遍性"，而是取决于规范形成过程中的商谈的水平和质量——在此期间是否存在穷尽了各种建议、信息和理论的争论，且这些意见都得到了合理的处理。因此，在各种类型的非遗保护标准的建设过程中，成立一种类似于公共咨询委员会的机构在笔者看来是很有必要的。其构成人员应包括政府各部门的负责人、专家学者、技术人员、社区和民间组织的代表、传承人代表及其他与该项目有关的所有利益方。该咨询委员会通过定期召集恳谈会的形式，给予各方以充分的发言和交流机会。通过媒体报道等方式，商谈过程应以透明的方式对其他公众开放。在此过程中，政府负责人可以更加深入地了解民情，学会用当地民众所习惯的语言来解释国家政策；社区和民间组织代表与传承人则要学会使用公共的话语形式来表述自己所拥有和传承的文化遗产，提高对于本地区/本民族文化或特定非遗项目的自我认知水平，理性表达自身的权益诉求；专家学者和技术人员在其中则可扮演中介者的角色，帮助双方进行沟通，同时在实践中提高自身的知识修养、理论水平和技术能力。

综上，非遗保护标准体系由非遗保护操作标准、非遗分类标准和项目标准三大部分构成。这一体系的建立是出于保护工作规范化的需求，但引入标准并不是意味着要将非遗项目固化和一体化，以至于破坏文化的原生态与多样性。相反，如果能够在标准确立的过程中充分发扬民主协商的精神，在政府、学界和传承主体之间建立起互动、交流和沟通的平台，就可以达到完善制度、协调各部门关系、平衡多方利益的目的，从而促成非物质文化遗产的可持续发展，形成良性循环的社会文化运行机制。

（原文载于《文化遗产》2017 年第 5 期）

---

① 依笔者之见，此处应翻译为"普遍性之建立"，而非"普遍公众之建立"。
② （德）哈贝马斯：《在事实与规范之间 关于法律和民主法治国的商谈理论》，童世骏译，生活·读书·新知三联书店 2003 年版，第 448—449 页。

非遗保护标准与文化多样性的矛盾与调谐

胡玉福[*]

前　言

在现代社会，"标准""标准化"已经进入到人们社会生活的方方面面，在促进工业生产、社会进步、经济发展等方面发挥了巨大作用，"积极实施标准化"已经成为一项国家战略。[①] 但在文化研究领域中，有很多研究者却以消极或抵抗的态度看待现代标准问题，部分学者谈标准而色变。尤其是面对西方近现代工业化的快速发展，"文化工业"[②] "机械复制"[③] "麦当劳化"[④] 等大众文化研究理论的提出，对当代的文化认知产生了深刻影响。在一些学者的观念中，"标准化"等同于"固定化""统一化""刻板化"，与活态传承的传统文化格格不入。[⑤] 在非遗保护、民俗旅游等领域的研究中，"标准化"与传统文化基本上被置于对立状态。[⑥]

与学术研究形成反差的是，在非物质文化遗产保护实践中却一直存在着积极探索标准制定的行动。根据笔者的初步检索，已经制定实施的与国家级非物质文化遗产项目相关的地方标准、团体标准有100余项，这些标准涉及：（1）工艺流程，如《山西刀削面制作规范》（DB14/T 1213—2016）；（2）项目衍生产品标准，如《土家织锦》（DB43/T 1019—2015）；（3）项目基本内容，如《蒙古族服饰　第1部分　术语》（DB15/T 506.1—2012）等，且主要集中在"传统美术""传统技艺""民俗（服饰类）"三个类别项目中。尽管相关标准是为非遗项目而定，但制定者多以质监、标准化研究从业者为主，鲜有从事非遗保护工作的人

---

[*] 胡玉福，华南师范大学城市文化学院讲师。
[①] 吕铁：《论技术标准化与产业标准战略》，《中国工业经济》2005年第7期。
[②] （德）霍克海默、（德）阿道尔诺：《启蒙辩证法 哲学断片》，渠敬东、曹卫东译，上海人民出版社2006年版。
[③] （德）本雅明：《机械复制时代的艺术作品》，王才勇译，浙江摄影出版社1993年版。
[④] （美）乔治·里泽：《麦当劳梦魇 社会的麦当劳化》，容冰译，中信出版社2006年版。
[⑤] 王宁宇：《"非遗"保护与现代"规范"观之再校正——以陕西传统建筑彩作为例的调查与思考》，《江南大学学报（人文社会科学版）》2011年第6期。
[⑥] 刘志扬、更登磋：《民族旅游及其麦当劳化：白马藏族村寨旅游的个案研究》，《文化遗产》2012年第4期。

员参与,而且制定的文本受标准书写格式的限制,活态的工艺过程被进行技术性的量化处理,从而导致标准文本大多缺乏文化内涵。

有鉴于此,本论试图厘清学术界对于标准制定问题所存在的两种看似互相矛盾的认识,追溯文化多样性理念的发展,并结合现实中的标准制定实例来揭示非物质文化遗产保护工作的标准化与文化多样性二者之间的关系。

一、标准化:文化多样性的"天敌"?

2018年3月中旬,刚刚成立的天津市煎饼馃子协会提出"制定团体标准,对煎饼馃子的制作进行规范、实现标准化操作,以改变目前五花八门的现状,恢复煎饼馃子的传统小吃面目"[①],一时间又掀起关于地方小吃标准化的讨论。对报刊媒体的相关报道进行分析,可以发现各方莫衷一是,难以达成共识。总体来讲,在这些争议中,既有支持的声音,认为应该有规范性的正规标准[②],可以促进天津煎饼馃子项目的健康发展[③];同时又有质疑者发问:"煎饼馃子应不应该有标准?"[④]"标准化之后的煎饼馃子口味是否还正宗?"[⑤];更有人直接持否定态度,认为制定标准将会使舌尖上的体验受到束缚[⑥];也有一些人持中立态度,认为应对多样性的"煎饼馃子"形态持宽容态度[⑦],既保留传统又坚持创新[⑧]。尽管引起了一定的争议,经过各方努力,《天津地方传统名吃 制作加工技术规范 天津煎饼馃子》(T/TJCY 002—2018)(以下简称《煎饼馃子标准》)仍以团体标准的形式得以确立,并于2018年5月26日起正式付诸实施。[⑨]

煎饼馃子标准制定引起的争议并非偶然,而是近年来地方小吃、传统饮食标准化的一个缩影。通过相关检索可发现,湖南湘菜、陕西肉夹馍、山西刀削面、扬州炒饭、兰州牛肉拉面等都先后制定了相关标准,且标准制定前后总会引起一番热议。面对标准制定,为什么会有如此之争议?这本身就是一个非常值得探讨的问题。细究起来,其根源在于两种对标准化的不同认知:标准制定者希望借助标准规范传承秩序,对非遗制作技艺起到保护作用,这是基于非遗保护工作视角出发的对于标准化的认知;反对者则从非遗活态传承的特点出发,认为标准的引入会从形式上将非遗项目的文化特色固定住,与促进文化多样性的原则相悖,也

---

① 马晓冬:《市餐饮行业协会 成立煎饼馃子分会》,《天津日报》2018年3月17日第5版。
② 《煎饼馃子也该有个正规标准》,《山西青年报》2018年3月27日第10版。
③ 马爱平:《有了标准的煎饼馃子能走得更远》,《科技日报》2018年6月1日第7版。
④ 胡宇齐:《煎饼馃子应不应该有标准?》,《北京日报》2018年3月23日第8版。
⑤ 《"标准"的煎饼馃子会是好吃的煎饼馃子吗?》,《新文化报》2018年3月21日第A07版。
⑥ 江德斌:《煎饼馃子:"标准"束缚舌尖》,《长春日报》2018年3月23日第10版。
⑦ 《宽容看待"煎饼馃子"创新》,《沧州晚报》2018年3月21日第11版。
⑧ 《"煎饼馃子标准"不宜固守传统而排斥创新》,《鄂尔多斯晚报》2018年3月21日第WB11版。
⑨ 王建章:《T/TJCY 002—2018〈天津地方传统名吃 制作加工技术规范 天津煎饼馃子〉》,《标准生活》2018年第8期。

不利于文化的发展。显然，这是一种基于文化基本特征的对于标准化的认知。

标准制定的推动者一般是行业管理者、行业协会、标准化从业者、政府质监部门等主体，他们秉持的是市场秩序、质量安全等现代性的理念，从行业发展的角度希望通过制定相关标准，对混乱的市场生态进行规范，让更多的从业者有标可依，按标作业，走文化保护的技术路线。同时，制定标准也是一个让传统文化生产方式走向现代化、适应市场规则的过程，如各地传统小吃，面对麦当劳、肯德基等西式快餐的冲击，生存的最大障碍即是生产和经营管理的规范化问题。事实上，标准化已成为中华小吃走向世界的一条必经之路。[1]

对于标准制定问题持否定态度的，多为从事文化保护的工作者和文化研究的学者，他们认为文化是活态传承的，在传承中不断变异，才形成了多样性的表现形式，不能通过标准来固化。部分标准制定者有关确立"正宗"产品、保留"原生态"的提法往往成为反对者批评的焦点。比如以小吃为代表的中国传统文化或者文化技艺所呈现出的独特性，一旦以标准的形式加以固定，恐怕就将失去其特色。各地小吃之所以具有吸引力，就是源于地域性饮食习惯所形成的不同风格，代表了一个地域的"地方身份（Place Identity）"[2]，所以，在一定程度上小吃很难达成如必胜客、肯德基那样的标准口味，如果制定一个所谓"正宗"的口味，不仅起不到规范行业的效果，反而会使这个项目所展现的文化多样性消失。在这一层面上，认为标准化是文化多样性或者传统文化的"天敌"似也不为过。

那么，何为标准？何为标准化？在《标准化工作手册》中，"标准"是指"为了在一定范围内获得最佳秩序，经协商一致制定并由公认机构批准、共同使用的和重复使用的一种规范性文件"。[3]"标准化"是"为了在一定范围内获得最佳秩序，对现实问题或潜在问题制定共同使用和重复使用的条款的活动"。[4] 根据这一定义，我们可以在三个层面上来认识标准和标准化：首先，标准是一种共识，这种共识经过多方协商而达成，并且有一定适用范围，并不是放之四海而皆准；其次，标准是一种文本，其制定通过公认机构批准，具有规范性和约束性；再次，制定标准的目的是为了实现最佳秩序，即对秩序进行规范，使之合理化。

从这个理念出发，标准化与文化保护实际并不矛盾。将标准化引入到文化保护领域本身并没有问题，问题在于很多人对标准化怀有偏见，以固化的思维去认识标准化，而不去认真地研究标准的类型与内容，试图改善标准的制定过程和实施办法。这种固执己见的立场和思维方式本身，才是真正的问题之所在。

---

[1] 程鹏：《传统饮食制作技艺类非物质文化遗产的标准化建设研究》，载荣跃明、毕旭玲：《上海非物质文化遗产发展报告（2018）》，上海书店出版社2018年版，第53—62页。
[2] Amy B, Trubek X. *The Taste of Place: A Cultural Journey into Terroir*. Berkeley: University of California Press, 2008.
[3] 国家标准化管理委员会编：《标准化工作手册》（第2版），中国标准出版社2004年版，第451页。
[4] 国家标准化管理委员会编：《标准化工作手册》（第2版），中国标准出版社2004年版，第451页。

二、文化多样性与标准化的关系

　　自从二战结束以来，在追寻国际政治秩序重建的同时，以联合国教科文组织（UNESCO）为核心的国际力量也在谋求对文化的重新理解。从大的方面来讲经历了从"文明的冲突"①到"文明的共存"②的转变，认识到人类文化的多样性特征。尤其是进入到20世纪90年代后，经济全球化带来了各国间的文化对话与交流，也产生了发达国家的文化霸权格局。在文化交流中发展中国家的文化往往处于弱势地位，易受到西方文化的侵蚀，有面临消失的潜在危险。在信息技术和市场化的推动下，西方强势文化不断扩张，全球文化有出现单一化的趋势。

　　面对经济全球化过程中潜在的弱势文化消失和全球文化趋同化浪潮等危机，UNESCO于2001年制定了《教科文组织世界文化多样性宣言》（以下简称《宣言》）。"文化多样性"是"文化在不同的时代和不同的地方具有各种不同的表现形式"，"是人类的共同遗产，应当从当代人和子孙后代的利益考虑予以承认和肯定"。③《宣言》是第一份有关"文化多样性"的国际公约，它正式确立了文化多样性概念，描绘了文化多样性对人类可持续发展之重要性，并在国际层面探索对文化多样性的保障机制。这一机制也就是UNESCO于2005年制定的《保障及促进文化表现多样性公约》（本文以下简称《文化多样性公约》）。该公约确认文化多样性"指各群体和社会借以表现其文化的多种不同形式。这些表现形式在他们内部及其间传承"。并明确了各缔约国需要"根据自身的特殊情况和需求，在其境内采取措施保护和促进文化表现形式的多样性"来保护自己的文化遗产。④

　　UNESCO有关"文化多样性"的论述和实践，用刘非非、单世联的话说，"既是对西方文化强势扩张的现状所做的一种合理反应，也是对全球文化趋同化的一种深刻担忧"。⑤从UNESCO的探索历程来讲，对"文化多样性"的关注与对世界遗产体系的探索紧密相关。伴随全球经济、政治、文化一体化的发展过程，保护文化遗产的理论和行动也不断发展。作为人类社会的文化特征表现的"文化多样性"被首次提出，然后作为一项理解人类文明的理念被提倡，在目前作为一项公共文化事务表现为全球普遍进行的文化遗产保护活动。⑥在当下的中国已经成为政府主导、全民参与的公共文化工作，"形成广泛参与的运动，以浓墨重彩重绘了中国的文化地图，创造了新的历史"。⑦非遗保护工作正是要以政府主导的形式

---

① （美）塞缪尔·亨廷顿：《文明的冲突与世界秩序的重建》，周琪等译，新华出版社1998年版，第18页。
② （德）米勒：《文明的共存——对亨廷顿"文明冲突论"的批判》，郦红等译，新华出版社2002年版。
③ 联合国教育、科学及文化组织：《教科文组织世界文化多样性宣言》，2001年。
④ 联合国教育、科学及文化组织：《保护和促进文化表现形式多样性公约》，2005年。
⑤ 刘非非、单世联：《论"文化多样性"的中国话语》，《天津社会科学》2014年第4期。
⑥ 高丙中：《从文化的代表性意涵理解世界文化遗产》，《清华大学学报（哲学社会科学版）》2017年第5期。
⑦ 高丙中：《中国的非物质文化遗产保护与文化革命的终结》，《开放时代》2013年第5期。

延续传统文化活态传承的生命力,以现代社会的理念保护传统社会的文化,其目的之一即是"让非遗走进现代生活"。① 因此,非遗保护工作的关键就是要处理好传统文化与现代社会秩序之间的矛盾,以保证传统的可持续发展。

2007年,原文化部制定的《文化标准化中长期发展规划2007—2020》提出"形成涉及文化领域安全、环保、质量、工艺、功能、技术、检验检测、资质、等级评定、保护消费者权益的标准体系",以标准形式"推动文化产业的秩序化发展""促进文化市场的规范化管理"等工作目标。② 2011年实施的《中华人民共和国非物质文化遗产法》第三十三条提出,"国家鼓励开展非物质文化遗产有关的科学技术研究和非物质文化遗产保护、保存方法研究"。2015年,国务院印发《国家标准化体系建设发展规划(2016—2020年)》,在"文化领域标准化重点"专栏中,明确提出"开展文化遗产保护与利用标准研究""开展中国文化传承标准研究"的任务。③ 由此而见,文化遗产传承和文化产业的秩序化、规范化已经进入国家的文化政策决策,表明了从国家层面鼓励支持文化标准化建设的重要导向。在欧美一些发达国家的文化遗产保护中引入标准化的理念,经实践证明取得了较好的效果。如英国注重遗产保护相关的基本术语界定,强调调查和记录的基础标准制定,同时制定与遗产修复有关的技术标准;美国在遗产保护中采取开放性的标准制定方式,邀请公众广泛参与,并与国际性标准对接。④ 这些做法亦可为我国文化遗产保护工作所借鉴。

有关文化的标准化及其与文化多样性之间的关系,在学术研究上部分学者已经予以揭示。王霄冰对于祭孔礼仪的研究揭示了以王朝和君主为代表的封建统治者在祭孔礼仪的标准统一中发挥的作用,从而实现自上而下的礼仪标准化。但祭孔礼仪在东亚各地的在地化流传又呈现出多种多样的表现状态。⑤ 李凡关注胶东地区妈祖信仰的标准化现象,作者指出在神灵祭祀趋向标准化的同时,又同时会融入到地方的祭祀空间中,并不完全呈现出标准化的面貌,作者将其称为半标准化。⑥ 随着全球化、市场化、遗产化的发展,大众传媒的宣传,一些节日习俗、文化仪式等逐渐呈现出标准化的趋势。如陈志勤以端午节为例关注了节日习俗的"泛时空化"倾向,即赛龙舟、吃粽子、插艾蒿、挂菖蒲等已经超越地域、时空的限制成为端午习俗的通用符号,在一定程度上呈现出全国普遍在过同一个端午节的意象。但同时,在各地还普遍存在着具有地方性的节日习俗,这种地方性的习俗与全国日渐统一的习俗并存的现象构成了当下端午节的景观。⑦ 岳永逸将端午节的符号更进一步缩小为粽子与龙舟这两个元素,指出在端午节日渐遗产化的同时,一些经典的节日元素逐渐形成普遍性的节日

---

① 王立群:《让非遗走进生活走向未来——第四届中国非物质文化遗产博览会速写》,《山东画报》2016年第19期。
② 中华人民共和国文化部编:《中华人民共和国文化法规全书》,文化艺术出版社2008年版,第90—92页。
③ 《国家标准化体系建设发展规划(2016—2020年)》,《机械工业标准化与质量》2016年3期。
④ 李春玲:《英美文化遗产保护标准化及对我国的启示》,《东南文化》2016年第2期。
⑤ 王霄冰:《祭孔礼仪的标准化与在地化》,《民俗研究》2015第2期。
⑥ 李凡:《神灵信仰的标准化与本土化——以胶东半岛妈祖信仰为例》,《民俗研究》2015年第3期。
⑦ 陈志勤:《泛化的端午节与村民的端午日——以嘉兴海宁长安镇的三个村落为例》,《文化遗产》2014年第5期。

活动,从而形成一个标准化的端午节①。

正如上述学者研究所揭示,标准化也是文化的一种基本特征,但它往往只是一种趋势,与同时存在的地方化力量之间形成一种张力,并不会出现完全统一化、标准化的情况。标准化的同时也存在着在地化和本土化,全球化带来的危机激发了文化内部保护本体文化的文化自觉,是作为对全球化可能带来的单一化、标准化的抵抗。在联合国教科文组织的文化保护公约文件制定中,已经注意到将文化固化、标准化等文化认知的理念引入到非物质文化遗产保护中的危险性,并提出了防范性的措施,如在《保护非物质文化遗产公约》中没有使用本真性、完整性等概念,用意即是要避免在文化保护中存在的本质主义的认识与实践;② 在《保护非物质文化遗产伦理原则》中,更明确指出"本真性和排外性不应构成保护非物质文化遗产的问题和障碍"。③

三、标准化:文化多样性的制度保障

将标准化理念引入到非物质文化遗产保护工作中,是为了使非遗保护获得"最佳秩序",是借鉴标准化的理念促使非遗保护有序发展。其主要的工作包括对非遗保护工作进行监测评估,使工作在科学管理之下进行;其次对具体项目传承的秩序进行规范,主要针对生产性保护中的生产经营秩序;同时以标准化记录的理念,通过对核心要素的文本记录,弥补传统文化经验性传承的不足。

(一)作为保护工作的标准——保护工作的管理

从公共文化事务的视角,非遗保护工作需要有一个合理有序的程序。在国际公约、国家立法等相关规范文件的指导下,非遗保护的普查、认定、申报、记录、评审、保护等工作在符合一定规范或者在统一的规范下进行。非遗保护是一个新事物,在我国主要以政府为主导、自上而下地进行,相关的机构设置、工作人员、管理制度、工作机制以前不曾有过,是在保护实践中不断完善的。如作为一种有效的记录方式,数字化保护在各地被广泛采用,但"由于没有统一的技术要求和技术规格,各地各单位在对文化艺术档案资料进行数字化处理和管理时,各自为政,一些单位因陋就简进行数字化永久保存工作,反而造成有些资料在数字化过程中被毁损"。④ 所以,通过构建一套科学有效的管理体系,对非遗保护工作进行监测评估,衔接各地工作平台,将有助于保护工作的规范性。

---

① 岳永逸:《粽子与龙舟:日渐标准化的端午节》,《中原文化研究》2016年第2期。
② 户晓辉:《〈保护非物质文化遗产公约〉的实践范式》,《民族艺术》2017年第4期。
③ 联合国教科文组织:《保护非物质文化遗产伦理原则》,巴莫曲布嫫、张玲译,《民族文学研究》2016年第3期。
④ 阎平:《文化产业标准化问题研究》,《湖北大学学报(哲学社会科学版)》2010年第6期。

部分学者早已提出，在非遗保护观念上要有"红线"意识，① 申报、认定等工作需要规范，② 建立"严格的科学管理和标准化的操作程序"。③ 随着非遗保护工作的深入，有学者提出"后申遗时期"，④ 体现了对我国非遗保护工作转向的一个认识，即非遗保护从重申报转向重保护，重申报转向重管理。也有学者从不同角度进行了相关的探索，如数字化保护中的标准对接，⑤ 非物质文化遗产档案标准化建设⑥、精细化管理⑦、项目和传承人名录制度的思考⑧、立法建设⑨等。另有从事标准化研究的工作者尝试将标准化引入到非遗保护中，探索性地提出非遗保护标准化的框架。⑩ 在国家的保护实践层面，全国文化艺术资源标准化技术委员会已经制定了《非物质文化遗产数字化标准》。在地方保护实践中，一些地区制定了保护评估的标准，如浙江省宁波市建立了"三位一体"模式，该模式包括责任以及评估体系，已经在地方实施，对区域内的非遗保护工作进行指标量化。⑪ 湖州市制定了《非物质文化遗产保护与传承通用指南》地方标准，规定了湖州市非物质文化遗产保护与传承的内容和要求。⑫ 这些保护工作方法和操作规程的研究和实践，有利于非遗保护走向科学、规范化的方向。

（二）作为产品质量的标准——传承秩序的规范

当前生产性保护主要在传统美术、传统技艺和传统医药药物炮制类非遗领域实施。这些项目的衍生产品或服务可分为两类，即供人在衣食住行等方面直接消费的产品和满足人艺术审美需求的产品。对于供人直接消费的产品，传统工艺的原料使用、生产环境、产品形式、产品质量等不同程度地存在着与现代社会秩序、市场安全标准、生态环境保护、民众消费需求相互冲突的地方。如近年来出现的"新繁药浴案"⑬ "聂麟郊膏药案"⑭ "钱万隆酱油停产"⑮ "皇家琉璃停产"⑯ 等，都凸显了传统文化进入现代社会不适应的尴尬。为了能生产

---

① 高小康：《"红线"：非遗保护观念的确定性》，《文化遗产》2013年第3期。
② 徐艺乙：《非遗申报和保护都须规范》，《世界遗产》2013年第3期。
③ 乌丙安：《非物质文化遗产保护的科学管理及规程》，王文章主编：《非物质文化遗产保护国际学术研讨会2004论文集》，文化艺术出版社2005年版，第10—20页。
④ 高小康：《走向"后申遗时期"的传统文化保护》，《江苏行政学院学报》2012年第2期。
⑤ 杨红：《非物质文化遗产数字化研究》，社会科学文献出版社2014年版，第132—146页。
⑥ 周耀林、李丛林：《我国非物质文化遗产资源长期保存标准体系建设》，《信息资源管理学报》2016年第1期。
⑦ 蓝海红：《非遗保护管理的广东经验：精细管理》，《文化遗产》2018年第3期。
⑧ 孔庆夫、宋俊华：《论中国非物质文化遗产保护的"名录制度"建设》，《广西社会科学》2018年第7期。
⑨ 李晓松：《我国现行省级非物质文化遗产保护法规研究》，《文化遗产》2018年第2期。
⑩ 严菁：《非物质文化遗产标准体系研究——以青海省为例》，《标准科学》2013年第8期；王海瀛：《标准化视角下的非物质文化遗产保护》，《标准科学》2015年第10期。
⑪ 费伊：《"三位一体"：非遗保护的宁波模式》，《中国文化报》2011年12月21日第004版。
⑫ 王炜丽、黄家伟：《非遗传承 标准助力》，《湖州日报》2018年5月15日第A01版。
⑬ 刘伟：《"田婆婆"一方被判赔偿194万元》，《南方都市报》2013年3月8日第AA26版。
⑭ 《河南非遗"聂麟郊膏药"是假药？》，《兰州晨报》2015年5月26日第AII04版。
⑮ 《古法酿酱油不符现代标准停产》，《东方早报》2012年3月7日第A14版。
⑯ 李梦婷：《北京叫停非遗"皇家琉璃"生产》，《北京青年报》2017年8月23日第A05版。

出环保、安全、高品质的产品，并确保生产过程符合环保与质检等方面的要求，传统工艺项目需要确立一套能与当代社会和市场接轨的标准。"有了标准，就有了一个门槛、一个游戏规则，一方面可以提升民间艺术品的质量，规范混乱的价格体系，另一方面可以提升民间艺人的文化责任感，促使他们做出更加精美、更具市场价值的艺术品"。① 从这个层面上来说，标准实际上是对生产行为的一种约束机制。

对于满足民众艺术审美需求的产品，从非遗项目本身的发展来看，项目随着时代的发展不断改变与创新，具体体现在原材料的更替、工具的创造、技术的发展等。这些变革在让项目不断进步的同时，限于知识交流的界限和艺人的个性，难以形成统一共识，使得生产传播秩序混乱，缺乏监管，一定程度上影响着非遗的可持续传承，不利于保护和合理利用。因此，也需要从原料使用、生产环境、加工过程等相关环节进行与现代社会要求相符合的规范。

在 2012 年《文化部关于加强非物质文化遗产生产性保护的指导意见》第七条中，提出"鼓励协会制定有关非物质文化遗产代表性项目在原材料、传统工艺流程和核心技艺方面的相关标准和规范，支持协会开展行业管理、行业服务、行业维权等工作，通过行业自律和行业监管，推动非物质文化遗产生产性保护健康发展"。② 这一条意见强调了通过行业协会来制定相应的技术标准和产品标准。2017 年制定的《中国传统工艺振兴计划》中也提出"强化质量意识、精品意识、品牌意识和市场意识""引入现代管理制度，广泛开展质量提升行动，加强全面质量管理，提高传统工艺产品的整体品质和市场竞争力""鼓励地方成立传统工艺行业组织，行业组织要制定产品质量行业标准"等主要任务。③ 其目标即是让传统工艺更合理健康地走进现代市场体系。

从传统行业的发展来说，那些历经数百年的老字号，之所以能够长久不衰，享誉盛名，究其原因就是在生产经营中秉持着一定的原则或标准。如创建于 1669 年（清康熙八年）的北京同仁堂药店，历经 300 多年的发展，制药时始终坚持"炮制虽繁必不敢省人工，品味虽贵必不敢减物力"的古训，守着"修合无人见，存心有天知"的原则。④ 正因为坚持此标准，其在制药过程中精益求精，制作出来的药效独特，成为享誉盛名的老字号。虽然这不是现代质量体系中的标准文本，但已经具备了标准的意识。

所以，就作为一种文化产业来说，正如阎平所言，"标准化是促进文化艺术与现代科技紧密结合、提高文化产品和服务质量、获取最佳经济效益的重要技术保障"。⑤ 天津煎饼馃子团体标准制定的缘起，就是针对煎饼馃子混乱的市场采取的行动。首先是制作方法不统

---

① 黄小驹：《民间艺术品是否需要"标准"应该如何制定》，《中国文化报》2007 年 8 月 7 日第 1 版。
② 《文化部关于加强非物质文化遗产生产性保护的指导意见》，载于文化部非物质文化遗产司主编：《非物质文化遗产保护法律法规资料汇编》，文化艺术出版社 2013 年版，第 61—65 页。
③ 文化部　工业和信息化部　财政部：《中国传统工艺振兴计划》，《中国文化报》2017 年 3 月 27 日第 1 版。
④ 杨在军：《家族企业长寿之家族因素剖析——以 1669—1954 年的北京乐家同仁堂为例》，《中国经济史研究》2011 年第 1 期。
⑤ 阎平：《文化产业标准化问题研究》，《湖北大学学报（哲学社会科学版）》2010 年第 6 期。

一。煎饼馃子是天津传统小吃,在清朝时期就有记载。目前市场上流行有数十种做法,形成了不同的口味。但是具体哪一种口味是正宗的,能够代表老天津的手艺,并没有权威界定。其次在用料方面混乱。传统的煎饼馃子是绿豆、小米加五香粉混合而成,加馃子或馃箅、面酱、葱花、辣椒酱,再辅助以鸡蛋搭配。目前市场上出现各种各样的材料,如黑芝麻、牛肉、花生、生菜、火腿甚至还有海参。而这些在当地人的眼中并不是正宗的煎饼馃子,只是标新立异出现的新事物。再次是卫生标准参差不齐。煎饼馃子的出售分为两种形式。一种是流动摊位,一种是固定店铺。一些制作者为了降低成本,在卫生设备、消毒设备等方面缺乏配套,存在着相应的隐患。最后,定价比较混乱。煎饼馃子的定价从四五元到十几元不等,最贵的海参煎饼馃子卖到78元一个。因此,为了规范市场秩序,行业协会才讨论制定标准。

初看已经实施的《煎饼馃子标准》文本,对煎饼馃子分类、食品原料要求、制作场所及设施、设备要求、加工过程控制及机构、人员管理要求、加工工艺要求、标识、包装、运输和贮存等内容,做了较为详细的规定,在原材料质量上按照国家相应食品安全标准来制定,使食材符合食品安全标准。[①] 这在一定程度上有利于执法者、监管者的监管工作,生产者自律生产,消费者能够维护自身的合法权益,保证行业的健康运营。当然此标准的制定并不是把"煎饼馃子"固定下来,符合此标准的才是正宗的煎饼馃子,不符合标准的就不是。这一标准实际上是从加工过程中的原料、质量、卫生等方面做的规定,且属于推荐性标准,并不强制每一位从业者进行采纳。标准制定的效果并不会在短时间内立竿见影,其具体实施的效果还需要在长时间的实施之后才能体现出来。

(三)作为工艺流程的标准——核心技艺的记录

蓝勇通过对川江木船制作技艺的研究,提出标准性和经验性两种技术的传承方式。西方对于技术的传承属于标准性传承,偏重于量化科学的文本记录;中国属于经验性的传承方式,技术的学习过程缺乏文本记录,多靠口传。在川江木船技艺的传承中,与西方国家相比,我国存在着"文本化式弱"和"文本精度弱"的问题,作者提出"先进的中国传统技术与落后的技术传承途径存在巨大反差"。[②] 这样的问题在我国的非遗传承中普遍性地存在,往往出现面对古代复杂高超的技艺,现代人难以复制或者模仿的窘况。这种现象存在的原因是我国传统文化独特的传承方式。

与西方近代以来形成的以量化、可控、精确为特征的科学知识相比,中国传统文化的最大特征就是不确定性。如在武术、医药、饮食文化中"适量""少许""若干""悟性"等词汇都是不确定性和不可控性的体现,这也决定了文化习得的方式,不是通过科学知识的教授,而是口传心授、体悟式的学习,传统行业中"只可意会,不可言传""师傅领进门,修

---

① 王建章:《T/TJCY 002—2018〈天津地方传统名吃 制作加工技术规范 天津煎饼馃子〉》,《标准生活》2018年第8期。
② 蓝勇:《对先进制造技艺与落后传承途径的反思——以历史上川江木船文献为例》,《历史研究》2016年第5期。

行在个人""会了不难,难了不会"等谚语都说明了这样的习得方式。因此一门好手艺的掌握需要较长时间,在很多项目中可以发现,快速成长起来的年轻传承人做出的产品,缺少的往往是上一辈人多年领悟才成就的"神韵"。正因为这样经验式的传承方式,很多技艺缺乏记录,鲜有系统性的文本流传下来,即便现代人想复制过去的技术都难以找到参照的范本。

在当下的非遗保护中,也讲求创意文化、创意产业。然而,往往设计师设计出来的产品却不被认可,体现不了非遗文化的精髓,其中的关键原因就是没有掌握核心技艺。古人讲"万变不离其宗","宗"就是指核心技艺或核心元素,如民间文学神话故事演变,无论怎么改编,但仍是基于几个固定的母题①;传统技艺历经几代人,在原材料、工艺、设备等方面进行变化,传承下来的则是其核心技艺。核心技艺是一项传统工艺经济价值和人文价值之所系,是一项技艺的灵魂。② 在《关于加强非物质文化遗产生产性保护的指导意见》中,"坚持传统工艺流程的整体性和核心技艺的真实性"这句话出现多达 7 次,可见传统技艺所具有的不可替代的文化价值的传承是生产性保护的核心,而经济价值的产出是手段,两者相互促进。在传承活动中,对于经济利益、产品开发、技术引进的关注往往忽视了传统工艺的保护,造成了经济利润增长、文化保护滞后的现状。因此,有必要在记录完整工艺流程的基础上对核心技艺进行完整的记录。

标准化的成果之一就是标准文本的制定。这一文本是在经过多方多次协商讨论后达成的一定共识。标准所要保护的是非遗的核心成分,通过技术层面的规范来保证其文化内涵的传承。因此,标准化正是保证文化多样性的前提。也许有人会质疑,标准文本记录会把技艺、流程固定住,其实不然,因为标准本身具有一定的弹性空间。标准文本只是在一定时间内的范本,随着社会发展产生的创新和需求,标准也会适时而变,通过标准的修订跟上工艺技术的进步。

作为一种地方小吃,"煎饼馃子"在天津有 600 多年的历史,但这个词最早出现在 20 世纪 30 年代《大公报》中的记载。在 1986 年出版的《津门小吃》一书里,有对煎饼馃子制作技艺相对详细的记录。即将绿豆磨成,浸泡去皮再磨成糊,加入调料成浆,小火烧热烙子,放油倒浆,再烙制而成。③ 这算是可见到的关于煎饼馃子工艺的较全面的记录。煎饼馃子核心的部分在于"馃子"和"馃箅儿"的制作,在《津门小吃》中并没有相关记录。平时小摊自己不制作,都是到别处购买。在天津煎饼馃子的标准制定中,煎饼馃子协会认为市场上流行的煎饼馃子很多都不是"正宗"的煎饼馃子,在工艺流程上缺乏标准,相对"正宗"的是《津门小吃》中记录的做法。在《煎饼馃子标准》的附录中,制定者选取了"清真津老味"煎饼馃子制作工艺(干粉型)、"普缘和"煎饼馃子制作工艺(水磨型),作为煎饼馃子制作的代表性工艺。从其中的记录可见从原料选择到配料、磨制、调和、成品等都做了较为详细的记录,有参考《津门小吃》中的记录,也有根据现代经营生产添加进入的

---

① 陈建宪:《论比较神话学的"母题"概念》,《华中师范大学学报(人文社会科学版)》2000 年第 1 期。
② 邱春林:《守住"核心技艺"——以大理白族扎染为例谈传统手工技艺的生产性方式保护》,《美术观察》2009 年第 7 期。
③ 天津饮食公司烹饪技术培训中心编写组编:《津门小吃》,天津科学技术出版社 1986 年版,第 25 页。

内容。尤其对"馃子""馃箅儿"的制作进行细致描述，这在一定程度上使煎饼馃子的核心制作技艺得以保留。

结 论

综合上述讨论，可以得出以下结论：

首先，应该区分从两种逻辑出发的对于标准化的认知，即作为对文化特征理解的标准化和作为规范保护活动的标准化。作为一种文化表达形式，非遗的确不能够进行量化和测量，无法也不应该固定或者有一个统一的标准；但是作为保护文化表现形式所开展的工作和活动，需要进行规范，使其达到"最佳秩序"。这些工作需要在非遗保护中通过政府与地方当事人之间的互动中待以开展。

其次，在此认识的基础上，标准化与文化多样性并非完全对立而应是相辅相成的关系。对于文化保护重要的是保障一个有序的传承环境，而不是规范文化内涵的表现。健全的传承环境需要依靠多样性的文化内涵的解释以及与之配套的实施标准。如前述有关文化特征的标准化的研究所揭示，标准作为一种典范只是一种参照，实际上人们在实践过程中还是会结合各地的具体情况进行改良和创新，所以反而会促进文化多样性的发展。例如曾国军等基于台湾品牌"鲜芋仙"的研究，提出地方饮食中标准化与原真性的关系为"标准化是原真性的保障，原真性是标准化的根基"。[①] 受此启发，标准化与文化多样性的关系也可以表述成"标准化是文化多样性的保障，文化多样性是标准化的根基"。

最后，非遗保护相关标准研制尚处于起步阶段，需要多方协同参与，凸显文化行业标准的特色。非遗保护作为一项公共文化事业，在国家大力推行公共服务标准化的趋势下，不可避免地也会引入标准化的管理模式。目前将"标准"的理念引入到非遗保护工作中还存在争议，没有达成普遍性共识。因此需要通过学术研究和保护实践直面存在的问题，在实践中寻找答案，而不能仅仅停留在话题争议层面而没有下文。标准的制定从呼吁到制定再到实施是一个系统漫长的过程，需要多元力量的协同参与。因此，非遗保护标准的研制需要政府发挥主导作用，协调学界、传承人、产业界、行业协会、消费者等多方关系，形成相互对话，[②] 在协商的基础上使制定的标准既能适应现代社会的管理需要，又能延续文化表现形式多样性的鲜活生命。

（原文载于《文化遗产》2018 年第 6 期）

---

① 曾国军、孙树芝：《跨地方饮食文化生产：鲜芋仙的原真标准化过程》，《热带地理》2016 年第 2 期。
② 王霄冰、胡玉福：《论非物质文化遗产保护工作的规范化与标准体系的建立》，《文化遗产》2017 年第 5 期。

"文化工业"标准化与文化产业标准化语境之辨析

周晓健*

"文化工业"与"文化产业"其实均译自英文 culture industry，之所以会出现两个中文概念，主要是翻译上做的区分：论及以阿多诺和霍克海默为代表的法兰克福学派文化理论时，学界普遍译为文化工业；除此之外通常译为文化产业。在西方学界，也逐渐用复数形式的 culture industries 取代具有法兰克福学派意味的 culture industry。二者虽然表面上只有一字之差，实际上却有两种不同的表意色彩：谈及文化工业，它所接通的是法兰克福学派的大众文化理论和美学思想，语义色彩偏向批判性；谈及文化产业，它是作为经济学意义上的行业描述，具有中性的意义。译法上的差别，使文化工业与文化产业分别在否定性与肯定性的层面获得了两套被各自思考和言说的路径。在这两条路径下，"标准化"一词也因语境的差异而具有了不同的意义。

一、文化工业批判理论中的标准化问题

阿多诺在 1975 年发表的《文化工业述要》中回忆："文化工业（culture industry）这个词大概是在《启蒙辩证法》这本书中第一次使用的。此书由我与霍克海默合作，1947 年出版于阿姆斯特丹。"[①]《启蒙辩证法》由霍克海默和阿多诺创作于 1942 至 1944 年间，其中《文化工业：作为大众欺骗的启蒙》一章主要由阿多诺执笔，他用"文化工业"取代了在写作中原本使用的"大众文化"一词，"旨在从一开始就把那种让文化工业的倡导者们乐于接受的解释排除在外：也即，它相当于某种从大众当中自发产生的文化，乃是民众艺术（Volkskunst）的当代形式。"[②] 阿多诺所论述的大众文化不是由大众创造的文化，而是统治阶级向大众灌输的文化，正因其反大众的含义而被替换成"文化工业"，以更形象地区分民

---

* 周晓健，同济大学人文学院博士研究生。
① （德）西奥多·W·阿多诺、赵勇：《文化工业述要》，《贵州社会科学》2011 年第 6 期。
② （德）西奥多·W·阿多诺、赵勇：《文化工业述要》，《贵州社会科学》2011 年第 6 期。

间自发形成的文化与有计划地被制造出来的文化。"对文化工业中'工业'一词的理解不可拘囿于字面意思。它指的是事物的标准化（比如说每个电影观众都熟悉的西部片的标准化），发行技术的合理高效化，而不仅限于制作过程。"① 可见，阿多诺所说的"工业"并不是指生产本身，而是生产模式的标准化，这样的生产模式追求的是技术上的生产条件，"文化工业"即是技术理性化的文化生产。"技术取得支配社会的权力依靠的正是社会中经济地位最强的那些人的权力"，② 文化工业批判理论认为是统治阶级将制造出来的文化进行欺骗性的包装，通过工业式的批量化生产，借助大众传播媒介，将文化以商品的形式进行销售，以此从意识形态上麻痹大众的思想甚至控制整个社会。因此，"文化工业的总体效果是反启蒙的"，"作为进步的、对自然的技术统治的启蒙变成了一种大众欺骗"。③

阿多诺主要从两个方面对文化工业的标准化问题进行批判。一方面是美学上的批判，认为文化工业标准化的生产模式导致了大众文化产品同质化、齐一化的现象，标准化的生产与标准化的产品抹杀了艺术创作的个性与创造性以及艺术欣赏的自主性与想象力。在标准化的生产中，"普遍性和特殊性已经假惺惺地统一起来了"，④ 特殊归于普遍，内容归于形式，雅俗艺术的差别也因此消失。文化工业"把分离了数千年，各自为政、互不干扰的高雅艺术与低俗艺术强行拼合在一块，结果是两者俱损。"⑤ 文化工业中的艺术作为一种消费品，其商品性的突现将带来艺术性的丧失，大众文化取代了艺术，强制融合起高雅艺术与低俗艺术。文化的生产采用工业式的标准化模式，从流水线上制造出大批量的流行音乐、电影、小说等文化商品。"当高雅艺术与低俗艺术被强行婚配到一起之后，不仅使新产品变成了一种文化怪胎，而且还出现了一种'全面抹平'的效果。"⑥ 在利益的驱动下，对成功的文化商品进行模仿性再生产，大量复制品的出现消除了审美感性经验的特殊性，艺术本该有的独特性、丰富性最终归于大众文化标准化的同一性。另一方面是意识形态上的批判，阿多诺认为被文化工业标准化的不只是生产模式和产品规格，最终大众的消费行为也被标准化了，受到意识形态的操控而丧失自我。"不只是文化工业的标准化生产方式使得产品的个性成为一种错觉。个体也只有与普遍性达成完全契合，才能被毋庸置疑地接纳。"⑦ 看起来的个性掩盖了实质上的标准化，大众麻木地被动接受着标准化的文化商品，重复着平庸而又无意义的娱乐消费，逐渐失去了思考能力与反抗意识，最终导致人的异化。文化工业成为资本主义统治阶级欺骗大众、控制大众的工具，使人成为整个社会所要塑造出来的那种样子。阿多诺认为工具理性引起的技术发展造成了一种社会控制的模式，技术不是任意发展的，而是统治阶级有导向性地设计出来的。技术的合理性即是统治上的合理性，技术理性因此成为一种意识形

---

① 西奥多·W·阿多诺、赵勇：《文化工业述要》，《贵州社会科学》2011年第6期。
② Horkheimer M, Adorno T W, Noeri G. *Dialectic of enlightenment*. Stanford University Press, 2002: 95, 95, 124, 108, 108.
③ （德）西奥多·W·阿多诺、赵勇：《文化工业述要》，《贵州社会科学》2011年第6期。
④ Horkheimer M, Adorno T W, Noeri G. *Dialectic of enlightenment*. Stanford University Press, 2002: 95, 95, 124.
⑤ （德）西奥多·W·阿多诺、赵勇：《文化工业述要》，《贵州社会科学》2011年第6期。
⑥ 赵勇：《法兰克福学派：知识分子与大众文化》，北京大学出版社2016年版，第92页。
⑦ Horkheimer M, Adorno T W, Noeri G. *Dialectic of enlightenment*. Stanford University Press, 2002: 95, 95, 124, 108, 108.

态。建立在这个基础上的文化工业是为维护资本主义的统治服务的,正是复制技术和传播技术的发展使统治阶级制造出来的文化得到大批量的复制和传播,破坏了艺术原本的自律性,故而阿多诺对技术在文化工业中的作用持否定的态度。

二、文化工业批判理论的历史语境

文化工业理论对资本主义社会大众文化现象的批判十分犀利,具有深刻的启发意义,但是它的理论出发点有着特殊的社会历史文化背景。"法兰克福学派对文化工业的批判,两个最为典型的语境应是纳粹德国和战后美国的垄断资本主义消费社会。脱离这两个典型语境来妄谈批判,或许难免是无的放矢,隔靴搔痒。"[①] 文化工业的是是非非,也应该还原到当时的社会历史语境下,才能对其做较为恰当的判断与分析。阿多诺对文化工业的批判与其自身所处的成长环境、知识背景以及际遇有关。阿多诺出身于德国一个富裕的犹太家庭,受到了良好的精英教育,对哲学、文学和音乐等都有精深的研究。二战前后为逃离纳粹德国的统治,与法兰克福学派多数学者一样,阿多诺选择流亡美国,在那里目睹了大众流行文化的兴盛,对垄断资本主义社会中的文化工业进行了思考。所以,文化工业批判理论的语境就设定在纳粹德国的法西斯集权统治与美国的垄断资本主义社会之中。

阿多诺接受的欧洲高雅文化传统使他站在了文化精英主义者的立场上,使他以保守的贵族式信念站在高处为大众说话,并未真正地深入到平民大众中间,仅是用逻辑推衍的方式言说大众文化,认为文化工业是使高雅艺术沦落至低处成为商品的真凶,这种理解便存在着粗疏与片面的倾向。实际上从历史到今天,精英文化因受到现实条件的限制而无法大规模普及,其与大众文化的鸿沟是客观上存在的,但二者之间的关系并非如文化工业理论所述那样是泾渭分明的割裂状态。过于强化高雅艺术与低俗艺术的区别,这是文化工业批判理论的一个局限之处,也正是在这一点上,文化工业理论的标准化命题受到后来的历史发展与理论反思的双重质疑。阿多诺对文化工业操控意识形态方面的批判,其实反对的是当时特殊历史条件下的文化极权。目睹了在纳粹德国统治下少数的法西斯分子操纵着大多数有较高文化修养的德国民众,阿多诺因此在其理论建构中将大众看作是顺从、麻木的,面对统治阶级的文化灌输毫无抵抗能力,是文化商品的被动接纳者,完全屈服于资本主义统治阶级强加到身上的虚假文化需求。"大众"在阿多诺那里甚至有"乌合之众"的贬义倾向,"假如大众已被自上而下地贬为乌合之众,那么文化工业是把他们变成乌合之众、继而又鄙视他们的罪魁祸首之一。"[②] 阿多诺将大众文化看作统治阶级维护其意识形态和控制社会的工具,认为大众在意识形态面前是绝对臣服的,却忽视了个体的能动选择和反抗作用。大众之间也有着人与人之间的个体差异,大众群体中的个体,仍是一个独立的人,对文化产品的选择是具有主观能

---

① 陆扬:《文化工业批判的再批判》,《社会科学》2011年第2期。
② (德)西奥多·W·阿多诺、赵勇:《文化工业述要》,《贵州社会科学》2011年第6期。

动性的，而文化工业理论并未把大众看作是活生生的人来观察。

从德国辗转到美国，置身于一个不同的政治文化环境中，阿多诺依据纳粹德国的法西斯式文化统治来判断美国社会的大众文化，而忽略了纳粹法西斯的统治是在限定的历史条件下发生的独特境遇，美国高度发达的资本主义大众社会并不同于此。20世纪30年代的美国大众文化已经非常发达，加之40年代美国本土几乎没有受到二战战场的波及，大众文化发展势头迅猛。尽管阿多诺并没有明确地把文化工业与法西斯主义统治期间的政治胜利等同起来，但法西斯主义的统治是他心中挥之不去的一个阴影，在他的理论中可以看出二者还是相互渗透、密不可分的。然而，资本主义社会的垄断并不等于法西斯政治极权，阿多诺在论述中并没有加以明确区分，在分析大众文化时用的是与论述极权统治时同样的思维模式，所以文化工业批判理论自身便存在着一种非语境化的错位，有着鲜明的时代与个人烙印。

三、从文化工业到文化产业语境的变迁

早期文化工业批判理论的形成有其当时的历史合理性，但是过分强调文化工业的"工业"属性，也使其轻视了其中"文化"的作用。就关注对象而言，文化工业批判理论力图破除的是工业社会的理性神话，它建立于当时德国和美国的社会历史背景中，的确有敏锐而深刻的洞察力，言中了大众文化的某些弊端。但不能忽视的是，批判理论的否定性思路也限制了观察的视野，对大众文化具有积极性的另一面视而不见。同属于法兰克福学派的本雅明对大众文化的批判就包含着一种乐观的态度，他并没有完全否定大众文化，在感叹艺术"灵韵"消失的同时，也承认了文化艺术品机械复制的历史必然性。在本雅明看来，文化艺术的工业化及机械复制的技术可以缩短大众与艺术之间的鉴赏距离，艺术不再如以往那样高高在上，艺术品从被少数人的垄断欣赏中释放出来，这是具有积极意义的，是促进艺术民主的表现。可以说在某种意义上，文化工业时代大众文化是一种文化艺术的平民化进程，具有走向社会平等的进步意义。大众文化是与社会的现代化进程同步发展起来的，它的出现具有历史必然性，绝非只是统治阶级操控的结果。从历史维度看，西方社会进程也在发展与演变，由工业化进入到后工业社会，生产方式从福特制流水线型生产向后福特制个性化定制生产转变，整个工业形态早已不同于七十年前，文化的工业化形态并没有文化工业理论说的那么悲观。大众文化在商品化的趋势下越来越繁荣，迫切需要形成规模的产业化运作，才能满足大众日益增长的文化需求，这也是顺应社会发展的趋势。

文化工业理论谈及对艺术的创造性与个性的抹杀，在法兰克福学派的理论框架内是可以自圆其说的，其所述的那种机械复制式的齐一化在特定的历史时期诚然是大众文化所呈现的某种特征，但就实践范围而言，这种程式化的标准却从未得到完全的落实。文化生产的标准化并不必然直接造成对艺术创造性与产品差异性的消解，"标准化本身并不必然引起非个性化，它可能是艺术的古典'规则'（如规定戏剧创作的形式和主题的三一律）在产业化艺

中的对等物","劳动分工和标准化本身都不是实现作品个性化的障碍"。① 文化艺术创作的规则或者说标准,并不能阻挡内容上的创新与超越,即使在古典主义戏剧创作"三一律"苛刻的创作规范中,依然有优秀的作品出现并流传下来成为经典。"在标准化的生产大网之中,仍有无数的缝隙容许创作者的创意。文化工业或许试图完全照着公式进行,但历史上这个公式却从未固定下来。"② 以阿多诺所批判的好莱坞电影工业为例,即使所有的电影都是按照某种特定的流程在片场中拍摄加上后期制作完成,但这并没有妨碍导演在这个流程中进行艺术上的发挥与创造,反而正是这种流程让电影有了更规范高效的生产机制,让大众有更多的电影作品可以欣赏。好莱坞电影看似都可以框定到大大小小的各种类型中,实则这些"类型"也是有着动态的演变过程,不可能有任何一种标准化的电影制作流程几十年间生产着齐一化的影片而不让观众厌烦。阿多诺却认为:"事实上,文化工业独具的创新在所有情况也都只是对批量生产的改进而已,与制度系统无关。"③ 阿多诺将文化工业的创新看作是工具理性中的技术改进,而不是内容上的创新,"无数消费者的兴趣都集中在技术上,而不是僵化重复的、陈腐的、半废弃的内容上。"④ 社会发展至今,"创新"并没有被文化工业的"标准化"击倒,文化和艺术依然有着生命力。"标准——创新之间的力量对比决定了文化产品的艺术和价值,它们之间的矛盾是文化产业的活力所在",⑤ 每部新作品的出现都是一种创新的力量,推动着大众文化向前发展。

今天,大众文化已走出前半个世纪的简单发展模式,向多样化、差异化形态演进。20世纪50年代开始,电视媒介的出现改变了之前大众文化传播的方式,其他的媒介如广播电台、流行杂志等走上了高度专门化的道路,逐渐显现出分众化和小众化的趋势。当然,主流媒介的大众文化并不能舍弃类型化的特征,但此时类型化、标准化早已与文化工业理论中的批判对象大为不同了,批判理论中认为标准化将导致非个性化的判词已经动摇。20世纪60年代兴起的英国伯明翰学派对大众文化理论做了丰富和拓展,他们并不像法兰克福学派那样将大众看作是意识形态在工具理性统治之下的奴隶,相比之下对大众文化的态度较为民主。正如斯图亚特·霍尔曾说过,普通大众并不是生活在虚假意识中的文化傻瓜,大众也有着自己的意识和判断。事实上,大众文化的语义范围已并非如文化工业理论那样排除了大众自发产生的文化,大众文化内涵的扩展已经超出了文化工业理论的范围。20世纪70年代西方学界逐渐将关注点从文化工业 culture industry 转移到文化产业 culture industries,文化产业作为专有名词自此正式与文化工业脱离。在现代社会,文化已经不是统治阶级能够操控的了,文化产业是各类文化继续发展的重要形式之一,即使是高雅文化也需要在产业化的运作下才能得到传播。可以说,大众文化多样而复杂的局面已经超出了阿多诺文化工业批判的理论体系。

---

① (法)埃德加·莫兰:《时代精神》,陈一壮译,北京大学出版社2011年版,第26页。
② (德)阿梅龙、(德)狄安涅、刘森林主编:《法兰克福学派在中国》,社会科学文献出版社2011年版,第230页。
③ Horkheimer M, Adorno T W, Noeri G. *Dialectic of enlightenment*. Stanford University Press, 2002:108.
④ Horkheimer M, Adorno T W, Noeri G. *Dialectic of enlightenment*. Stanford University Press, 2002:108.
⑤ 单世联:《论文化产业的"标准化"问题——以法国思想家莫兰为中心的讨论》,《广东社会科学》2016年第4期。

四、我国文化产业标准化的当前语境

阿多诺基于历史反思性批判的文化工业批判理论，并不能完全契合于今天的中国社会境况。正如霍耐特在 2008 年"法兰克福学派在中国"国际学术研讨会上的开幕致辞中坦言："阿多诺如泉下有知，也会茫然而不知所云。不仅会议的主题，就连与会的组成人员或许都让他大为困惑：与会者来自一个自成一体的文化地域，而这个地域又是阿多诺在其哲学与美学思考中从未涉及过的。"① 在中国的文化场域中，文化产业是我国社会主义文化的载体，是促进市场经济发展的推动力，在我国经济转型中具有重要作用。对西方发达国家来说，文化产业既是拉动经济增长的产业实践，又是输出意识形态的政治文化利器。对发展中国家来说，文化产业是发展国民经济的重要产业，也是争夺国际话语权的一个重要领域。我国的文化产业经过几十年的发展，产业门类日益健全，产值不断提高，规模逐步扩大，社会效益和经济效益明显增加，在国家经济转型中起到了举足轻重的作用。文化产业是我国推动社会主义文化大发展大繁荣的着力点，是实施文化走出去战略、增强中华文化国际影响力的重要引擎。

在当前文化产业的语境中，大众文化由文化工业的批判对象，演变为文化产业的内容要素，文化工业的文化本体论立场转向了文化产业的经济本体论。有学者对此做出论断："文化工业所批判的正是文化产业所发展的，文化产业与文化工业的一字之差，其内里却在于对待大众文化立场上的针锋相对"。② 这种看法并不全面，因为当前大众文化的语义范畴已然不同于以前，作为文化产业的生产要素，大众文化包含着来自民众的文化内容，比如说与现代市场经济相适应的市民文化、城市文化等，现今的大众文化与市场经济、科学技术等各种因素以及网络社会的兴起有关。尤其是在互联网盛行的时代，民众拥有了更多的话语表达权。所以，文化工业所批判的大众文化与文化产业所要发展的大众文化并不是同一概念，即使文化工业的否定性立场与文化产业的肯定性立场是相对的，也不能因此说二者是在同一对象上的立场针锋相对，文化工业所否定的是当时"文化"一端的极权效应，文化产业所肯定的是"经济"一端有利于当前社会发展的作用。今天中国市场经济条件下的文化产业和大众文化的发展方兴未艾，对其积极的方面我们应正视，但并不是说要抛弃文化工业理论，也不是用文化产业实践否定文化工业理论，而是要在不同的理论框架中加以讨论。如果说文化工业是对大众进行文化上的控制，当前文化产业中的一些现象反而是对大众文化审美趣味的妥协和迎合。所以，在当前语境下文化产业标准的制定，对规范文化产业向正确方向发展具有重要意义。

---

① （德）阿梅龙、（德）狄安涅、刘森林主编：《法兰克福学派在中国》，社会科学文献出版社 2011 年版，第 230 页。
② 孙士聪：《文化产业与文化剩余价值——从反思阿多诺的文化工业理论谈起》，《东岳论丛》2013 年第 2 期。

五、标准化建设对文化产业的意义

近些年来我国文化产业发展迅猛,就目前来看,文化产业标准化建设也急需跟进。文化部颁布的《文化标准化中长期发展规划(2007—2020年)》指出:"文化领域的标准化是促进文化艺术与现代科技紧密结合、推动文化创新的重要技术保障,是繁荣文化事业和发展文化产业的重要基础性工作"。① 国家对文化产业标准化的建设也提上了战略高度,2011年国家标准化管理委员会颁布《标准化事业发展"十二五"规划》,在生活性服务业一项中明确提出"文化产业服务"的标准体系建设。② 国务院办公厅在2015年底印发的《国家标准化体系建设发展规划(2016—2020年)》中提出,"建立健全文化行业分类指标体系,加快文化产业技术标准、文化市场产品标准与服务规范建设",以"保障文化环境健康有序发展,建设社会主义文化强国。"③

行业标准化的建立可为产品质量的认证、市场的准入与监督、企业资质的审查等工作提供依据。文化产业属于技术含量高和附加值高的生产领域,标准化的手段能够鉴定文化产品与服务的质量和等级,提供合格的产品与服务进入市场。文化产业的标准化建设能够规范市场主体,维护市场秩序,形成良好的文化产业市场环境。国家和地方对文化产业的发展在政策和税收方面有一系列的扶持措施,因此对文化产业性质的企业需要有一定的认证标准,标准不明确将导致准入门槛过度自由,一些企业因缺少合乎标准的要求而无章可循,甚至非文化企业"钻空子"享受文化产业的政策优惠和补贴。同样,对文化产业集聚区或文化产业园区的认定,以及文化产业项目的测评也需要明确的标准,标准的不统一使得目前很多集聚区或园区以及文化产业项目在申报中存在各种问题,发展方向也不够清晰。标准体系的确定将规范文化产业中企业主体的行为,引导行业的健康发展。此外,目前由于国内外对文化产业的内涵界定、种类范围等划分不一,造成统计的版本与结果存在差异,可比性与借鉴意义不足,标准化体系的建立能够提升文化产业领域统计数据的科学性与准确性。

经济全球化时代,标准是一种通用的技术语言,国际标准的形成有助于减少或消除生产、流通等环节的贸易壁垒,掌握了标准的制定权便是掌握了国际竞争中的话语权。"标准竞争已成为国际上继产品、品牌竞争之外,一种层次更高、意义更大、影响更广的竞争手

---

① 中国政府网:《文化部印发〈文化标准化中长期发展规划(2007—2020)〉》,http://www.gov.cn/gzdt/200708/06/content_707569.htm.
② 国家标准化管理委员会:《关于印发〈标准化事业发展"十二五"规划〉的通知》,http://www.sac.gov.cn/szhywb/sytz/201112/t20111228_100505.htm.
③ 中国政府网:《文化部印发〈文化标准化中长期发展规划(2007—2020)〉》,http://www.gov.cn/gzdt/200708/06/content_707569.htm.

段。"① 尤其是在文化产业领域，标准与知识产权的结合，使得标准不仅成为解决国际贸易争端的仲裁依据，也是国际市场准入的重要门槛。完善标准化体系，将全面提升我国文化产业的国际竞争力，维护我国在国际标准化中的利益，让"中国标准"国际影响力和贡献力大幅提升，迈入世界标准强国行列。但也要看到，面对日趋激烈的国际竞争，我国文化产业标准还存在标准数量少、涵盖有限，标准制定不规范、实施不力等现象。根据《文化标准化中长期发展规划（2007 - 2020）》，我国要在"2020 年以前，建立起较为完善的标准体系，取得一批文化标准化理论研究重大成果，完成主要标准的制（修）订工作，使文化标准化建设走向规范有序健康发展的道路"，② 文化产业标准化的建设将成为今后一个时期一项十分紧迫的任务。

（原文载于《福建论坛·人文社会科学版》2018 年第 2 期）

---

① 中国政府网：《国务院办公厅关于印发国家标准化体系建设发展规划（2016—2020 年）的通知》，http://www.gov.cn/zhengce/content/2015-12/30/content_10523.htm.
② 刘雪涛、李岱松、张革、张京成编著：《首都文化创意产业标准化》，科学出版社 2010 年版，第 32 页。

文化产业标准化问题研究

阎 平*

近年来，我国文化产业快速发展，在许多地方已成为支柱产业。随着文化产业的发展，标准化的重要意义逐渐凸显。标准化基础薄弱，已开始影响文化产业的发展。但在很多业内人士的意识里，标准化工作尚未受到足够的重视。本文拟就文化产业标准化问题，进行一些初步的探讨。

一、标准化对文化产业的重要意义

所谓文化产业，指从事文化产品的生产、流通和提供文化服务的经营性活动的行业。它大体包括文化艺术、音像图书、报刊杂志、新闻出版、广播影视、文物博览、娱乐休闲等活动，以及与之有关的文化产品的生产、流通和传播领域。不同国家对文化产业的称谓也有所不同，美国使用版权产业的概念，德国使用文化经济的概念，英国使用创意产业的概念，香港和台湾地区使用文化创意产业的概念，另有数字内容产业、文化科技产业等称谓，但基本的内涵和外延大体是一致的。

所谓标准，就是"为了在一定的范围内获得最佳秩序，经协商一致制定并由公认机构批准，共同使用的和重复使用的一种规范性文件"。[①] 所谓标准化，就是在科学技术、经济贸易及社会发展实践活动中，对重复性事物和概念，通过制定、实施标准，以获得最佳秩序和最佳效益的过程。1865 年，法、俄、德等 20 个国家的代表在巴黎召开会议，成立了第一个国际标准化组织——"国际电报联盟"。1946 年 10 月，由 25 个国家发起成立的国际标准化组织（ISO），中国是发起国之一。标准化是工业化大生产的产物，工业化大生产是标准化的"孵化器"和"推进器"。首先，只有按统一的规格尺寸等技术要求生产出来的产品才能最大限度地发挥工业化的优势，降低成本和提高劳动生产率，使标准具有生产属性。其

---

* 阎平，文化和旅游部政策法规司副巡视员。
① 中华人民共和国国家质量监督检验检疫总局：《标准化工作指南第一部：标准化和相关活动的通用词汇. GB/T20000.1—2002》，中国标准出版社 2002 年版。

次，商品流通、社会分工和专业化生产促进使市场产生了对产品的通用性和互换性的需求，使标准又具有贸易属性。随着工业化规模和市场范围的扩大，特别是国际贸易的兴起，在更大的范围内统一技术要求就成为经济贸易发展内在规律的内在需要。国家标准化组织、区域标准化组织和国际标准化组织的诞生、发展和壮大就是标准化适应这一历史潮流的必然产物。目前，无论在国际上还是在国内，标准化在经济领域日益受到重视。在国际市场上，关税壁垒的作用日趋减少，而非关税壁垒的作用却日趋增加，而标准就是非关税贸易壁垒中最重要的部分。文化产业既然是具有一定规模的产业，标准化同样对其十分重要，这一点越来越受到文化行业内外的有关人士认同。就文化产业而言，标准化是促进文化艺术与现代科技紧密结合、提高文化产品和服务质量、获取最佳经济效益的重要技术保障。是故，近年来业内人士一直在呼吁"我国文化创意产业标准化工作应该提上日程"①。

（一）标准化是保障文化设施设备质量与安全的重要手段

首先，标准化是保证文化设施器材质量的需要。一种产品的质量和性能，主要取决于它的执行标准。以演艺设备为例，如果缺乏统一的标准，经常会出现因设备不兼容而引起混乱，在安全方面也将造成很大隐患。目前发达国家剧场，用尽一切高新技术手段，其技术含量不亚于汽车、建筑等行业。与精密复杂的设备相配套的舞台技术标准已经十分完善并在不断更新。② 美国有专门负责舞台技术标准化工作的"舞台经销商协会"，它分为光度工作组、装配工作组、电力协议工作组、控制协议工作组、烟雾机器工作组，每个工作组都制定了本领域需要的标准。如装配工作组就制定了《钢缆梯的结构和使用标准》《娱乐技术铝制塔架的设计生产和使用标准》《手动安装系统平衡力标准》《已通电的升降系统使用标准》《影剧院吊杆、支架设备的生产、安装和使用标准》《露天娱乐场临时舞台顶部覆盖物及其支持设备结构的标准》、《防火幕布设备标准》，等等。除了专门的标准外，美国的演艺设备行业还能够引用许多相关行业已经成熟的标准。欧洲、日本演艺行业的标准化也都比较完善。反观我国，目前有各类剧场和影剧院 2500 个左右，承担了全国约 3000 个演出团体的大部分演出活动。这些剧场有 20 世纪 60 年代以前修建的，有七八十年代修建的，大部分系统设计有局限性，没有充分考虑演出工艺，很多剧场的声学环境停留在西方十八九世纪的水平。所能引用的标准只有寥寥几个，一些标准的数据并未经过严格的实验。我国近年来新建的一些现代化剧场同样存在类似情况，声学环境与国际先进剧场相比也存在差距，虽然设计宏伟、装修豪华，但在功能上却存在很多问题。通过对南方某省建设的 40 多个剧院的调查发现，毫无例外地全部采取高耗能、高耗材的建筑形式，使文化设施建设投资迅速攀升。专业设施配置不从艺术表演实际出发，成了攀比硬件设施的形象工程。许多功能和设备从竣工后至今没

---

① 白国庆，闫贤良：《文化创意产业标准化工作须提上日程》，《中国文化报》2010 年 8 月 16 日。
② 应该指出的是，如果仅从设施和设备来衡量，以国家大剧院为代表的我国近年来新建成的若干现代化剧场，并不比国外同期所建剧场落后，但这些剧场所使用的高端设备多由国外制造，我国并不掌握技术，也不实行自己的标准。

有使用过。实际业务用房的占有率普遍偏低。据统计,目前我国剧院实际业务用房面积占有率仅为剧院面积的一半左右,其中会议接待场所和装饰豪华气派的公共大厅占据了剧院的主要面积。同济大学声学研究所主任蒋国荣指出:"中国每年在建的音乐厅和剧场有20多个,但在世界上排得上名次的没有一个。"① 乐器行业也存在同样问题。我国的民族乐器多没有标准可依,靠工匠口传心授,质量难以得到保证,有的甚至会对少年儿童的听力造成破坏。有的低端产品,国际上以玩具视之。有的产品如二胡,仍然沿用濒危动物身体组织为原料,在国际上日益受到抵制和指责。再如文化艺术资源的保护、管理方面,由于缺乏必要的标准,严重影响了文化艺术资源的保存、管理和利用。由于年代久远,一些珍贵的录音消磁、录像粘连,文本、图片毁损严重。由于没有统一的技术要求和技术规格,各地各单位在对文化艺术档案资料进行数字化处理和管理时,各自为政,一些单位因陋就简进行数字化永久保存工作,反而造成有些资料在数字化过程中被毁损;反映文化艺术资源的录音、录像资料保存格式各不相同,无法实现资源的有效共享。

其次,标准化是保证文化设施器材安全的需要。曾经某知名歌星正在尽情演唱,突然脚下的舞台塌陷了一个洞,他掉了下去。幸好,舞台下几位工作人员将他又推了上来。不明就里的观众还以为这是设计好的舞台特效。其实是由于搭建舞台的夹层板子因淋雨受潮变糟。2005年7月,以中华人民共和国国务院令发布的《营业性演出管理条例》对演出场所的安全做出了严格的要求。但这些要求都比较笼统,并没有相应的标准。如"需要临时搭建舞台、看台的,演出举办单位应当按照国家有关安全标准搭建舞台、看台,确保安全。"实际上,国家至今并没有相关标准出台,安全隐患非常严重。

(二) 标准化是保障文化服务质量的重要手段

服务业发展水平是衡量一个国家发展水平的重要标志。近年来,我国十分重视公共文化服务体系建设。但文化服务业几乎每个环节都遇到标准缺失的问题。哪些服务属于基本公共文化服务,哪些不属于基本公共文化服务,为一个地区居民提供哪些服务,提供到什么程度,哪些是收费的,哪些是免费的,哪些是适当收费的,目前都没有标准。

经过这几年的实践,大体上,目前我国政府将人民群众的文化需求分为两个部分:"一部分是体现人民群众文化权益的基本文化需求,另一部分是多样化、多层次、多方面的文化需求。现阶段,我们界定的基本文化需求主要包括读书看报、听广播看电视、进行公共文化鉴赏、参加公共文化活动等。在农村,考虑到过去的传统,每个月为农民免费放映一场电影也属于这个范畴。除此之外,就属于多样化、多层次、多方面的文化需求。"② "人民群众的基本文化需求,是社会主义制度下人民群众必须得到保障的基本文化权益。因此,要以政府为主导,以公共财政为支撑,以公益性文化事业单位为骨干,以全民为服务对象,以基层特

---

① 倪明、邱敏:《一年建20家剧院,为何无一叫得响》,《广州日报》2008年2月1日。
② 李长春:《正确认识和处理文化建设的若干重大关系》,《求是》2010年第6期。

别是农村为重点,构建覆盖城乡的公共文化服务体系。"① "对于人民群众多样化、多层次、多方面的文化需求,主要靠市场来满足。在社会主义市场经济条件下,市场越来越成为人们进行个性化文化消费、满足多样化文化需求的主要途径。这就要求我们必须大力发展经营性文化产业,进一步繁荣文化市场。"② 这种界定,明确了属于文化产业范畴的文化服务的范围。在具体的文化服务中,有大量的行为需要规范,如网吧服务、文化馆服务、图书馆服务、博物馆服务、美术馆服务、剧场服务、社会艺术水平考级服务都没有相应的服务标准,各地自行其是,所提供的服务差别很大,无法保障人民群众的基本文化权益。这方面的标准化工作任重道远。

(三) 标准化是规范文化市场的重要手段

由于文化市场缺乏相应的技术规范,不仅对文化产品质量的提高、技术的发展带来了阻力,而且还对市场秩序的规范造成了不良的影响。以工艺品市场为例,目前市场上存在的许多问题,就是"由于标准不清楚、不完善引起的"。③ 中国民协文化产业发展委员会主任赵学玉认为: "一个行业的有序竞争与发展、交流与壮大,离不开行业标准的制定与指导。" "有了标准,就有了一个门槛、一个游戏规则,一方面可以提升民间艺术品的质量,规范混乱的价格体系,另一方面可以提升民间艺人的文化责任感,促使他们做出更加精美、更具市场价值的艺术品。"④ 赵学玉认为: "文化市场的标准化并不是谁的主观愿望,而是市场逼着你不得不去面对它——在如今的市场环境之下,这件事你做也得做,不做也得做。以往我们更热衷于强调民间艺术品的艺术属性,但是,艺术品进不进市场,是不是一种商品?如果是商品就要按照流通领域的规则来做,否则就会陷入困境,无法发展。"⑤ 中国民协陶瓷专业委员会主任阎立夫认为: "为使民间陶瓷艺术品的继承、创作、发展沿着有利于保护传承民族文化的道路走,同时也使收藏市场健康发展,搜集、整理、制定规范统一的民间陶瓷艺术品标准很有必要。"⑥ 从某种意义上讲,标准化是推动文化法制建设的重要手段。市场经济从本质上说就是法制经济。文化产业的发展,有力地推动标准化建设。而标准化,常常就是法制化的前奏。法制的完善,又为文化产业的发展提供了更加强有力的保障。在世界的任何地方,强制性标准本身就是法律法规的一部分。

---

① 李长春:《正确认识和处理文化建设的若干重大关系》,《求是》2010 年第 6 期。
② 李长春:《正确认识和处理文化建设的若干重大关系》,《求是》2010 年第 6 期。
③ 黄小驹:《民间艺术品是否需要"标准" 应该如何制定》,《中国文化报》2007 年 8 月 10 日。
④ 黄小驹:《民间艺术品是否需要"标准" 应该如何制定》,《中国文化报》2007 年 8 月 10 日。
⑤ 黄小驹:《民间艺术品是否需要"标准" 应该如何制定》,《中国文化报》2007 年 8 月 10 日。
⑥ 黄小驹:《民间艺术品是否需要"标准" 应该如何制定》,《中国文化报》2007 年 8 月 10 日。

（四）标准化是促进文化产业升级的需要

当今世界，技术标准与知识产权之间的联系越来越密切，发达国家和跨国公司意图将专利标准化，形成国际标准或事实上的国际标准，以获得最大的经济利益，标准化已成为专利技术的最高体现形式。拥有完善的标准和法规体系的欧美国家往往凭借苛刻的技术法规、商品标准保护本国企业，打压其他国家的企业。我国许多产业因为标准化水平低，根本无法与海外企业竞争，更不用说建立自己的技术壁垒。这方面，文化产业亦不例外。同其他行业一样，文化产业要升级，也必须实现工业化和标准化。只有在工业化和标准化的背景下花最少的钱，办最好的事情，才能推动文化产业不断向健康、有序、环保、节约方向发展。

二、我国文化产业标准化领域存在的问题

（一）我国标准化现状

就国内而言，自新中国成立以来，特别是改革开放以来，我国的标准化工作取得了令人瞩目的成就，在推动技术进步、提高产品质量、规范市场秩序和促进国际贸易等方面发挥了重要作用，对于国民经济的良好运行和社会生活的有序进行做出了巨大贡献，但是面对日趋激烈的国际经济竞争以及我国提出的经济和社会全面、协调和可持续发展的更高要求，我国的标准总体水平仍然偏低、制定、修订速度慢，高新技术标准缺乏，安全标准体系不健全，环境保护、资源节约标准滞后，标准管理运行机制与市场需求脱节，标准的国际竞争力不强、重点领域标准严重匮乏，从而导致标准化工作对国民经济和社会发展的支撑不足，对产业结构的高速发展和升级引领乏力，标准的制定和修订过程自主创新能力缺乏。这种局面严重影响并制约了我国经济和社会的全面、协调、可持续发展。应该指出的是，上述问题和困难，文化行业无一不具备，并且都更为突出。

（二）我国文化产业标准化发展的现状

目前文化部仅有两项国家标准，35项行业标准。相关部门如广电总局、新闻出版总署标准化工作状况也十分接近。在文化部管理的诸领域中，标准化工作真正在一定程度上受到重视的只有两个领域：一个是剧场领域，一个是图书馆领域。以相对成熟的剧场行业舞台机械领域为例，其基本情况可以概括为五个方面。一是标准数量少。专门用于舞台机械的标准只有《舞台和影视吊杆》《乐池升降台》《舞台升降式刚性防火幕》《舞台电动单点吊机》等寥寥几个。二是标准门类缺。只有单体设备的标准，而无对舞台机械机构或部件的要求和对舞台机械总体要求的标准，也无文化行业对舞台机械的安全要求等标准。三是标准内容陈

旧，水平低。由于这些标准是在20世纪80年代末或90年代初制定的，受当时的条件所限，其内容和水平均不能与国外相比，它已不能反映现在的技术水平和应用习惯，不具备普遍的指导意义和权威性，更谈不上与国际接轨。四是缺乏相近行业的标准可以借用。虽然我国新建了不少游乐园，也生产了很多载人游艺机设备，但却没有相应的标准可以借鉴或采用相关的条文用来规范舞台机械的设计、制造、安装、调试、使用、维护和管理。五是标准宣传贯彻较差。在为数甚少的标准中，还有相当一部分没有被认真执行，甚至不为人知。

（三）我国文化产业标准化建设的主要障碍

一是经费缺乏。根据文化部历年来的经验，文化行业在已有的科研成果基础上，制定一项标准，至少需要10万元。如从科研开始，则为数更巨。文化部每年能够用于标准化的经费大概在20万元，仅是两项标准的制定、修订费用，距标准化建设的实际需要相差甚远。欲大力推动文化行业的标准化工作，必须有足够的经费支持。

二是组织不健全。在我国现有体制下，"全国专业标准化技术委员会"是组织专家、整合资源、推动标准化工作的基本组织，目前全国有数百个标准化技术委员会，而涉及全文化系统的没有一个。2008年，根据国家标准化管理委员会《关于批准筹建全国特殊膳食标准化技术委员会等468个全国专业标准化技术委员会的通知》（国标委综合［2007］104号），文化部组建了8个文化领域全国标准化技术委员会，分别是：全国剧场标准化技术委员会、全国剧场标准化技术委员会舞台机械分委员会、全国文化艺术资源标准化技术委员会、全国社会艺术水平考级标准化技术委员会、全国文化馆标准化技术委员会、全国网络文化标准化技术委员会、全国文化娱乐标准化技术委员会、全国图书馆标准化技术委员会，并积极筹建全国动漫游戏标准化技术委员会。通过上述委员会的组织和筹建，将数百名专业组织起来。但委员会的工作尚处于起步阶段，欲取得工作绩效，尚待时日。

三是产业不发达。在发达国家，企业是制定、修订标准的主体，我国标准化管理部门也倡导此项原则，但我国文化企业规模都不大，虽然需要标准，但并没有太多的精力、财力从事标准化工作，很难成为文化行业标准化工作的主体。

三、文化产业领域标准化工作的对策建议

根据我国文化产业标准化现状，参考其他行业标准化工作的状况，笔者认为，推动我国文化产业标准化工作，应注意下面几个问题。

（一）文化产业领域标准化工作的基本原则

一是政府主导原则。标准化工作是一项全局性、战略性的工作，必须加强政府宏观指导

和政策导向，大力推动标准化规划的实施。西方发达国家一般采取政府授权民间机构管理国家的标准化活动，美国、英国、欧盟、日本、俄罗斯都是如此。我国目前有专门的标准化管理机构，即国家标准化管理委员会。在标准化工作中，强调以企业为主体。但文化部门有其自身的特殊性，文化产业还处于起步阶段，行业发展时间短，各方面积累较弱，单纯依靠行业自身的力量，很难在短期内完成各项急需标准的制定和宣传贯彻工作。因此，在相当长的一个时期，必须明确政府主导这一重要原则。

二是重点保障原则。鉴于文化行业标准化基础薄弱，完成标准体系建设非一日之事，标准化工作要面向文化建设的中心工作，重点加强基础性标准、行业急需标准以及涉及公共文化安全和文化环境保护的标准建设，逐步开展面向社会的文化服务标准、技术标准、管理标准、基础标准等各项工作。

三是制定与实施并重原则。不仅要注重标准的研究、制（修）订工作，更要注重标准的贯彻实施，使标准真正成为文化建设的规范，成为广大文化艺术工作者自觉遵循的行为准则。应避免"为制标而制标"的形式主义作风，防止将标准束之高阁的现象。

四是国际化原则。目前国际上出现了"标准趋同"的大趋势。为了制约和消除技术贸易壁垒，世界各国的标准都在向国际标准靠拢，国际标准的数量扶摇直上，国际标准化机构日益壮大，国际标准化活动空前频繁。孤立的国家标准，很难有发展前途。所以，要积极采用国际标准和国外先进标准，加强与国际有关标准组织的交流与合作，学习和借鉴国外先进的标准化经验，全面提升我国文化产品和文化服务的国际竞争能力。同时，在条件成熟的领域，要争取我国的标准成为国际标准或事实上的国际标准，以站在标准化和文化产业的制高点上。

（二）文化产业标准化工作的主要目标和任务

一是加强文化产业标准化基础建设。应尽快完成文化行业标准化基础研究，推出一批文化行业标准化基础理论研究成果；全面推进文化标准体系研究，形成涉及文化领域安全、环保、质量、工艺、功能、技术、检验检测、资质、等级评定、保护消费者权益的标准体系；建立较为完善的图书馆、博物馆、文化馆、美术馆、演出场所、社会艺术教育、文化娱乐场所、网络文化、动漫游戏、乐器、工艺美术等文化行业分类标准。要培养文化产业标准化人才。有计划、有步骤地每年培训一定数量的文化产业标准化专业人才，逐步建立文化产业标准专家库。鼓励学术交流、国际合作等多种形式培养文化产业标准化专业人才。

二是编制文化产业急需标准。制定《文化服务术语》《公共文化服务体系分类标准》《文化设施分类标准》《文化设施通用术语》《文化信息系统标准》《文化内容数据库核心元数据》等标准；制（修）订美术馆、文化馆等文化设施建筑设计规范、质量合格检验评定标准，社区文化设施建设标准，数字图书馆技术规范；制定图书馆、美术馆、博物馆、文化馆、剧院等公共文化设施的服务规范；制定音响师、灯光师、舞台机械师、调律师、舞台美术师、录音师等执业岗位认证标准和等级评定标准；加快文化标准制（修）订速度，使制

（修）订周期缩短为2年，标准寿命期缩短为5年。

三是编制涉及公共文化安全标准。制定涉及文化安全、文化环境保护、公共文化活动场所安全的相关标准。研究和制定文化资源数字化等涉及文化资源安全的技术标准和管理标准；研究和制定关于抢救和保护物质的、非物质的文化遗产管理技术规范；研究和制定文化内容管理规范，限制多媒体、互联网等文化载体中的文化公害，保护文化环境的健康发展；研究和制定剧场、互联网上网服务营业场所、歌厅、露天演出、文化集会等公共文化活动场所的安全管理技术规范。

四是加强文化服务标准化建设。相对于产品标准而言，服务标准基础更薄弱，更需要重点扶持和推动。此外，服务标准公益性更强，企业更缺乏积极性，政府更应该主动承担起责任。

五是加强文化标准的宣传、贯彻实施力度。通过文化标准行政主管部门出台行政法规，扩大文化标准的宣传范围和执行力度；加强文化标准的国内国际交流，广泛宣传我国文化行业标准化建设的意义和成果；逐步建立以推动文化标准贯彻实施为目的的认证、鉴定、检测机构，切实加强文化标准贯彻实施的措施；建立文化标准贯彻实施的奖励机制。

（三）文化行业标准化工作的保障措施

一是要采取切实可行的措施，为标准化工作创造良好环境。建立以政府为主导，文化企事业单位和社会团体积极参与的文化标准建设机制；加强文化行业标准化组织的基础建设工作，保证文化行业标准化各项目标和任务的完成。

二是要加大经费支持力度。各级文化主管部门要加大公共文化安全、基础、通用、公益等行业标准的研究和制（修）订经费的财政支持，努力争取列入年度财政预算；鼓励和引导社会各界，特别是有条件的文化企事业单位出资制（修）订行业标准。

三是要加强文化行业标准化的推广宣传。大力加强标准化知识的普及、宣传和加大标准的宣传贯彻工作，颁布《关于加强全国文化行业标准化工作的实施意见》。建立奖励机制，鼓励和调动文化企事业单位、社会团体积极参加文化标准研究制定和标准实施。激励全社会各行业的专家学者对文化行业标准化建设的创新。

四是要健全文化行业标准化管理组织，完善文化行业标准化管理制度。根据文化行业的发展，逐步建立健全专业标准化组织，并加强归口管理工作。全面推动文化行业标准监督、检验和认证机构的建设，加强对涉及公共文化安全的监督管理。逐步建立科学、合理的文化标准课题研究制度，努力完善课题申报、审批、审核和发行的规范化管理制度。不断培育标准研究制定的各类组织和标准化人才。中国已加入世界贸易组织（WTO），政府部门将逐渐从市场一线中退出。这就需要有相关的中介机构协助政府有关部门，来完成文化、艺术、科技行业标准的制定，并在标准推广执行中，担负推广、解释、检测、验收、监督实施等等一系列工作。由于国外有关标准都是由有关行业联盟、行业协会制定并监督执行的，为了加强国际间的交流与合作，要经常与国外联系。这方面，协会与学会就要比政府有关部委方便得多,灵活得多。

(四)文化领域标准化工作应处理好的几个问题

首先,应该处理好政府主导和共同参与的关系问题。文化产业标准化工作是一项公益性的工作,同时也是全局性、战略性的工作,因此要特别强调"政府主导"的原则。同时,还要分清政府、行业协会、企业三者的责任,要善于利用市场的力量,根据国家的需要和文化行业发展的需要,鼓励相关行业协会、企业参与文化标准的制定。

其次,应该把握好普遍性和特殊性的关系问题。文化产业标准化工作,既具有一般标准化工作的共性,同时又有其特殊性。推动文化产业标准化工作的发展,要将标准化工作的普遍原则与文化行业的具体情况相结合,将学习发达国家的先进经验与中国国情相结合。

第三,澄清一个误解。文化产业领域的标准化工作,常常会遇到一个问题:"文化艺术产品的灵魂是它的个性,怎么能够制定标准呢?"这是一个十分明显但又根深蒂固的误解。如前所述,文化产业的标准化,是指文化设施、设备、器材的技术标准、艺术品的质量标准、文化活动中的安全标准、服务标准,并没有为文化艺术产品制定任何标准。这一误解的产生,也说明文化行业在标准化方面的宣传不够。

[原文载于《湖北大学学报(哲学社会科学版)》2010年第6期]

英美文化遗产保护标准化及对我国的启示

李春玲*

标准是科学、技术和实践经验的总结，作为一种规范性文件，对于加强行业管理、提高创新效率、促进科技成果推广应用等都发挥着重要的作用。标准是世界通用的语言，发达国家将标准化作为国家战略，以标准抢占经济领域和科技竞争制高点。英、美两国是世界上较早开展标准化工作的国家，在长期的实践中，文化遗产保护标准化随着国家标准化工作的发展而不断完善，对促进本国的文化遗产保护工作发挥了重要的作用。英美文化遗产保护标准化工作，也因各国标准化管理体制和运行机制的不同而各具特色。本文将对英美文化遗产保护标准管理体制、运行机制以及有关标准进行梳理，解析英美文化遗产保护标准化的现状和特点，在此基础上，对我国文化遗产保护标准化工作在管理体制、标准编制以及标准的推广实施等方面提出建议。

一、英国文化遗产保护标准化

英国贸易工业部主管全国标准化工作，负责标准政策的制定，具体的标准制定工作由英国标准学会实施。英国标准学会（The British Standards Institution，BSI）是非营利性民间团体，通过提供优良的服务，每年获得200多亿英镑的收入，用于促进其业务的良性循环发展，实现了标准体系的科学化、市场化和国际化。英国标准学会代表国家统一参加国际标准化活动，"是国际标准化组织 ISO、IEC 和欧洲标准化组织 CEN 和 CENLEC 的主要发起国和重要参与人。现行 ISO 标准中的 30% 和现行欧洲标准中的 70%，都是由 BSI 的专家负责起草和组织制定的"。[①] 经过 100 多年的发展，英国标准学会现已成为世界上著名的标准服务机构，面向全球提供服务，"向其客户提供了全面的业务服务，帮助他们提高绩效和增强世界范围的竞争力"。[②]

---

* 李春玲，中国文化遗产研究院副研究馆员。
① 王忠敏：《重访 BSI》，《中国标准化》2007 年第 11 期。
② 英国标准学会（BSI）网站：Our history, the British Standards Institution (BSI) website, www.bsigroup.com.

英国制定标准采取协商一致的原则，任何人可以向英国标准学会提出标准新提案；相关标准化技术委员会收到由专家小组提交的标准草案并对其内容认可后，将标准草案分发给有关部门，同时在网上发布，用两个月时间广泛征求公众意见，允许任何人在网上自由评论和发表意见。技术委员会收集各方意见，针对公众提出的重大不同意见，邀请公众共同参与讨论、研究。有关利益各方经过不断地讨论和协商，寻求能为各方所接受的解决办法，最终达成一致，为标准的实施和效益的发挥奠定了良好的基础。标准是在最佳实践的基础上形成的，又充分体现了协商一致的原则，因此，虽然是自愿采用，但有关利益方如社会团体、社会组织或个人等，会积极采用或者审视性地采用相关标准为己服务。

英国标准学会通过多种形式与政府机构合作，"与致力于制定国家标准、欧洲标准和国际标准的英国各部门和机构建立密切关系"，[1] 通过标准的应用，使英国政府机构在很多方面获益匪浅，促进了政府机构的工作流程更加高效，帮助政府鼓励突破性新产品和新行业的迅速发展。虽然在标准制定过程中政府并没有起到主导作用，但"在政府部门制定的技术法规和法令中，大量引用了 BS 标准，政府与 BSI 签订了《联合王国政府和英国标准学会标准备忘录》中还规定政府各部门不再制定标准，一律采用 BSI 制定的英国国家标准（BS）；政府参加 BSI 各种技术委员会的代表将以政府发言人的身份出席会议。特别是在政府采购和技术立法活动中直接引用 BS 标准"。[2] 政府机构在相关领域不再制定国家标准，可在遵循国家标准的基础上，制定指导性准则以及一些具体的技术规范，这为国家标准的实施和推广创造了良好的条件。

英国文化遗产保护标准化工作是英国标准化工作的组成部分，在英国标准学会设立有形文化遗产保护标准化技术委员会（B/560 Conservation of Tangible Cultural Heritage），专门负责英国文化遗产保护方面标准的制定。有形文化遗产保护标准化技术委员会在英国标准政策和战略委员会的指导下，代表英国从欧洲文化遗产保护标准化技术委员会引进标准，并负责制定可移动文物和不可移动文物保护方面的标准。该技术委员会与英国遗产局、英国土木工程师学会、国际古迹遗址理事会等 20 余家机构保持联系。

在标准数量方面，截至 2015 年 12 月 31 日，有形文化遗产保护标准化技术委员会共立项 36 项标准，其中已出版国家标准 27 项（其中 2 项已废止），在研国家标准 9 项。1991 年，英国标准学会颁布了第一项文化遗产保护方面的国家标准《建筑物的清洁处理和表面维修的实施规范——金属（仅限清洗）》（BS6270—3：1991），1998 年颁布了《历史建筑保护原则指南》（BS7913：1998），2000 年颁布了 2 项标准，此后直至 2008 年未颁布新的标准。2009 年以后，按照欧洲标准化委员会的有关规定，英国作为成员国开始采用欧洲标准，至 2015 年共采用欧洲标准 21 项，平均每年采用 3 项作为国家标准。

从目前出版的国家标准内容分析，英国重视文化遗产保护方面的基本术语和定义，以及

---

[1] 英国标准学会（BSI）网站：What role do standards play in government, the British Standards Institution (BSI) website, www.bsigroup.com.

[2] 李会光：《欧美日中标准制定和管理机制的比较研究》，河北工业大学 2007 年硕士学位论文。

可移动文物和不可移动文物调查和记录工作等基础标准的制定，同时特别重视文化遗产预防性保护方面技术标准的制定，如试验方法、环境控制、藏品保护、照明指南、运输包装等。在出版的标准中，涉及文化遗产保护方面的术语和基本规范3项，分别为：文化遗产保护——主要术语和定义，不可移动文物状况调查和报告，可移动文物状况记录。涉及文化遗产保护方面的试验方法共7项，主要为：干燥性能测定、套管法测量吸水性、表面颜色测量、透湿性测定、静态触角测定、毛细管吸水率测定、用于文化遗产的天然石和相关人工材料可溶盐判定。涉及藏品保护方面的标准5项，主要为：开放式存储设备（致力于文化遗产保护与管理的藏品库房的定义和特点），文物展览和保护的展柜设计指南——第一部分（总要求），室内气候——第一部分（教堂、礼拜堂以及其他宗教场所供暖指南），测量空气和物体表面温度的程序和工具，温度和相对湿度的气候条件限制标准——有机吸湿材料可诱发性机械损伤。其他6项分别为：文化财产原材料取样方法——总则，运输中的包装原则，室内展览选择合适照明的指南和程序，测量空气中的湿度，空气和文化财产之间水分交换的程序和工具，用于文化遗产的天然石特征指南。

  英国标准学会在采用欧洲标准的同时，结合英国文化遗产保护的资源状况和保护特点，在有形文化遗产保护标准化技术委员会中成立专门工作小组，分别制定了《建筑物的清洗处理和表面维修的实施规范》系列标准3项以及《历史建筑保护原则指南》。《建筑物的清洗处理和表面维修的实施规范》系列标准，由B/560的第一个工作组负责制定。其中，《建筑物的清洁处理和表面维修的实施规范——自然石材、砖、红陶土砖和混凝土的清洁处理》（BS8221）于2000年颁布实施，2012年对其进行修订后，于7月31日开始颁布实施，标准内容主要涉及金属、天然石材、砖、陶器和混凝土方面，规定了影响清洗决策的因素、去除附属物、清洗方法、健康与安全等。《历史建筑保护原则指南》由B/560的第二个工作组负责制定，1998年颁布实施。该指南有4项标准，后对其进行修订，于2013年12月颁布实施，规定了遗产的价值和意义，将价值利用作为历史环境管理的基本框架，将价值作为实施保护和干预的组成部分，历史建筑维修、历史建筑遗产和工程管理等内容。提出历史建筑保护的决策依赖于社会、文化、经济、环境等多方面因素，好的决策需平衡各方压力的需求。此四项标准的颁布实施，对于保护英国丰富的历史建筑发挥了重要作用，产生了良好的社会效益。

  英国现在研的9项标准，都是采用欧洲标准，继续重视文化遗产预防性保护方面标准的制定。其中，1项为基础标准：关于使用于文化遗产中的砌石、粉刷、石膏的混凝土专业术语词汇。3项涉及文化遗产原材料保护方法和特性分析，分别为：渗透性无机材料清洁——文化遗产激光清洗技术，渗透性无机材料表面保护——防水产品性能评估的实验室试验方法，物体和建筑材料含水率测量程序和工具。3项标准涉及可移动文物的预防性保护，分别为：文化遗产保护——运输方法，病虫害综合治理，存储和利用藏品的新场所和建筑物。另2项标准分别为田野考古遗址饱水木器管理指南，保护过程——决策、规划和实施，开始重视田野考古方面的标准以及文物管理方面标准的制定。

  英国标准学会设立的其他技术委员会，根据工作需要，通过采用国际标准等形式，制定了所属领域有关文化遗产保护方面的国家标准。计算机信息和文件应用标准化技术委员会（IDT/2/7 Computer Applications in Information and Documentation），采用了一项国际标准《信息和文献——文化遗产信息交换参考本体》（BS ISO 21127：2006），现正在进行修订。英国图书出版统计标准化技术委员会（IDT/2/15 Library and Publishing Statistics），采用了另一项国际标准《国际博物馆统计》（BSISO18461）。2012年，国际标准化组织"质量——统计与绩效评估"分技术委员会（ISO/TC 46/SC8）批准此提案，该标准主要目的是在国际范围内建立博物馆统计的框架，为博物馆统计的相关内容，如博物馆类型、为观众提供的博物馆服务等，建立架构并进行释义，同时对如何进行统计、如何建立可靠的数据进行规定。2016年，ISO已发布该标准，"它为博物馆向其用户提供的各种资源和服务提供了有关定义和计算程序。……其目的是确保收集到的特定统计数据，使用相同的定义和方法"。①

二、美国文化遗产保护标准化

美国是世界上较早开始标准化工作的国家之一。长期以来，由于美国实行自由的政治体制和竞争的市场经济体制，标准化工作以市场为导向，形成相互竞争、独立而分散的多元化管理体制，自愿性和分散性是美国标准化的重要特点。"现行的美国标准化机构，实际上由三大类组成，即以美国国家标准学会（ANSI）为协调中心的国家标准体系、联邦政府的标准化机构、非政府机构（民间团体）。"② 美国国家标准学会自1918年成立以来，"始终以提高美国企业和美国生活质量的全球竞争力为主要目标，坚持不懈地推进自愿性协商标准和一致性评价体系及其之间的完美结合。该协会通过其位于纽约市的办公室和位于华盛顿特区的总部，代表近1000家公司、单位、政府部门、研究所和国际机构会员的共同利益"，③ 得到很多具有共同利益的私营组织和官方组织的支持。ANSI是由联邦政府授权的国家标准认可机构，其主要职责是"认可美国标准制定组织和美国技术顾问小组；批准美国国家标准；保护公众参与标准化活动；保证美国自愿协调一致标准体系的完整性；提供区域和国际通道；提供中立的政策论坛；提供标准、合格评定及相关活动的信息资源和培训"。④ 联邦政府机构中的标准化有关机构，负责制定本领域的标准以及各自领域内政府采购标准。"美国政府在美国标准体系中不处于主导地位，但其作用至关重要。美国政府在制定国家技术法规体系时，一方面，在必须集中国家力量的重大领域制定强制性标准（法规），另一方面，在立法中采用自愿性标准，使之具有强制执行力。在实施政府采购时，美国政府则利用合同引

---

① 国际标准化组织（ISO）网站：ISO 18461：2016 International museum statistics, International Organization for Standardization(ISO)website,www.iso.org.
② 李会光：《欧美日中标准制定和管理机制的比较研究》，河北工业大学2007年硕士学位论文。
③ 美国标准学会（ANSI）网站：Introduction to ANSI, American National Standards Institute(ANSI)website,www.ansi.org.
④ 李颖：《美国标准管理体制概况》，《世界标准信息》2002年第8期。

用来确立其采购标准的地位。美国标准技术研究院（NIST）作为美国政府中唯一的标准化官方机构，集中体现了政府对美国标准化进程提供的巨大技术支持"。① 民间团体在标准化发展过程中始终发挥着主导作用，其中大多数为行业协会和专业学会。美国试验与材料协会、国际（美国）机动工程师协会等制定的标准具有很大的权威性，在国内外享有良好的声誉，被广为采用。

由于美国实行多元化标准体制，不是由单一的标准机构垄断标准的制定，因此，在文化遗产保护的标准化工作方面，美国国家标准学会、文化遗产管理方面的联邦政府机构国家公园管理局，以及涉及文化遗产保护方面的非政府机构（民间团体）如美国博物馆协会、美国材料与试验协会等，都参与了文化遗产保护标准的制定。同时，美国标准学会积极采用国际标准、欧洲标准以及英国、德国等国家的标准。在美国国家标准协会网站上，可以查找到文化遗产保护方面有关标准的基本信息，包括美国部分协会标准（如NFPA、ASTM）、国际标准（ISO）、欧洲标准（EN）、德国标准（DIN）、英国标准（BS）、法国标准（NF）、日本工业标准（JIS）等。

由于美国实行开放式标准制定政策，一些协会和非营利组织可以根据自己领域的实际需求制定相关标准和规范，若要成为国家标准，应按照国家标准协会制定标准程序的有关要求开展工作，向国家标准协会提出申请，经过研究批准后才能成为国家标准。美国材料与试验协会、美国消防协会、北美照明工程协会等，在各自相关领域制定了有关文物保护方面的国家标准。美国材料与试验协会制定的标准有：《外部规格石料新的或现有的垂直和水平表面清洁的标准指南》（ASTMC1515—14），《为确定历史遗迹而获得用途和地面条件航空摄影和成像文件的标准指南》（SASTMD5518—1994），《绘画涂料中使用的颜料耐光性的标准试验方法》（ASTMD4303—10），《石材固结剂的选择和使用标准指南》（ASTME2167—01）。美国消防协会制定的标准有：《历史建筑的防火规范》（NFPA914—2010），《历史建筑的修复和重新使用》（NFPA914—2001），《博物馆、图书馆和宗教场所文化资源财产保护准则》（NFPA909—2013）。北美照明工程协会制定的标准有：《博物馆和美术馆照明》（IESNARP—30—96），《博物馆艺术品专业拍摄指南》（IESNADG—16—05）。此三个协会都是成立较早、在业界颇具影响力的非营利组织，通过标准的研发，在美国业界乃至世界同行间交流和推广相关专业知识，满足和服务于社会公众需求，极大地促进了协会的生存与发展。标准制修订严格按照一定的程序进行，鼓励社会公众广泛参与。因此所制定的标准对其涉及的工作领域产生了很大的影响，如美国的一些立法机构采用了美国消防协会制定的大多数规范和标准，使其具有法律地位。同时，这些标准不仅在美国国内被广泛引用，在许多国家和地区也被广泛采用。虽然这三个协会不是文物保护机构，更不是专门从事文物保护标准化工作的机构，但所制定的标准是与其领域有关、涉及文物保护某一方面的标准。如：北美照明工程协会制定的《博物馆和美术馆照明》规定了在博物馆和美术馆中照明的具体要求，依据这些规范，使馆方在决策过程中能够满足博物馆和美术馆照明的特殊需求；同时，也为如何使展览、保

---

① 旻苏、李景：《美国标准体系及战略分析》，《中国标准化》2006 年第 9 期。

护需求、丰富观众的体验三者之间保持平衡与和谐，提供了工作指南。

美国国家标准协会不仅在国际上推广使用美国标准，在国际和地区标准制定机构里倡导美国政策和技术立场，同时，也"鼓励在符合国内用户需求的地区将国际标准作为国家标准使用"。[①] 因此，在文化遗产保护标准方面，美国结合自己国情实际，引进一些相关的国际标准，如《信息技术·用户界面·文化要素的注册程序》等；同时，推广使用欧洲、亚洲一些国家的标准，如中国标准 GB/T 16571—1996《文物系统博物馆安全防范工程设计规范》、德国标准 DINEN15898：2011《文化财产保护——主要术语和定义》、英国标准 BSEN16085：2012《文化财产保护文化财产材料取样方法一般原则》等。

美国多元而分散的标准化管理体制和相互竞争的标准化运行机制，以及协商一致的标准制定原则，使制定的标准成为相关从业人员需要遵从的规范，成为社会公众对相关业务领域进行监督和业绩考量的准则。正如美国博物馆协会所制定的标准"是所有优秀博物馆都应该达到的水平，如果博物馆没有达到这一水平就会受到同行、出资人或媒体的批评。标准不只是少数几座博物馆能够达到的高不可攀的目标，而是博物馆成为一流机构、成为一个负责任的经营良好的非营利机构所必须具备的条件"。[②] 美国博物馆协会所制定的标准，博物馆是否执行由博物馆自身来决定。但由于这些标准是经过广泛征求业内专家和相关人员的意见和建议，在达成协商一致的情况下而制定的，且标准是博物馆衡量自身绩效的基本准则，是决策者、媒体、慈善机构、捐赠人以及公众评估博物馆业绩的重要依据，因此，大多数博物馆在管理和经营等方面都遵从这些规范，用这些标准来指导实际工作。

三、借鉴与启示

不同的国家由于政体和国体的不同，以及受政治、经济、历史等因素的影响，标准化活动亦有很大不同。英美作为西方发达国家，其"国家标准化机构，大多是民间组织，由政府认可并授权其承担国家标准化工作，其标准也都是自愿性的"；[③] 在标准制定过程中，都遵循协商一致的原则，广泛征求社会公众的意见。英美文化遗产保护标准化遵循其国家标准化活动的有关规律和要求，在文物预防性保护、博物馆管理、历史建筑维修以及文物安全等方面制定了一系列基础标准、技术标准以及管理标准等；所制定的标准虽然为推荐性的，但相关机构将其作为业界自律和接受社会监督的重要依据，有的标准被政府机构或立法机构所采用。

中国作为发展中国家，"由于受科学技术和生产力水平的制约，往往是由政府推动组建

---

① 美国标准学会（ANSI）网站：Introduction to ANSI, American National Standards Institute (ANSI) website, www.ansi.org.
② 美国博物馆协会编著，（美）伊丽莎白 E. 梅里特评述：《美国博物馆国家标准及最佳做法》，路旦俊译，外文出版社 2010 年版，第 6 页。
③ 李春田主编：《标准化概论》（第五版），中国人民大学出版社 2014 年版，第 189 页。

国家标准化机构，开展标准化活动"，① 因此，中国文物保护标准化工作主要由政府机构主导和推动。自 2006 年全国文物保护标准化技术委员会成立以来，人员和机构建设逐步得到加强，文物保护标准逐步系统化和体系化，共立项了 179 项标准，其中 87 项已发布实施。对已发布的标准通过举办培训班等方式进行了宣传贯彻，如举办了"馆藏文物预防性保护系列标准培训班"等，使不少文博工作者逐步认知标准、使用标准。发布实施的标准在促进文物保护管理规范化以及提高文物保护技术水平等方面发挥了一定的作用：如行业标准《馆藏文物登录规范》作为全国第一次可移动文物普查工作的规范性文件之一，为促进此项工作的有序、稳步开展发挥了作用；馆藏文物保护修复方案系列标准，有效规范了馆藏文物保护修复方案的文本内容和格式要求。有的省级文物行政主管部门将标准作为开展有关工作的重要依据，如山东省文物局按照国家标准《文物保护单位标志》的规定，加强对文物保护单位标志的管理。随着我国文物保护标准化工作的不断发展以及世界文化交流的日益增多，笔者建议在立足国情的基础上，适当借鉴国外一些做法，为我所用。具体建议为：

1. 鼓励社会组织和文博单位制定团体标准和单位标准

美国自愿性标准体系是业界内成员、组织自愿参加制定、自愿采用，美国学（协）会在美国标准制定中发挥着重要的作用。"美国学（协）会标准，是由各种学（协）会组织、所有感兴趣的生产者、用户、消费者以及政府和学术界的代表通过协商程序而制定，适用于本行业（专业）的标准"②。根据我国现行标准管理体制，文物保护方面的标准主要为国家标准或行业标准，只有极少的地方标准，都是由国家政府机构立项，委托有关单位制定，这在一定程度上充分体现了国家意志，有利于标准的制定和实施。但中国地域辽阔，文物类别丰富，不同类别的文物在不同的地域，其保护要求和保护方法虽有一些相同之处，但亦有很大的差异。因此，可以借鉴美国自愿性标准体系的做法，一些行业协会（学会）如中国博物馆协会、中国文物学会等社会团体，可以根据协（学）会所管理的领域制定相应的、符合协（学）会特点的团体标准，使标准更具有针对性。同时，一些文博单位可以根据本单位的特点，在技术比较成熟和先进、管理比较规范和科学的领域，制定相应的单位标准供本单位使用，推广已有的技术成果和管理方法，提高技术水平和工作效率。团体标准或单位标准，既可以弥补国家标准和行业标准的空白之处，又具有更强的针对性，利于更好地发挥标准的作用，待其实施一段时间后，对于适合在全国或文博行业推行的标准，可以逐步转化立项为国家标准或行业标准。

2. 增加标准有效供给

中国现立项的 179 项标准，其中，按标准类别划分：基础标准 4 项，约占 2%；管理标准 20 项，约占 11%；技术标准 154 项，约占 86%。按标准化对象所在领域划分：可移动文

---

① 李春田主编：《标准化概论》（第五版），中国人民大学出版社 2014 年版，第 189 页。
② 刘辉、王益谊、付强：《美国自愿性标准体系评析》，《中国标准化》2014 年第 3 期。

物 91 项，约占 51%；不可移动文物 52 项，约占 29%；博物馆 17 项，约占 10%；文物调查和考古发掘 12 项，约占 7%；文物博物馆信息化 7 项，约占 4%。从相关数据分析可以看出，我国比较重视技术标准以及可移动文物领域标准的制定，基础标准、文物调查和考古发掘以及文物博物馆信息化方面的标准，相对比较少。因此，应不断完善文物保护标准化体系，在重视技术标准以及可移动文物领域标准制定的同时，逐步加大基础标准以及不可移动文物等领域标准的制定，使文物保护标准体系逐步得到完善和发展。

3. 广开渠道，充分征求利益相关方意见

无论国际标准化组织 ISO，还是英美等发达资本主义国家，都特别重视标准编制过程中的征求意见环节，并对如何征求意见提出了明确的要求，始终坚持协商一致的原则，即"协商一致：总体同意，其特点在于利益相关方的任何重要一方对重大问题不坚持反对立场，并具有寻求考虑所有相关方的意见和协调任何冲突的过程"。[1] 我国文物保护标准在编制过程中，编制单位按照《国家标准管理办法》《文物保护行业标准管理办法（试行）》的有关要求，对相关单位和专家征求了意见和建议。有的标准编制单位非常重视征求意见环节，能对专家的反馈意见进行认真讨论和研究。但有的标准编制单位没有充分意识到征求意见的重要性，征求意见范围不够广泛，针对性也不够强。因此，应在进一步完善征求意见有关要求的同时，广开渠道，"将征求意见稿公布在相关网络上，公开、广泛地征求有关方面的意见，扩大征求意见的范围，使相关利益方都能充分发表自己的看法，将标准中存在的潜在问题和分歧解决在早期阶段，使标准内容更加体现相关各方的利益和观点，这样才能更加有利于标准的推广和实施"。[2]

4. 适当采用国际标准和其他国家的标准

文物是人类共同的财产和财富，虽然由于地域不同、历史文化背景不同等，各国文化遗产千差万别，其维修和保护方法各异，但在文物保护理念、保护程序、管理方法，以及某些保护方法等方面，都有其一定的共性。如在文物运输包装方面，中国制定了《文物运输包装规范》（GB/T 23862—2009），欧洲制定了《文化财产保护运输包装原则》（EN15946：2011）、《文化遗产保护运输方式》（EN16648：2015），三项标准的标准化对象都是文物运输包装工作，虽然标准的内容有很大的差异性，但在包装原则、包装材料以及包装记录等方面有很多共性，且有相互借鉴之处。英美等国家在文化遗产保护领域所制定的标准反映了标准制定国家在某一领域的技术水平和保护要求。因此，我国可以在对其他国家文物保护标准充分研究和实验论证的基础上，等同采用或修改采用适合我国国情的标准，借鉴国外文物保护的技术和管理方法。

---

[1] ISO/IEC 编著：《ISO/IEC 导则》，中国国家标准化管理委员会国际合作部译，中国标准出版社 2008 年版，第 20 页。
[2] 李春玲：《文物保护标准意见征求解析》，《中国文物报》2014 年 10 月 31 日。

5. 进一步加大标准实施推广力度

标准实施"是整个标准化活动最重要的一环"。[①] 只有通过标准的实施，才能使标准规定的各项内容落到实处，实现标准制定的目的，并在实践中检验标准的适用性。文物保护标准，只有被广泛应用于文物保护实践中，使其在文物保护工作中发挥应有的作用，才能体现出标准的价值和意义，才能体现出标准化活动的价值和意义。目前，不少一线文博工作者不知道、不了解，甚至根本没有听说过已发布的相关标准。因此，今后要大力加强文物保护标准的宣传、实施和推广，开展国家和地方层层宣传贯彻，并利用文化遗产相关的平台和信息媒介，使社会公众能了解和认知标准化工作的现状，能查询到已发布实施的标准，引导社会各界，尤其文博界对文物保护领域标准的准确理解和执行。进一步强化各级文物行政主管部门在标准实施中的作用，在制定政策措施时积极引用标准，应用标准进行宏观管理和质量监督等。行业组织、科研机构和社会团体等要积极利用自身的有利条件，推动标准的有效实施。文物行政主管部门还应适时开展文物保护标准化建设试点示范，使文博工作者能充分了解和认识到标准实施所产生的各方面效益，从而更好地推动文化遗产保护的标准化工作。

（原文载于《东南文化》2016 年第 2 期）

[①] 李春田主编：《标准化概论》（第五版），中国人民大学出版社 2014 年版，第 115 页。

"标准化时代"基层非遗保护若干问题探讨

白宪波[*]

一、前言：非遗保护的"标准化时代"已经到来

从 2001 年 5 月，昆曲艺术被列入联合国第一批"人类口头与非物质文化遗产名录"算起，我国的非物质文化遗产（以下简称"非遗"）保护工作已开展近 20 年，经历了从民族民间文化保护到非遗保护[①]，从概念到实践[②]，从"名录"时代[③]到"后申遗时期"[④]，进而到"标准化时代"的发展过程。

所谓非遗保护的"标准化时代"是指以法律法规和各种标准规范为指导的非遗保护时期。从 2004 年起，我国先后出台了《全国人民代表大会常务委员会关于批准〈保护非物质文化遗产公约〉的决定》（2004 年）、《国务院办公厅关于加强我国非物质文化遗产保护工作的意见》（2005 年）、《全国人民代表大会常务委员会关于批准〈保护和促进文化表现形式多样性公约〉的决定》（2006）、《国家非物质文化遗产保护专项资金管理办法》（2006 年）、《文化部办公厅关于印发〈中国非物质文化遗产标识管理办法〉的通知》（2007 年）、《国家级非物质文化遗产项目代表性传承人认定与管理暂行办法》（2008 年）、《文化部关于加强国家级文化生态保护区建设的指导意见》（2010 年）、《文化部办公厅关于加强国家级非物质文化遗产项目代表性传承人补助经费管理的通知》（2010 年）等。这一时期，我国非遗保护标准的建立还处于事实标准阶段。

2011 年《中华人民共和国非物质文化遗产法》的颁布标志着我国的非物质文遗产保护工作已上升至法制化和标准化阶段。此后出台的《文化部关于加强国家级非物质文化遗产代表性项目保护管理工作的通知》（2011 年）、《文化部关于加强非物质文化遗产生产性保

---

[*] 白宪波，佛山市顺德区博物馆文化遗产保护部馆员。
[①] 乌丙安：《"人类口头和非物质文化遗产保护"的由来和发展》，《广西师范学院学报（哲学社会科学版）》2004 年第 3 期。
[②] 巴莫曲布嫫：《非物质文化遗产：从概念到实践》，《民族艺术》2008 年第 1 期。
[③] 苑利：《〈名录〉时代的非物质文化遗产保护问题》，《江西社会科学》2006 年第 3 期。
[④] 高小康：《走向"后申遗时期"的传统文化保护》，《江苏行政学院学报》2012 年第 2 期。

护的指导意见》（2012年）、《国家级非物质文化遗产保护与管理暂行办法》（2016年）等一系列法律、法规和相关文件，以及各类项目标准的陆续制定与实施，则进一步表明标准的构建与研究等将成为这一阶段我国非遗保护工作的重点。

非遗保护标准问题亦已成为我国学术界普遍关注的一个新课题。早在2006年，刘魁立、张颖敏就在他们联合发表的文章中，表达了他们对非遗保护标准这一课题的态度：当今时代，标准化已成为一种社会需求和发展趋势；但在非遗保护过程中，由于强调的是地方特色和传统的特异表现，导致类似的悖论（如我们一方面要求推广普通话，同时为了保护地方戏曲、民间文学等非遗项目又不得不强调方言），很难探寻出两全的答案。①

2010年，李昕在他的文章中表达了另一种观点：虽然非遗保护标准的确立，无论在理论上还是在实践中都具有一定的难度和复杂性，但对非遗保护来说，标准的建立还是有章可循的。在确定非遗的保护标准时我们要遵循以下基本原则：第一，非遗保护标准的确立必须以反映非遗的基本特点和性质为前提；第二，只有那些与文明进步精神不违背的文化和习俗才应得以保护和发展。《人类口传与非物质文化遗产代表作名录》《保护非物质文化遗产公约》等国际标准已为各国确定自己的非遗保护标准提供了理论依据。②

他们的探讨在我国非遗标准工作相对薄弱③的当时可谓具有开创意义。

2011年，浙江省地方标准《湖笔制作工艺及技术要求》（DB 33/T 327—2011）发布、实施，代替原有标准（DB 33/T 327—2001）。2012年8月，内蒙古自治区地方标准《蒙古族服饰》正式实施。④ 2012年，浙江省地方标准《龙井茶加工技术规程》（DB 33/T 239—2012）发布、实施，代替原有标准（DB 33/T 239—1999）。2012年，安徽省地方标准《非物质文化遗产保护 顶谷大方制作技艺》发布，2013年实施。2013年，河南省地方标准《洛阳水席质量与服务规范》发布、实施。2015年，湖南省地方标准《土家织锦》发布、实施。

2015年，孙向裕、郑耀星以福建省传统音乐类非遗为例，探讨了非遗标准化保护的必要性、可能性、有效性等问题，并提出"点三角"和"圈—轴"模型式的非遗保护方法。⑤ 同年，王霄冰通过对祭孔仪式的考证、考察，探讨了全球化语境下"标准化"与"在地化"二者之间的关系。⑥ 王海瀛初步构建了一个非遗保护标准框架："根据政府部门的统一规划，从顶层建立一个全面、系统的标准体系，以保护工作的全过程为主线，实现对非物质文化遗

---

① 刘魁立、张颖敏：《悖论中的非物质文化遗产保护》，谢沫华主编：《2006 中国·昆明：亚洲博物馆馆长和人类学家论坛文集》，云南教育出版社2007年版，第189—203页。
② 李昕：《非物质文化遗产保护与文化产业发展》，江苏人民出版社2010年版。
③ 单霁翔：《走过关键十年 当代文化遗产保护的中国经验 第2卷 文化遗产保护实践中的思考》，译林出版社2013年版，第81页。
④ 兰英、蒋柠、刘默：《论标准化与少数民族服饰非物质文化遗产保护传承——以蒙古族服饰标准化研究为例》，《中国标准化》2013年第12期。
⑤ 孙向裕、郑耀星：《福建传统音乐类非物质文化遗产标准化保护研究》，《海南师范大学学报（自然科学版）》，2015年第2期。
⑥ 王霄冰：《祭孔仪式的标准化与在地化》，《民俗研究》2015年第2期。

产保护工作的全面规范，使标准化贯穿于保护工作的始终"。① 这一非遗保护标准体系包括三个层次，第一层次包括确认、建档、研究、保存与保护、传承、传播和发展，第二层次是在每一保护过程下面分若干标准，第三层次是若干标准的再划分如价值评估标准、普查评估标准、申报评估标准等。

2016年，江西省地方标准《景德镇传统制瓷工艺》发布、实施。

2017年，吕晓珊通过对传统民间刺绣挑花手工艺的归类、概念探讨，以及审美形态与文化特性的关系分析等，以湖南隆回花瑶挑花为例，探讨了手工技艺类非遗保护标准的建立。② 刘立英探讨了体育类非遗保护标准建立的可能：推进体育类非遗保护标准化，可以更好地传承和发展体育类非遗，需遵从简化统一、全面成套；层次分明、协调统一；多方合作、动态开放；过程监控、优化推进的基本原则。体育类非遗保护标准可从符号标准、保障标准、执行标准三方构建，按制定发展规划、实施筹备、探索示范区、全面实施、评价反馈的步骤推进。③

不久，王霄冰、胡玉福在前人研究的成果基础上，探讨了非遗保护为何需要标准、非遗保护标准体系的构成、非遗保护标准的确立过程及其意义等问题，并得出结论：非遗保护标准体系由非遗保护操作标准、非遗分类标准和非遗项目标准三大部分构成，非遗保护标准的建立过程应充分体现民主协商的精神，哈贝马斯倡导的交往理性与商谈理论可提供指导。④

从以上事实可以判断，我国非遗保护的"标准化时代"已经到来。

二、基层工作者视角下非遗保护标准相关问题

2015年因工作调度，笔者正式参与广东省佛山市顺德区的非遗保护工作，具体工作内容包括：非遗项目、传承人、传承基地的实地调研、申报、认定，非遗项目传承与传播等。在下文中，笔者将从自身工作角度，即以工作在县区级"非遗保护中心"的业务骨干身份探讨相关问题，以求教正于非遗保护研究界师友。

1. 传统标准与当代标准之间的矛盾

传统标准是指非遗代表性项目在发生、发展过程中，长期形成的一种约定成俗的标准和习惯，具有一定的稳定性、时代性和局限性。如"金榜牛乳制作技艺"是流传于广东省佛山市顺德区大良街道金榜社区，制作牛乳的一项传统手工制作技艺，因产地而得名，2018年该项目正式列入佛山市顺德区第七批区级非遗名录。长期以来"金榜牛乳制作技艺"都

---

① 王海瀛：《标准化视角下的非物质文化遗产保护》，《标准科学》2015年第10期。
② 吕晓珊：《试论传统民间刺绣挑花手工艺类非物质文化遗产的保护标准——以湖南隆回花瑶挑花为例》，《文化遗产》2017年第3期。
③ 刘立英：《体育非物质文化遗产保护标准化研究》，武汉体育学院2017年硕士学位论文。
④ 王霄冰、胡玉福：《论非物质文化遗产保护工作的规范化与标准体系的建立》，《文化遗产》2017年第5期。

在延续徒手操作的传统手工生产方式及小作坊式生产、经营模式，至今这一方式无法用现代机械替代，规模亦很难扩大。

在现代人看来，这种徒手操作的传统手工生产方式及小作坊式生产、经营模式存在一定的食品卫生安全隐患，而据《中华人民共和国食品安全法》第四条规定："食品生产经营者对其生产经营食品的安全负责。食品生产经营者应当依照法律、法规和食品安全标准从事生产经营活动，保证食品安全，诚信自律，对社会和公众负责，接受社会监督，承担社会责任。"①"金榜牛乳制作技艺"徒手操作的传统手工生产方式及小作坊式的生产、经营模式下的食品卫生安全隐患，与《中华人民共和国食品安全法》规定的"食品生产经营者对其生产经营食品的安全负责"间形成了一对看似不可调和的矛盾。

2. 不同标准体系的并行存在，管理部门各自为政，相互之间缺乏协调

因非遗自身的多样性、复杂性等，在申报、管理过程中往往会形成多头管理的现状。如国家级非遗项目"香云纱染整技艺"，是我国著名真丝绸面料——香云纱的核心制作技艺，是清末民国年间，随着珠江三角洲地区丝织业兴盛而产生、发展并传承至今的一项传统手工技艺类非遗。2008年6月，由佛山市顺德区博物馆申报的"香云纱染整技艺"，被正式列入我国第二批国家级非物质文化遗产名录；同年12月，"香云纱染整技艺"被列入深圳市第二批市级非遗代表性项目名录；2009年6月12日，顺德伦教成艺晒莨厂厂长梁珠，被文化部评定为国家级非遗代表性性项目"香云纱染整技艺"的国家级非遗代表性传承人；2014年12月"香云纱（坯纱）织造技艺"成功申报为佛山市南海区区级非遗代表性项目。

另一方面，2005年，深圳香云莎服饰有限公司率先成功获得国家质量监督检验检疫总局颁发的"香云纱（香云莎牌）原产地地理标志"称号；2008年4月23日，纺织行业标准《莨绸服装》（FZ/T 81016—2008）发布，2008年10月1日实施；2009年4月21日，国家标准《莨绸》（GB/T 22856—2009）发布，2009年12月1日实施；2011年12月20日，纺织行业标准《柞蚕莨绸》（FZ/T 43021—2011）发布，2012年7月1日实施；2011年，广东省佛山市顺德区获得国家质量监督检验检疫总局颁发的"香云纱原产地地理标志"称号；2011年12月20日，纺织行业标准《莨绸工艺饰品》（FZ/T 43022—2011）发布，2012年7月1日实施；2016年，新的纺织行业标准《莨绸服装》发布实施，标准号FZ/T 81016—2016，替代 FZ/T 81016—2008，实施日期2016年9月1日。以上这些"原产地地理标志"的确认和香云纱相关产品标准的颁布，其实是独立于我国"非遗名录制度"之外的标准体系，但其保护标准在制定过程中缺乏非遗相关部门和专家的参与，显然还不能达到非遗保护标准的要求。

3. 利益主体、保护主体，甚至传承人主体之间存在利益之争，保护标准难以确立

非遗是可以带来经济利益、社会效益的，故相关主体争利夺益的现象时有发生，为谋求利

---

① 全国人民代表大会常务委员会制定：《中华人民共和国食品安全法》，中国医药科技出版社2015年版。

益最大化，部分主体甚至不惜弄虚作假、混淆视听，导致保护标准难以确立。如"香云纱染整技艺"，该项目利益主体以商人和地方政府为主，其中商人贯穿于整个香云纱产业链，从香云纱的原料生产商，到香云纱的生产商，再到香云纱成品的制造商，他们都参与了相关产品标准的发起、撰写和申请工作。有的还以香云纱谐音、别名来命名自己的企业，将自己的产品申报为香云纱原产地地理标志保护产品，将"香云纱染整技艺"等申报为当地和国家的非遗，将自己申报为"香云纱染整技艺"的传承人等等。而地方政府则尽量支持本地企业的相关活动，并对其他地方政府、企业的行为予以制衡。他们的行为主观上并不都是出于保护国家级非遗项目"香云纱染整技艺"的目的，甚至成为了香云纱利益之争的根源。

香云纱产业链上的商人们的各种行为，其本身目的并不是为了更好地保护和传承非遗，而是为了维护自身利益，所以他们推出的各类与"香云纱染整技艺"相关的保护措施并不能真正实现"香云纱染整技艺"的再繁荣。而事实也证明这些措施中存在"假非遗""不称职的非遗传承人"等等，甚至有将非遗项目"香云纱染整技艺"据为己有之嫌。比如香云纱的某原料生产商推出了"香云纱（坯纱）织造技艺"的非遗项目，其实清末民初珠江三角洲的各大缫丝厂都兼有生产香云纱，也就是说"香云纱染整技艺"并无特定的原料生产商，只要丝绸就好，有时布匹都可以取代丝绸。所谓的"香云纱（坯纱）织造技艺"其实就是丝绸织造技艺，如果冠以"香云纱"之名则有"蹭热度"或"假非遗"之嫌。

从与"香云纱染整技艺"相关的各项保护措施看，香云纱的生产商们只提出了国家标准《莨绸》（GB/T 22856—2009），而这一标准是否可以取代非遗"香云纱染整技艺"的保护标准值得商榷。同时，如此众多的与香云纱相关的产品标准，都打着"国家级非遗项目"的名义，也有混淆视听之嫌。

香云纱产业链上的商人们的利益之争只是商人间矛盾的一个侧面，同行业间商人们的矛盾则是商人间矛盾的另一个侧面，而这一矛盾主要表现在部分企业以次充好和无序竞争两个方面：前者贯穿整个香云纱产业链，这也是一系列香云纱相关产品标准诞生的由来；后者则主要体现在香云纱生产商内部，"香云纱染整技艺"成功申报为国家级非遗项目后，一大批香云纱生产企业诞生，但这只是"香云纱染整技艺"的表面繁荣，香云纱的市场需求量并没有因为"香云纱染整技艺"申报为国家级非遗项目而有所扩大，同类企业的纷纷诞生造成了香云纱生产企业间的无序竞争，后来它们纷纷倒闭，香云纱生产业更加萧条，给"香云纱染整技艺"这项非遗带来了负面影响。

政府是民众利益的代言人，故他们的利益诉求基本是一致的。从"香云纱染整技艺"保护措施看，各地政府间的矛盾主要表现在"谁是香云纱的原产地？"和"谁是非遗项目'香云纱染整技艺'的所在地？"这两方面。充满了与生俱来的朴素情怀，但对于什么是"原产地地理标志"和"非遗"民众并不了解；也许也不想了解，在他们看来，只要某一文化在本地曾经出现，他们就是该文化的正统传人！因此，在"谁是香云纱的原产地？"和"谁是非遗'香云纱染整技艺'的所在地？"的问题上，深圳、顺德、南海方面都认为自己是该文化的正统发源地，此外广州、浙江等地也认为自己才是香云纱的原产地，但事实上长期以来只有顺德伦教的"成艺晒莨厂"保留了"香云纱染整技艺"的活态传承。

三、如何做好非遗的守护者

面对上述问题，基层工作者该如何做好非遗保护工作？笔者提出如下几点思考。

1. 认清非遗保护的工作实质

非遗保护，是由联合国教科文组织（UNESCO）发起的一项全球性的行动。这项行动缘起于弱势民族主体观念与传统文化所有权意识的增强，如 1973 年玻利维亚政府（外交与宗教部）就现有各种与文化保护有关的公约都只注重保护有形文化（tangible objects），却不关注表达性（expression）文化形式，如音乐、舞蹈、民间艺术等（而这些文化形式正在面临最为严重的秘密的商业化输出等），向 UNESCO 总干事递交的提案①（玻利维亚提出这一议案，不是为了寻求帮助保护或保存其民俗，而是为了反对外国还可能包括国内对民俗不恰当的使用）；缘起于现代性的灾难，即对日益消亡的民族民间文化的全球性担忧，如 1993 年韩国政府针对 1989 年 UNESCO 通过的《保护民间创作建议案》未能引起各成员国高度重视的现实，提交了一份关于在 UNESCO 框架内建立活的文化财产（Living Human Treasures）保护体系建议案（该议案被视为目前非遗保护工作的直接起源。与玻利维亚政府保护知识产权不同，韩国政府提出议案的主要目的是保护民族文化的传承）；等等。② 因此，非遗保护经历了从保护"民间创作"到"非遗"的历程，其保护主体的具体名称、概念和内涵等，亦多经变化。

"非遗"一词，对于我国民众来说，是一个外来词。它与我国原有的"传统文化"一词，两者之间很容易画上等号。但事实上只有被确认为非遗代表性项目后，与之相关的保护行为及措施等，才谈得上非遗保护。这样的错误，在具体实践中普通民众容易犯，专家学者乃至基层管理者也容易犯。

比如江西省地方标准《景德镇传统制瓷工艺》的颁布，在引言中明确提出该标准的制订目的是"有利于保护传承国家级非物质文化遗产"，③ 但笔者查遍景德镇市非遗网，仅找到"景德镇手工制瓷技艺"（国家级　第一批　2006）、"景德镇传统瓷窑作坊营造技艺"（国家级　第一批　2006）、"景德镇瓷业习俗"（省级　第一批　2006）、"景德镇传统青花瓷制作技艺"（省级　第二批　2007）、"景德镇传统制瓷柴窑烧成技艺"（省级　第二批　2007）、"景德镇瓷用毛笔制作技艺"（省级　第三批　2010）、"景德镇雕塑瓷手工制作技艺"（省级　第三批　2010）、"景德镇颜色釉瓷烧制技艺"（省级　第三批　2010）、"景德镇传统粉彩瓷制作技艺"（省级　第三批　2010）、"景德镇陶瓷装饰技艺"（省级　第四批

---

① 具体内容参见向云驹：《人类口头和非物质文化遗产》，宁夏人民教育出版社 2004 年版，第 34—41 页。
② 安德明：《非物质文化遗产保护：民俗学的两难选择》，《河南社会科学》2008 年第 1 期。
③ 江西省质量技术监督局：《江西省地方标准·景德镇传统制瓷工艺》，标准号：DB36/T926—2016，2016 年 9 月 28 日发布，2016 年 12 月 1 日实施。

2013)、"景德镇传统古彩瓷制作技艺"（省级　第四批　2013）、"景德镇传统玲珑瓷制作技艺"（省级　第四批　2013）、"传统陶瓷书法技艺"（省级　第四批　2013）、"景德镇传统薄胎瓷制作技艺"（省级　第四批　2013）、"景德镇传统斗彩瓷制作技艺"（省级　第四批　2013）、"景德镇传统青花珠明料煅烧工艺"（省级　第四批　2013）、"景德镇青白瓷制作技艺"（省级　第四批　2013）、"浮梁水碓制作技艺"（省级　第五批　2016）、"浮梁传统陶瓷釉果制作技艺"（省级　第五批　2016）、"景德镇瓷业祭拜习俗"（市级　第一批　2007）、"竟成镇风火仙师"（市级　第一批　2007）、"中秋烧太平窑"（市级　第一批　2007）、"景德镇传统釉里红瓷烧制技艺"（市级　第二批　2009）、"景德镇传统陶瓷雕刻技艺"（市级　第三批　2015）、"景德镇传统没骨彩瓷绘制技艺"（市级　第三批　2015）、"景德镇市传统匣钵制作技艺"（市级　第五批　2018）、"景德镇传统陶瓷稻草包装技艺"（市级　第五批　2018）、"景德镇传统胭脂红颜料配烧技艺"（市级　第五批　2018）等非遗代表性项目，"景德镇传统制瓷工艺"并不在其列。[①] 可见当事人在相关标准文件中存在术语使用不当的问题。

因此，我国的非遗保护工作，是一场在联合国教科文组织（UNESCO）在全球发起背景下，由我国政府推动的一场自上而下、旨在保护我国优秀传统文化的一场行动。从工作流程看，优秀传统文化首先要经过"非遗"代表性项目的确认，即确认所要保护的对象是不是我国的优秀传统文化，值不值得保护，符不符合"非遗"的若干界定，分类是否准确，历史渊源及传承谱系是否清晰，内容是否丰富，在当地是否具有独特性、代表性，保护计划是否合理，等等。其次确认与之相关的代表性传承人、传承基地等。最后才是确认各种具体的保护办法，如文化生态保护区建设、生产性保护、生活性保护、可持续发展等等。

2. 克己奉公，避免受利益所困

非遗保护工作绝非易事，其间很容易受利益相关方的影响，且自己的行为很难实现自己的初衷。面对这样的难题，我们要有思想准备。

一般来说，非遗保护主体包括政府职能部门、学界、商界和新闻媒体等，但绝不包括传承人。传承人属于传承主体，负责传承；保护主体负责宣传、推动、弘扬等外围工作。如果我们混淆了他们的区别，很容易使"民俗"变成"官俗"，使"真遗产"变成"伪遗产"。[②] 在具体的实践工作中，利益主体（尤其是商界）"绑架"政府、"贿赂"专家、"欺骗"媒体、取代传承主体，以保护非遗为名，行文化市场化、商业化之实的案例比比皆是。

因此，作为工作在非遗保护工作最前沿的我们，坚持己见、保守初衷至关重要。

3. 谦虚好学，努力提高作为非遗保护一线管理者的业务能力

非遗保护标准是指：围绕非遗代表性项目、代表性传承人、传承基地的申报、认定标

[①] 景德镇市非遗网，http://www.jdzfy.com.cn/。
[②] 苑利：《非物质文化遗产保护主体研究》，《重庆文理学院学报》2009年第3期。

准,保护规划和合理开发利用等所制定的标准。目前,因相关法律、法规、规章制度等的存在,有关代表性项目、代表性传承人、传承基地的申报、认定标准等有据可施,但保护规划和合理开发利用标准等相对薄弱。

以非遗代表性项目的申报、认定标准为例,早在2005年3月26日,我国政府就出台了《国务院办公厅关于加强我国非物质文化遗产保护工作的意见》(国办发〔2005〕18号),明确了保护和利用好我国非遗的重要意义及其紧迫性,提出"保护为主、抢救第一、合理利用、传承发展","政府主导、社会参与,明确职责、形成合力;长远规划、分步实施,点面结合、讲求实效"等指导方针和工作原则,强调认真开展非遗普查工作,建立非遗代表作名录体系,加强非遗的研究、认定、保存和传播,建立科学有效的非遗传承机制,建立协调有效的工作机制等,并附上《国家级非遗代表作申报评定暂行办法》《非遗保护工作部际联席会议制度》《非遗保护工作部际联席会议成员名单》等附件。

在非遗代表作(代表性项目)名录体系制度刚刚开始执行的几年里,由于从业者的职业素质参差不齐等原因,非遗项目申报工作中出现重申报、轻保护;重申报、轻普查;认识上重视申报工作,操作上缺乏相应的专业知识、技能和方法;文本写作,文不对题、不大规范、答非所问、不抓关键、粗糙简陋、多有欠缺、表达含糊、结构零乱、不知所云、废话连篇,严重影响专家评审和表决等问题。针对上述问题,乌丙安特意撰写了《撰写非物质文化遗产项目申报文本的要领》一文,明确填写非遗项目申报书前,要做好项目遗产认定、项目分类认定、项目代表性认定、项目传承性认定、项目真实性认定、项目具体表现形式认定等6项重要准备工作,并对申报书上的各个栏目的基本要求和基本内容,作了进一步诠释[①]。该文成为基层工作者的重要指导性文件之一,因此该文当作非遗保护代表性项目申报书的撰写标准。再加上学者们对非遗基本属性的研究,如什么是非遗[②],非遗的基本特征[③]等,一般说来,当前我国的非遗保护工作在代表性项目认定上,基本上不会再有较大差错。制度框架以及专家的指导和把关基本上保证了它的真实性、可靠性。

问题出现在保护环节。认定哪些传承人为非遗代表性项目的代表性传承人,如何保障这些人承担相应的义务,行使相应的权利,享有本该属于他们的合理权利;如何做好非遗代表性项目的保护规划,以及合理开发利用都是问题的关键。但现实是许多人将非遗代表性项目的申报、传播视为非遗保护本身,即学者们常说的:重申报,轻保护。虽然许多学者早已意

[①] 乌丙安:《撰写非物质文化遗产项目申报文本的要领》,载于乌丙安:《非物质文化遗保护理论与方法》,文化艺术出版社2010年版,第233—241页。

[②] 如刘魁立:《从人的本质看非物质文化遗产》,《江西社会科学》2005年第1期;乌丙安:《非物质文化遗产的界定和认定的若干理论与实践问题》,《河南教育学院学报》2007年第1期;苑利:《进一步深化对于非物质文化遗产概念的认识》,《河南社会科学》2008年第1期。

[③] 如宋俊华:《非物质文化遗产特征刍议》,《江西社会科学》2006年第1期;龙先琼:《关于非物质文化遗产的内涵、特征及其保护原则的理论思考》,《湖北民族学院学报》2006年第5期;高丙中:《作为公共文化的非物质文化遗产》,《文艺研究》2008年第2期。

识到非遗申报与保护是有区别的,并发表了一系列论文,专门探讨非遗的保护问题,① 但许多论述基本上停留在理论阶段,能够真正付诸实践的少之又少,② 且部分观点争议不断。③ 直到目前,我国的非遗代表性项目的代表性传承人认定制度仍存在认定机制混乱、认定程序不科学、认定种类单一、认定标准设置不合理、政府扶持力度不足等问题。④ 至于对非遗项目、传承人不尊重、滥用,甚至侵害其合法权利的现象也时有发生。⑤

长期以来,非遗保护在实践过程中形成了截然不同的两种模式。一种是保存模式,即通过对非遗的普查、申报、传播等的建档、研究、展示等来保存、保护非遗,于是就有了普查标准、建档标准、信息化标准、数字化标准、收集与管理标准、传承展示标准、网站建设标准、传承培训标准等等。一种是保护模式,即采取相关的措施以确保非遗的生命力。这一模式又分为保守、激进和折中三条路线。其中,保守路线强调非遗的"本真性"和"原生态",认为继承、传承大于发展、创新,坚持非遗文化本位,反对非遗商业化、产业化,"抢救""保存""保护""传承""原生态""原汁原味"等是其关键词。激进路线强调非遗的"变化性"和"活态性",认为发展、创新就是继承、传承,坚持遗产与时俱进,肯定遗产的商业化、产业化。生产性保护被视为折中路线的一种。⑥ 其实,这是一个非遗保护中对"度"的把握问题。

苑利提出非遗保护要"以人为本",按照非遗的固有规律来传承非遗。所谓"以人为本"即"把保护传承人作为保护非遗的'抓手',化'非物质'为'物质',化'看不见'、'摸不着'为'看得见'、'摸得着'";按照非遗的固有规律来传承非遗,即"从研究规律入手,通过发现规律、利用规律来保护非遗"。⑦ 这一观点很正确,但在现实中较难兑现。因为非遗保护不仅涉及传承人,还涉及很多利益相关方。通过发现规律、利用规律来保护非遗,说起来简单做起来难。一方面,发现规律本不简单,需大量的实地调研,更需调查者敏锐的观察力和洞察力;另一方面,利用规律更不容易,需理解规律,更需找到切实可行的应用办法。但现实是:虽然学者们提出了一系列的非遗保护原则,但相关争论从未终止,相关

---

① 如刘魁立:《关于非物质文化遗产保护的若干理论反思》,《民间文化论坛》2004年第4期;贺学君:《关于非物质文化遗产保护的理论思考》,《江西社会科学》2005年第2期;苑利、顾军:《非物质文化遗产保护与我们所应秉承的十项基本原则》,王文章主编《中国非物质文化遗产保护论坛论文集》,文化艺术出版社2006年版,第66—81页等。
② 刘魁立、高丙中、陈连山、黄涛、施爱东:《四大传统节日应该成为国家法定假日》,《河南教育学院学报》2007年第2期。
③ 如王巨山:《非物质文化遗产保护原则辨析:对原真性原则和整体性原则的再认识》,《非物质文化遗产研究集刊》2008年,第76—84页;刘晓春:《谁的原生态?为何本真性?——非物质文化遗产语境下的原生态现象分析》,《学术研究》2008年第2期;宋俊华:《论非物质文化遗产的本生态与衍生态》,《民俗研究》2008年第4期。
④ 张邦铺:《我国非物质文化遗产传承人认定制度研究》,《地方文化研究辑刊》2016年第2期。
⑤ 如何华湘:《非物质文化遗产的传播伦理问题初探》,《社科纵横》2013年第1期;朝戈金:《联合国教科文组织〈保护非物质文化遗产伦理原则〉:译绎与评骘》,《内蒙古社会科学(汉文版)》2016年第5期;宋俊华:《非遗保护的伦理原则与非遗传承人群培训》,《文化遗产》2017年第4期;谢喆:《媒体报道中有关非物质文化遗产内容应注意的伦理规范问题》,《中国广播》2017年第9期。
⑥ 宋俊华:《文化生产与非物质文化遗产生产性保护》,《文化遗产》2012年第1期。
⑦ 苑利:《非物质文化遗产科学保护的几个问题》,《江西社会科学》2010年第9期。

具体办法、可遵循的行动指南少之又少。

目前正在实施的非遗保护措施，虽然有的已经演化为非遗保护的事实标准，但并不意味着，这些措施、标准都是正确的、不需改进的。以目前正在实行的非遗代表性传承人认定制度及其保护措施为例，萧放认为：将非遗代表性传承人保护工作落到实处，政府需定期给予传承人生活补助；授予传承人名誉称号，为其获取生活资源创造有利条件；提升传承人社会声望与社会地位，提供传承空间与传承条件；为传承人购买医疗保险，让他们无后顾之忧；及时掌握传承人生活，力所能及的解决他们的困难；重视与传承人的精神交流，树立传承人的文化自信与文化自觉；定期给予表彰奖励等。① 刘晓春指出：官方认定"非遗"传承人的制度，是多方力量博弈的结果，在激发传承人文化自觉的同时，也改变了传承人之间的人际关系生态，挫败了其他非官方传承人传承的积极性。② 苑利、顾军则针对非遗传承主体，实际包括个体型传承人、团体型传承人和群体型传承人三类，但现实仅遴选个人等问题表达了自己的看法。③

面对学术界的意见不统一，也许只有做到谦虚好学、积极思考、触类旁通，才能成为一名合格的基层非遗保护工作者。

4. 建立部门间协调机制，改进工作流程，提高工作效率

在探寻非遗保护标准过程中，笔者深感标准制定主体多元化与权威差异所带来的困惑与麻烦。作为基层工作者，上级机关及领导的意见要听，专家学者的意见也要参考，但他们并非统一的整体，即便是同一系统，亦有各种各样不同的声音。在这一背景下，由权威部门牵头，整合、协调各方势力就显得尤为重要了。

过去，我们采取的是部门联合的策略，在这一策略下，我国非遗保护工作开展得有声有色，只是联合的部门还不够多，也没有把工作重点放在非遗保护标准的构建与研究上来。在今后的工作中，我们可以考虑联合更多的有关部门，共同开展非遗保护工作，并建立长期、有效的协调机制，以提高工作效率。

四、结　论

以《中华人民共和国非物质文化遗产法》的颁布为标志，我国非遗保护工作已逐步从"名录时代""后申遗时代"过渡到了"标准化时代"。非遗保护标准的构建与研究，将成为这一阶段我国非遗保护工作的重点。

当前，我国非遗保护标准仍以事实标准为主，在现有的法律法规和保护工作规范体系实

---

① 萧放：《关于非物质文化遗产传承人的认定与保护方式的思考》，《文化遗产》2008年第1期。
② 刘晓春：《非物质文化遗产传承人的若干理论与实践问题》，《思想战线》2012年第6期。
③ 苑利、顾军：《非物质文化遗产传承人管理工作中的几个问题》，《河南社会科学》2015年第4期。

施过程中,传统标准与当代标准的矛盾、不同标准并行存在、政府职能部门间缺乏协调机制、相关主体之间存在利益冲突等问题尤为突出。面对这些问题,基层非遗保护工作者应在认清非遗保护工作本质,及非遗保护标准现状的基础上,谦虚好学,努力提高管理水平和业务能力,并通过部门联合建立协调机制等措施,改进工作方法,提高工作效率,做好非遗的守护者。

(原文载于《文化遗产》2018年第6期)

第二单元 非遗保护工作的规范化研究

非物质文化遗产保护的科学管理及操作规程

乌丙安[*]

当前，在中国全面启动的非物质文化遗产保护工程，已经进入具体的实施阶段，39个保护项目的试点已经由国家批准立项进入执行任务和具体操作的工作程序。由于整个工作从一开始就出现了各省区参差不齐的不平衡状态，因此，在反复不断地提高各地对保护非物质文化遗产意义认识的同时，具体指导所有试点项目的保护工作就显得十分重要。其中，严格的科学管理和标准化的操作规程就成为推动工作有效进展的当务之急，重中之重。

怎样实行严格的科学管理？如何推行标准化操作规程？需要从三个方面入手做好准备。一个是需要认真借鉴国际上保护非物质文化遗产的成功经验；另一个是需要密切结合中国国情，特别是结合中国非物质文化遗产的生存状态的各种实际，总结以往文化保护的经验教训；再一个是需要有比较完整的相应的有针对性的专业科学理论和作业方法。有了这样的充分准备，才能建立起一整套实施保护工作的有效机制，并使这些机制能够持续有效地发展。

因此，在这项工作进行试点的最初阶段，充分了解并准确认定我国各民族非物质文化遗产保护的所有项目至关重要，因为这是解决"我们要保护什么？"这个问题的关键。同时还要充分掌握保护工作必需的专业操作规程，因为这是解决"我们该怎样保护？"这个问题必不可少的方法和手段。二者缺一不可。

一、对非物质文化遗产实施保护的科学管理

对非物质文化遗产及其保护项目的科学认定及审定的管理，是科学管理的首要任务，对这项管理任务，本文要着重进行分析，以便对中国当前的保护工作更加贴近。

对非物质文化遗产实施保护，这是一个十分笼统的总体目标，它只有在确定了各种类别的具体文化项目作为保护对象时，才可以说确定了保护的具体对象。因此，试点项目的确定本身就是进入文化保护程序的第一项科学管理工作，对保护项目的认定和审定也就成为这项

---

[*] 乌丙安，原国家非物质文化遗产保护工作专家委员会副主任委员，辽宁大学教授。

管理工作的首要任务。特别是在我国目前各级文化主管部门和文化界、学术界对非物质文化遗产的定义、范围还处于似懂非懂、模糊不清、把握不准、各种不同的界定和学术争议严重干扰的状态下，这项管理只能加强，不可草率从事。

这项工作主要分两个步骤：第一步是主持保护项目单位对项目的分类认定必须严格实行科学论证；第二步是主管单位及其委托的专家评审组织对立项单位方案文本中的认定论证的审定必须严格把关。尤其是对文化空间或文化表现形式所做的分类鉴别和认定，必须要求准确。

目前，中国文化保护实施单位最感困惑的就是项目认定，存在以下几个问题：

（一）从民俗旅游开发的角度认定文化保护项目。有许多民间艺术形式，还没有经过合格有效的保护就草率地进行了改编和包装，举行大规模展示和表演，被人为地强行推入旅游市场，并把这样的做法叫作"真正的保护和利用"。

（二）用保护物质遗产的标准认定非物质遗产项目。在认定某些口头遗产或表演艺术形式的遗产时，有的使用了评定物质文化遗产的标准，把相关的或牵强附会的建筑物、遗址的恢复和兴建作为抢救和保护的目标，甚至做了土建计划和预算，但是对所要保护的非物质遗产本身却没有做出可行的实施保护计划。

（三）把文化表现形式仅仅理解为艺术表现形式，敢于认定民间艺术形式的保护项目，不敢于也不善于认定其他文化表现形式的项目，特别是对于和民间信仰或宗教有关联的传统文化表现形式，在认定上模糊不清，把握不定，甚至有的不承认它们的代表作是需要保护的遗产。比如庙会、迎神赛会、萨满跳神、跳傩、巫术（包括巫医）及各民族重要的祭祀仪式等等。

（四）对"文化空间"概念，目前还处于不大理解或不得要领的难以认定的状态，往往把"文化空间"分解为几种艺术表现形式分别认定，甚至把本来是文化空间的形式也叫作"××艺术"，使非物质遗产文化空间完整统一的形态遭到割裂，文化整体性保护受到损害。例如中国的西北花儿艺术和花儿会文化空间，青海同仁"热贡艺术"和"热贡文化空间"，贵州黔东南苗族歌舞和"闹冲""爬坡会"文化空间，蒙古族歌舞、摔跤、赛马和敖包祭文化空间。

其中，有一例可以作证，说明认定项目必须进行严格科学管理的重要性。"梁山伯与祝英台"口头遗产，最早发源于历史上一个特定空间的人物和事件的传闻，迅速在多个地点落地生根，由民众传说构成人物传记体的爱情故事情节母题，再传开去，扩展成许多大同小异的口述版本。以后经过民间艺人的再创作，经过文人诗作、笔记、史志等文本记述的再传播，形成历史上遍布全国的民间四大传说之一的口头遗产。

"梁祝"如今已经成为宜兴、宁波乃至全国对《梁山伯和祝英台》口头传承遗产的大写、缩写和特称，它已经是这项特定的口头遗产的代码符号。其中，江苏宜兴"梁祝"口头遗产的保护群体，以当地流传的丰富口传遗产、翔实的史料线索和城乡社区人文景观遗迹的印证，测查和认定了梁祝口头遗产在宜兴地区传承1600余年的综合活动轨迹和特点。初步查清了"梁祝"口头遗产在宜兴拥有的实实在在的家底，评估了它在文化史、艺术史、社会生活史以及思想史等诸多方面的价值。从文化人类学的高度鉴别，不难认定"梁祝"口头遗产代表着人类社会永恒意义的一种崇尚自由的文明。它表现了中国民众对爱情的审美理想，这是人类文明进步的结晶。它既是中国民众口传的精神文化财富，同时也可供全人类各族群体的成员分享，成为全人类的宝贵遗产。"梁祝"口头遗产在中国早已经构成了一个很大的传说文化圈，在这个圈中，"梁祝"口头遗产的分布状况是极其不平衡的，在大部分地区，包括许多少数民族地区，"梁祝"口头传承都带有借入或移入的性质。在那些地区，几乎没有把"梁祝"故事的基本母题直接落实到地方风物和文化遗址上进行本土化的传承历史过程。从田野作业调查的方法论出发，可以认定这些地区绝大多数属于"梁祝"口头遗产传播的边缘地带，这里的"梁祝"口头遗产显然是在"梁祝"口头遗产传承的中心地带辐射影响下形成的。按照民间文化圈测查的数量标准衡量，某种文化事象越是辐射传播分布的地点多，就越能证明这种文化事象在其中心地带的文化生命力和影响力，同时越能证明这种文化事象的多种文化元素在其中心地带密集存在，并在质量标准上会显示该文化事象最本质的特征和最充分的文化内涵。经过细致入微的调查研究，宜兴"梁祝"口头遗产的抢救发掘证明，这里一千多年来一直是"梁祝"口头传承的中心地带之一。

绝大多数中心地带传承的口头传说有一个显著的特征，那就是传说的人物、事件与当地历史、地理的紧密粘附性。口头传说与本地历史、地理的粘附性，也可以被理解为传说内容和表达形式的基本特征。这个特征就是要为人们提供一个传说印证的"可信性"。提供印证的"可信性"特征是传说远比其他样式的口传故事在民俗生活中居于优势的首要特征。这种印证在任何时候都不是指历史档案与信史资料，指的是口传民俗艺术的可信依据。讲本地传说的人，通常在讲述传说同时，总是辅之以实地、实物的展示与解说，或找出可信的证据促使人们像相信历史一样相信其口头传说的真实性。宜兴"梁祝"口头传承就具备这种特点。宜兴"梁祝"传说早在古代就和魏晋南北朝历史粘附在一起，传说的主人公在传承中总是以女主人公祝英台为中心，所以，当地遗留下来许多关联着祝英台的地方风物遗迹。例如祝英台故宅地址、祝英台读书处、祝英台琴剑冢、英台井、英台陵墓以及故事中十八相送沿途的景物遗存，还有梁家庄、马家庄遗址的指认传说佐证等等，都是传说粘附于地方风物的"可信"印证。所有这些印证，都有久远的口头传承历史，并不是任何现代人的人为生造。这一点是"梁祝"口头遗产集中传承认定的重要依据。在认定"梁祝"为非物质文化遗产的口头传承形式时，有必要强调指出的是，所有与"梁祝"传说密切相关的景物遗存"可信物"，对于口头遗产这宗最基本的重大非物质文化遗产来说，并不需要用文献资料考证史实本身的价值和意义；相反，它的价值正在于"梁祝"口头遗产发展成为较为典型的"梁祝"文化，在宜兴这块文化中心地带使"梁祝"文化活动形态得到了充分表现。这种令人"可信"的"似是而非"的"梁祝"文化表现形式，正是"梁祝"口头遗产重要的有机组成部分，任何史料的辨伪求真考证，都会有损于这宗口头遗产在精神层面的生命力从而弱化了它珍贵的口头传说艺术魅力。

但是令人遗憾的是，在从事文化考古的文物研究界，有的学者却很重视把梁山伯、祝英台作为历史人物来认定，于是导致对祝英台故宅、祝英台陵墓、祝英台井、梁家庄遗址和马家庄遗址进行文物考古、文化遗址的认定，动用的是认定物质遗产的基本手段。对于保护"梁祝"口头传说这宗重大非物质文化遗产来说，这种文物发掘和遗址认定及其史料考证是徒劳的、无意义的和完全不必要的。另有一些旅游开发热的文化人，也极力主张保护"梁祝"文化，但是他们认为必须把祝英台故宅遗址、祝英台读书处、祝英台琴剑塚、英台井、英台陵墓以及故事中十八相送沿途的景物、梁家庄、马家庄遗址等等传说佐证都兴建起来，作为旅游景点设置，供游人观赏。在这里有一个最基本的文化遗产分类认定问题。因此，我们必须强调：作为口头文学遗产的"梁祝"，在它的非物质文化的属性里，并不需要求证梁山伯和祝英台是否在某个历史阶段当地实有其人其事，重要的在于这个口头传说中的两个主人公及其故事传承是否具备人类文明的代表性和重大艺术价值，是否值得我们对它加以认真的保护。重要的在于史料笔记中的各种记载都是"梁祝"口头遗产传承流变的最好线索和证据。文物考古发掘也好，旅游景点开发也好，和"梁祝"口头遗产的非物质遗产保护工作绝不是一回事，相反，这样做的结果只会给非物质文化遗产保护造成不小的损害。

和以上的事例相似相近的例证还有不少，主要原因在于一方面对非物质文化遗产的定义、范围模糊不清，另一方面各种思潮和观念严重干扰，再一方面还有经济建设的利益驱动，都使文化保护工作的正常开展遭遇尴尬。为此，加强遗产认定的管理，加强科学认定的专业培训，严格审定把关，刻不容缓。

关于非物质文化遗产的定义，在 1998 年颁布的《人类口头和非物质遗产代表作条例》中明确指出来自 1989 年 11 月 15 日在巴黎出台的《保护民间创作建议案》（又译为《关于保护传统文化与民俗的建议》）。它的原文是："指来自某一文化社区的全部创作，这些创作以传统为依据、由某一群体或一些个体所表达并被认为是符合社区期望的作为其文化和社会特性的表达形式；准则和价值通过模仿或其他方式口头相传。它的形式包括：语言、口头文学、音乐、舞蹈、游戏、竞技、神话、礼仪、风俗习惯、手工艺、建筑术及其他艺术。除此之外，还包括传统形式的传播和信息。"由此可见，非物质文化遗产（或译为无形文化财产）的定义其实就是我国现在提出的民族民间文化遗产的定义。

2001 年 11 月联合国第 31 届成员国大会通过决定，采用了非物质文化遗产的新定义。原译文是："人们学习的过程及在学习过程中学到的和自创的知识、技术和创造力、还有他们在这一过程中创造的产品以及它们持续发展所必需的资源、空间和其他社会及自然结构；这些过程会使现存的社区具有一种与先辈们相连续的意识，对文化认定很重要，对人类文化多样性和创造性保护也有着重要意义。"同时，还宣布了非物质文化遗产的两种表现形式：一种是有循规的文化表现形式，如音乐和戏剧表演，宗教仪式或各类节庆仪式；另一种是一个文化空间，定义为一个可集中举行流行和传统文化活动的场所，也可以定义为一段通常定期举行特定活动的时间，这一事件和自然空间是因空间中传统文化表现形式的存在而存在的。

以上就是到现在为止确定的非物质文化遗产在其内容和形式两方面的定义，作为国际共同执行的认定非物质遗产的基本依据。

根据非物质文化遗产的类别样式或表达形式的多样性，根据国际学术界通常的分类法标准，结合我国文化遗产代表作的表达形式的特点，中国民族民间文化保护工程的正式文件中大体上把本国的民族民间文化遗产分为以下若干类别：

1. 口头遗产（语言类：濒危民族语言、地区方言、隐语行话、谚语；口头文学类：谜语、民谣、神话、史诗、故事、传说、口述史）。
2. 民间艺术（音乐类；舞蹈类；美术类；戏曲类；曲艺类；杂技类）。
3. 工艺技艺（建筑技艺类；烹调技艺类；服饰工艺类；工匠技艺类；民间医术类）。
4. 风俗习惯（节庆类；礼仪类；行业习俗类；游艺竞技类）。

其中文化空间类的概念十分重要和特殊，它主要是民间风俗习惯类的文化时空形态的规定性概念。联合国教科文组织在1998年10—11月第155次大会上用额外的基金创立了一个奖金，用来激活人类口头和非物质遗产的"文化空间或文化表达形式"。2001年宣布的"文化空间与文化表现形式"的划分标准，现在看来，对于认定文化空间的工作可以操作，既简明又实用。联合国教科文组织北京办事处的文化官员爱德蒙·木卡拉的解说很恰当。他说："文化空间指的是某个民间传统文化活动集中的地区，或某种特定的文化事件所选的时间。""在这里必须清醒认识到文化空间和某个地点的区别。从文化遗产的角度看，地点是指可以找到人类智慧创造出来的物质存留，像有纪念物或遗址之类的地方。文化空间是一个人类学的概念，它指的是传统的或民间的文化表达方式有规律性地进行的某个地方或一系列地方。"多年来的人类学、民俗学的大量田野作业调查材料证明，这种表现形式的类别在我国各民族的非物质文化遗产中占有很大的比例，像各民族都普遍流行的多种节庆、庙会、歌墟等约定俗成的大型定时定点的传统活动，都属于文化空间，在民间文化生活中显得特别重要。

联合国教科文组织还建议和鼓励各国建立非物质遗产的标准分类法。

（一）鉴于必须协调各机构使用的分类体系，建立鉴别和登记（搜集、检索、记录）体系；鼓励建立民间文化标准化分类法，即编制非物质文化遗产分类总表，以指导全世界这方面的工作；编制非物质遗产细目汇编；并进行地区分类，特别是鼓励通个地区试点项目来进行。这就要求必须加快认定工作的进程，使本国的非物质文化遗产的标准分类法早日形成体系，以便早日编制出中国非物质遗产名录汇编。

（二）对已经立项的遗产保护工作实施较为严格的目标管理，是科学管理的有效方法。所有审定合格的立项，必须包括若干目标及其具体的计划指标，各级管理者及其机构只能依据审定通过的阶段性目标、长期目标或各个子项目的具体指标进行有针对性的指导、检测、督促、协调、鉴别、裁定和验收等等。经费使用及预决算的管理，严格纳入国家财会制度，实行有效监督。

在目标管理中，管理部门及其管理者应当事先确定两种类型的目标：一种是用规定性的计划指标做要求的任务目标，这是硬性的目标，要求必须完成。比如所有非物质遗产都必须普查所有传承人及其传承方式、特点，并对传承人实施全面保护，这就是一项严格的硬性目标，它需要工作人员用硬性指标来完成。另一种是用灵活性的计划指标做要求的任务目标，这是弹性的目标，要求在工作中根据实际情况灵活掌握其节奏或进度，或增减其任务量，或变动其工作程序和方式等。

（三）对专业技术标准的管理，特别是运用现代科技手段实施保存、维护和保护的技术标准，必须明文制定具体的规则或技术手册，严格管理。在中国，目前从事遗产保护工作的人员，大多数在基层习惯于用传统的手工业方式进行调查作业，即使是使用过录音、摄影、摄像的技术手段，大多数也已经是落后的或早已经被淘汰的老设备手段。更主要的是，即使用专项经费配备了现代最新设备手段，也缺乏这方面的专门培训。运用现代科技手段实施保存、维护和保护时，必须及时制定标准的技术手册，按照标准的规定严格管理。对保护工作中使用的图纸、照片、底片、幻灯片、录音带、录像带及录音机、照相机、摄像机等都要确定出规格、型号和使用要求，编制出详细的综合目录，便于保护项目专业人员自己掌握，或与专业技术人员合作掌握所有的技术标准。

在遗产保护的技术手段方面必须"讲究"，不能也不应该"将就"，不能"少花钱也办事、不花钱也办事"，不能"因陋就简"，因为保护遗产的紧迫性，濒危遗产的不可再生性都决定了这次保护的全面彻底性，所有的采录和保存都必须保证达到一次完成、永久保存的合格标准。任何工程的"将就"和"因陋就简"，都会因落后手段的粗制滥造酿成后患和遗憾，因为濒危遗产保护工程有其特殊性，使用任何不合规格的技术手段保存遗产资料，都会使文化保护最终变成一句漂亮的空话。今天的文化保护是功在当代、利在千秋的伟大文化工程，在技术手段的要求方面只能"百年大计，质量第一"。加强对高技术手段的标准要求和财政资金的相应投入相配套的管理，是文化遗产保护保存的重要环节，不可忽视。

（四）对从业的保护工程的各类专家队伍的管理，对各级管理者的管理，则实行相对的分工责任制，建立相应的激励机制，制订相关守则或工作细则进行责任管理。

目前，中国的文化保护工程的管理是在现行政府体制下的行政管理，并适当作了一系列的协调性的管理。但是，当保护工作开始付诸实施，许多地区就会出现千头万绪的繁忙状态，就需要尽快建立一系列的有效机制，形成责任制。很明显，只有政府上下级关系和中央和地方关系的各级责任制显然是不够的。必须建立起专业分工的责任制。目前的专家委员会暂时停留在专业咨询的松散联合状态中，它的专家成员几乎是以个体受聘的临时性参与咨询服务的，因而，他们的责任很有限。在全国各地展开保护工作后，专业工作的任务量不断加大，专家的工作量必然也随之增大。政府管理部门如何依法科学管理专家的工作，就成为当务之急。专家委员会和专业组专家的扩大必然带来专家责任制建立和完善的需要。各类项目应当相应地经由各类专家跟踪咨询和指导，建立相应的专家责任制，实行管理机构管理专家，专家接受委托代行对专业项目的管理职责，形成有效的责权体系。其他工程所有分担的工作，都有明确的分工责任制的保证。只有这样才能够保质保量按期完成各项指标。没有明确的责任，所有的工作都将难以取得有效的成功。

二、非物质文化遗产保护工作的操作规程

（一）保护工程首先必须在《非物质文化遗产保护法》和相关政策实施细则的框架内进行，这是最基本的工作基础。无法可依，就无法抵御人为造成的濒危灾害，也无法挤进各级行政的议事日程。

（二）在确定资金来源和使用标准的条件下，发掘参加保护工程的人力资源，进行保护工作从业人员的队伍建设和专业培训，是保护工作有效推进的保证。但是，人员培训应当分项进行，有管理人员的培训，更要有专业工作者的业务培训，其中包括专业理论的、操作方法的、技术手段的多种科目。所有保护工作都毫无例外地必须依靠各行专家和专业工作者主持各类项目的技术工作。

（三）在各民族民间社区对非物质文化遗产进行合乎标准的全面普查、鉴别、认定、筛选是必不可少的工作程序。它是保护工作的前提条件和作业依据。

（四）所有工作用的文本（包括调查报告、立项申报材料、图表、实施方案、任务书、计划书、评估材料、鉴定书、总结材料、预决算报表等），都必须有规定要点或标题的分项栏目，以备填写相关的重要信息。目前，许多项目文本的简单化、粗线条形成通病，其原因主要是基层文化主管单位和文化工作者对非物质遗产的专业特点很不了解，对遗产的传承规律和表现形式较为陌生。为此，文本的写作必须以专项遗产的学术研讨为基础，才有可能编写成合格的合乎实际的可行的科学文本。编制项目方案文本要有以下分项内容：本项目的文化源流、历史沿革、类别认定、分布区划、文化特征分析（包括文化表达形式分析、各子项目特点分析）、价值评估、现状分析、传承系谱等的具体论述及相关量化数据、保护措施和手段、阶段进度和预期成果、附加内行专家的若干学术评定或推荐材料等。各种文本都要有责任人签署，都要经过论证、审定、监督执行、成果验收等必不可少的程序。

（五）及时编写、出版指导作业的《非物质文化遗产保护实用手册》，手册中应当以操作规程的工作细则为主要内容。手册只能是本学科领域合乎标准的通行通用的可操作的工具书，在基本知识理论方法上不可以有任何存在明显歧义和有争论的内容，防止造成工作上的混乱。

所有这些管理和操作的机制和规范，都应当随着保护工作的进程及时建立并付诸实施。当前中国的保护工作已经进入试点工作，接下来就要进入全面普查和建立中国非物质文化遗产名录的阶段。

2004 年 11 月 16 日

［原文载于《非物质文化遗产保护国际学术研讨会（2004）论文集》，王文章主编，文化艺术出版社 2005 年版，第 10—20 页］

非物质文化遗产的保护工作规程

乌丙安[*]

"非物质文化遗产"这个专有名词,原来非常陌生,因为在中国固有的学术词汇中有史以来就只有"遗产"或"文化遗产",根本没有"非物质文化遗产"这个词。然而,今天它已经是我们经常挂在嘴边的耳熟能详的常用词语了。要知道,这个词语从进入到我们的文化工作视野以来,就一直有另一个语词和它紧紧相伴在一起,难以分开,它,就是"保护"(Safeguarding)这个关键词。也就是说:因为联合国教科文组织启动了"世界遗产"的全球性保护工程,才扩展出一个保护非物质文化遗产的工作,"保护"在这里是关键的关键,如果抛开了保护谈非物质文化遗产,就变成了毫无价值和意义的空谈。

1. 为什么要保护非物质文化遗产(过去曾叫作"人类口头和非物质遗产")?

这在 2003 年 10 月 17 日联合国教科文组织第 32 届大会通过的《保护非物质文化遗产公约》的前言中有明确的表述,共有五个"考虑到"作为制定保护公约的出发点:

一是考虑到联合国教科文组织历来制定文化保护政策的一贯连续性。"1989 年的《保护民间创作建议书》、2001 年的《教科文组织世界文化多样性宣言》和 2002 年第三次文化部长圆桌会议通过的《伊斯坦布尔宣言》强调非物质文化遗产的重要性,它是文化多样性的熔炉,又是可持续发展的保证。"

二是"考虑到非物质文化遗产与物质文化遗产和自然遗产之间的内在相互依存关系,承认全球化和社会转型进程在为各群体之间开展新的对话创造条件的同时,也与不容忍现象一样,使非物质文化遗产面临损坏、消失和破坏的严重威胁,在缺乏保护资源的情况下,这种威胁尤为严重,意识到保护人类非物质文化遗产是普遍的意愿和共同关心的事项,承认各社区,尤其是原住民、各群体,有时是个人,在非物质文化遗产的生产、保护、延续和再创造方面发挥着重要作用,从而为丰富文化多样性和人类的创造性做出贡献"。

三是"考虑到国际上现有的关于文化遗产和自然遗产的协定、建议书和决议需要有非物质文化遗产方面的新规定有效地予以充实和补充"。

四是"考虑到必须提高人们,尤其是年轻一代对非物质文化遗产及其保护的重要意义

---

[*] 乌丙安,原国家非物质文化遗产保护工作专家委员会副主任委员,辽宁大学教授。

的认识"。

五是"考虑到国际社会应当本着互助合作的精神与本公约缔约国一起为保护此类遗产做出贡献"。

综观上述五点考虑,应该注意其中第二个"考虑到"是最重要的思考,在这里点到了之所以要保护非物质文化遗产的根本原因。恰恰是这个根本原因在中国表现得尤为突出,所以保护非物质文化遗产势在必行,而且必须加大力度才有可能获得成效。至于保护非物质文化遗产对中国国家软实力的增强,对中华民族伟大复兴,对建构和谐社会,对文化的继承、发展和创新等等诸多方面的意义,当然是不言而喻的。

2. 怎样做好非物质文化遗产的保护?这才是非物质文化遗产保护工作的核心和重中之重。目前重遗产的项目申报,轻项目的具体保护,已经不是什么工作的不足之处,而是已经成为不良倾向。片面看重申报国家级遗产名录成功的品牌效应和草率开发的眼前经济利益,严重轻视脚踏实地进行保护计划的有效实施,已经造成了保护工作的停滞不前或新一轮的人为损害。甚至完全忘却了中国作为《保护非物质文化遗产公约》最早签约国的保护权利和义务,把保护挂在嘴边成了空谈的口号。

当然,从另一方面看,也有许多地方的保护单位或个人,即使端正了保护的认识,面对非物质文化遗产保护的新课题,很想实施保护计划,却又不知从何做起,如何下手;因此,当务之急必须找到一整套保护遗产的操作方法和相应的工作规程。首先让我们了解一下联合国教科文组织提出的"保护"(Safeguarding)是一个什么概念?它所指的是哪些做法?签约国对此必须取得一个共识,在《保护非物质文化遗产公约》的第一章"总则"第二条"定义"的第三节中,专门为"保护"下了一个公约恪守的定义,原译文是:"'保护'(Safeguarding)指确保非物质文化遗产生命力的各种措施,包括这种遗产各个方面的确认、立档、研究、保存、保护(protection)、宣传、弘扬、传承(特别是通过正规和非正规教育)和振兴。"在这个简明的定义中,让我们知道了这个"保护"的大概念指的是包括九大方面的所有措施,而不仅仅是其中一项具体的技术性保护方法。

公约作为纲领性文件对上述九个方面的保护措施并没有作进一步的解说,但是在公约有关的章节里却有许多相关措施的解释说明。我们不妨看看该公约在第三章"在国家一级保护非物质文化遗产"中的说明。在为缔约国国家级非物质遗产项目保护作的规定中说:"各缔约国应该……由各社区、群体和有关非政府组织参与,确认和确定其领土上的各种非物质文化遗产。""各缔约国应根据自己的国情拟定一份或数份关于这类遗产的清单。"(这个清单就相当我国制定的遗产名录,建立档案)"鼓励开展有效保护非物质文化遗产,特别是濒危非物质文化遗产的科学、技术和艺术研究以及方法研究。""使非物质文化遗产在社会中得到确认、尊重和弘扬。""向公众,尤其是向青年进行宣传和传播信息的教育计划;有关社区和群众的具体的教育和培训计划……尤其是管理和科研方面的能力培养活动;不断向公众宣传对这种遗产造成的威胁以及根据本公约所开展的活动;促进保护表现非物质文化遗产所需的自然场所和纪念地点的教育。""促进建立和加强培训管理非物质文化遗产的机构以及通过为这种遗产提供活动和表现的场所和空间,促进这种遗产的传承。""在开展保护非物质文化遗产活动时，应努力确保创造、延续和传承这种遗产的社区、群体，有时是个人的最大限度的参与，并吸收他们积极地参与有关的管理。"与此同时，在第四章"在国际一级保护非物质文化遗产"中首先提出"提名编辑、更新和公布人类非物质文化遗产代表作名录"。"定期遴选并宣传……国家、分地区或地区保护的非物质文化遗产的计划、项目和活动。"该公约甚至还提出了建立一个"非物质文化遗产保护基金"的重大项目的条款。还有关于建立一系列相关的组织机构等等措施。

可见，怎样保护，还是有章可循、有国际条例法规可依的。只是对于所规定的九大方面的保护措施需要进行细化的考虑和符合各缔约国国情实际的十分具体并切实可行的安排和实施。对于我国的现状来说，体现保护大概念的九个方面应当是明确全面保护的总体规划，才能综合管理，分工协作，做出成效。比如，确认或认定、建立档案的工作是政府主导的各级文化管理机构的工作；研究工作显然是文化、艺术及人文科学、技术科学研究部门和高等院校的工作任务；宣传和弘扬也必须依靠和发动大众传媒策划实施；教育和培训计划的推行更要与教育部门合作才能有效完成；至于有关遗产保护项目的具体保护和对传承人及其传承活动的保护工作，并没有现成的成套的经验可以直接使用，亟须在借鉴先进的国际经验的有利条件下，参照我国前人积累的一些可行的做法摸索进行，这无疑是一个具有现代性的创造性的劳动，别无选择。

3. 非物质文化遗产保护工作规程和操作方法。

第一，确认。通常又叫作认定或鉴定，它是确认遗产项目中的保护对象是不是代表本地区的有价值的必须予以保护的遗产，这是实施保护工作的首要程序，普查阶段对非物质文化遗产项目要做全面确认，申报遗产名录阶段还要做全面认定，进入实施具体保护阶段更要做全面、细致、准确无误的认定。要由专家、专业工作者、政府分管工作者会同相关代表性传承人，对遗产项目作详细的鉴别、比对、核查，然后取得共识，做出准确的认定。所有的认定过程和结论都要有详细的文字、证实材料和声像材料为根据，以备下一个程序立档使用。

在这里有一个确认什么和怎样确认的问题，必须区分得十分清楚。

确认什么？大约包括以下十二项：

（1）遗产认定：确认该项目是不是遗产。要把好遗产定性关，不允许不属于遗产的事物混进来。

（2）"非物质"认定：确认该项目是不是"非物质"遗产，严格鉴别，把物质文化遗产、自然遗产、文化典籍遗产或文化景观等遗产划定在非物质文化遗产之外，保证非物质遗产界定的准确性。

（3）分类认定：确认该项目属于非物质文化遗产表现形式的准确类别，严格鉴别并理清项目归属的模糊性或模棱两可的状态，确定一个准确的类属，纠正申报阶段那种哪一类容易被评上就极力按哪一类填表申报的投机取巧做法，以免造成把遗产类属搞乱的严重后果。

（4）分布区域认定：确认该项目所在领地的实际状况，防止无限或随意凭感觉扩大遗产分布地区，用精准的分布图作为确证。

（5）历史渊源认定：确认该项目的遗产属性的必不可少的历史源流和准确历史年代，

或基本上接近准确的公认的历史时限，严格排除"据说""据传说"和"据回忆"等无任何依据的历史沿革表述，确认一至二个史志文献有原始记录的直接相关的史料为证，严格把关，排除与该项目无任何直接关联的史料旁征博引，维护遗产历史价值的纯正性。

（6）项目内容认定：确认该项目的基本内容是否符合该遗产的最基本的文化表现形式，项目内容是否完整？大型综合性遗产表现活动的多个子项目是否齐全完备？所有项目细节的文字、图像、音响等静态的和动态的普查资料是否具体、详尽和符合实际？严格防止空洞无物的、模糊不清的、有名无实的或掺杂使假的表现形态和调查证实资料混入科学档案；与此同时，还要对和遗产项目紧密相关的工具、用具、法器、道具等等遗产文物的认定相参照。

（7）传承人和传承谱系认定：确认该项目的传承人，特别是代表性传承人及其传承谱系，是关系到非物质文化遗产能否真正得到保护的重要认定程序，也可以说是首要程序。如果传承人的确认有了出入或差错，该项遗产的保护目的就不会达到。严格鉴别该项目的传承人确实是该遗产的直接传承者和拥有者，严格审查错综复杂的师承关系或祖传关系，要查证相关可信证物然后经社区群体共同认可后予以确认，方可有效。要严格比对，择优遴选，谨防假冒或草率粗放的推荐。（有关传承人及其传承机制的保护以下还有专题解读）

（8）相关文物器具认定：确认该项目非物质遗产必不可少的相关器物的工作也是必不可少的认定程序。非物质遗产固然是各种各样的表现形态，是精神文化层面的动态的、鲜活的无形资产；但是绝对不可以因此而忽略与其密切相关的器具文物，没有相关的器物，也不可能展示出非物质遗产的表现形态。该项目所涉及的丰富多彩的工具、用具、道具和法器等等，都是该遗产项目的宝贵载体，十分难得，是遗产项目价值评估最有力的物证，要严格审定，做好各种器物的真实性、代表性的鉴定，保护好非物质文化遗产的珍贵文物，克服以往轻视民间文化遗产器物，认为它不是古董分文不值的旧观念，认真评估它的文化价值。

（9）突出特点认定：确认该项目是否具有突出的特点、还是只有一般化特点是鉴别本地区优秀遗产的重要程序，尤其是具有突出的地方特色至关重要。特别是对于那些大型的具有普遍性意义的遗产类别，更应该确认它的独特之处。比如表演类的大剧种、大曲种、普遍流传的民间皮影戏、木偶戏，民俗类的传统节日或庙会，工艺美术的木雕、泥塑，手工技艺的印染、编织、刺绣等等，都要进行流派、地区、绝活等独特性的认定，只有这样才有可能对这些独特性做到有针对性的保护。

（10）代表性认定：确定该项目是否具有代表性是一个认定该遗产代表作级别的重要程序。全世界的非物质文化遗产保护，都是依据遗产项目的代表性水准进行分级保护的，所以如何认定遗产项目的保护级别，十分重要。目前我国的非物质文化遗产项目申报过程中，不同程度地存在着"就高不就低，极力往上推"的偏向，许多地方想方设法要把只具有市县级代表性的项目申报成为省级或国家级的代表作，这给我国现行的遗产保护工作带来许多的负面影响，使真正的精品或极品级别的国宝级的遗产项目难以突出出来，甚至淹没在大量平庸的遗产级别中，缺乏应有的公正性。只有在本国内坚持严格的县、市、省、国家四级保护的代表性层次，才可能遴选出世界级（又称国际级）的代表作。

（11）保护价值认定：确认该项目是否具有实施各级保护的价值，是保护非物质文化遗产关键的关键。如果我们面对的遗产项目鉴别不出任何可圈可点的价值，不是因为鉴别能力低或不认识它的价值，而是确实没有什么价值可言，即使它是古老传承的遗留物，也必然失去了对它保护的必要性。例如古代汉族摧残女性的缠足习俗，清代举国男子的薙发留辫子头饰习俗，丧葬过程中一些古老的处置亡人尸体的习俗等等，都有研究价值和历史或文化的价值，相关资料和实物也都有保存和收藏价值，但是都不具有实施保护的价值。在这里，非物质文化遗产的保护价值是和对遗产的弘扬、宣传并推进它的传承紧密相连而不可分开的。所以，在实施遗产保护之初，对该项目作出充分的而又恰如其分的价值评估是非常重要的。也只有这样，才有可能有针对性地作出相应的人力、财力、物力和智力的投入计划和预案，实施有效的保护。在这里，不可以满足于原来普查阶段、申报阶段的那种简单的或抽象的价值认定，而是要组织相关专业的专家和项目传承人进行认真研讨，逐项逐条地作出有案可查的评估鉴定文件，立档备案。从保护工作的需要出发，认定的价值主要是历史价值和文化价值，对于重大的民间知识、传统手工艺等项目还要注重它们的科学价值；至于与之相关的诸多学术研究价值虽然也很重要，但是不应该把这种学术研究价值的评估超越历史、文化、科学的重大价值。因为有的项目虽然有一定的学术研究价值，但是其历史、文化价值却极其有限。

（12）保护计划认定：实施保护的开始，确认该项目原来制订的保护计划是必需的程序，因为申报遗产阶段填写的项目保护计划，绝大多数申报书上填写的保护计划条文十分简略，有关进度、措施、目标、相关数据和经费预算等多有不实或不规范，推行起来脱离实际难以兑现，有的甚至是临时应付敷衍之作。为此，必须重新认定或正式审定保护计划，立档备案。

怎样确认？重点有以下四项注意：

（1）作为实施保护阶段的认定，其实是对普查阶段和申报遗产名录项目阶段所有前期认定的一次最严格的复查，或叫做最后的一次保护性鉴定，为下一步立档、建数据库做好数据材料的科学准备。

（2）去伪存真是这次认定的目标，应该是一次真实性认定、科学性认定，所有认定的材料尽力达到精准的程度，经得起推敲，经得起最后政府主管部门的核查与备案、验收，经得起国际非物质文化遗产保护标准的检验。

（3）去粗取精是另一个认定的目标，应该是一次优化精选的认定，对所认定的内容和形式都要特别"讲究"而不可以"将就"，维护遗产项目的典型性和代表性，坚持优中选优的高标准。

（4）根据上述各方面的认定，首先要组成一个有权威性的鉴定小组或专项鉴定会，执行所有认定程序，通过所有讨论、确认的认定材料和认定书或鉴定书，签字备案，进入数据库永久保存，并成为每一个保护项目的终身档案。每个认定项目的认定材料和鉴定文件都必须保持该项目自身的实际特点，严格防止做成千篇一律或统一格式的事先设计好的指定叙述文本。最后应当由行政主管部门的负责人批准签字生效，进入依法保护的程序。

第二，立档。通常又叫做立档备案。这是任何遗产保护必不可少的规定程序，这个程序应该是在确认程序完成过程中就要着手做的案头保护工作，或者有些必须收集的项目相关资料的立档工作，不妨早在确认程序之前就可以进行。这项工作需要专人专业管理实施。它是该项目全部信息资料的档案化处理，是全部保护工作的基础工程，一经启动就要贯彻全程。

第三，研究。这里的研究指的是联合国教科文组织在《公约》中所指出的"开展有效保护非物质文化遗产，特别是濒危非物质文化遗产的科学、技术和艺术研究以及方法研究"，就是说，要组织专家、传承人和相关管理人员对各个遗产项目的保护逐个进行科学研究、技术研究和艺术研究，并制定出一个个切合实际的保护方案、计划和措施。这种研究绝不是可有可无的，而是在实施保护的开初绝对不可缺少的重要程序。这种研究的最佳做法应当是国家立项，形成课题，由相关专业的专家有组织的经过调查实证进行的研究。更需要多方筹划举办公开的各种专题研讨会，进行集思广益的论辩式的讨论，最后出版研究成果。这对于保护必将起到更加有效的作用。

第四，保存。这里的保存指的是所有非物质文化遗产项目的相关资料的保存，不仅是立档备案的平面文字图画表格等资料和各种规格的声像资料，还包括大量的直接相关的和间接相关的遗产实物的保存在内。也可以说不仅要建立起遗产项目的档案馆，还要建立起更加完备的遗产博物馆，把遗产项目所有相关的材料和物件都收藏起来，保证其保护的全面性和完整性。对我们非物质文化遗产工作者来说，以往的经验证明，保存文字、声像资料比较起来是我们的长项，但是保存非物质遗产相关文物的经验则几乎没有，这是重大的缺陷，应当立即重视起来，像保护历史文物那样积极保存非物质文化遗产项目的相关物质文化的器物遗存，纠正那种重视贵重古董轻视民间普通器物的偏见，不仅要做到保存好，还要做到保管好。器物保存的程序包括对器物收藏的价值认定和真伪鉴定，分类收存和陈列展示。

我们所说的保存所有非物质文化遗产项目的相关器物，首先就包含着判断这些器物的遗产价值，也就是它的历史价值，文化的或艺术的价值，以及弥足珍贵的科学价值和重在实用的功能价值。我们所要保存的非物质遗产的相关器物必须具备以下若干遴选的标准：

1. 具备历史价值的器物有如下几项标准：

（1）显示和标明该遗产项目在样式上有突出的民间传承的民俗民风特点和内容，深为民众喜闻乐见并能展示其特有的历史面貌的器物

（2）具有本地方特色并有世代传承演变遗迹的器物。

（3）对某些历史事件或传说人物有纪念意义的相关物件。

（4）近代以来当地几辈代表性传承人的名牌作品及其使用的工具、用具等。

2. 具备文化、艺术价值的器物有如下几项标准：

（1）在传统造型艺术上或传统文化活动中历来就有名气、有影响和地位及意义的物件。

（2）在大型节庆活动或民间民俗仪式上展示文化艺术审美情趣的器物。

（3）在造型艺术或文化活动表演中有鲜明地方风格的或有流派特色的物件。

（4）用造型或用装饰表现民间社会生活百态的物件。

（5）器物的造型或装饰本身就具有文化或审美的意义和价值的物件。

3. 相关器物本身所体现的某种科学价值有如下几条标准:
(1) 在民间生活中使用的工具中已经存在的有科学含量的用具。
(2) 在造型和各种样式上用一定的表现形式体现了鲜明的民间智慧的器物。
(3) 在使用或玩耍中充分训练人们能力的和启迪人们智力的器物。
(4) 表现了高超技艺中的精巧的手法和技能的作品或民间发明的精密工具。
(5) 对各种相关器物在使用功能方面的科学价值的发现和测定等。

4. 对相关器物的真实程度做出专业性的评定和鉴定,重点是真伪鉴定,和历史文物或赝品的鉴定一样,杜绝保存的器物有假或是失真。

第五,保护。这里指的是对各个遗产项目的具体直接的保护、维护等等技术操作方法层面的工作,它是总体保护中的具体保护的子项目,是最直接的看得见的、摸得着的大大小小的实际工作。从各遗产项目所处的自然生态环境、文化生态环境的保护,到各项目的所有表现形式的所有细节;从各项目拥有的大型设施、场所,到琐碎细小的道具、用具等都在必须保护之列。每个项目实施直接具体的保护无一例外都有很大的工作量,只就该项目相关的器物收集、征集和保管、收藏的工作量就十分可观。对无形文化遗产的具体保护有软硬之分:所谓硬件保护,主要指的是第四项的保存;这里的所谓"软件"保护或叫做软性保护,包括遗产的知识产权保护、传承人权益保护、保护单位权益保护等等合法保护或维护在内。

第六,弘扬。《公约》中特别强调弘扬遗产代表作是实施保护的重要程序,做到"使非物质文化遗产在社会中得到确认、尊重和弘扬",既是保护非物质文化遗产的重要工作,也是保护遗产的重要目标。于是,如何利用最佳的时机,选择最好的场合,在各地的各个社会层面展示、展演或展览遗产代表作,使社会各界群众逐步做到自觉地弘扬遗产。特别是在重大的文化活动中,在国际交往的重大文化交流中,积极遴选、隆重推出非物质文化遗产代表作项目做盛大的展演活动,让遗产自身的精神魅力在弘扬中发挥我国文化软实力的巨大作用,从而振奋民族精神。

第七,宣传。《公约》还特别强调"向公众,尤其是向青年进行宣传和传播信息的教育计划;有关社区和群众的具体的教育和培训计划;……不断向公众宣传对这种遗产造成的威胁以及根据本公约所开展的活动"。做好对遗产项目的宣传教育工作和活动,也是实施遗产保护的重要组成部分,这项工作必须认真策划,做到有效的宣传效果是重要的目标,不能把宣传看成只是媒体的报道任务,应当看作保护单位自身必须承担的宣传教育责任。公约中极力强调的向青年进行宣传,向社区和群众、公众宣传的重要性,尤其是宣传这些遗产面临的濒危消失的威胁现状,具有深远的文化战略意义,不容忽视。

第八,传承。遗产项目传承的保护,包括传承人的保护和传承机制的保护,是非物质文化遗产整个保护工作中的核心工作,一旦非物质遗产没有了传承人,失去了有效的传承机制,遗产的保护就成了一句空话,就没有了任何意义和价值。《公约》中特别强调:"在开展保护非物质文化遗产活动时,应努力确保创造、延续和传承这种遗产的社区、群体,有时是个人的最大限度的参与,并吸收他们积极地参与有关的管理。"当前我国的非物质文化遗产保护的重中之重,正在于加大力度保护传承人及其传承机制。由于自上而下加强了传承人的政策性全面保护，并做了较大的资金投入，当下传承人及其传承机制已经取得了有效的保护，许多地方已经取得了较为丰富的经验，预期不久的将来就会出现更加可观的良好势头。

第九，振兴。振兴是保护的宗旨之一，也是非物质文化遗产保护的重要目的之一。顾名思义，振兴通常是指一种产业或一种事业的振兴。在这里主要指的是所有非物质遗产在当今世界的可持续发展的实际意义。作为一种宝贵遗产在现代化进程中是否还能发挥有效的应用价值，这是在保护进程中必须考虑的重要问题。我国政府实施保护的方针也突出强调保护遗产的合理利用，这是很值得重视的。特别是某些传统手工技艺的遗产门类，不可以停留在一般性的宣传、弘扬，甚至满足于在群众中进行展演、展览，应当积极实行合理利用的方针政策，积极支持它们进行生产性方式的保护，形成精品手工艺产品，振兴独具特色的既现代又传统的产业链。振兴是弘扬的具体体现，是更加鲜活生动的弘扬，最后也才能达到切实保护的目的。

(2009年4月"全国非物质文化遗产保护工作培训班"专题讲稿)
(原文载于乌丙安：《非物质文化遗保护理论与方法》，文化艺术出版社2016年版，第185—197页)

从语词层面理解非物质文化遗产
——基于《公约》"两个中文本"的分析

巴莫曲布嫫[*]

先从几个重要的时间节点说起,因为与本文后续的分析密切相关。2003年10月17日,《保护非物质文化遗产国际公约》(The Convention for the Safeguarding of the Intangible Cultural Heritage,下称《公约》)在第32届联合国教育、科学及文化组织(UNESCO,下称"教科文组织")大会上通过;2004年8月28日,经第十一届全国人民代表大会常务委员会(下称"全国人大常委会")批准,中国成为第6个批约国家;2006年4月20日,《公约》经联合国教科文组织总干事和大会主席签字正式生效;2008年6月,《实施〈保护非物质文化遗产国际公约〉操作指南》在第三届缔约国大会上通过;2015年4月14日,教科文组织195个会员国中加入《公约》的国家达到163个。该《公约》空前的批约速度,远远超过了教科文组织在文化领域订立和通过的其他重要公约,这不仅表明保护非物质文化遗产"符合人类的整体利益",也成为"非物质文化遗产"作为一个崭新的概念已经在全球范围内得到普遍接受的印证。正是这样一个从陌生到熟悉的新名词,既丰富了世界文化多样性和人类文化创造力的话语表达,也改变了人们理解文化遗产的认知方式和实践方式。

但是,"非遗"作为一个新概念成为街谈巷议的热门话题,与"非遗保护"作为一种新理念进入人们的生活实践,二者之间毕竟不能划等号。从概念的接受,到理念的形成,并非一步之遥。我们似有必要回到《公约》本身所创制的一系列概念和术语中去理解"非遗"这个核心关键词,由此厘清构成"非遗保护"理念的语词世界、对话关系和话语系统,从而为今后地方、国家和国际层面的保护实践探查可持续发展的多重进路。而《公约》文本,在教科文组织倡导的"提高认识行动"中依然是我们前行的一个起点,甚或更是一个原点,需要我们不断出发,同时也要不断回归。

---

[*] 巴莫曲布嫫,中国社会科学院民族文学研究所研究员。

一、问题的提出:《公约》存在两个中文本?

联合国教科文组织在制定、促进和实施教育、科学及文化领域规范性文书方面始终发挥着主导作用,在文化遗产领域的准则性行动则主要分为国家层面和国际层面两类。在国家层面协助各会员国制定并落实适当的国家立法或法律框架,从而有效保护各国文化遗产,"教科文组织文化遗产法规数据库"(UNESCO Database of National Cultural Heritage Laws)的建设便是其成绩的主要体现。在国际层面则是制订加强文化遗产保护的三类国际文书,包括公约、建议书及宣言,体现了该组织法律文书的三种基本操作原则:一为"宣言",系纯粹的道德或政治承诺,以良善信念为基础将各国联合起来,如《世界文化多样性宣言》。二为"建议书",即针对一个或多个国家,力图鼓励这些国家采取特殊手段,或在具体文化环境下以既有方式采取行动,原则上对各会员国不具有法律强制性,如1989年通过的《保护传统文化与民俗建议书》。三为"公约",系"协约"、"协定"的同义词,指在两个或两个以上的国家之间达成的协议,表明相关利益方的共同意愿,对缔约国具有法律约束性,如我们正在讨论的2003年《公约》便是近年文化遗产保护领域最为重要的一个国际法律文书。①

《公约》的快速发展,实际上从一个侧面映射了各个国家对这类日益脆弱的人类文化遗产所给予的深切关注,尤其是在全球化进程中,国际社会亟需找到一种强有力的法律框架为共同的目标和行动保驾护航。各国在履约过程中,严格采用其有效文本(authoritative text)应该是题中应之意。②《公约》第三十九条对"有效文本"所做的规定如下:"本公约用英文、阿拉伯文、中文、西班牙文、法文和俄文拟定,6种文本具有同等效力。"也就是说,不能把中文本简单地理解为基于英文、法文或其他语种的译文。而中文本作为六种"有效文本"之一也有其法律意义上的唯一性。然而,就目前的使用情况而言,《公约》确有两个中文本。

据笔者掌握的资料而言,在2003年《公约》通过的前后,其"最初的"中文本就已经开始通过教科文网站进入中文世界,那是因为按照教科文组织法,任何公约通过之前,教科文法定机关都须按照六种工作语言准备约文草案,以便纳入会员国大会的议程进行讨论。笔者至今还保存着的《保护非物质文化遗产公约草案初稿》(32 C/26 Annexe Ⅲ)就是当年大会的讨论底稿。在《公约》通过后的12年中,细心的人可能都会注意到这样一种现象:但凡引用《公约》关于"非物质文化遗产"的定义及其基本领域或保护措施,往往会出现两种并不一致的"表述",但我们往往没有认真去对待。

重新翻检《〈保护非物质文化遗产公约〉基础文件》及其不同版本,同时查阅中国互联

---

① 此据《教科文组织简介》(2012版)及其网页的相关内容简述之。
② 在国际法的准则和实践中,《公约》通常称为"作准文本",即国际法意义上唯一合法有效的文本。在联合国系统中,六种法定语言文本也被视作"同一作准"文本,除非根据法定程度被修正,并导致其所有六种作则文本或仅为某一文本出现修正,否则,这六种文本仍是《公约》的法定作准文本。

网和教科文的"UNESDOC 数据库"（下称"教科文数据库"），其实不难求证和对比文本之间的异同和内在关联。有足够的证据表明，确实存在两种文号略有不同的《公约》文本，一是 MISC/2003/CLT/CH/14，一是 MISC/2003/CLT/CH/14REV.1，后者是前者的订正本，也是目前教科文网站对外公布的中文本。文件记录号 132540c 则是数据库自动分配给关联文件的唯一标识符，c 则是中文本的标注。[①]

联合国系统的文件编码有非常严格的规制，据此可以判断文件归档的基本分类、成文时间、所属部门、涉及的领域、文件序列及语言版本等（ST/LIB/SER.B/5/Rev.5）。教科文组织的文件管理也大体按照这种久已有之的建档传统进行编制和管控。比如，文号的最后一部分是添加后缀，反映对原始案文所作的修改，通常存在以下几种情形：

  -/Add.... 增编
  -/Amend.... 修正案：根据主管当局决定，就已通过正式案文某一部分提出备选案文
  -/Corr.... 更正（可能不适用于所有语文版本）
  -/Rev.... 订正（替换以前印发的案文）
  -/Summary 摘要版
  -/-* 由于技术原因重新印发的一份文件

显然，文号中倘若出现"Rev"就表明该文本为订正本，"替换以前印发的案文"则意味着订正前的文本不再具备可供正式引述的条件而被取代。换句话说，从《公约》订正本印发之日算起，"以前印发的案文"就当失去其法律效力。

通过文档属性的比较，可以清楚地看到《公约》两个中文本的创建时间和修改时间确有不同：文号为 MISC/2003/CLT/CH/14 的文件于 2003 年 11 月 3 日创建，12 月 5 日修改（下称"前在本"）；而文号为 MISC/2003/CLT/CH/14 REV.1 的文件则创建于 2006 年 5 月 23 日，修改于 2006 年 10 月 8 日（下称"订正本"）；而"REV.1"说明截至目前，该文本只进行过一次修订。在教科文的法规库中，该《公约》的条目下还能检索到这样的文件记录：MISC/2003/CLT/CH/14（REV. only in Ara and Chi）。也就是说，六种语言文本中仅有阿拉伯文本和中文本进行过订正。按国际法规则和教科文实践，任何修改都应按程序启动，并由《公约》秘书处记录、建档和公布。

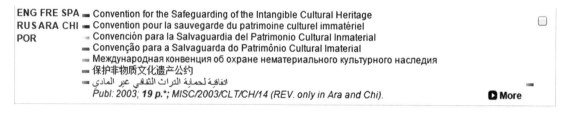

---

① 联合国教科文组织网，http://unesdoc.unesco.org/images/0013/001325/132540c.pdf。

然而，对《公约》中文本的修订，或是对于存在两个不同中文本的情况，国内主管部门没有公开提及。在不存在相反证据的情况下，据此记录可以得出结论：目前广泛使用的"前在本"创建于2003年，已经被2006年"订正本"取代，不再是《公约》的有效文本，因此也不具有任何法律效力。

二、两个中文本的初步比较

那么，两个中文本之间到底出了什么问题？哪一个文本才是经教科文大会通过并正式生效的"作准"文本？两个文本之间的差异大吗？不同的文本会影响人们对《公约》精神乃至对非遗保护及其实践方式的理解吗？约文既然出现过订正，我们是否应该彻底弃用其"前在本"而全面启用"订正本"？带着这样一些问号去进行文档比对，我们不难统计出前在本7099字，订正本7367字，二者相差268字。审订摘要显示共有679处修订，其中插入332处，删除338处，格式9处。文字本身的大幅度修订有增、删、改三种情况，主要出现于序文、第一章"总则"的第一条和第二条，以及相关条款的个别字词或语句之中，涉及的段落不下30处。以下，我们可以采取文本段落的对照方式，以便在两个中文本之间进行具体行文的抽样对比：

比对1．"非物质文化遗产"指被各群体、团体、有时为个人视为其文化遗产的各种实践、表演、表现形式、知识和技能及其有关的工具、实物、工艺品和文化场所。（前在本）

"非物质文化遗产"，指被各社区、群体，有时是个人，视为其文化遗产组成部分的各种社会实践，观念表述、表现形式、知识、技能以及相关的工具、实物、手工艺品和文化场所。（订正本）

比对2．各个群体和团体随着其所处环境、与自然界的相互关系和历史条件的变化不断使这种代代相传的非物质文化遗产得到创新，同时使他们自己具有一种认同感和历史感，从而促进了文化多样性和人类的创造力。（前在本）

这种非物质文化遗产世代相传，在各社区和群体适应周围环境以及与自然和历史的互动中，被不断地再创造，为这些社区和群体提供认同感和持续感，从而增强对文化多样性和人类创造力的尊重。（订正本）

比对3．按上述第一段的定义，"非物质文化遗产"包括以下方面：（a）口头传说和表述，包括作为非物质文化遗产媒介的语言；（b）表演艺术；（c）社会风俗、礼仪、节庆；（d）有关自然界和宇宙的知识和实践；（e）传统的手工艺技能。（前在本）

按上述第（一）项的定义，"非物质文化遗产"包括以下方面：（1）口头传统和表现形式，包括作为非物质文化遗产媒介的语言；（2）表演艺术；（3）社会实践、仪式、节庆活动；（4）有关自然界和宇宙的知识和实践；（5）传统手工艺。（订正本）

比对 4. "保护"指采取措施、确保非物质文化遗产的生命力，包括这种遗产各个方面的确认、立档、研究、保存、保护、宣传、弘扬、承传（主要通过正规和非正规教育）和振兴。（前在本）

"保护"指确保非物质文化遗产生命力的各种措施，包括这种遗产各个方面的确认、立档、研究、保存、保护、宣传、弘扬、传承（特别是通过正规和非正规教育）和振兴。（订正本）

以上的比对仅为提供两种中文本既并存又相异的基本事实。而为了说明在语词或词汇的基础层面理解《公约》所创制的一系列概念或术语，我们不妨按先后顺序，针对英文本、前在本和订正本中的核心用词和专门语汇，将出现在第二条第二款和第三款中的关键词及其间的"不一致性"对举如下①：

文本条款	英文本	中文前在本	中文订正本
定义	practices	各种实践	各种社会实践
	representations	表演	观念表述
	artefacts	工艺品	手工艺品
	communities, groups and, in some cases, individuals	群体、团体，有时是个人	社区、群体，有时是个人
	recreated	创新	再创造
	interaction	相互关系	互动
	a sense of identity and continuity	认同感和历史感	认同感和持续感
	respect	【缺失】	尊重
领域	oral traditions and expressions	口头传说和表述	口头传统和表现形式
	social practices, rituals and festival events	社会风俗、礼仪、节庆	社会实践、仪式、节庆活动
	traditional craftsmanship	传统的手工艺技能	传统的手工艺

以上抽样对举来自《公约》的第二条，从内容上分为三段，分别从概念框架上对"非物质文化遗产"的内涵（术语的指称）和外延（术语覆盖的主要知识单元）以及何谓"保护"（各种具体措施）做出了界定。就抽样对比的这些关键词而言，前在本与英文本之间缺乏起码的一致性；而订正本对订立该法律文书的宗旨有更加准确的把握和体现。前在本中还

---

① 这里我们仅以英文本为参照对象，并不是说中文术语或概念译自英文。辨析《公约》的国际法律文书，要牢记中文是联合国法定工作语言之一，不能简单地把所有问题都归结为"翻译错误"而对约文法律意义轻描淡写。

存在着诸多严重的语义混乱和理解错误，尤其是在关键概念和核心术语上的使用上大有"天马行空""信手拈来"的嫌疑。除了以上列举的关键概念和核心术语中存在错谬外，前在本中还有一段至关重要的意涵被表述得意义含混，难说文通字顺。

例如，从比对 2. 中的两段文字看，前在本不仅在"创新""历史感"的用词环节上游离了《公约》的基本精神，还在不经意之间弄丢了一个关键词"尊重"。而回溯《公约》起草过程中的思想交锋，来自民俗学、人类学、民族学、法学等学科的专家在异常激烈的辩论、博弈、坚持和妥协之中经过充分对话和深刻反思方逐步达成的共识，恰恰在这段约文中得到了严密而周延的"复述"：强调的是非物质文化遗产的当下特征，涉及存续力、现在进行时、包容性、代际传承等的生命情态，关注的是社会功能和文化意义，由此折射出对相关社区和群体的文化权利的尊重。从义理阐扬上看，"再创造"之于"创新"，"持续感"之于"历史感"皆相去甚远。实际上，前在本中这些明显的缺欠已经导致一些中国学者在研究或解读《公约》时，不得不参照英文本或法文本来理解关键概念的"所指"和"能指"，进而对"前在本"的某些语段内涵做出自己的重新表述①。

更为重要的是，以上的概念的错置，关键在于未能充分把握《公约》的目标和起草人的本意。在《公约》的"宗旨"中，明确指出"尊重有关社区、群体和个人的非物质文化遗产"，前在本中则错位成"有关群体、团体和个人"。非物质文化遗产的主体类型中最为重要的"社区"消失在"群体"和"团体"两个各有旨归的概念之间。而"社区"则是 2003 年《公约》中最具反思性张力的一个术语，尊重社区和社区参与更是实施保护非物质文化遗产"各种措施"的基本前提。《公约》共有 10 处述及"社区"二字，并在第一、第二、第十一、第十四及第十五条中做出相应规定，强调"缔约国在开展保护非物质文化遗产活动时，应努力确保创造、延续和传承这种遗产的社区、群体，有时是个人的最大限度的参与，并吸收他们积极地参与有关的管理。"第十三条则将接触社区非遗须遵循的伦理原则，集中表述为"确保对非物质文化遗产的享用，同时对享用这种遗产的特殊方面的习俗做法予以尊重"。《操作指南》则多达 61 处述及"社区"二字，对社区全面参与非遗保护做出了更为细致的规定，尤其是在非遗的商业利用问题上重申要以社区的诉求和利益为导向，并以"5 个不得"系统归纳了非遗保护的伦理原则。这一基本立场在国际合作机制下的项目申报材料的编制要求中进一步得以具体化，尤其是以"尊重其意愿，并确保其事先知情同意"（FPIC）这一行为守则贯穿动态保护过程的始终。因此，动词"尊重"在各个环节同样也是一个关键概念，与《公约》宗旨相呼应。

尽管《公约》本身并没有对"社区"进行明确界定，但"团体"抑或"群体"是无法在语义上取而代之的。这是因为，2003 年《公约》的出台，正是国际社会对 30 年"非遗"保护止步不前的有力反拨，正是对《保护传统文化和民俗建议案》（1989 年）未竟之志的

---

① 参见梁治平：《谁来保护非物质文化遗产？》，载于郑培凯编：《口传心授与文化传承》，广西师范大学出版社 2006 年版，第 42—56 页。另见雷竞璇：《见于两份文件、三种语言的文化遗产保护》，广西师范大学出版社 2006 年版，第 28—41 页。

突破性继承，由此带来了"在地赋权与国际合作"的话语关系变革（1999 年）①。而将非物质文化遗产的价值认定赋权给相关社区和群体，正是许多民俗学者和人类学家在这份国际法律文书的订立过程中苦心谋求的"保护之道"。可以毫不夸张地说，"丢掉"社区就等于丢掉了《公约》立足的基石。

三、两个中文本的使用及其反思

两个中文本是否具有不同的法律地位和施行效力？"文本并存"这一问题对中国作为缔约国在履约过程中已经或可能产生的影响是什么？应该如何认识、澄清与解决这一矛盾的"文本间关系"？我们不妨罗列若干文本使用的基本情况，以期说明"文本并存"对理解非物质文化遗产会带来怎样的认知风险，又会在实践向度上造成怎样的行动混乱。

2004 年 8 月 28 日，许多门户网站都转发了《全国人民代表大会常务委员会关于批准〈保护非物质文化遗产公约〉的决定》（以下简称《决定》）；但非同寻常的是，《公约》本身并没有按惯例随《决定》一同刊布②。该《决定》随后在《中华人民共和国全国人民代表大会常务委员会公报》2004 年第 6 期全文刊出。与网媒不同的是，原刊第 586 页附有一行文字为"编者注：《保护非物质文化遗产公约》暂缓刊登"，但并未做任何说明。《公约》的中文本全文，直到《中华人民共和国全国人民代表大会常务委员会公报》2006 年第 2 期才正式刊出（下称"缓刊文"③）。2006 年 5 月 17 日，全国人大网也发布了《公约》的中文本④，内容与《公报》版一致。

但是，9 年过去了，这个"暂缓刊登"的《公约》中文本在中国知网仅有"被引频次 9"和"下载频次 361"的访问记录。虽然全国人大网的访问记录无从查证，但由此可以推论的是，全国人大网发布的中文本虽然与教科文现行的订正本一致，但传播非常有限。而正是由于"暂缓刊登"又未做出解释，且只通过纸版《公报》"告知"公众，造成教科文 2003 年发布的"前在本"在中国被当作"有效文本"并被长期沿用。虽然 2006 年全国人大常委会分别以其《公报》和网站两种官方途径向外正式公布了《公约》的中文本，这两个渠道的文本都是该主管部门迄今为止发布过的唯一中文本，也是现行有效的国际多边文件，

---

① 这涉及一场关于民俗学在文化遗产保护中何去何从的论战和反思，前后持续了 16 年之久。详见安德明：《非物质文化遗产保护：民俗学的两难选择》，《河南社会科学》2008 年第 1 期，另见巴莫曲布嫫：《非物质文化遗产：从概念到实践》，《民族艺术》2008 年第 1 期。

② 比如 2007 年 2 月全国人大网发布的 2005 年《公约》就是《决定》在前，约文在后：http://www.npc.gov.cn/wxzl/wxzl/2007—02/01/content_ 357668. htm。

③ 根据国际法规则和实践，《公约》文书应当只认可一种中文有效文本。由于全国人大并未告知公众任何修正的线索，这里姑且称之为"缓刊文"，以便与文化部的"过渡文"有所区别。本文但凡述及"订正本"，主要用以指代教科文对外公布的第二个中文本，以区别发文的主管机构。

④ 2006 年 5 月，全国人大网发布的《公约》中文本。中国人大网，http://www.npc.gov.cn/wxzl/wxzl/2006—05/17/content_ 350157. htm。

与教科文组织 2006 年发布的"订正本"完全一致。但是,目前在中国广为使用的《公约》中文本却是"前在本"而非"缓刊"的中文本。也就是说,"前在本"在中文语境中普遍存在,这一事实不容规避。

文化部网站则是到了 2008 年 2 月 27 日才发布《公约》全文①,几乎比全国人大网晚了近两年。虽然两个网站发布的约文在文字上没有太明显的不一致,但通过文档比较我们依然能看出这两个主管部门发布的文本并非基于同一个来源。从文体到行文,仔细比对二者的不一致处,几乎可以肯定,文化部网站发布的版本正好处于"前在本"和"订正本"的过渡阶段,也就是说这是一个尚未完成的"修订版"(下称"过渡文")。按理说,文化部网站晚了两年才发布,但为什么没有发布教科文的订正本或是全国人大的"缓刊文"?实际上,文化部外联局编辑的《联合国教科文组织保护世界文化公约选编(中英对照)》早在 2006 年 6 月就由法律出版社出版了,其中的《保护非物质文化遗产公约》用的就是订正本。某高校的非物质文化遗产研究网转载的《公约》文本与文化部网站的极其相似,但不知为什么作为《公约》重要组成部分的"序文"却"消失"了②,这是明显的"做减法"。

文化政策图书馆(CPLL)以其在线服务赢得了众多的访客。在其"法规库"中设有"现行文化政策法规"栏目,其中的"非物质文化遗产"子栏目下已有 162 条文件记录。经检索,发现该库 4 年之间先后发布过两次《公约》文本:一次在 2004 年 8 月 29 日,阅读 4029 次③,另一次在 2008 年 12 月 7 日,阅读 857 次④;后者的标题为《保护非物质文化遗产国际公约》,多了"国际"两个字,正文中还增加了两个标题"一、设置意义""二、内容全文",这又是明显的"做加法"。一经比对,不难看出这两个文本实为同一个"版本",即前在本。值得注意的是,该图书馆为中央文化管理干部学院版权所有,支持单位为全国人民代表大会教育科学文化卫生委员会文化室、文化部政策法规司、国家广播电影电视总局办公厅及国家新闻出版总署政策法规司。

"中国非物质文化遗产网"是国内非遗领域最具话语权威的专业网站。但其使用的文本既不是文化部网站刊布的"过渡文",也非全国人大公布的"缓刊文",而沿用了教科文 2003 年发布的前在本⑤。按属地管理原则,中国各省都先后成立了非物质文化遗产保护中心,大多开通了专属网站并设有"政策法规"专栏。然而,但凡能够打开网页者几乎毫无例外地沿用了前在本,比如贵州非物质文化遗产网、云南省非物质文化遗产保护网、山东非物质文化遗产研究中心、福建省非物质文化遗产保护中心、海南省非物质文化遗产网、吉林

---

① 中华人民共和国文化部网,http://zwgk.mcprc.gov.cn/auto255/200802/t20080227_20637.html. 2008—02—27。
② 中国非物质文化遗产保护与研究网,http://cich.sysu.edu.cn/gjfybh/lhgfybh/lhgfybhflfg/2013422/n805512687.html,2003—10—17。
③ 文化政策图书馆,http://www.cpll.cn/law2821.shtml. 2004—08—29。
④ 文化政策图书馆,http://www.cpll.cn/law2821.shtml. 2004—08—29。
⑤ 中国非物质文化遗产网,http://www.ihchina.cn/show/feiyiweb/html/com.tjopen.define.pojo.feiyiwangzhan.FaGuiWenJian.detail.html?id=134d33fb—238a—4834—a4f4—e057dce3c1cc&classPath=com.tjopen.define.pojo.feiyiweb.faguiwenjian.FaGuiWenJian。

市非物质文化遗产网等省级网站,其中仅有两家注明信息来源为"中国非物质文化遗产网"。

同样的"沿用"在中国互联网上比比皆是,如国家公共文化网、国家知识产权总局、中国保护知识产权网,以及在"中国最受欢迎的十大法律网站"榜上有名的找法网,等等,足以说明政府职能部门和专业机构使用前在本的普遍程度。还有机构甚至直接修改《公约》标题,并置于"国际宣言"栏目①,罔顾"公约"与"宣言"在教科文标准文书中的本质区别。

在学界,以"前在本"为文本基础的研究成果也甚为普遍。今天在全国人大的官网上还能看到专门从事文化立法的资深专家对《公约》两个中文本"并存"的不敏感,以致在自己的同一篇文章的同一段表述中多次引用前在本中关于"保护"的界定,还出现了明显的前后不一致,将《公约》的九项保护措施"减"为八项,各项措施的前后顺序也被随意置放。②

新闻媒体的文本使用更是乱象丛生。比如,《公约》生效一周年之际,法律系统的一篇报道是这么"改写"《公约》定义并省略"传统手工艺"的:"非物质文化遗产包括:口头的传承和表现方式,特别是作为非物质文化遗产媒介的语言;表演艺术;社会实践和仪式节庆事件;有关自然界和宇宙的知识和实践。"③

2010年6月,为迎接第五个文化遗产日,国务院新闻办公室门户网站做了一期专题报道,发布《公约》的同时,还转发了《非物质文化遗产概念的比较与解读》《非物质文化遗产保护政策法规解读》等导读文章,但无一例外都使用了"前在本"④。2015年8月3日,新华通讯社主办的《瞭望》周刊发表了一篇"热点观察",记者依然沿用的是前在本,"定义"中的三个关键段落被一字不落地用在了这篇报道中,导致其后关于"变化"和"创新"的评论也就跟着出现了理解上的明显偏差⑤。更为百思不得其解的是,时至2010年11月,新华网依然在引用2003年《公约》出台之前的"口头及非物质遗产"定义来替代该法律文书对"非物质文化遗产"做出的全新定义:

……《公约》于2006年4月生效。非物质文化遗产又称口头或无形遗产,是相对于有形遗产即可传承的物质遗产而言。根据联合国教科文组织的定义,它是指"来自某一文化社区的全部创作,这些创作以传统为根据,由某一群体或一些个体所表达,并被认为是符合社区期望的作为其文化和社会特性的表达形式,其准则和价值通过模仿或

---

① 国际古迹遗址理事西安国际保护中心网,http://www.iicc.org.cn/Info.aspx?ModelId=1&Id=339,2010—07—23。
② 朱兵:《非物质文化遗产传承人的保护及法律制度》,中国人大网,http://www.npc.gov.cn/npc/xinwen/rdlt/fzjs/2008—09/27/content_1451586.htm. 2008—09—27,同样的问题也出现在这位专家的其他相关文章中。
③ 《要用法律手段保护文化多样性》,《法制日报》2007年4月23日。
④ 国新办举行非物质文化遗产保护传承情况发布会专题报道,中华人民共和国国务院新闻办公室网,http://www.scio.gov.cn/ztk/xwfb/09/index.htm.
⑤ 《非物质文化遗产保护攻坚》,《瞭望》2015年第31期。

其它方式口头相传",包括各种类型的民族传统和民间知识,各种语言,口头文学,风俗习惯,民族民间的音乐、舞蹈、礼仪、手工艺、传统医学、建筑术以及其它艺术。①

这段引文的前后多有概念混淆,其中的"各种语言"就是对非物质文化遗产的理解存有明显误区。语言,包括其字法、词法、句法、语法等皆不能直接纳入"非遗"范畴,因之取决于其所承载的文化表达形式。例如,虽然满语已经濒危,但不能独立成为"非遗"项目;"满族说部"作为文化表达形式,则属于典型的"口头传统"。类似的歧见还有种种,比如有的学者呼吁将中国古籍文献申报为"人类非物质文化遗产代表作",也是对《公约》精神及其保护范围的误解。

类似的例子不胜枚举。当然,这些现象或许不能简单归咎于立法部门的失职或文化行政部门的不作为,而是主管部门之间缺少有效的监管协作机制和问责制度。实际上,文化部系统中的相关职能部门已先后出版过多种与《公约》密切相关的法律文件,收入的《公约》文本与订正本毫无二致②。纸质版的文件早在2006年6月就已经正式推出,网络版却一仍其旧,在信息化时代的当下继续被许多不明就里的"鼠标手"广为传播,并为许多学术著述所征引。

那么,到底"订正本"有没有出现在中国的互联网上呢?答案是肯定的。但使用者非常有限。一是联合国教科文组织亚太地区非物质文化遗产国际培训中心网站的在线导读:与《操作指南》一并推出,注明了教科文的文号,但时间已是2013年7月4日③。二是北大法宝的收录④,引证码为CLI.T.3969,需注册交费才能看到全文,未能查到发布时间。三是中国民俗学网的转载和更正:该网早在2003年10月20日也就是教科文第32届大会召开之际发布过《公约》的"第一个"中文本,后于2006年10月22日删去旧有文本,更新为中文订正本⑤,注明了文号,并将链接指向教科文数据库的PDF文件。

现在看来,直接删去"前在本"而启用"订正本"的做法也未必可取。如果让两个中文本都同时出现在一家网站则有利于读者进行对比,也有助于学者进一步研究两个文本之间的张力,从而把握《公约》进入中文语境的时间脉络及其对非遗保护实践形成的影响。实际上,百度百科这种网民共建模式在客观上保持了两个文本处于"共存"的状态,一为《保护非物质文化遗产国际公约》,即前在本;一为《保护非物质文化遗产公约》,也就是订

---

① 新华网,http://news.xinhuanet.com/ziliao/2010—11/16/content_14245870.htm.
② 文化部外联局编:《联合国教科文组织保护世界文化公约选编(中英对照)》,法律出版社2006年版。文化部外联局文件汇编委员会编:《联合国教科文组织〈保护非物质文化遗产公约〉基础文件汇编》(2012年版),外文出版社2012年版。文化部非物质文化遗产司主编:《非物质文化遗产保护法律法规资料汇编》,文化艺术出版社2013年版。
③ 《〈保护非物质文化遗产公约〉全文》,亚太地区非物质文化遗产国际培训中心,http://www.chinaculture.org/crihap/crihap/2013—07/04/content_458951.htm,2013—07—04.
④ 北大法宝,http://www.pkulaw.cn/fulltext_form.aspx?Db=eagn&Gid=100667265&keyword=保护非物质文化遗产公约&EncodingName=&Search_Mode=like.
⑤ 《保护非物质文化遗产公约》,中国民俗学网,http://www.chinafolklore.org/web/index.php?NewsID=2178.2003—10—20.

正本①。从后者的历史版本记录中可以看到，文件是网友 fxszxy 于 2009 年 2 月 8 日 01：04 上传的，并特别注明其理由为"联合国教科文组织《保护非物质文化遗产公约》中文文件原文"，还给出了指向教科文数据库文件的有效链接。

既然《公约》是一个得到众多国家批准的多边文件——一个有约束力的法律文书（legal instruments），其概念、术语、语汇等语词层面出现的差异就不能简单地当作"翻译错误"来理解，而是要进入其所建构的话语系统中去寻绎《公约》制订者的本意、目标、多向表达及其被接受的路径。《公约》的出台经历了 30 年的反思、探索和研究，从 1973 年至 2002 年，教科文组织一共召开了 52 次会议；从 2001 年到 2003 年，《公约》文本正式进入起草阶段，前后虽然只用了不到三年的时间，教科文召开的会议却多达 15 次，其频率高于前 30 年。其间围绕定义、概念、术语、词汇表的国际专家会议至少可以述及的就有皮埃蒙特会议、都灵会议、里约热内卢会议和巴黎会议等，可见教科文组织和各方学术力量在寻绎和打磨工作语汇上的良苦用心。

教科文组织自身并不构成一个智库，不直接产生思想。而是倚靠自己的组织渠道和行动计划在全球范围内集纳智力支持的各种资源，通过与相关机构、个人，尤其是非政府组织和独立专家的合作，对业已形成某些共识的重要思考提供国际层面的辩论、回应、协商和推介。这里讨论的《公约》及其核心理念，来自民俗学、文化人类学和社会学等学科对人类文明进程、知识生产和代际传递等动态过程的深刻反思，进而对社区参与和遗产价值认定之间的话语关系作出了全新的梳理和阐释，涉及文化遗产与文化多样性、文化创造力、文化自主权，以及可持续发展等问题的长期探索。因而，关于《公约》创制的一系列特定概念、术语和语汇的理解，也只有结合这些学科的概念工具和学术传统，才能进一步厘清。

四、《公约》的保管与登记：悬置的问题

《联合国宪章》第一百零二条规定："一、本宪章发生效力后，联合国任何会员国所缔结之一切条约及国际协定应尽速在秘书处登记，并由秘书处公布之。二、当事国对于未经依本条第一项规定登记之条约或国际协定，不得向联合国任何机关援引之。"《公约》的第四十条据此对《公约》的"登记"做出了如下规定："根据《联合国宪章》第一百零二条的规定，本公约应按教科文组织总干事的要求交联合国秘书处登记。"经查证"联合国条约汇编"（United Nations Treaty Collection）数据库，《公约》一同作准的 6 种语言文本，连同若干其他语言文本于 2006 年 5 月 4 日一并交联合国秘书处登记，5 月 10 日得到秘书长确认：注册证编号为 COR—Reg—42671—Sr—53767，全宗文件可以在线下载②，并已纳入《联合

---

① 百度百科《保护非物质文化遗产国际公约》，http://baike.baidu.com/view/1434733.htm 和 http://baike.baidu.com/view/1006148.htm.

② 注册卡中记录的文件卷宗号为 v2370，实为 v2368，https://treaties.un.org/doc/Publication/UNTS/Volume%202368/v2368.pdf.

国条约集》(The United Nations Treaty Series),于2007年在纽约出版。

然而,令人感到蹊跷的是,打开这档全宗文件,我们看到的中文本却是未经订正的"前在本"①。那么,目前交存于教科文组织并由其总干事保管的订正本与在联合国秘书处登记入册的前在本之间并不一致。因此,在《联合国条约集》中登记入册的中文本符合六种语言文本"一同作准"的国际法规则和实践吗?究竟哪一个才应视为有法律效力的唯一"作准中文本"呢?作为国际法外行,笔者的确不知道该做如何判断。

这个问题将我们引向了《公约》通过之际的大会记录及其决议。因为,不论是哪种法定语言文本的修订都理当按程序进行。在教科文数据库中笔者终于找到了2004年出版的《联合国教育、科学及文化组织第三十二届大会会议记录(第一卷)》(32 C/Resolutions),看到了这次会议第四单元(即第Ⅳ委员会)针对8.5项议程通过《公约》的辩论记录。该资料集在正文第66—76页刊载了《公约》中文本的草案,内容与在中国广为使用的前在本完全一致;在第66页的注释中对通过《公约》进行了补注式的说明:"2003年10月17日第二十一次全体会议根据第Ⅳ委员会的报告通过的决议。"另一个意外发现是,一份《决议更正件》陡然出现在这部会议的最末尾②,封面上写有两行字:一为"仅涉及中文";二为"《保护非物质文化遗产公约》原有的文本应改为后附的文本。"那么,细看这个"后附的文本"即是我们今天见到的订正本。该更正件正文的页码从第1页另起,未与前面的文件页码连号。由此可以判断,这份《决议更正件》当是事后增加进去的,时间不会在2006年秘书处替换前在本为订正本之前③。也许正是基于前在本的种种错误,从2003年《公约》通过到2006年生效,中国政府向教科文组织提交了修正意见,以替换《公约》"一同作准"的六种语言文本中的中文本,这也应该是全国人大常委会在批约之际决定"暂缓刊登"约文的致因。这样的推测,在询问某主管部门的相关人士之后得到了证实:这一复杂而又艰难的更正过程,从启动到完成实属不易,但却鲜为人知。

与此相关的另一个问题是,目前保管在教科文档案库中的中文本已明确标记为"订正本",而中国主管部门至今尚未正式公布过其"前身",也没有宣布过其"前身"的废止或失效,当然也就无从述及现行文本可能存在的"版本问题"。但是,全国人大网发布的中文本正是教科文条约库中的订正本。这样在国际和国内的实践中,就出现了明显的不一致处:尽管约文相同,但"版本号"不同。与此同时,经联合国秘书处登记的中文前在本与教科文组织总干事保管的中文订正本也同时存在;作为国际法律文件,《公约》文本在保管与登记之间出现的不一致,可能是工作程序及其连续性未能得到良好的管控所致。

保护非物质文化遗产政府间委员会曾一再强调,《公约》的各个语言版本是《业务指

---

① Treaty Series: Treaties and international agreements, registered or filed and recorded with the Secretariat of the United Nations. Vol. 2368. Nos. 42671 to 42706; No. 42671. Multilateral: Convention for the Safeguarding of the Intangible Cultural Heritage. Paris, 17 October 2003, registered in May, United Nations 2007, pp. 20—34.
② 联合国教科文组织网,http://unesdoc.unesco.org/images/0013/001331/133171c.pdf.
③ 这是一份长达200多页的会议记录。在文档属性上明确记载了文件的创建时间是在2004年1月12日,修订时间为2014年10月4日。

南》(《操作指南》)的首要参考。实际上,就中英文两个语种的文本而言,不一致处往往出现在关键术语和核心概念的使用上,尤其是专用于"非遗"领域的概念及其语义偏差不容易得到及时修正,而缔约国跟秘书处的沟通往往非常艰难,耗时甚长。总之,这些问题需要所有当事各方都给予严重关注。中国作为国际社会中负责任的一员,也应当以积极、严肃、审慎的态度去面对。

2003年《公约》的发展,还体现在《操作指南》等一整套基础文件的出台和不断修正的过程中。这些文件对我国非物质文化遗产保护事业也产生了重大的影响。2012年以来,文化部外联局组织专家小组并成立编委会,对《〈公约〉基础文件》和各类申报表格的中文版专门进行了汇编和修订,特别是对《公约》及其《操作指南》的相关术语和文字表述专门做了比对、校雠,澄清并统一了二者在术语和术语之间存在的不一致处。该书是我国履行《保护非物质文化遗产公约》缔约国责任和义务的重要参考文件,也是科学有序开展非物质文化遗产保护和组织项目申报等相关工作的行动指引和实践工具。其Kindle电子书的上线和免费共享①,无疑有助于人们跟踪和了解《公约》的发展。同时该书也是引导非物质文化遗产从业人员、专业机构及利益相关方准确把握《公约》精神和工作程序,促进地方、国家和国际层面的非物质文化遗产保护工作的一本工作指南。然而,在履约的具体实践中,我们竟然对长期存在的两个中文本不加分辨,对其间传达的概念、术语和工作语汇不作更为深细的解读,对《公约》有效文本的权威性置若罔闻。这种等闲视之的现象,只会给我们的非遗保护工作带来实践上的困境,应该引起非遗主管部门、各级保护机构和相关学科的共同关注。

结语:回到《公约》

直到今天,《公约》存在两个中文本的问题一直没能被广大的文本受众认识到,也没有引起政府主管部门的重视,这曾是笔者在写作过程中不避繁琐将相关现象和事实诉诸笔端的初衷。但等到搜罗并梳理了相关保护机构、主流媒体、研究专著和学术文章对《公约》前在本的引述之后,面对正在不断加长的资料清单,突然觉得罗列事实已经不再那么重要了。在这个大数据时代,一篇或许能够正本清源的文章,对互联网世界而言就如同沧海一粟,或许改变不了什么。但是,在翻检各种资料的过程中,重新细读公约文本,重新回到教科文的数据库中,重新回溯公约起草和出台的艰难历程,我想认识这样的"文本误用"及其发生和延续的某种必然,就像是一场思想和知识的历练,告诉我们《公约》通过的12年就恰如一个人的生命才刚刚走过一个年轮,对于非物质文化遗产保护的人类伟业来说,道路依然迢

---

① 文化部外联局文件汇编委员会:《联合国教科文组织〈保护非物质文化遗产公约〉基础文件汇编》(2013版),外文出版社、中国数字文化集团有限公司,2013年。这部汇编本从2012年起根据缔约国大会的修正版定期更新,并以Kindle电子书形式免费在亚马逊中国与读者共享。

遥。长吁喟叹之余，不断敦促自己回到《公约》的字里行间去体味这份法律文书背后的民俗学实践脉络和众多探路者的人文情怀，许多个夜晚就这样穿行在英文本和两个中文本交织起来的语词之间，这才懂得原来觉得如此荒诞的"文本并存"或许正是重新开启我们认识非物质文化遗产、认识《公约》、认识国际法律文书、认识国情咨政，同时也是认识公众民俗学的一条反思路径。对笔者而言，"内省"或许更为重要。但一个早当废止的前在本广为流传而一个本该全面启用的订正本却鲜为人知，面对这样一种长期被漠视的文本误用，我们到底应该怎么办？

停笔之际，也是选择如何面对责任之时……

（原文载于《民族艺术》2015 年第 6 期）

论中国非物质文化遗产保护的"名录制度"建设

孔庆夫　宋俊华[*]

20世纪下半叶以来，经济全球化逐渐加快，在经济高速发展和贸易壁垒被迅速打破的同时，世界各国文化的交流与互融也比历史上的任何时期都要迅猛。但这种文化的交流与互融并不是对称性的，而是以经济发达的民族国家在经济活动中所裹挟的"强势文化"为主导，对经济不发达民族国家的"弱势文化"所进行的单向性和顺差性的"文化交流"或"文化干预"。而"弱势文化"语境中的民族国家的各类具有非物质文化遗产（下称"非遗"）特性的传统生活方式、文化认同、传统艺术、民俗习惯和审美心理等，因为外来"强势文化"的虹吸，其民族性和独特性开始逐渐分化、式微或被重构。因此，我们需要保护世界各民族文化的独特性，进而维持世界文化的多样性。在具体保护方式上，联合国教科文组织（下称"UNESCO"）从20世纪70年代以来，所出台的一系列保护文件、倡议和决议等，多以"名录制度"的设计为核心。

一、UNESCO"名录制度"：尊重、分类与民族文化存续的建构

"名录制度"一词，来源于UNESCO对世界物质文化遗产（下称"物遗"）的保护决议。1972年10月，UNESCO第17届会议通过了《保护世界文化与自然遗产公约》，该《公约》第二十条规定委员会根据缔约国递交的清单，制定并更新以建筑遗产、遗存遗迹、文物等"物遗"为主要对象的《世界遗产名录》（第十一条第2款）和《处于危险的世界遗产名录》（第十一条第4款）。以该《公约》为标志，世界"物质文化遗产"的保护开启了"名录制度"时代。

---

[*] 孔庆夫，中山大学艺术学院讲师；宋俊华，中山大学中国非物质文化遗产研究中心教授。

1. "名录制度"从"物遗"到"非遗"的互文与转向

1992年，UNESCO发起了对世界范围内正在逐渐老化、损毁、消失的人类记录进行抢救和保护的"世界记忆工程"，并从1997年起设立《世界记忆名录》，每两年评选一次。《世界记忆名录》主要关注文献遗产，其包括手稿、图书馆和档案馆里保存的任何介质的文献资料及口述历史的记录等，中国已有《传统音乐录音档案》《清朝内阁秘本档》《清代大金榜》《纳西东巴古籍文献》《清代样式雷建筑档案》等多项文献遗产入选该名录。

1997年11月，在UNESCO第29届成员国会议上，《人类口头和非物质遗产代表作决议》得到通过，决定UNESCO将以成员国的申报为基础，每两年宣布一次入选的《人类口头和非物质遗产代表作名录》，各成员国每次可入选一个申报项目。随着2001年首批19个"人类口头和非物质遗产代表作"的公布，"名录制度"的适用范围开始从"物遗"转向"非遗"。

2003年10月，UNESCO第32届会议参照联合国《世界人权宣言》(1948)、《公民权利和政治权利国际公约》(1966)、《经济、社会及文化权利国际公约》(1966)、《保护世界文化与自然遗产公约》(1972)、《保护民间创作建议书》(1989)、《人类口头和非物质遗产代表作决议》(1997)、《教科文组织世界文化多样性宣言》(2001)以及《伊斯坦布尔宣言》(2002)等国际人权文书中的相关互文性条款，通过了《保护非物质文化遗产公约》（下称《公约》）。该《公约》定义"非遗"为"被各社区、群体，有时是个人，视为其文化遗产组成部分的各种社会实践、观念表述、表现形式、知识、技能以及相关的工具、实物、手工艺品和文化场所"；并将"非遗"的属性限定为"这种非物质文化遗产世代相传，在各社区和群体适应周围环境以及与自然和历史的互动中，被不断地再创造，为这些社区和群体提供认同感和持续感，从而增强对文化多样性和人类创造力的尊重"；进而从尊重人权的角度将"非遗"限定在"只考虑符合现有的国际人权文件，各社区、群体和个人之间相互尊重的需要和顺应可持续发展的非物质文化遗产"。①

《公约》从"非遗"定义的阐释出发，将内容限定在"口头传统和表现形式；表演艺术；社会实践、仪式、节庆活动；有关自然界和宇宙的知识和实践"以及"传统手工艺"等五个方面。并建议从"确保非物质文化遗产生命力的各种措施，包括这种遗产各个方面的确认、立档、研究、保存、保护、宣传、弘扬、传承（特别是通过正规和非正规教育）和振兴"等多个方面开展保护工作②。

基于对扩大"非遗"的影响，提高对"非遗"重要性的认识，以及尊重文化多样性的角度，《公约》在第十六条明确提出要根据各成员国的提名"编辑、更新和公布人类非物质文化遗产代表作名录"；基于"采取适当保护措施"的需要，在第十七条明确规定，由UNESCO所设立的政府间委员会"编辑、更新和公布急需保护的非物质文化遗产名录"；且

---

① 联合国教科文组织：《保护非物质文化遗产公约》，http://www.ihchina.cn/3/18945.html.
② 联合国教科文组织：《保护非物质文化遗产公约》，http://www.ihchina.cn/3/18945.html.

基于"体现本公约原则和目标"及"随时推广有关经验"的目的，在第十八条明确规定"定期遴选并宣传其认为最能体现本公约原则和目标的国家、分地区或地区保护非物质文化遗产的计划、项目和活动"，即"最佳实践项目名录"①。《公约》作为具有国际约束力的保护非遗的政府间多边文件，把在该《公约》生效前（2006年4月21日正式生效）通过的UNESCO其他政府间多边文件所约定的"人类口头和非物质遗产代表作"，归入本《公约》所设立的"人类非物质文化遗产代表作名录"之中。并决定从本《公约》正式生效之日起，不再宣布其他"人类口头和非物质遗产代表作"。由此可见，以上述《公约》所设立的"代表作名录""急需保护的名录"和"最佳实践项目名录"三项制度为标志，"名录制度"不但在文本设计上，完成了从"物遗"到"非遗"的互文，而且在适用范围上，也实现了从"物遗"向"非遗"的转向。

2. 价值认同、濒危抢救和经验推广的分类框架

《公约》在确立了三类"名录制度"的设计框架以后，国际社会相关"非遗"项目的申报和保护工作，基本围绕该三类制度展开。但从 UNESCO《公约》和2010年6月核定的《执行〈保护非物质文化遗产公约〉的业务指南》（下称《业务指南》）的相关内容来看，三类"名录制度"在设计初衷、保护宗旨和预期目标上各有侧重。

"人类非物质文化遗产代表作名录"关注价值性，强调对族性文化价值的认同，侧重于对特定地区中特定民族所产生的具有该民族特性的族性文化的价值认可。《业务指南》要求缔约国在申报文件中说明拟申报对象所必须符合的标准之一是将该遗产列入名录，有助于确保扩大该非物质文化遗产的影响，提高对其重要意义的认识，促进对话，从而体现全世界的文化多样性，并有助于见证人类的创造力。"世界文化多样性"的存续，必然依赖于民族文化独特性的存在，即族群文化的存在；"人类的创造力"则来自众多不同地区民族中的族群、族群群体或族群个人的创造力，即族群创造力。《公约》中对于"人类非物质文化遗产代表作名录"的阐释和申报设计，正是要求各缔约国能够正确认识由本国各民族的"族群文化"和"族性创造力"所构成的"族性文化价值"，并通过 UNESCO "人类非物质文化遗产代表作名录"的申报，将该"族性文化价值"由本民族国家或民族地区层面的价值认可，上升为国际性和全人类共同的"族性文化价值"认同。以此能够符合和体现《公约》对于保护"世界文化多样性"和见证"人类创造力"的设计初衷。

"急需保护的非物质文化遗产名录"关注时效性，强调对濒危文化对象的抢救，侧重于对民族国家中正在消失或濒临消失的非遗文化对象的抢救。《业务指南》要求缔约国在申报文件中说明拟申报对象所必须符合的标准是：在社区、群体或适当时有关个人和缔约国做出了努力，但该遗产的生存能力仍然受到威胁，因此该遗产急需保护；或者，该遗产面临严重威胁，若不立即保护，将难以为继，因此，该遗产特别急需保护。由此可见，"急需保护的非物质文化遗产名录"的设计初衷，不仅需要考虑该申报对象的价值性和族性文化认同，

---

① 联合国教科文组织：《保护非物质文化遗产公约》，http://www.ihchina.cn/3/18945.html.

而且更为强调申报对象的濒危程度以及保护需求的紧迫程度。

"最佳实践项目名录"关注效果性，强调经验推广、国际合作与地域分配的原则，侧重于对已实施保护措施非遗对象的保护效果的考核、评估和肯定。《公约》第十八条明确要求"兼顾发展中国家的特殊需求，定期遴选并宣传其认为最能体现本公约原则和目标的国家、分地区或地区保护非物质文化遗产的计划、项目和活动"并"配合这些计划、项目和活动的实施，随时推广有关经验"[①]。由此，该名录在设计初衷上主要着眼于对非遗保护的"计划、项目和活动"的宣传，以及对非遗保护"有关经验"的推广。此外，《业务指南》明确阐释了有关"计划、项目和活动"的遴选标准，即委员会在遴选和宣传保护计划、项目和活动时，应特别关注发展中国家的需要和公平的地域分配原则，同时加强南南合作和北南南合作。因此，"最佳实践项目名录"侧重遴选和推广已取得有效保护效果的、完整的且可供推广的保护计划，并主要关注发展中国家的非遗保护要求，在强调非遗保护国际合作的同时，兼顾公平的地域分配原则。

3. 民族文化权利的主张和传统文化存续的需要

梳理 UNESCO《公约》及《公约》之前的一系列国际人权文书，不难发现 UNESCO 发起国际性非遗保护倡议的两大直接原因：其一，在经济全球化背景下，保护本民族文化的完整性，及主张本民族的文化权利和文化经济权利；其二，在快速现代化背景下，实现本民族优秀传统文化的传承。

对于"传统文化存续需要"的建议，最早始于韩国。1993 年，韩国政府根据其国内传统文化保护的相关经验，向 UNESCO 提交了一个"建议案"，建议 UNESCO 在其国际人权文书和相关文化遗产保护的政府间多边文件中，增设"人间国宝"保护体系，并提供了详细的实施方案，用以评选不同层次的"人间国宝"名录[②]。韩国政府关注如何保证和实现本民族优秀传统文化的传承问题及传承过程中的传承人（人间国宝）问题。这是对"强势文化"和"弱势文化"交流之间所产生的"不均等""不平衡""单向性"和"顺差性"等文化虹吸现象的申述、反思和建议。其不但符合 UNESCO 基于人权尊重基础上，维护"世界文化多样性"和见证"人类创造力"文化保护政策的初衷，而且也共同促成了 UNESCO 框架下一系列非遗保护相关政策的出台和转向，并最终推动了全球性非遗保护工作的兴起。

二、中国"名录制度"：政策回应与实践重构

非遗保护在中国迅速普及，大体上出于三个方面的原因。从内部看，20 世纪下半叶以

---

① 联合国教科文组织：《保护非物质文化遗产公约》，http://www.ihchina.cn/3/18945.html。
② （日）爱川纪子：《联合国教科文组织〈保护非物质文化遗产公约〉与韩国》，沈燕译，《民间文化论坛》2016 年第 2 期。

来，伴随着中国经济的高速发展和综合国力的显著增强，从官方到民间都对传统文化的传承和保护产生了内在的文化需求，文化主权意识不断加强。从外部看，同一时期 UNESCO 持续出台的以《公约》为代表的一系列有关"物遗"和"非遗"的国际文书和政府间多边文件，以及 UNESCO 在世界范围内所强调和进行的，保护各民族传统文化的紧迫性和维护世界文化多样性的呼吁和保护行动等，从外部带来了持续的影响和刺激。从申报上看，我国昆曲艺术于 2001 年成功入选第一批"人类口头和非物质文化遗产代表作名录"以及我国古琴艺术于 2003 年成功入选第二批"人类口头和非物质文化遗产代表作名录"，两次申报的成功"极大的激发了上至政府部门，下到民间百姓的非物质文化遗产保护的热情"①。

1. 中国"名录制度"建设的政策过程及对 UNESCO 系列国际文书的回应

作为缔约国的责任履约，并作为对 UNESCO 系列文件、政府间多边文件以及《公约》的回应，中国政府立足本国多民族国家的民族文化特点，结合前期文化保护工作的实践经验，并兼顾国家文化管理工作的实际需要等，相继出台了一系列的保护政策。

从"有形文化遗产"（物遗）的保护政策来看，1982 年 11 月，全国人大常委会通过了《中华人民共和国文物保护法》，旨在"加强对文物的保护，继承中华民族优秀的历史文化遗产，促进科学研究工作，进行爱国主义和革命传统教育，建设社会主义精神文明和物质文明"②，截至 2017 年 11 月，该法已完成了第五次修订，在法律条款日臻完善的同时，也使之更加契合中国经济高速发展的具体国情。

从"无形文化遗产"（非遗）的保护政策来看，2004 年 4 月，文化部与财政部联合发布了《关于实施中国民族民间文化保护工程的通知》，要求"进一步加强民族民间文化保护工作，继承和弘扬中华民族优秀文化传统，建设有中国特色社会主义先进文化"③，并随文下发《中国民族民间文化保护工程实施方案》，标志着我国"无形文化遗产"的保护工作正式被纳入到了国家法律政策保护的视域范围之中。同年 8 月全国人大常委会批准了我国加入 UNESCO《非物质文化遗产保护公约》。

2005 年 3 月，国务院办公厅发布了《关于加强我国非物质文化遗产保护工作的意见》，标志着"非物质文化遗产"正式取代"无形文化遗产"成为我国官方用词。该意见的附件《国家级非物质文化遗产代表作申报评定暂行办法》从申报、评比和认定等环节，对我国非遗保护工作做了详细要求④，该《办法》成为我国日后非遗保护和非遗"名录制度"建设的重要政策依据。

2005 年 6 月，文化部正式颁发《关于申报第一批国家级非物质文化遗产代表作的通知》，明确规定了我国国家级非遗名录的申报范围、内容、程序等。以该《通知》为标志，

---

① 刘魁立：《论全球化背景下的中国非物质文化遗产保护》，《河南社会科学》2007 年第 1 期。
② 全国人大常委会：《中华人民共和国文物保护法》，http://www.sach.gov.cn/art/2017/11/28/art_1034_121351.html。
③ 文化部、财政部：《关于实施中国民族民间文化保护工程的通知》，http://ip.people.com.cn/GB/12867867.html。
④ 国务院办公厅：《国家级非物质文化遗产代表作申报评定暂行办法》，http://www.ihchina.cn/51/14998.html。

我国国家级非遗"名录制度"建设正式启动。

2005年12月，国务院下发了《关于加强文化遗产保护的通知》，《通知》在第三条明确规定要"着力解决物质文化遗产保护面临的突出问题"；并在第四条明确规定要"积极推进非物质文化遗产保护"①，以该《通知》为标志，非遗正式与物遗并列成为我国文化保护和文化建设中的两大核心部分。

2006年11月，文化部正式颁布了《国家级非物质文化遗产保护与管理暂行办法》，《办法》对于国家级非遗保护的对象、方针、原则、整体规划和年度计划等，均作出了解释和要求。并对国家级非遗的保护单位和代表性传承人的基本条件、权利、职责和义务等；以及国家级非遗的管理单位、经费来源和管理权限等均作出了详细的说明②。以该《办法》为标志，我国非遗"名录制度"进入了政府行政管理系统建设阶段。

2011年2月，第十一届全国人大常委会第十九次会议，正式通过了《中华人民共和国非物质文化遗产法》（下称《非遗法》），并于当年6月1日正式生效。"《非遗法》的问世，以法律形式对我国非物质文化遗产加以保护，是我国非物质文化遗产保护工作具有里程碑意义的重大事件，标志着我国非物质文化遗产保护从此走上了依法保护的历史阶段"③。《非遗法》的正式实施，不但体现了半个多世纪以来中华民族对"民族文化权利"和"传统文化存续"的文化追求、文化认同和文化心理，而且与1982年正式实施的《文物保护法》一起，成为保障我国"物遗"和"非遗"的两大文化核心的法律基石，对我国当代优秀传统文化的保护、复兴与传承，以及未来中华民族文化的发展和创新等，都具有重要的历史意义。

中国政府从1982年11月第五届全国人大常委会通过的《中华人民共和国文物保护法》开始，到2011年2月第十一届全国人大常委会通过的《中华人民共和国非物质文化遗产法》止，在29年的时间内，在中华民族文化保护的框架中完成了"物遗"和"非遗"两大传统文化支柱的学理论证、法令制定和政策规划等，不但在政策上对联合国的相关国际文书进行了充分的回应，而且依据中国的具体国情和高度发展的经济态势，进行了精确合理的顶层框架设计，且付诸了坚定具体的保护实践，取得了举世瞩目的保护成果。

2. 中国"名录制度"建设的重构

如前文已述，UNESCO"名录制度"为无层级结构的平行设计，分为"人类非物质文化遗产代表作名录""急需保护的非物质文化遗产名录""最佳实践项目名录"三类，其分别对应非遗对象的"价值性""紧迫性"和遗产保护工作的"效果性"，而对于不同非遗对象的文化特性所属，没有作出分类。而且，《公约》将"非遗"的内容限定在"口头传统和表现形式，表演艺术，社会实践、仪式、节庆活动，有关自然界和宇宙的知识和实践"以及

---

① 国务院办公厅：《国务院关于加强文化遗产保护的通知》，http://www.gov.cn/gongbao/content/2006/content_185117.htm。
② 文化部：《国家级非物质文化遗产保护与管理暂行办法》，http://www.gov.cn/gongbao/content/2007/content_751777.htm。
③ 乌丙安：《对贯彻实施〈中华人民共和国非物质文化遗产法〉的两点建议》，《西北民族研究》2011年第2期。

"传统手工艺"五个大的类别,而对于该类别内部的不同遗产类型也没有做出分类,缺乏细化的操作方案。仅以"表演艺术"为例,中国为多民族国家,56个民族均具有各自民族特点的"表演艺术",互不相同;在同一个民族内部,也有不同的表演类型;在同一个表演类型中,又有各自不同的表演流派等:这些均各具特色且历史悠久,若仅以"表演艺术"一词概而论之,并不完全适用。因此,中国的"名录制度"需要在接续 UNESCO "名录制度"建设理念的基础上,根据自身文化特点和文化特性重构自己的"名录制度"建设体系。从中国"名录制度"建设的经验和实践来看,已经逐渐完成了对 UNESCO "名录制度"的解构。

从"名录制度"建设的结构来看,将 UNESCO 无层级结构的三类平行制度视为国际级"名录制度",并在该层级之下,建立与中国政府管理体制相一致的国家、省、市、县四级"名录制度"结构,并配置相对应的四级管理机构,从而形成了"国际级—国家级—省级—市级—县级"的五级"名录制度"(国内"四级")建设结构。

从"名录制度"建设的内容来看,将 UNESCO《公约》所限定的五个类别的非遗内容,解构和深化为"民间文学、传统音乐、传统舞蹈、传统戏剧、曲艺、传统体育与杂技、传统美术、传统技艺、传统医药和民俗"等十个类别进行申报。这种划分既是"地方性知识标准化过程的一种表征"[1],也是为了在建设国家名录时,能够有一个统一的框架便于操作而进行的规则设计。标准统一的分类,不但使"名录制度"的建设更具有科学性、公正性和合理性,而且也更加符合中国丰富多样的传统文化存续现状。

从"名录制度"建设的申报程序来看,在接续了《公约》"根据有关缔约国的提名编辑、更新和公布"以国家为主体申报的基础上,根据我国五级"名录制度"(国内"四级")的建设结构,采取了反向逐级申报的原则。即先申报县级名录,后申报市级名录,再申报省级名录,最后申报国家级名录。然后以国家为申报主体,最终申报 UNESCO 的国际级三项非遗名录。"分级分层的申报以保证不同的文化传统,在一定的范围和层面上得到保护,显然是符合中国国情的"[2]。

从"名录制度"建设的审核主体来看,在接续了《公约》"根据委员会[3]制定的、大会批准的客观遴选标准,审议缔约国提出的申请并就以下事项作出决定,列入第十六条、第十七条和第十八条述及的名录[4]和提名"以 UNESCO "政府间保护非物质文化遗产委员会"将民族国家确定为"唯一合法申报主体,是遗产的根本性表述主体"[5] 的同时,中国"名录制度"建设确立了在向 UNESCO 申报时,以国家为唯一合法的审核主体。但在国内四级名录的申报中,将审核主体的权利,解构并赋予给了四级"名录制度"的管理机构,同级管理

---

[1] 吴彤:《两种"地方性知识"——兼评吉尔兹和劳斯的观点》,《自然辩证法研究》2007 年第 11 期。
[2] 陈华文:《论中国非物质文化遗产的分级申报制度》,《民俗研究》2010 年第 3 期。
[3] "委员会"即《公约》第 5 条所指"政府间保护非物质文化遗产委员会"。
[4] "第 16 条"即"人类非物质文化遗产代表作名录","第 17 条"即"急需保护的非物质文化遗产名录","第 18 条"即"最佳实践项目名录"。
[5] 彭兆荣:《以民族——国家的名义:国家遗产的属性与限度》,《贵州社会科学》2008 年第 2 期。

部门审核同级名录。即县级、市级、省级和国家级非遗管理机构分别对应审核和决定县级、市级、省级和国家级名录。

中国"名录制度"的建设，并没有照搬《公约》的文件条款，而是在接续了《公约》的理念之后，依据中国的具体国情、多民族国家传统文化的现存状况、前期非遗保护实践的经验等，在"名录制度"建设的结构、内容、申报程序和审核主体等多个方面进行了解构。并"逐步建立了符合国情的国家、省、市、县四级非物质文化遗产名录体系"[①]。四级管理机构都建立了相应级别的政府部门联席会议制度和非遗保护工作专家委员会/专家组，确保了非遗保护管理的科学性和"名录制度"建设的有效性和延续性；从国家到地方都为入选"名录制度"的非遗项目设立了专门的保护经费。

由此可见，中国的非遗保护活动和"名录制度"建设在经历内化过程之后，将《公约》的相关保护理念，重建为具有中国特色且符合中国多民族国家非遗文化特点的理念体系、制度体系、操作体系、资金体系和运转体系。

三、中国"名录制度"：赓续传统、力在复兴，为未来而作

中国非遗保护和"名录制度"建设的具体实践，虽然都是围绕特定的项目对象展开，但其带给族群、社群和民众的文化尊重和文化思维，给全社会带来了更大意义上的抚慰、治疗和救助意义。保护实践的推进和"名录制度"的分级建设，其着眼点不仅在于基于尊重理念所产生的对于彼此和彼此文化的尊重，而且是要把各族群、社群和民众的代表性文化及其事项，共同放置于全社会的公共文化视阈和国家文化认可体系之中各安其位，以实现、维护和延续彼此之间的尊重、共享和传承发展。

1. 赓续传统：基于尊重、认可和共享的制度设计

基于对"弱势文化"及文化主体——"人"的尊重与认可。从社会文化认同来看，中国近代文化认同多体现为对"精英文化"的认同，这种"精英文化"或指由近代精英人士从西方引进的以西洋古典音乐、话剧、芭蕾舞、油画或各种西方著名作家的文学作品为代表的外来文化；或指虽不是外来文化，但也必须接受精英人士检验和改造之后才能进入国家文化认同体制视阈的以传统民歌、民间吹打、民间戏曲或民间杂耍等为代表的民俗文化等。长期以来，"精英文化"在国家文化认同中处于强势文化地位，而"民俗文化"则长期处于弱势文化地位。由于"社会既有的文化在新生的国家空间里没有太多的位置，如果想进来必须经过改造"[②]，因此，"民俗文化"虽然代表了特定地区中特定民族内特定群体的共同文化

[①] 王文章：《话说非遗法：王文章谈非遗》，《世界遗产》2011年第2期。
[②] 高丙中：《〈保护非物质文化遗产公约〉的精神构成与中国实践》，《中南民族大学学报（人文与社会科学版）》2017年第4期。

认同，但若想要进入到"精英文化"的文化认同体制视域，就必须接受被改造，否则容易被忽视。简而言之，近代社会的文化认同，并没有给"民俗文化"一个被关注、可交流和受尊重的文化认同平台。而非遗"名录制度"的出现和建设，就提供了这样一个平台。

中国非遗"名录制度"建设的文化意义，就在于在国家各级文化认同层面和各级文化行政管理机制视阈内，更加关注、尊重和认可"民俗文化"。从入选国内四级名录体系的各种非遗文化事项来看，其文化内容均为普通百姓生活文化或生产文化，其代表了一个族群群体对于该文化价值的共同认可。"名录制度"的评价、筛选和建设，就是要优先关注该文化事项是否代表了特定族群群体的文化认同，和该族群群体的文化认同是否愿意被该文化事项所代表。通过"名录制度"建设的方式，将该族群群体的文化认同，上升为国家文化认同并接受国家文化管理机制的保护。让以百姓生活文化和生产文化为代表的"民俗文化"在社会文化中得到尊重和认可的同时，实现对该文化事项的文化主体——"人"的尊重。

"共享"平台的制度设计，为尊重和认可提供了可能。与 UNESCO《公约》的保护理念相一致，中国"名录制度"建设在搭建了传统文化被关注、可交流和受尊重的文化认同平台的同时，让入选该平台的传统文化能够得到"共享"。中国作为多民族国家，地缘辽阔、人口众多而且文化事项与文化种类璀璨丰富，若要在不同地域、不同民族、不同信仰和不同文化心理之间，做到对彼此文化的尊重和认同，实际上并不容易办到。而"共享"的理念，则为不同文化事项之间的彼此尊重和认同提供了可能。

从文化的代表属性来看，正是由于不同的地域、语言、生活习惯、审美心理和文化认同等因素，造就了该族群独具特性的族群文化。而在社会文化的大结构中，该族群文化特有的族性特点又成为了该族群的典型代表和文化标签。"名录制度"建设将众多具有族性文化标签的族群文化，共同聚放在同一个被尊重和被认可的平台之上，且以保护各族群文化的族性特征为根本宗旨。这样，就避免了因不同族群的文化差异所产生的负面影响，在保护机制上，维持了族群的文化多样性。

此外，基于"共享"的"名录制度"设计理念，可以保护"民俗文化"，不再需要通过"被改造"的过程，而直接进入国家文化认同的视阈和体制之中。在各项非遗对象的族性文化特点被作为保护宗旨得以保护的前提下，对于各族文化之间的差异性强调就会被减弱，而趋于认同、分享和共享"大家的"文化事项，更容易相互认可、尊重和认可。

2. 力在复兴：基于国家、地方和民众的文化视角

中国"名录制度"建设在表层的各级"名录"背后，蕴含着国家、地方和民众对于传统文化复兴的深层思考。其不仅是国家文化构成和民族传统文化复兴的重要组成部分，也是地方文化发展和地方文化认同建设的主要方向，更是实实在在的对普通民众日常生产、生活和习俗的保护。

从国家层面来看，中华文化赓续五千年，且从未中断。只是近代在外敌入侵、政治更迭、文化斗争和外来文化冲击等多因素的影响下，致使"五四"新文化运动以来，官方和民间的文化认同更倾向于强调"从外面来"的和"从上面来"的所谓"精英文化"，忽视、

否定产生于民众生产和生活中的各类传统"民俗文化",将其视为"糟粕文化""落后文化"或"迷信文化"等,并对其进行激进的"反传统""破四旧"的文化否认。在传统文化历经长时间的被限制,以及标榜"现代性"的外来文化长驱直入并逐渐影响民族民众的生产生活之后,民众对于传统文化的认可和自信也逐渐式微,以致很多族群、社群或地域都失去了肯定、自信或大胆表达自己传统文化的勇气,丧失了文化自信心。中国的非遗保护,尤其四级"名录制度"的建设,将过往丢失的传统文化以及对于传统文化的文化认同,重拾为国家文化构成和文化建设的重要组成部分,正是基于文化洗礼之后的文化自醒、自觉和自信,是对我国各族人民生产和生活文化的抢救和复兴。

从地方层面来看,一方面,各民族地方的非遗保护活动和地方"名录制度"建设,不仅体现了该地区政府部门对属地特定族群、社群和社会公众文化的认可、接受和尊重,而且从地方政府所采取的"认定、记录、建档,建立健全调查信息共享机制"① 的保护实践来看,"名录制度"是在动态的文化发展过程中通过静态的"名录"所采取的对于传统文化变迁的保护和保存方式,并经由当地非遗文化工作者和属地民众的共同努力,挖掘、发现和认定原被忽视的传统文化事项,并启发、重塑和保护当地民众对于该传统文化事项的文化认同,可以"从静态的角度保护和保存一个民族或族群的一份文化记忆"②。另一方面,从十余年的地方"名录制度"建设过程及其保护效果来看,通过非遗保护相关概念的引入,以经济和文化的双向建设为促进,基层社会中的各种传统文化正在逐渐复兴,民族民众各类传统文化事项被忽视和不被认可的过往正在改变。地方非遗保护和相关"名录制度"建设,不仅力在复兴地方传统文化,而且正逐渐成为地方文化建设和文化认同建设的主要方向。

从民众层面来看,各级"名录制度"的非遗对象,无一例外都是特定民众日常的生产、生活、习俗或习惯等。保护非遗就是在保护民众的日常生活,保护非遗就是在保护老百姓。"名录制度"建设在法律上、政策上和制度上最大限度地实现了对特定族群、社群和民众所拥有和赖以生存的文化事项、文化对象或文化习俗等权力和权利的保护。而且在文化心理上,让普通民众从"名录制度"中得到了法定的关怀、认可和尊重,既承认了"民俗文化"为国家传统文化重要组成部分的价值性,同时也更加彰显了"必须坚持以人民为中心,坚持人民主体地位,培育人民群众"③ 的国家治理主体意识。

3. 为未来而作:基于活态传承的文化维度

UNESCO 以《公约》为代表的一系列国际文书、倡议和政府间多边文件与中国以《非遗法》为代表的一系列保护政策、法律和法规中所体现的从"物遗"到"非遗"的互文和转向,共同蕴含了"从历史静态遗产迈入现实活态遗产"的保护理念。中国"名录制度"建设在关注特定遗产对象的过往历史、传统和文化接续价值的同时,之所以在当代对其采取

---

① 全国人大常委会:《中华人民共和国非物质文化遗产法》,http://zcfgs.seac.gov.cn/art/2016/8/29/art_9418_263921.html。
② 谭宏:《冲突与协调——中国非物质文化遗产名录制度的人类学反思》,《文化遗产》2016 年第 4 期。
③ 《培育人民群众的国家治理主体意识》,《人民日报》2018 年 1 月 15 日。

各种方式进行发掘、认定和保护,就是为了能够在未来实现该遗产对象的活态存续。认得清"过去",守得住"现在"与留得住"未来",是中国"名录制度"建设和非遗保护实践的重要文化维度。

基于"活态存续"的理念,中国非遗保护观念从"原生态"转向到"整体性"。如前所述,民众是非遗对象的文化主体,非遗是民众现实生活中的活态文化,其既不是"过去"的遗留物,也不是现存的"活化石",是民众活生生的生产和生活。但民众的生产和生活不是一成不变的,是根据自然环境、人文环境、社会环境和民众文化需求的变化等不断改变、调整和创造的。非遗保护实践及其"名录制度"建设,需要在认可和尊重文化主体"活态"创造力的基础之上,保护与该文化主体生产和生活息息相关的各类环境,也只有通过"整体性保护"将该文化主体赖以生存的文化生态环境一起保护起来,才能够通过文化主体的"活态"创造力去孕育、滋养、保护和传承具体的非遗对象。因此,"国内已经很少看到'原生态保护'的提法,取而代之的则是'整体性保护'"①。在具体保护实践上,中国政府推行的文化生态保护区建设,传统村落保护和特色小镇建设等保护措施,都是"活态存续"理念上"整体性"保护的具体方案。

基于"未来"的维度,中国非遗保护观念从"整体性保护"深化到"见人、见物、见生活"。非遗是依附于文化主体的现实生活而存在的,是民众生活中不可分割的重要部分。中国"名录制度"建设的终极目标,就是要实现入选对象的可持续性发展,留得住该非遗对象的"未来"。

基于"见人"的理念,中国非遗保护在四级"名录制度"建设的基础上,建立起了相对应的"代表性传承人制度"。不但在政策和资金上,继续加大对传承人的扶持力度,而且还着力实施了"中国非物质文化遗产传承人群研修研习培训计划",搭建高校与传承人群互动的平台,以提升传承人群的传承能力。基于"见物、见生活"的理念,中国政府积极倡导"生产性保护",在全国建立生产性保护示范基地;并大力实施"中国传统工艺振兴计划",推动以纺织、刺绣、陶瓷、漆器等为代表的传统工艺类非遗项目走进现代生活;并通过建立振兴目录、培训相关从业者、加强理论与技术研究、支持高校与手工艺人合作建立工作站等方式,努力提高传统工艺类非遗项目的生产、传承和再创造水平,实现非遗对象的"创造性转化"与"创新性发展",让非遗"活起来",在"活态"传承中,守住"现在"并留住"未来"。

(原文载于《广西社会科学》2018 年第 7 期)

---

① 刘魁立:《非物质文化遗产及其保护的整体性原则》,《广西师范学院学报(哲学社会科学版)》2004 年第 4 期。

我国现行省级非物质文化遗产保护法规研究

李晓松[*]

自 2001 年昆曲入选联合国教科文组织"人类口头和非物质遗产代表作"以来，我国由政府主导的非物质文化遗产保护工作已有 16 年。非物质文化遗产（以下简称非遗）从一个冷僻的词汇逐步成为民众耳熟能详的一个热词。当前，加强非遗保护，传承发展中华优秀传统文化，已经成为社会各界的广泛共识。立法是国家意志的体现，具有权威性、强制性、稳定性等特点，完善非遗法律法规体系，对于推动非遗保护事业制度化、规范化、长期化具有重要现实意义。

地方性法规是非遗法律法规体系的重要组成部分。在《中华人民共和国非物质文化遗产法》（以下简称《非物质文化遗产法》）出台前后，各地结合本地实际情况，积极进行地方非遗立法实践，取得了显著成效。目前，26 个省（区、市）出台了省级非遗地方性法规；部分设区的市、民族自治地区出台了本级地方性法规，如《武汉市非物质文化遗产保护条例》《保亭黎族苗族自治县非物质文化遗产保护条例》等；一些地方出台了专项法规，如《苏州市昆曲保护条例》《新疆维吾尔自治区维吾尔木卡姆艺术保护条例》等。省级非遗地方性法规具有承上启下作用，是非遗法律法规体系中的重要一环。本文以现行的 26 件省级非遗地方性法规为样本，进行初步梳理总结，发现亮点，查找其中的主要问题，并提出立法建议。

一、立法现状

在正式使用"非物质文化遗产"这一名称之前，以政府为主导的民族民间传统文化保护工作已开展多年，并进行了相关的立法实践，先后有云南、贵州、福建、广西出台了省级民族民间传统文化保护条例。2004 年 8 月 28 日，经第十届全国人民代表大会常务委员会第十一次会议批准通过，我国加入联合国教科文组织《保护非物质文化遗产公约》，成为较早

---

[*] 李晓松，北京师范大学博士研究生。

加入公约的缔约国。从此,"非物质文化遗产"这个名称开始引入中国并逐步传播开来。2006年起,各地制定的地方性法规已经开始使用"非物质文化遗产"名称。比较早的有:《宁夏回族自治区非物质文化遗产保护条例》(2006年)、《江苏省非物质文化遗产保护条例》(2006年)、《浙江省非物质文化遗产保护条例》(2007年)、《新疆维吾尔自治区非物质文化遗产保护条例》(2008年)。这些地方性法规的出台,为非遗保护工作的规范化开展提供了必要的法制保障,也为国家制订《非物质文化遗产法》提供了借鉴和参考,积累了经验。这一阶段体现了"先下后上""先地方后中央"的非遗立法思路。①

2011年2月25日,《非物质文化遗产法》由第十一届全国人民代表大会常务委员会第十九次会议通过,并于2011年6月1日起施行。《非物质文化遗产法》的出台,对于我国非遗保护工作具有里程碑式的意义,标志着我国的非遗保护工作开始进入到依法保护的新时期。《非物质文化遗产法》出台后,各省(区、市)积极贯彻法律规定,结合本行政区域实际情况,借鉴其他地区立法经验,纷纷制定本地区的非遗地方性法规。这一阶段体现的是"自上而下"的立法过程。2011年有广东1件,2012年有贵州、重庆、湖北等3件,2013年有山西、云南等2件,2014年有河南、陕西、河北、西藏、安徽等5件,2015年有辽宁、甘肃、江西、山东等4件,2016年有上海、湖南、黑龙江等3件,2017年有广西、吉林、内蒙古、四川等4件。

截至2017年底,尚有北京、天津、福建、海南、青海未出台省级非遗地方性法规。据了解,北京已完成《北京市非物质文化遗产保护条例》立法调研报告和《北京市非物质文化遗产保护条例立项论证报告》征求意见稿。天津市人大正在组织调研,将根据进展情况进入预备审议阶段。福建省文化厅已将非遗条例送审稿报省政府法制办,正在征求各方意见。海南尚未进入实质性立法进程。青海省文化厅正在与省法制办协商,计划着手制定非遗条例。

从法规名称来看,与《非物质文化遗产法》相对应,名称为"××省(区、市)非物质文化遗产条例"的有14个,分别是河北、山西、辽宁、黑龙江、安徽、江西、山东、河南、湖北、广东、重庆、四川、陕西、甘肃,占总数的54%。名称为"××省(区、市)非物质文化遗产保护条例"的有10个,分别是内蒙古、吉林、上海、江苏、浙江、广西、贵州、云南、宁夏、新疆,占总数的38%。江苏、浙江、宁夏、新疆均是在《非物质文化遗产法》出台前实施的地方性法规,名称中有"保护"二字;云南、贵州、广西之前出台过民族民间传统文化保护条例,有前后衔接的考虑;内蒙古、吉林、上海在条例名称中强调了非遗的保护属性。名称为"××省(区、市)实施《中华人民共和国非物质文化遗产法》办法"的有2个,分别是湖南、西藏,占总数的8%。地方性法规的名称体现了地方立法的意图,以"实施办法"为名,相对更强调贯彻落实上位法的立法定位,以"条例"为名,更强调突出地方立法的相对独立性和特殊性。

---

① 本节内容参考了康保成的《〈中华人民共和国非物质文化遗产法〉形成的法律法规基础》。康保成:《〈中华人民共和国非物质文化遗产法〉形成的法律法规基础》,《民族艺术》2012年第1期。

省级非物质文化遗产地方性法规汇总表

序号	法规名称	通过时间	实施时间	章节和条目
1	《宁夏回族自治区非物质文化遗产保护条例》	2006.7.21	2006.9.1	6章46条
2	《江苏省非物质文化遗产保护条例》	2006.9.27	2006.11.1	7章39条
3	《浙江省非物质文化遗产保护条例》	2007.5.25	2007.6.1	7章48条
4	《新疆维吾尔自治区非物质文化遗产保护条例》	2008.1.5	2008.4.1	7章49条
5	《广东省非物质文化遗产条例》	2011.7.29	2011.10.1	5章46条
6	《贵州省非物质文化遗产保护条例》	2012.3.30	2012.5.1	9章54条
7	《重庆市非物质文化遗产条例》	2012.7.26	2012.12.1	5章41条
8	《湖北省非物质文化遗产条例》	2012.9.29	2012.12.1	6章56条
9	《山西省非物质文化遗产条例》	2012.9.28	2013.1.1	6章36条
10	《云南省非物质文化遗产保护条例》	2013.3.28	2013.6.1	7章46条
11	《河南省非物质文化遗产条例》	2013.9.26	2014.1.1	6章50条
12	《陕西省非物质文化遗产条例》	2014.1.10	2014.5.1	7章45条
13	《河北省非物质文化遗产条例》	2014.3.21	2014.6.1	6章41条
14	《西藏自治区实施〈中华人民共和国非物质文化遗产法〉办法》	2014.3.31	2014.6.1	6章49条
15	《安徽省非物质文化遗产条例》	2014.8.21	2014.10.1	7章47条
16	《辽宁省非物质文化遗产条例》	2014.11.27	2015.2.1	6章35条
17	《甘肃省非物质文化遗产条例》	2015.3.27	2015.6.1	6章55条
18	《江西省非物质文化遗产条例》	2015.5.28	2015.9.1	7章58条
19	《山东省非物质文化遗产条例》	2015.9.24	2015.12.1	7章48条
20	《上海市非物质文化遗产保护条例》	2015.12.30	2016.5.1	8章47条
21	《湖南省实施〈中华人民共和国非物质文化遗产法〉办法》	2016.5.27	2016.7.12	27条
22	《黑龙江省非物质文化遗产条例》	2016.8.19	2016.10.1	6章43条
23	《广西壮族自治区非物质文化遗产保护条例》	2016.11.30	2017.1.1	8章52条
24	《吉林省非物质文化遗产保护条例》	2017.3.24	2017.6.1	6章32条
25	《内蒙古自治区非物质文化遗产保护条例》	2017.5.26	2017.7.1	7章62条
26	《四川省非物质文化遗产条例》	2017.6.3	2017.9.1	7章63条

二、内容分析

本文针对现行省级非遗地方性法规，主要从政府职责、调查、代表性项目、代表性传承人、整体性保护、合理利用、相关部门机构保护职责等几个方面进行梳理分析。

1. 政府职责

开展非遗保护工作的一个重要社会背景是：随着社会变迁，许多源于农耕文明、主要靠口传心授方式传承的非遗，其生存土壤及其生态环境受到冲击，参与者和实践者日益减少，一些非遗项目因后继乏人，面临传承链条断裂的危险。一方面非遗具有重要的历史、文学、艺术、科学价值，对促进经济社会发展具有重要现实意义；另一方面非遗自发性传承日益困难，完全依靠自身传承发展不可持续。因此政府有责任采取措施保护非遗，这是对民族的历史负责，也是对民族的未来负责。政府是非遗保护的首要责任主体，这一点在《非物质文化遗产法》和《保护非物质文化遗产公约》中都有明确表述。《非物质文化遗产法》要求"县级以上人民政府应当将非物质文化遗产保护、保存工作纳入本级国民经济和社会发展规划，并将保护、保存经费列入本级财政预算"。[1]《保护非物质文化遗产公约》要求，各缔约国应该采取必要措施确保其领土上的非物质文化遗产受到保护，保护的措施包括确认、立档、研究、保护、保存、宣传、弘扬、传承和振兴。[2] 各级人民政府有责任充分调动行政资源，整合社会各界力量，引导、鼓励、推动非遗保护和传承。

所有的地方性法规都重申了县级以上人民政府应当将非遗保护、保存工作纳入本级国民经济和社会发展规划的要求，其中，内蒙古、江苏、宁夏、新疆还另外要求应当将非遗保护纳入城乡（建设）规划。在地方财政资金投入方面，所有地方性法规都重申了县级以上人民政府应当将非遗保护专项资金列入本级财政预算的要求。非遗保护专项资金作为公益文化事业支出，应当随着社会经济发展而相应提高。地方性法规可以在这方面进行细化，比如河北特别强调非遗保护专项资金要随着非遗项目的增加而增加[3]，上海规定"建立与经济社会发展相适应的经费保障机制"[4]，湖北、广东规定"随着财政收入的增长而增加"[5]。需要特别指出的是，贵州《玉屏侗族自治县非物质文化遗产保护条例》要求"自治县人民政府每年按照不低于上年地方财政收入 0.2% 的经费纳入财政预算，作为非物质文化遗产保护专项资金"。[6] 这种按照具体比例明确资金增长幅度的做法值得以后出台的地方性法规借鉴。河

---

[1]《中华人民共和国非物质文化遗产法》第六条。
[2] 参见《保护非物质文化遗产公约》第二条和第十一条。
[3] 参见《河北省非物质文化遗产条例》第五条。
[4]《上海市非物质文化遗产保护条例》第三条。
[5]《湖北省非物质文化遗产条例》第七条，《广东省非物质文化遗产条例》第四条。
[6]《玉屏侗族自治县非物质文化遗产保护条例》第六条。

北、山西、江苏、浙江、安徽、江西、广西、云南、宁夏、新疆等地提出了比较详细的非遗保护专项资金的使用范围。笔者认为，非遗专项资金的使用范围会随着非遗保护工作的深入开展而发生变化，不宜在地方性法规中作过于详细的规定，否则容易对工作形成掣肘，可以考虑在表述上留出扩展余地。

一些地区在干部培训考核、人员配备等方面提出了创新性规定。黑龙江规定："非物质文化遗产保护、保存工作应当纳入各级领导干部教育培训机构培训内容，普及非物质文化遗产知识，提高各级领导干部保护意识和保护能力"。[1] 上海规定："市和区、县人民政府应当将相关部门履行非物质文化遗产保护工作职责情况，纳入对其绩效考核的内容"。[2] 甘肃要求："县级以上人民政府文化行政部门根据需要配备非物质文化遗产管理保护专门人员，明确职责，保证非物质文化遗产保护工作的正常开展"。[3] 四川规定："县级以上地方人民政府可以将满足当地群众公共文化服务需求的代表性项目的传承与展示活动，列入本级人民政府向社会力量购买公共文化服务的指导性目录"。[4]

2. 调查

调查是做好非遗保护工作的基础。《非物质文化遗产法》第二章专门对非遗调查进行了规范。现行的地方性法规中均有非遗调查内容，包括调查的实施主体、调查方式以及调查成果的使用等，基本与《非物质文化遗产法》内容相仿，缺少创新性措施。笔者认为，地方性法规可以在开展重点项目和重点区域的专项调查、推动调查成果的传播利用、促进社会共建共享等方面进行探索。关于境外组织或者个人在境内开展非遗调查的行政许可，由于上位法已规定得比较清晰，因此大部分地方性法规没有再重复。仅有江西、山东、河南、湖南、四川、陕西等省对境外组织或者个人调查提出了更为详细的要求，对《非物质文化遗产法》相关内容进行了补充。

3. 代表性项目

非遗代表性项目名录制度是《非物质文化遗产法》确立的一项基本制度。我国非遗资源非常丰富，根据第一次非遗普查统计，非遗资源达87万项。通过建立分级的代表性项目名录来保护非遗，既可以明确各级政府的保护责任，又能统筹资源，对需要重点保护的非遗项目实施有效保护。截至2017年底，国务院共公布国家级非遗代表性项目1372个。《非物质文化遗产法》规定"建立地方非物质文化遗产代表性项目名录的办法，由省、自治区、直辖市参考本法有关规定制定"。[5] 各地充分运用此条款的授权，均明确了省、市、县级非遗代表性项目的认定办法，其中，规定申报代表性项目需具备具体条件的7件，规定申报代

---

[1]《黑龙江省非物质文化遗产条例》第七条。
[2]《上海市非物质文化遗产保护条例》第四十三条。
[3]《甘肃省非物质文化遗产条例》第四十八条。
[4]《四川省非物质文化遗产条例》第三十四条。
[5]《中华人民共和国非物质文化遗产法》第四十三条。

表性项目需提交具体材料的 12 件，规定认定代表性项目具体评审程序的 17 件。

对急需保护的非遗项目，各级政府理应重点予以支持，优先安排资金，采取抢救性记录、改善传承条件、扶持培养传承人等方式进行保护。辽宁、黑龙江、江苏、江西、湖北、广东、四川、新疆提出，对濒临消失或濒危的代表性项目，要专设名录。比如，四川规定"县级以上地方人民政府文化主管部门应当建立非物质文化遗产濒危项目目录，对通过调查或者其他途径发现的濒临消失的非物质文化遗产项目，应当及时采取抢救性措施予以优先保存"。① 专设名录不失一种有益探索，一方面便于明确急需保护重点对象，有针对性地开展保护工作；另一方面与联合国教科文组织设立的"急需保护的非物质文化遗产名录"相衔接，便于申报相关项目。此项工作的关键在于要预设好名录的后续管理。认定濒危的标准是什么？如何进行政策、资金扶持？满足什么样的条件就要退出名录？这些问题都需要提前进行设计。另外，黑龙江规定"濒临消失的代表性项目需要通过民族语言进行传承的，代表性传承人在传承活动中应当加强民族语言的传授"。② 一些非遗项目是依托特定语言而传播的，失去语言载体，就失去了传承的基本环境，将面临皮之不存毛将焉附的境地。从另外一个层面看，如果语言作为非遗的载体，其本身就是非遗。因此，从非遗保护的视角出发，应当加强作为非遗的载体的语言的保护传承。

非遗体系庞大、类别繁多，有针对性地进行分类保护是实现非遗科学管理的有效途径。上海、广西、四川、陕西根据非遗受众、活态传承基础等情况的差异，提出了对非遗代表性项目的抢救性保护、传承性保护和生产性保护 3 种保护方式。甘肃提出了抢救性保护、记忆性保护、区域性整体保护、生产性保护 4 种保护方式。这些保护方式都是非遗保护实践中的探索。江西从非遗本体类别考虑，提出了不同的分类保护措施，规定对传统表演艺术类的项目，注重传统剧（节）目及其资料的发掘和整理，及时记录老艺人的代表性剧（节）目；对传统美术和技艺类的项目，注重代表性传承人的技艺传承及原材料保护，征集代表性传承人主要代表作品，鼓励探索生产性保护方式；对民俗类的项目，注重在相关地区开展宣传、教育和民俗活动，促进群体传承。③

4．代表性传承人

非遗区别于物质文化遗产的一个重要特性，就在于它是依附于个体的人、群体或特定文化空间而存在的，是一种"活态"文化。传承人是非遗的重要承载者和传承者，是非遗传承链条中的最重要环节。加强对传承人的保护，是非遗保护工作的关键。非遗的传承人是一种现实存在，不需要政府认定。政府认定的代表性传承人突出强调其代表性。《非物质文化遗产法》规定了代表性传承人应具备三方面条件，简而言之就是技艺水平高、业界影响大、传承效果好。2005 年至 2017 年，文化部共认定了国家级非遗代表性传承人 1986 名。现行

---

① 《四川省非物质文化遗产条例》第十四条。
② 《黑龙江省非物质文化遗产条例》第二十七条。
③ 参见《江西省非物质文化遗产条例》第二十条。

26件地方性法规均对代表性传承人认定管理作出了规定。其中规定代表性传承人具体条件的19件，基本照搬《非物质文化遗产法》内容或稍作修改；规定代表性传承人具体权利的21件，相对于《非物质文化遗产法》没有明确代表性传承人权利，各地进行了创新；规定代表性传承人具体义务的22件，其中，山西、辽宁规定，代表性传承人开展传承活动时，常随学徒不少于2人；① 规定代表性传承人推荐材料具体要求的8件，基本与《非物质文化遗产法》内容类似；规定对代表性传承人具体扶持措施的17件。

《非物质文化遗产法》对代表性传承人的动态管理作出了规定，即"非物质文化遗产代表性项目的代表性传承人无正当理由不履行规定义务的，文化主管部门可以取消其代表性传承人资格，重新认定该项目的代表性传承人；丧失传承能力的，文化主管部门可以重新认定该项目的代表性传承人"。② 前者是主观上不履行义务，理应取消代表性传承人资格，后者是客观上丧失传承能力，应与前者区别对待。如何对待丧失传承能力的代表性传承人，辽宁、西藏等地提出了设立荣誉传承人的措施，对完善代表性传承人制度进行了有益探索。比如，西藏规定"对丧失传承能力的原代表性传承人，文化主管部门可以授予其荣誉传承人称号，人民政府适当给予生活补助"。③ 代表性传承人因年龄、疾病等原因丧失传承能力，退出代表性传承人行列，但可获得另一种荣誉，依然享有一定地位，并得到政府一次性补贴，为建立人性化退出机制提供了一种选择。

在非遗保护工作实践中，认定某个项目（特别是集体传承特征特别明显的项目）的代表性传承人，有时会出现认定一人、影响一片的现象，损害了其他传承人的积极性。一些地区在这方面进行了探索。上海、广西、四川提出代表性传承人包括个人和团体，但没有具体展开。其实，《非物质文化遗产法》出台前实施的4件条例，都提出了确定和命名代表性传承人和代表性传承单位的要求，并规定了代表性传承人和代表性传承单位的条件、权利和义务。④ 无论是代表性传承团体还是代表性传承单位，其本意都是根据非遗集体传承特性而采取的一种认定保护责任主体的方式。这项工作的关键在于要处理好代表性传承单位和现行项目保护单位二者之间的关系。设立项目保护单位是当前非遗保护工作实践中一项重要制度。《非物质文化遗产法》对此没有专门的规定。大部分地区结合各自具体情况，对项目保护单位进行了规范，有23件明确提出了认定项目保护单位，⑤ 其中规定具体条件的17件，规定具体权利的8件，规定具体义务的23件。一些近几年实施的条例，对项目保护单位规定得更为详细。比如，辽宁规定，保护单位需具备5个条件、享有5项权利、承担7项义务。⑥ 黑龙江针对保护单位与代表性项目不在一地的情况，规定保护单位可以在代表性项目所在地

---

① 参见《山西省非物质文化遗产条例》、《辽宁省非物质文化遗产条例》第二十一条。
② 《中华人民共和国非物质文化遗产法》第三十一条。
③ 《西藏自治区实施〈中华人民共和国非物质文化遗产法〉办法》第三十三条。
④ 《宁夏回族自治区非物质文化遗产保护条例》使用"传承人和传承单位"，即后来的"代表性传承人和代表性传承单位"。
⑤ 贵州、云南、甘肃称项目保护责任单位。
⑥ 参见《辽宁省非物质文化遗产条例》第十五、十六、十七条。

确定保护协作单位，并与保护协作单位协商确定相关保护责任和工作任务。①

5. 整体性保护

整体性是《非物质文化遗产法》明确的非遗的重要特性之一。《非物质文化遗产法》规定"对非物质文化遗产代表性项目集中、特色鲜明、形式和内涵保持完整的特定区域，当地文化主管部门可以制定专项保护规划，报经本级人民政府批准后，实行区域性整体保护"。② 设立文化生态保护区，是落实《非物质文化遗产法》规定而采取的重要举措，是我国在开展非遗保护工作中实施的一项重要保护方式，也是我国为国际非遗保护实践提供的"中国经验"。2007年以来，文化部先后批准设立了闽南、徽州、热贡、羌族等21个国家级文化生态保护实验区，涉及福建、安徽、江西、青海、四川等17个省（区、市）。与文化部设立国家级文化生态保护区相衔接，一些地区开展了省级文化生态保护区建设工作。截至2017年10月，全国19个省（区、市）设立了范围不等、特色鲜明的146个省级文化生态保护区。

从《非物质文化遗产法》出台前实施的几件条例中，可以看到设立文化生态保护区的雏形。宁夏提出建立"传统文化生态保护区"和"传统文化艺术之乡"。浙江、新疆提出建立"非物质文化遗产生态保护区"。《非物质文化遗产法》出台后实施的大部分条例，都明确提出了设立"文化生态保护区"，其中，山东、贵州、云南专门用一章对文化生态保护区进行规定。与设立国家级文化生态保护区相呼应，一些地区对设立省、市、县级文化生态保护区进行规范。贵州、江西、山东等地对省级文化生态保护区有明确规定，比如江西规定"需要设立文化生态保护区实行区域性整体保护的，当地文化主管部门应当听取文化生态保护区内居民的意见，制定文化生态保护区方案，报本级人民政府批准后逐级上报，省级文化生态保护区由省人民政府批准公布"。③ 湖北、河南、安徽、广西、西藏等地对设立市、县级文化生态保护区留了政策空间。比如湖北规定"设立文化生态保护区的，由县级以上人民政府文化主管部门会同城乡规划主管部门编制专项保护规划，听取文化生态保护区内居民的意见，报同级人民政府批准公布"。④ 另外，山东还特别规定"非物质文化遗产资源丰富、文化生态保存完整的村、镇，省人民政府文化主管部门可以命名为文化生态名村、名镇"。⑤

一些地区对文化生态保护区建设资金作出了明确规定。比如云南提出，可以建立"民族传统文化生态保护区"，省级民族传统文化生态保护区所在地的县级以上人民政府应当从每年旅游收入中安排一定比例资金，用于民族传统文化生态保护区的保护和建设。⑥ 江西规定"文化生态保护区内有门票收入的景区，应当设置非物质文化遗产展示场馆或者传习场

---

① 参见《黑龙江省非物质文化遗产条例》第三十一条。
② 《中华人民共和国非物质文化遗产法》第二十六条。
③ 《江西省非物质文化遗产条例》第二十四条。
④ 《湖北省非物质文化遗产条例》第四十六条。
⑤ 《山东省非物质文化遗产条例》第三十九条。
⑥ 参见《云南省非物质文化遗产保护条例》第二十九条。

所，省级文化生态保护区所在地的县级人民政府应当从每年旅游门票收入中安排一定的资金，用于文化生态保护区内的非物质文化遗产项目的保护"。① 文化生态保护区的设立作为一项行政工作，应做到有进有出，实施动态管理，山东、广西等地已作出明确规定。如山东规定"文化生态保护区内的非物质文化遗产资源遭受严重破坏，不再符合文化生态保护区条件的，由县级以上人民政府予以撤销并向社会公布"。②

6. 合理利用

在有效保护的基础上进行合理利用，既能促进非遗保护，也有助于发挥非遗资源优势，促进经济社会发展。《非物质文化遗产法》规定"国家鼓励和支持发挥非物质文化遗产资源的特殊优势，在有效保护的基础上，合理利用非物质文化遗产代表性项目开发具有地方、民族特色和市场潜力的文化产品和文化服务"。③ 各地针对非遗利用作出了专门规定。比如广东规定"鼓励采取与经贸、旅游相结合的方式保护和传承具有生产性、表演性或者观赏性的非物质文化遗产代表性项目"。④ 安徽、江西、山西等地从生产性保护的角度进行了规范。安徽规定"县级以上人民政府应当合理规划布局，引导扶持代表性项目生产性保护示范中心、示范基地或者示范园区建设，支持和推进非物质文化遗产生产性保护"。⑤ 上海把非遗生产性保护与相关专项资金扶持进行对接，规定对合理利用非遗代表性项目发展（民族）文化产业的单位和个人，在申报文化产业发展专项资金时，予以支持。贵州充分考虑了非遗持有者的权益，规定"在特定区域利用非物质文化遗产项目从事整体开发经营活动的，应当与该区域相关组织及村（居）民代表约定利益分配方式"。⑥

7. 相关部门机构保护职责

保护非遗不仅仅是文化主管部门的责任，也是全社会的共同义务。各地对教育、媒体、公共文化机构在各自职责范围内开展非遗保护工作进行了规定，但总体上仿照《非物质文化遗产法》，具体措施不足。以非遗保护与国民教育融合为例，保护非遗必须加强对全社会，尤其是广大青少年的培养和教育。《非物质文化遗产法》规定"学校应当按照国务院教育主管部门的规定，开展相关的非物质文化遗产教育"。⑦《保护非物质文化遗产公约》规定"各缔约国应竭力向公众，尤其是向青年进行有关非物质文化遗产的宣传和教育，以便使非物质文化遗产在社会中得到确认、尊重和弘扬"。⑧ 非遗保护应当贯穿国民教育始终，笔者

---

① 《江西省非物质文化遗产条例》第四十四条。
② 《山东省非物质文化遗产条例》第三十八条。
③ 《中华人民共和国非物质文化遗产法》第三十七条。
④ 《广东省非物质文化遗产条例》第三十二条。
⑤ 《安徽省非物质文化遗产条例》第三十条。
⑥ 《贵州省非物质文化遗产保护条例》第四十五条。
⑦ 《中华人民共和国非物质文化遗产法》第三十四条。
⑧ 《保护非物质文化遗产公约》第十四条。

认为至少应当包括四方面的融合：一是在美育过程中融入非遗内容，培育潜在的非遗的爱好者和传承人。在学前教育阶段，幼儿园和家庭要向幼儿介绍非遗知识，进行传统文化启蒙教育；在基础教育阶段，学校应根据自身优势和实际需求，编制具有民族和地域特色的地方教材或校本教材，设置相应课程，特别是把当地传统音乐、传统美术、传统戏剧、传统舞蹈等融入其中；在高等教育阶段，应开设非遗相关艺术课程，鼓励设立相关学生社团，加强对大学生的传统文化通识教育。二是高等学校、中等职业学校应当设置非遗相关专业和课程，通过现代教育体系直接培养非遗传承人。三是高等学校、科研机构应当开设非遗或相关学科专业，为非遗保护工作培养既懂理论又了解实践的后备人才。四是高等学校、科研机构应当通过设立研究基地等方式，加强非遗理论和实践研究，为非遗保护工作实践提供智力支持。现行的地方性法规对非遗纳入现代教育体系都有相应表述，但内容普遍比较笼统，有的只强调了非遗进学校，有的只强调了加强学术研究。

有些地方规定了比较实的措施，比如上海规定"将与非物质文化遗产技艺传承相关专业列入职业教育奖励专业目录，实施学费减免等优惠政策"。① 山东规定"每年的农历腊月二十三至次年二月初二为'非物质文化遗产月'。县级以上人民政府文化主管部门应当集中组织开展非物质文化遗产展演、展示等活动"。② 四川规定"教育、人力资源社会保障等部门可以采取助学、奖学或者给予职业培训补贴等方式，资助传承人带徒授艺"。③ 江西规定"科技主管部门应当支持公民、法人和其他组织开展非物质文化遗产的科学技术研究和非物质文化遗产保护、保存方法的研究，对符合科研课题立项的项目予以支持。文化、卫生主管部门应当关心代表性传承人的健康，为其建立健康档案"。④ 这些相对明确的措施对于加强各地、各部门间的统筹协调，形成非遗保护合力具有现实意义。

现行的省级地方性法规有不少亮点，但总体来看，也存在一些问题，主要表现在：

一是部分地方性法规存在为立法而立法思想，体例求大求全，部分内容照抄上位法和其他地方性法规，突出本行政区域特色不足，削弱了地方性法规的应有功能。地方性法规是《非物质文化遗产法》的重要补充，各地应制定贴近实际，切切实实为本地非物质文化遗产保护工作实际服务的法规。

二是一些条款不够完善。原则性条款过多，刚性条款过少，比如对资金保障、相关部门职责等不够细化，可操作性不强，易导致措施难以落地。

三是单纯保护的条款多，弘扬、振兴的条款少。新制订的地方性法规应当立足非遗的活态传承和可持续发展，适当增加旨在提高非遗传承活力的具体措施。

四是制定或修订地方性法规缓慢。目前，尚有 5 个地区未出台省级地方性法规，应抓紧制定。4 部在《非物质文化遗产法》施行前出台的法规，其中的非遗定义、代表性项目名录名称、行政处罚等重要表述与法律不一致，与工作实际不相符，需要进行修订。另有一些地

---

① 《上海市非物质文化遗产保护条例》第四十条。
② 《山东省非物质文化遗产条例》第七条。
③ 《四川省非物质文化遗产条例》第三十三条。
④ 《江西省非物质文化遗产条例》第五十二条。

方性法规总体内容不完善，应酌情进行修订。

三、立法建议

非遗地方性法规的定位决定了其边界和内容。笔者认为，有两点需要注意：一是《非物质文化遗产法》属于行政法，以行政关系为调整对象，主要规范政府和行政部门的行为。与《非物质文化遗产法》相一致，地方性法规也是此性质。二是非遗地方性法规是执行性立法。在《非物质文化遗产法》出台前，江苏、浙江、宁夏、新疆的立法带有先行先试、创新的性质，是先行性立法，之后的地方立法应当都属于执行性立法，旨在贯彻和执行《非物质文化遗产法》，对其中的规定作出适合本行政区域实际需要的细化和补充。基于这样的定位，笔者认为制定非遗地方性法规应注意以下事项。

（一）地方性法规应与《非物质文化遗产法》保持一致。一是应当与《非物质文化遗产法》相衔接，对法律重点关注的调整和规范事项，比如非遗调查、代表性项目、代表性传承人、整体性保护、合理利用、与国民教育融合、促进社会宣传普及等内容，地方性法规应有相应规定，并进行必要的细化和补充。二是不得抵触《非物质文化遗产法》，不得对应当由上位法规定的事项作出规定，不得与上位法的具体规定相冲突，这是地方立法的外在界限。需要特别指出的是，地方性法规也受到行政许可法和行政处罚法的约束，不得超越法律规定设定行政处罚、行政许可、行政强制、行政收费的范围。《非物质文化遗产法》规定了一项行政许可，即境外组织或者个人在中华人民共和国境内进行非物质文化遗产调查的许可。在制定地方性法规时，可在此行政许可事项内作出具体规定，而不能增设新的行政许可，也不能增设违反此条规定的其他条件。相应的，《非物质文化遗产法》第四十一条规定了行政处罚，在制定地方性法规时，只能在此条规定的行为、幅度范围内设定行政处罚，而不能增加新的行政处罚。

（二）地方性法规应符合《保护非物质文化遗产公约》精神。公约要求，各缔约国应该采取必要措施确保其领土上的非物质文化遗产受到保护，责任主体是各缔约国政府。经全国人大常委会批准，我国加入公约并成为缔约国，承诺在公约框架下，结合我国实际情况，积极履行义务，开展非遗保护实践。《保护非物质文化遗产公约》是国际文书，对我国非遗保护工作具有一定约束力。《保护非物质文化遗产公约》提出的非遗保护理念是在人类社会长期历史发展过程中进行的总结和提炼，是各缔约国对文化发展和整个人类社会进步而进行的思考和探索，凝聚着各方的智慧和共识。每一位非遗保护工作者都应当熟读公约，深化对公约核心内容的认识，加深对《保护非物质文化遗产伦理原则》等新发布内容的理解。强调政府的责任、尊重非遗持有者的主体地位和创造力、维护文化多样性、顺应可持续发展等思想应当贯穿非遗地方性法规始终。

（三）与非遗保护实践相一致。在党中央、国务院的高度重视下，我国非遗保护工作者以《非物质文化遗产法》和《保护非物质文化遗产公约》精神为指导，进行了卓有成效的实践，探索了整体性保护、生产性保护、抢救性保护等保护方式，实施了一系列重要工程项目，持续开展全国性的传播普及活动，有效改善了非遗传承条件，推动了非遗保护与经济社会协调发展的良性互动。非遗地方性法规应当与这些工作实践相衔接，对重要工作应有体现和细化。

（四）突出地方特色。体现地方特色是地方性法规的重要价值所在。"地方性法规是中国法律体系的重要组成部分。地方立法关键是在本地特色上下功夫、在有效管用上做文章。"① 我国国土面积广阔、民族众多、非遗资源各异，《非物质文化遗产法》不可能面面俱到，只能对全国具有普遍性的问题进行规范。地方性法规与《非物质文化遗产法》定位不同，不必追求体例的大而全，关键是从本地区实际出发，充分考虑本地经济社会发展水平、非遗资源状况、区域定位等因素，制定符合地方实际需求、突出地方特色的地方性法规。一是尽量减少重复。《中华人民共和国立法法》规定"制定地方性法规，对上位法已经明确规定的内容，一般不作重复性规定"。② 二是突出地域特色和民族特色。比如，少数民族较多地区，可以提出专门针对少数民族非遗项目的规定和措施；直辖市可以结合城市定位和城市规划，制定符合区域发展的非遗保护措施。三是细化地方政府和部门责任。通过制定约束性条款，为非遗的长期保护奠定法制基础。四是完善管理机制。一些地方在工作实践中探索了比较成熟的政策措施，可以在地方性法规中进行明确和规范，增强政策措施的针对性、实效性和可操作性，推动中央和地方在非遗保护工作中的良性互动。

（五）做好地方性法规的解释工作。有一句法谚，法律从制定的那一刻起，它就落后了。要减少这种滞后性带来的影响，一方面在制定地方性法规时，要对工作预期应有一定前瞻性，为工作发展留有余地，提前对有可能出现的问题有所考虑；另一方面，要重点做好地方性法规解释工作。根据工作发展需要，适时对地方性法规条款进行解释说明。

（原文载于《文化遗产》2018 年第 2 期）

---

① 顾一娴：《让地方立法成为法治建设的"助推器"》，《人民代表报》2015 年 9 月 12 日，第 1 版。
② 《中华人民共和国立法法》第七十三条。

"中国非遗代表性项目名录"列入标准研究

马千里[*]

非物质文化遗产清单（以下简称"非遗"）编制是联合国教科文组织（以下简称"教科文组织"）《保护非物质文化遗产公约》（以下简称"《公约》"）缔约国一项基本的履约措施，其主要工作内容是对非遗项目的确定，并制定相应的名录或名册。除少数国家尚未开始编制本国的非遗清单，或该工作尚处于起步阶段外，大多数缔约国已经在实践中形成了有本国特点的非遗清单编制机制。我国作为较早批准《公约》的国家（2004年12月2日第6个批准），也很早就开始实施这项措施。实际上，《公约》所指的非遗清单在我国语境下对应的就是各级非遗名录。《公约》中的非遗清单编制在我国则体现为各级非遗名录项目的普查、申报、评审、公布和宣传的履约工作，即非遗名录制度。

目前，国内学界对于名录制度已经有一些结合具体申报评审实践的讨论，如柏贵喜的《"名录"制度与非物质文化遗产保护》、陈华文的《论中国非物质文化遗产的分级申报制度》、陈心林的《人类学视阈下非物质文化遗产名录制度的反思》，等等。这些学者已经开始将国内非遗名录制度中有共性的一些问题归纳出来进行讨论，并在若干问题上形成了一些学理性的思考。但这些讨论尚未充分结合《公约》及其《操作指南》所体现的精神，更多体现的是一种"就事论事"的对策性的研究导向。与此同时，教科文组织在分析归纳2010—2014年期间各《公约》缔约国提交的履约报告中有关非遗清单编制的部分之后发布了一份综述（以下统称"《综述》"），对各缔约国的清单编制实践分主题进行了比较和总结。[①] 这些主题包括名录的类型、分类方法、列入名录的标准、名录中项目登记表的格式、名录更新的方式与频率、社区以及非政府组织参与名录编制的情况等。本文从《综述》入手，将我国的非遗名录制度放置在世界范围内非遗清单编制的大背景中，在列入非遗清单（名录或名册）的标准方面对中外非遗名录名册制度进行比较和反思，从而对我国非遗名录在这一方面的改进提出建议。

---

[*] 马千里，扬州大学外国语学院讲师。
[①] 该综述全称为《清单编制：对收取的定期报告的综述》，参见 UNESCO, Réalisation d'inventaires: une synthèse cumulative des rapports périodiques reçus, http://www.unesco.org/culture/ich/fr/synthese-sur-la-realisation-d-inventaires—2014—00876, 2018—01—24. ——作者注。

一、国际视野下中国非遗名录的列入标准

《公约》各缔约国之间的政治、经济和文化背景都有着显著的差异，这些差异使得不同国家对非遗的认识也存在多样性，也就影响到各国传统实践列入非遗清单的标准的制定。尽管如此，对于各国而言，《公约》第 2.1 条对非遗的定义①和申报教科文组织急需保护的非物质文化遗产名录（以下简称"急需保护名录"）与人类非物质文化遗产代表作名录（以下简称"代表作名录"）需满足的各个标准的影响还是普遍存在的。《综述》归纳了各缔约国较为常用的几项列入清单的标准，即符合《公约》对非遗定义的标准、描述的标准、社区认可的标准、社区参与的标准、传承的标准、受到威胁和保护计划的标准等。② 各个标准的内容可参见下表。

表 1 《公约》各缔约国常用的传统实践列入非遗清单的标准

序号	列入清单的标准	标准的内容
1	符合《公约》对非遗定义的标准	满足《公约》2.1 条对非遗的定义，且需符合国际人权文书，满足社区、群体和个人间相互尊重的需要，符合尊重可持续发展的要求；或者这些项目被某项国家级法律所确定。相关项目往往还需至少属于一项具体的非遗类别
2	描述的标准	该项目需要有一定的可见度，需要与创造、保存和传承它的社区紧密联系起来，有时还需要有能够证明该项目有长时期的实践或者观念表述的档案
3	社区认可的标准	能被社区、群体，有时是个人，视为其文化遗产的组成部分，在创造和增强其文化认同中发挥重要作用，并为其提供归属感和在社会中的根基感。该项目能成为文化间交流和相互启发的一大源泉，促进个人和社区间更密切的联系。它还能促进民族认同的形成和某种信仰或某种哲学观的形成
4	社区参与的标准	列入清单的要求应当来自持有非遗的社区。参与者应当提供一份基于档案的事先知情同意意见。如果非遗项目包含一些敏感信息，信息的开放应当是受限的

---

① 《公约》2.1 条对非遗的定义为："非物质文化遗产"，指被各社区、群体，有时是个人，视为其文化遗产组成部分的各种社会实践、观念表述、表现形式、知识、技能以及相关的工具、实物、手工艺品和文化场所。这种非物质文化遗产世代相传，在各社区和群体适应周围环境以及与自然和历史的互动中，被不断地再创造，为这些社区和群体提供认同感和持续感，从而增强对文化多样性和人类创造力的尊重。在本公约中，只考虑符合现有的国际人权文件，各社区、群体和个人之间相互尊重的需要和顺应可持续发展的非物质文化遗产。

② UNESCO,Réalisation d'inventaires : une synthèse cumulative des rapports périodiques re？us,http：//www.unesco.org/culture/ich/fr/synthese-sur-la-ealisation-d-nventaires—2014—00876,2018—01—24.

(续上表)

序号	列入清单的标准	标准的内容
5	传承的标准	能够世代传承，同时在社区中传承的存续力能够被保证。该项目被不断地再创造，构成了社区当代活态遗产的范例。需要考虑传承的历史持续性（例如一项非遗项目至少要由两至三代持有者或实践者实践过）
6	受到威胁和保护计划的标准	需要对非遗项目的现状进行全面的分析，同时对其面临的风险和潜在的保护中的问题进行确认

以代表作名录的列入标准为例，表1中的标准1和2直接对应着代表作名录的第1条列入标准，即"该遗产项目属于《公约》第2条定义的非物质文化遗产"。表1中的标准3，即社区认可的标准大致对应了代表作名录列入标准的第2条，即"该遗产项目列入名录有助于确保非遗的可见度，提高对其重要意义的认识，促进对话，体现世界范围内的文化多样性，并有助于见证人类的创造力"。表1中的标准4，即社区参与的标准直接对应了代表作列入标准的第4条，即"非遗项目的申报应在相关社区、群体或有关个人尽可能广泛的自由参与下，且经过其事先知情同意的情况下进行"。表1中的标准5，即传承的标准部分对应着代表作名录列入标准的第1条的要求，即"该遗产项目世代相传，在各社区和群体适应周围环境以及与自然和历史的互动中，被不断地再创造"。表1中的标准6则对应着代表作名录列入标准的第3条，即"制定的保护措施对该遗产项目可起到保护和宣传作用"。[①]

在我国，国务院办公厅于2005年3月26日颁布了《国家级非物质文化遗产代表作申报评定暂行办法》（以下简称"《申报评定暂行办法》"），要求申报的项目需要有"杰出价值""典型意义"和重要的对于学术研究的价值。具体的评审标准为：

（一）具有展现中华民族文化创造力的杰出价值；
（二）扎根于相关社区的文化传统，世代相传，具有鲜明的地方特色；
（三）具有促进中华民族文化认同、增强社会凝聚力、增进民族团结和社会稳定的作用，是文化交流的重要纽带；
（四）出色地运用传统工艺和技能，体现出高超的水平；
（五）具有见证中华民族活的文化传统的独特价值；
（六）对维系中华民族的文化传承具有重要意义，同时因为社会变革或缺乏保护措施而面临消失的危险。[②]

[①] 联合国教科文组织创意处非物质文化遗产科：执行《保护非物质文化遗产公约》的业务指南，2003年《保护非物质文化遗产公约》基本文件，2016年版，第25—26页。
[②] 中国艺术研究院·中国非物质文化遗产保护中心：《中国非物质文化遗产普查手册》，文化艺术出版社2007年版，第237页。

此外，《国家级非物质文化遗产名录评审原则与标准》还为国家级非遗名录的十大类别分别制定了评审标准。这些标准体现出的价值评判倾向与《申报评定暂行办法》一致，也主要强调非遗项目需要具备久远的历史传统和活态传承的存续状况，传承脉络或谱系清楚，以及具有历史、文化、科学或艺术等方面的价值。对于传统音乐、传统戏剧、曲艺、杂技与竞技以及传统技艺等类别，评审标准要求申报的项目具有"较高的艺术水平"或"精湛的技艺"。对于某些类别如传统舞蹈和传统戏剧，还要求申报的项目处于濒危状态。[①] 以上标准在很大程度上代表了2005年以来国家在文化传统列入非遗名录的标准这一问题上的基本价值取向。从2005年到2013年我国先后发起了四次国家级非遗代表性项目的申报与评审，延续了以上的基本价值取向。

地方的各级非遗评审大体上也沿用了国家级项目申报的标准。不少省区都要求申报的项目要能够展现本省区的传统文化和民族民间文化的创造力。有些省区如福建省还对某些类别的非遗的申报添加了影响范围的标准，例如申报福建省级名录民俗和传统技艺等类别的非遗项目原则上需要在三个县（市、区）以上具有广泛社会影响。[②]《申报评定暂定办法》制定的评审标准体系在地方上至今保持了相当的稳定性。

事实上，无论是"精湛的技艺""较高的艺术水平"，还是"杰出价值""独特价值"，都属于较为主观的评价标准，都不十分易于在评审时用作参考，因而在评审的实践中各省区和地市一级往往更注重操作性更强的标准，例如存在明确的传承谱系和一定年限的传承历史这样的标准，以及非遗项目濒临消亡这样的优先列入的标准。有些省区或地市还要求社区或群体提供关于申报的知情同意书。但这些具体的标准在不同省区和地市之间往往也有差异。在浙江，省级非遗的评审严格要求项目满足三代传承和60年以上传承历史的条件，而在评审省内地市一级的非遗时该标准还是存在灵活执行的余地。在山东省威海市，市级非遗的评审严格要求项目满足三代传承和100年以上传承历史的条件。浙江省在评审省级非遗时要求社区或群体提供知情同意书或认可，但省内各地市并没有相关要求，只要求项目的保护单位、主管单位和当地政府盖章。山东省威海市在评审市级非遗项目时则要求出具社区或群体的认可与知情同意书。此外，非遗项目处于濒危状况被一些地市作为将申报的非遗项目优先列入名录的标准。[③]

实际上，在不同的国家，需要满足的标准数量也常有很大差异，其中印尼最为复杂，而法国则较为简略。在印尼，进入非遗清单的标准分为技术标准和行政标准。技术标准包括可见度和对人类的重要价值、濒危程度、具有本真性或在相关的历史阶段体现出印尼民族独特的性质、与别国相邻和对于原住民民众的代表性等9条标准。行政标准包含了地理区域、地方政府或社区的支持、数据的完整性和对于文化种类的代表程度等4条标准。而法国的标准

---

① 文化部非物质文化遗产司：《非物质文化遗产保护法律法规资料汇编》，文化艺术出版社2013年版，第533—534页。
② 文化部非物质文化遗产司：《非物质文化遗产保护法律法规资料汇编》，第380页。
③ 本文国内部分地市非遗评审标准的信息来自于对浙江省嘉兴市非遗保护中心的工作人员王晓涛和山东省威海市非遗保护中心的工作人员王娜的调查问卷，在此一并致谢。

只包括《公约》第2条对非遗的定义与社区的同意。① 相比而言,我国正式的标准数量比较适中,国家层面为6条。海南省省级非遗申报的标准较少,只有3条。不过首先在国家层面,我国就没有明确要求社区参与并提供知情同意意见,因而就难以体现社区在申报中的主动性这一其他不少《公约》缔约国都比较重视的标准,尽管在一些省区和地市的评审中这一标准有所体现。

值得一提的是,非遗项目的存续力在不同国家列入非遗清单的标准体系中的权重往往也有所不同。大部分国家都将非遗项目具有存续力,即申报的项目具有活态传承的性质作为列入清单的必要条件,例如塞浦路斯。还有不少国家将濒临消亡的非遗项目优先列入清单,如委内瑞拉和阿联酋等国。中国的一些省区和地市也采用类似的标准。但也有一些国家并不考虑因濒临消亡而急需保护的非遗的存续力,例如印度和卢森堡。法国的清单尽管不直接将非遗项目的存续力纳入标准体系,但清单中的项目登记表里有一个表项专门用于填写制定的保护措施。此外,吉尔吉斯斯坦除了在普通的非遗清单中纳入项目存续力的信息外,还单列了一个清单用来列入濒临消亡急需保护的非遗项目。② 这一旨在重点抢救濒危非遗项目的清单体系设计具有实用导向,正好对应了《公约》框架下的急需保护名录的设置,在大部分缔约国包括中国都没有得到实施。

二、中外非遗名录(清单)列入标准的主要差异及其辨析

综合来看,大部分《公约》缔约国非遗清单的列入标准一方面体现出《公约》第2.1条中非遗定义的影响,另一方面也对应着申报教科文组织两类非遗名录需满足的各个标准。可以发现,以上两大影响中最重要的关键词正是"社区"(community)。从这个角度看,不少国家非遗清单的列入标准在相当程度上与《公约》的宗旨和精神相契合,社区的地位在标准体系中一般得到明显的体现。③ 然而,还是有一些缔约国并未遵照《公约》精神去编制本国的非遗清单,这些国家对《公约》概念和原则的理解和实施的情况并不理想。有不少清单主要关注的还是所谓的具有"杰出价值",或者是所谓"本真的"或"原生态的"非遗,这就与《公约》所强调的非遗的活态性相冲突。④

---

① UNESCO. Réalisation d'inventaires : une synthèse cumulative des rapports périodiques re? us,http : //www. unesco. org/culture/ich/fr/synthese-sur-la-realisation-d-inventaires—2014—00876.

② UNESCO. Réalisation d'inventaires : une synthèse cumulative des rapports périodiques re? us,http : //www. unesco. org/culture/ich/fr/synthese-sur-la-realisation-d-inventaires—2014—00876.

③ 《公约》第1条指明了《公约》的宗旨,包括:(a)保护非物质文化遗产;(b)尊重有关社区、群体和个人的非物质文化遗产;(c)在地方、国家和国际一级提高对非物质文化遗产及其相互欣赏的重要性的意识;(d)开展国际合作及提供国际援助。《公约》精神主要通过教科文组织与非遗保护有关的国际会议的决议等文件体现,以强调社区在非遗保护中的主体地位为主。——作者注

④ UNESCO. Réalisation d'inventaires : une synthèse cumulative des rapports périodiques re? us,http : //www. unesco. org/culture/ich/fr/synthese-sur-la-realisation-d-inventaires—2014—00876.

在我国，无论是在国家层面还是各级的地方层面，自 2005 年《申报评定暂行办法》所延续下来的评审标准体系更多表现出的是对非遗项目进行价值判断的外部视角，侧重的是申报项目的"较高的艺术水平"或"精湛的技艺"，以及"杰出价值"或者"独特价值"，在实际的评审中社区的意见往往是缺位的，因而与《公约》及其《操作指南》，特别是教科文组织《保护非物质文化遗产伦理原则》所提倡的社区在保护其所持有的非遗（包括清单编制）的过程中应发挥主要作用的立场相去甚远。[1] 更有甚者，申报的非遗项目是否列入非遗名录在一些地方常常取决于政府行政官员的意见，从而影响到其他非遗保护参与方特别是非遗传承人保护非遗的积极性。[2] 此外，我国国家和地方层面上的非遗名录列入标准也更多地体现出宏观的、对于促进民族文化认同等方面的目的与意义，这也与大多数《公约》缔约国列入标准所突出的社区参与这一微观层面的目的论与价值论意义形成明显的差别。

三、对我国非遗名录列入标准的分析

如果按照《公约》的宗旨和精神，我国非遗名录的列入标准无论在标准设定还是实际操作方面都有较大问题，社区的主体地位未能得到保证。但是从实际操作的层面看，一方面由于《公约》缔约国是在国家层面实施非遗保护（包括非遗清单编制）的主体，缔约国政府的意志几乎不可避免地出现在该国非遗保护的理念、政策与实践中。另一方面，尽管教科文组织反复强调社区的核心地位，但这一非遗保护的核心理念的实现则更多取决于社区与政府及其他非遗保护相关方的关系。在这种多维度的关系网中，政府又往往扮演着至关重要的角色。社区，包括在较大程度上体现社区意志的民间团体（国外一般称为非政府组织）在社会与文化事务中的地位与作用也直接影响着社区在非遗清单编制中参与的深度与广度。在我国，非遗代表性项目名录机制中社区的边缘化与相关民间团体的数量与活跃程度欠缺有较大关系。

从历史上看，随着二战后世界范围内非殖民化运动的深入发展，在获得独立的民族国家中普遍出现了建构自身民族传统与民族国家认同的思潮与实践。这也是解决殖民主义引发的民族认同危机的必然要求。为了与殖民主义的意识形态相抗衡，对本国民族民间文化进行有选择的保护在发展中国家也就成为其文化政策的重点。发展中国家保护本国民俗，并以此增强民族国家的文化认同正是国际层面非遗保护理念与实践的源头之一。[3] 这一非遗保护在目的论上的源头也在一定程度上与我国非遗保护的理念，包括非遗代表性项目名录制度的设计形成了呼应关系。公允地说，作为发展中国家，我国非遗名录列入标准中对于促进宏观层面民族文化认同的强调是有其历史与现实背景的。

---

[1] 联合国教科文组织：《保护非物质文化遗产伦理原则》，巴莫曲布嫫、张玲译，《民族文学研究》2016 年第 3 期。
[2] 陈华文：《论中国非物质文化遗产的分级申报制度》，《民俗研究》2010 年第 3 期。
[3] 马千里：《非物质文化遗产清单编制基本问题及其辨析》，《民族艺术》2018 年第 2 期。

进一步来看,非遗保护包括非遗清单编制作为一种遗产化(heritagization)进程,其主导方的意志在很大程度上成为这一实践的主导理念。在我国,作为这一进程主导方的政府的意志决定了非遗代表性项目名录机制的宗旨与操作原则。分析至此,非遗保护,包括非遗代表性项目名录机制的设计也就对应到了非遗是谁的遗产,由谁来主导这一遗产化进程的问题。而社区、群体和个人作为非遗的创作者、持有者与传承者,在我国非遗代表性项目名录的申报机制中往往处于被动参与的状态,并不决定具体非遗项目的确认与确定。

在我国,如果说民族与国家认同导向的非遗名录列入标准主要是政府主导与发展中国家这一历史与国情的共同结果,对非遗项目进行价值判断的外部视角,包括对相应传统实践所谓"独特价值"或"杰出价值"的强调则更多地体现为物质文化遗产价值评判范式的延续。这一评判的主体依然并非相关社区,而主要是以专家学者为代表的社区以外的保护参与方,体现的是社区之外的外部视角。即使在教科文组织层面,对于非遗项目的评价范式同样经历了从外部视角为主向强调内部视角的转变。可以发现,《公约》2014 年生效前宣布的三批"人类口头和非物质文化遗产代表作"(Proclamation of Masterpieces of the Intangible Heritage of Humanity)已经在《公约》中转变为"人类非物质文化遗产代表作名录"(Representative List of the Intangible Cultural Heritage of Humanity),[①] 从强调非遗项目在艺术与科学上的价值(即"杰作",masterpieces)转变为注重非遗项目对于相关社区的代表(representative)意义。具体到我国,这一评价范式的转型远未完成,并且体现出教科文组织层面非遗保护的价值论基础与我国国家及地方层面相应基础的较大差异。

在现实中,由于非遗名录自下而上层层申报的行政化特点,社区的意见在评审中很难成为决定某项非遗项目是否列入名录的决定性因素。目前国内的相关论述基本上也以呼吁加强非遗项目评审的科学性,更多地突出评审专家的意见为主。这一现状的形成还与目前国内基层社区在文化事务中话语权缺失,文化类民间社团组织在数量和活跃程度上都较为欠缺有关。简而言之,一个"沉默"的基层和各级居主导地位且以行政效率为先的政府,再加上往往以个人身份参与非遗评审的学者群体,共同造成了一直以来国内非遗申报评审工作看似热闹,却在很大程度上停留在与民众福祉无直接关系的文化行政工程的层面的结果。

四、完善中国非遗名录列入标准体系的路径探索

完善我国非遗名录的列入标准体系需要在理解《公约》精神,合理借鉴别国有益的实践经验和反思自身得失的基础上,从多个方面进行探索。从宏观的角度看,《公约》所体现的精神,包括《操作指南》及其《伦理原则》所倡导的原则,都是探讨这一议题所需要的

[①] 需要说明的是,masterpieces 一词的本意应为"杰作",但这一计划的中文文件全部译为"代表作",在计划名称上本文采用"代表作"这一译法,以便与国内相关讨论相衔接,但在概念阐述上,仍然使用"杰作",以反映本文中作者的思考。——作者注

知识储备以及目的论与方法论方面的指导工具。客观地说，中国非遗名录列入标准的侧重点与《公约》精神，包括联合国教科文组织《保护非物质文化遗产伦理原则》所主张的"每一社区、群体或个人应评定其所持有的非物质文化遗产的价值，而这种遗产不应受制于外部的价值或意义评判"的原则存在一定的差异。① 我国使用的评价标准偏重于学术和政治等外部视角下由外部专家和政府所评定的价值。基层社区在非遗价值评定中的失语在很大程度上也是政府主导、社区参与不足的非遗申报评审机制的结果。相比而言，2005年颁布的《申报评定暂行办法》的评审标准更多地受到1972年《公约》中自然和文化遗产项目评审标准的影响，即强调遗产项目在历史、审美和科学等方面的主要由专家所判定的价值。

上文提到，各缔约国非遗清单的列入标准普遍受到两个因素的影响，即《公约》第2.1条对非遗的定义和申报教科文组织两类非遗名录需满足的标准。在这两项因素中，社区认可的标准是同时存在的，即"能被社区、群体，有时是个人视为其文化遗产的组成部分，在创造和增强其文化认同中发挥重要作用，并为其提供归属感和在社会中的根基感"。而在其他几项各缔约国普遍适用的标准（非遗定义的标准、描述的标准、社区参与的标准和传承的标准等）中，社区的重要地位都无一例外地被着重强调。将在我国国内"在地化"或"本土化"之后的标准体系和这种以社区权益为导向的标准体系进行对比，可以发现前者突出的是非遗在工艺技能等方面的客观价值和对于构建中华民族"大认同"方面的作用，而后者强调的是非遗对于所在社区这一微观范畴的价值和意义，体现的是一种"去国家化"或"去政治化"的逻辑。前者实际上一方面体现出1972年《公约》保护物质形态的文化遗产这一范式在非遗保护领域的延续，一方面反映了国际理念在本土化时往往需要适应该国政府国家治理这一政治维度的要求。

在我国现行的四级非遗名录制度下，非遗项目申报评审的遴选机制在实际操作时基本上就是以非遗项目在工艺、审美和历史等方面的客观价值和流传范围的大小作为主要评价标准，侧重于外在的技术层面的因素。这也是在瑞士等按层级进行非遗项目申报评审的缔约国同样存在的问题。在法国和意大利等国的一些不通过申报评审而是直接通过田野调查来编制非遗清单的案例中，社区成员、学者或非政府组织的工作人员共同对非遗项目的价值做出评判，而社区成员的意见居于重要乃至核心的地位。相比之下，申报评审制度的局限性在相当程度上限制了社区、群体或作为个体的传承人在非遗清单编制中的话语权。

在我国目前这一机制的框架下，如果想弥补实践理性和行政惯习所造成的社区"失语"的缺陷，那么通过各种途径加强社区在非遗的普查和申报中的参与，在评审时吸取社区代表和民间社团组织的意见是非常必要的。关于现行的中国非遗名录的列入标准体系和国际上较为常用的标准体系之间的差异问题，本文建议从理解和贯彻《公约》精神的目的出发，在维护国家利益和社会稳定团结的前提下，更多地参考《公约》对非遗的定义和申报教科文组织两类非遗名录项目的标准体系，并对现行国内各级非遗名录的列入标准体系进行讨论、研究和修改。这将不仅有助于我国在国际层面申报教科文组织的这两类非遗名录项目，同时

---

① 联合国教科文组织：《保护非物质文化遗产伦理原则》，巴莫曲布嫫、张玲译，《民族文学研究》2016年第3期。

也是开创地方和国家层面非遗保护新局面，探索社会创新治理模式，更好地维护和发展基层民众文化管理权的有益举措。

五、中国非遗名录机制的多样化探索

根据《综述》的归纳，在社区积极参与的非遗清单编制案例中，社区几乎参与到清单编制的每个步骤中去，而这些缔约国清单编制的目的就在于实现社区的完全参与。社区积极参与型的清单编制有以下要点：

（一）社区成员参加清单编制工作的信息发布会；
（二）社区成员表达知情同意意见；
（三）社区成员接受培训；
（四）研究团队从社区吸收研究人员；
（五）社区成员参与清单设计；
（六）社区成员参与数据采录和处理；
（七）社区成员对清单编制工作进行监督和跟踪；
（八）社区成员对清单编制工作进行分析、确认与核实；
（九）社区成员参与决定如何传播清单编制的成果和登记表。

可以看出，这种类型的非遗清单编制并不包含申报评审机制，社区尽管一般不作为非遗清单编制的发起方，但依然通过参与清单编制的绝大多数步骤使其文化管理权得以实现，社区的利益诉求能够更直接有效地通过社区参与得到落实。这一实践模式在很大程度上也为我国非遗名录机制的改革提供了借鉴，为从根本上解决申报评审制度容易造成的社区地位边缘化问题提供了新的视角。

实际上，从规避申报评审机制固有的行政化趋向的角度考虑，多样化的非遗名录制定方式可能会对减轻上述问题起到更明显的作用。所谓多样化的非遗名录制定方式，就是在纵向上按行政区域层级划分，横向上包含十个门类的现有非遗名录体系之外，主要由有条件的社区、学术机构、非政府组织或特定的政府部门（如农业部）来编制专门类别的非遗名录。在一些国家，已经出现了主要由学术机构或非政府组织管理的专门类型的非遗清单。在菲律宾棉兰老岛（Mindanao）西部，当地的苏巴农人（Subanen）社区更是作为发起方在2003—2004年期间对有关当地植物的传统知识进行了建档。外部专家仅发挥技术层面的协助作用。[①] 多样化的非遗名录在涵盖的地理范围上可大可小（大至全国，小至特定的乡镇），在涉及门类上一般只包括特定类别的非遗，例如民间戏曲。编制专门类别的非遗名录并不使用

---

① Unesco. Identifier et inventorier le patrimoine culturel immatériel. Paris, 2009, p. 7.

现行非遗名录制度申报评审的行政化方式，而是直接以《公约》精神作为列入标准，由非遗名录编制的发起方在社区的积极参与下通过田野调查获取信息，在对信息进行处理并经当地社区的认定后拟定出来。对于已经在四级非遗名录体系中存在的非遗项目，编制人员可以在调查核实其存续状况后将其列入新的名录。在工作中需要注重的是田野调查伦理，需要尽最大可能保障社区的包括知情权在内的各项权益，尽量吸收社区成员全程参与编制工作。从价值取向的角度看，这种非遗名录编制的方式偏向编制主体的广泛性和代表性，同时在一定程度上兼顾编制工作的学术性，尽量规避申报评审模式容易造成的行政化和等级化的消极后果。由于发起的主体具有多样性，专门类别的非遗名录在编制的方法、地理覆盖面和非遗项目的涵盖面上都可以具有一定的灵活性。在地理覆盖面上并不一定要求做到对全国范围特定非遗门类的全覆盖。这类非遗名录编制的主要目的还是一方面通过高度的社区参与进一步提升民众保护自身非遗的意识，一方面通过规避申报评审制度带来的利益争夺与平衡等违背非遗保护规律的因素，尽量从《公约》的宗旨和精神出发对我国现有的非遗名录体系进行完善。

（原文载于《文化遗产》2018 年第 4 期）

非物质文化遗产传承人认定标准研究

苑 利[*]

物质文化遗产"看得见""摸得着",保护起来相对容易。但作为表演艺术类、工艺技术类以及节日仪式类的非物质文化遗产[①],由于是以技术或技能这种"看不见""摸不着"的形式保存于传承人头脑之中,所以保护难度很大。但是,如果我们换个思路,问题也就会迎刃而解——既然这些技艺与技能保存在传承人的头脑之中,我们保护好传承人,不就等于保护好了非物质文化遗产了吗?事实也已证明,只要鼓励传承人去做,非物质文化遗产就会活在当下;只要鼓励传承人精益求精,非物质文化遗产就会越传越好,越做越好;只要鼓励传承人带徒授艺,非物质文化遗产就会代代相传,永不断流。所以,保护非物质文化遗产的核心要素,就是保护好非物质文化遗产传承人。

那么,什么样的人才有资格成为非物质文化遗产传承人呢?

一、被认定人所传必须是祖先所创非物质文化遗产

非物质文化遗产传承人的认定,重点不在传承人姓甚名谁,而是看他所传的是不是非物质文化遗产。那么,什么是非物质文化遗产呢?我们提出这样几条标准:

1. 从传承时限看,被认定人所传文化事项必须具有百年以上的历史。时限不足百年者,不能申报非物质文化遗产。

2. 从传承形态看,被认定人所传文化事项必须以活态形式传承至今。至于那些在历史上产生,但因种种缘故,并未能以活态形式传承至今者,是不能申报非物质文化遗产的。

3. 从原生程度看,被认定人所传文化事项,必须以原汁原味的形式传承至今。那些在传承过程中,已经被改编改造了的传统文化事项,是不能认定为非物质文化遗产的。

4. 从传承品质看,被认定人所传文化事项必须具有重要价值。有人认为,所谓"非物

---

[*] 苑利,中国艺术研究院研究员。

[①] 非物质文化遗产粗而划之,可分为"传统表演艺术""传统工艺技术"和"传统节日仪式"3个大类,倘若细而划之,又可将其分解为"民间文学""表演艺术""传统工艺技术""传统工艺美术""传统节日"以及"传统仪式"6个大类。

质文化遗产",就是我们通常所说的"传统文化"。其实,这种认识不够准确。非物质文化遗产至少具有百年以上的历史,从这个角度来说,它肯定是"传统文化"。但并不等于说所有的"传统文化"都是非物质文化遗产。"传统文化"与"非物质文化遗产"的最大区别在于,"非物质文化遗产"是经过价值衡量之后的"传统文化"——在传统文化中,凡是具有重要历史认识价值、艺术价值、社会价值、科学价值和借鉴价值的,便是非物质文化遗产;凡不具有上述价值,或是上述价值不是那么突出的,便不是非物质文化遗产。也就是说,我们所说的"非物质文化遗产",一定是具有重要价值的,不具有重要价值者,是不能评其为非物质文化遗产的。

5. 从传承范围看,并不是所有的传统文化事项都能评为非物质文化遗产。从属性看,非物质文化遗产只存在于表演艺术、工艺技术、节日仪式三大领域,除此之外,都不能认定为非物质文化遗产。①

二、被认定人必须亲自参与非物质文化遗产的活态传承

非物质文化遗产传承人必须亲自参与非物质文化遗产的活态传承,它的所指主要包括两方面内容。一是指只有真正工作在生产第一线上的,懂传统技艺,具有实操经验的优秀匠人或艺人,才有资格申报非物质文化遗产传承人;二是指尽管已经不再亲自动手,但仍能深入一线,凭借自己长年积累起来的经验,去指导业内后人的那些杰出的、深受同行和晚辈尊敬的老艺人或老匠人,才有资格申报非物质文化遗产传承人。相反,那些在非物质文化遗产保护工作中,确实做出过重要贡献的组织者、协调者、研究者以及热情参与者,尽管他们确实为非物质文化遗产保护付出过艰辛努力,但由于并未直接参与非物质文化遗产各种手艺的活态传承,并不能熟练掌握非物质文化遗产的各种专业知识与技艺,故不能申报非物质文化遗产传承人。

从国外经验看,非物质文化遗产传承人的认定年龄,通常被限定在 50 岁左右。在我们看来,在这个年龄段的传承人,尽管由于年龄、体力、手劲、眼力等诸多因素的限制,他们在手艺上开始走"下坡路",但这一年龄段的传承人所传"绝活"是最多的,所懂技艺是最多的,所知相关传统也是最多的。因此,作为师傅,以传承人的身份带徒授业,这一年龄段显然是最好的。与亲自传承相比,我们更看重的是他们能将自己长期以来积累起来的相关知识、技能与经验分享给他们的继承者。相反,50 岁以下或是更年轻的传承人,他们所传技艺在纯正度上往往会存在许多问题。如他们所唱民歌多半会夹杂有某些美声唱法的影子,他们所剪剪纸多半会融有西方绘画的影子,他们所雕作品多半会带有西方雕塑艺术的影子。也就是说,最纯正的民间唱法、民间剪法或是民间做法,在他们身上并没有被原汁原味地继承下来。这种承载有太多"转基因"成分的"传承人",一旦进入传承人队伍,很容易导致所

---

① 苑利、顾军:《非物质文化遗产保护干部必读》,社会科学文献出版社 2013 年版,第 4 页。

传项目迅速异化。当然,凡事都有例外。在田野调查中,我们也确实发现过一定数量的保持了中国传统的后继人才。他们代表了中国非物质文化遗产的未来,需重点关注。

三、被认定人必须原汁原味地传承非物质文化遗产

在非物质文化遗产保护原则中,又有一个非常重要的原则,这便是"本真性保护原则"或"原真性保护原则"。该原则来源于物质文化遗产保护原则中的"真实性保护原则"。在文物保护者看来,保护物质文化遗产的第一步,就是首先应该对文物本身的真实性做出明确的判断——这个文物到底是不是真的?如果不是真的,我们当然没有必要对其实施科学保护。

马未都先生曾给我们讲过这样一个故事:一天,一个小伙子拿了个陶罐子请马未都鉴定,他想知道这个陶罐子到底是东周的还是西周的。马未都掂了掂,告诉小伙子:"这是上周的。摸着还烫手呢,怎么可能是文物呢?"不仅是文物界,只要与文化遗产相关,我们在认定时,首先画出的第一个问号,就是它到底是不是真东西?在非物质文化遗产保护上,我们同样应该遵循真实性原则,用它来判断我们所传项目的真伪。当然,这只是遗产保护工作的第一步。接下来,为确保所传项目的真实,我们还应在传承过程中,避免任何形式的改动。实践告诉我们:只要不改,便有价值——"钻木取火"不改,我们便可知道早在10000多年前人类是如何获取火种的。"客家山歌"不改,我们便可知道1000多年前中原人山歌的唱法。如果我们将钻木取火改成了打火机,把客家山歌改造成了西洋唱法,我们保护的非物质文化遗产还有什么历史认识价值?非物质文化遗产是我们与祖先沟通的重要窗口。如果这里失守,我们将会失去一个与祖先沟通的渠道,祖先的智慧就会因我们的改动而彻底消失,我们失去的不是在某些人看来土里土气的民歌、舞蹈或是土得掉渣的传统工艺技术,而是一笔所剩不多的、独特而重要的文化战略资源。失去它的直接后果,便是新时代的文学、艺术、科学、技术,都会因上述文化战略资源的不足而裹足不前。这就需要我们在非物质文化遗产保护过程中,及早建立起"文物"保护意识,把非物质文化遗产作为一种所剩不多的、包涵有众多祖先智慧与经验的"活化石"保护起来。从表面看,物质文化遗产与非物质文化遗产,确实是完全不同的两码事,但在本质上,两者却是完全一致的——它们都是历史的一部分,它们的最大价值都是历史认识价值。也就是说,我们所谓的"非物质文化遗产",尽管不是"秦砖汉瓦",但它是秦砖汉瓦的烧制技术;尽管不是"故宫长城",但它是故宫长城的建筑技术。作为一国文明的活态载体,非物质文化遗产的有无,往往比物质文化遗产来得更加重要,因为它直接关涉到一国文明能否延续、一国文明是否断流的大问题。为确保中华文明永不断流,传承人要做好以下两项工作:一是将祖先所传遗产原汁原味地继承下来,二是将祖先所传遗产原汁原味地传承下去。

说到"原汁原味",很多人会心生误解,认为原汁原味是否太难。其实,我们坚守的"原汁原味"说起来不难,做起来也不难——昨天怎么做,今天还怎么做;师傅怎么做,徒

弟还怎么做。难道这会很难吗？当然，我们所说的"原汁原味"，并非像某些人理解的那样非物质文化遗产一点儿都不能变，而是说最能代表该遗产的决定性基因，一点儿都不能变。这些决定性基因包括该遗产的传统表现内容、传统表现形式以及所用的传统材料，这些因素最好一点儿都不要变。① 至于那些不影响原有基因的小的随性改变，我们没有必要管得太多。"一遍拆洗一遍新"，是非物质文化遗产活态传承的普遍规律，管得太多，反倒会影响民间文化活态传承的随意性。

四、被认定人必须愿意将自己的所学传授给后人

除具备足够的专业知识与高超技能外，在传承人的认定中，人们还非常看重传承人应该愿意将自己所掌握的全部知识与技能，毫不保留地传授给后人。否则，即便才高八斗，也不能认定为非物质文化遗产传承人。我们对传承人的考核，大致分为两个部分进行：一是看他是否已经将前人的技艺或技能原汁原味地继承了下来；二是看他是否愿意将前人的技艺或技能原汁原味地传承下去。前者强调的是传承人是否得到了"真传"，后者强调的是他的徒弟们能否在他那里得到"真传"。作为中华文明的"二传手"，传承人肩上的这两副担子一副都不能少。一般情况看，传承人在评定之时，我们已经对他是否已经得到"真传"进行了初步的评估，故在这个层面上不会有大的问题，所以，我们在考察传承人的传承能力时，需要重点考察的是后者——他是否愿意将前人的技艺或技能原汁原味地传承给他的后人。

在非物质文化遗产传承过程中，由于传承项目类型的不同，传承方式与路径也会有很大的差异。譬如，具有相当技术含量、可以养家糊口的非遗项目，多半是通过血缘传承（家族传承）的方式加以传承的，其缘由无外乎是"肥水不流外人田"。那些技术含量不高，基本上凭体力吃饭的非遗项目，多半是通过业缘传承的方式加以传承的，其传承动力无外乎是凭体力养家糊口。而那些作为公共文化存在的非遗项目——如侗族大歌、苗族舞蹈等、多半是通过地缘传承的方式加以传承的，其传承动力无非是通过自娱自乐的方式宣泄情感，愉悦身心、② 教化世风、交流情感。事实上，传承人在传承方式、传承对象的选择上，都会因传承项目类别的不同而有所区别。在考察传承人的传承能力时，也应将上述因素考虑进去。

五、被认定人必须具有一定的代表性、权威性与影响力

非物质文化遗产的传承人，是一个民族传统文化的"二传手"，这个民族传统表演艺术、传统工艺技术、传统节日仪式，特别是其中的核心技艺，能否原汁原味地继承下来并传

---

① 苑利：《工艺美术类遗产"原汁原味"三议》，《民间文化论坛》2011 年第 5 期。
② 即所谓"饭养身，歌养心"是也。

承下去，传承人发挥着重要作用。因此，传承人的选拔是一项非常严肃的工作，来不得半点儿马虎。非物质文化遗产传承人至少在以下三个方面是出类拔萃的。

1. 代表性

非物质文化遗产从类型学角度来说，可分为传统表演艺术、传统工艺技术和传统节日仪式三个大类；从地理学角度来说，也会因自然环境与人文环境的不同而有所区别。如甘肃的皮影与河北的皮影、福建的皮影与广东的皮影，都会因环境的不同，在用料、刀法、造型、工艺等方面有很大的不同。我们遴选的传承人，没有一个能包打天下，敢说自己是某类遗产的集大成者。他们至多只能成为某一门派，或是某一地域流派的代表。于是乎，能否代表这一门派或是这一地域流派的艺术特色、文化特色、工艺特色，便成了我们考察非物质文化遗产传承人的重要标准。

2. 权威性

非物质文化遗产传承人是否具有权威性，是由多种因素决定的。权威性的形成包括以下因素。

第一，非物质文化遗产传承人的权威性，有时是由传承人正宗的传承谱系决定的。譬如，对于某些家族传承型非物质文化遗产项目来说，其核心技术通常掌握在嫡长子手中，在非物质文化遗产传承人申报时，嫡长子显然具有明显的优先申报权，这是由家族传承这种特殊的传承方式决定的；对于某些业缘传承型非物质文化遗产项目来说，其核心技艺通常掌握在大徒弟手中，在非物质文化遗产传承人申报时，大徒弟显然具有更为明显的优先申报权，这是由业缘传承这种特殊的传承方式决定的。非物质文化遗产申报的权威性，通常是由非物质文化遗产传承规律决定的。找到了规律，我们就会事半功倍，就会不犯或是少犯错误，并将真正的非物质文化遗产传承人钩沉出来。

第二，非物质文化遗产传承人的权威性有时是由传承人高超的传承技艺决定的。"实践是检验真理的唯一标准"，考察一个传承人是否具有权威性，最重要的指标，就是看他做得如何，是否掌握着这个行业的"独门绝技"。在行业内部，并不是所有匠人都能掌握"独门绝技"的。只要我们找到了"独门绝技"的所有者，自然也就找到了我们要找的传承人。

其三，非物质文化遗产传承人的权威性，有时还要看他的技艺保有量。譬如，某国家级布袋戏项目传承单位只能演出20余个折子戏，而当地并未进入遗产名录的草台班子竟然能演出200~300个折子戏，谁更权威当一目了然。

3. 影响力

非物质文化遗产传承人的认定，通常都会是个系统的认定，要考虑到方方面面。但综合到一起，便是该传承人是否具有广泛的影响力，是不是某行业或某领域的标志性人物。因此，是否具有很高的知名度与很强的号召力，也应该成为我们衡量、选拔非物质文化遗产传承人的重要尺度。① 认定机构也会根据传承人影响维度的大小,将其评为县级、市级、省级乃至国家级非物质文化遗产传承人。

总之,我们所说的"非物质文化遗产传承人"是指那些不但能将祖先所传技艺原汁原味继承下来,同时也愿意将祖先技艺原汁原味传承下去,且在这个过程中取得过公认成就,具有一定代表性、权威性和影响力的某些自然人和社会群体。②

(原文载于《原生态民族文化学刊》2019 年第 1 期)

---

① 2008 年 6 月 14 日实施的《国家级非物质文化遗产项目代表性传承人认定与管理暂行办法》第二条规定:"本办法所称的'国家级非物质文化遗产项目代表性传承人'具有公认的代表性、权威与影响力的传承人。"
② 非物质文化遗产的传承主体有时是个人,有时是团体,有时则是群体,所以,仅用指代个人的"传承人"一词来替代所有的传承主体显然是不够合适的。

第三单元 非遗数字化及建档标准研究

中国非物质文化遗产数字化保护与开发研究

黄永林　谈国新[*]

上世纪 90 年代以来，以信息技术、网络手段为代表的数字化技术得到了长足的发展，数字化技术不仅在各种工业领域得以广泛应用，而且给文化遗产保护事业开辟了新的途径。对于物质文化遗产的数字化保护，世界各国以及联合国教科文组织已经做了大量的工作，然而对于非物质文化遗产的数字化保护，很多国家，尤其是中国，才刚刚起步。究其原因主要是由于非物质文化遗产大多是长期经验的积累，主要靠口传心记、言传身教传承，具有活态性、生态性、传承性、变异性等特殊性质，保护难度较大。本文在研究数字化技术在非物质文化遗产保护与传承中重要作用的基础上，进一步研究了数字化技术在非物质文化遗产保护与传承中的深度开发与运用，以及应处理好的几个方面的关系，以期为促进我国非物质文化遗产数字化技术的发展与运用提供思路。

一、数字化技术在非物质文化遗产保护与传承中的重要作用

非物质文化遗产数字化就是采用数字采集、数字储存、数字处理、数字展示、数字传播等技术，将非物质文化遗产转换、再现、复原成可共享、可再生的数字形态，并以新的视角加以解读，以新的方式加以保存，以新的需求加以利用。[①] 现代数字化技术的发展，为非物质文化遗产的采集、保存、展示与传播提供了更为广阔的空间。

1. 数字化采集和存储技术为非物质文化遗产完整保护提供了保障

我国现在的非物质文化遗产的保护还基本上停留在拍照、采访、记录、物品收藏等简单的工作层面上，这种文字、录音、摄影、录像等传统的非物质文化遗产保护手段，曾保存了大批珍贵的非物质文化遗产。但是书籍的生霉、录像带的老化、录像色彩的蜕变、录音带的失真等，都会使所记录的非物质文化遗产的信息不同程度地出现失真，加上拍摄角度的限

---

[*] 黄永林，华中师范大学国家文化产业研究中心教授；谈国新，华中师范大学国家文化产业研究中心教授。
[①] 王耀希：《民族文化遗产数字化》，人民出版社 2009 年版，第 8 页。

制,影响了长期保存和利用。数字化技术为非物质文化遗产的保护提供了许多全新的采集记录手段,包括图文扫描、立体扫描、全息拍摄、数字摄影、运动捕捉等。数字化存储技术也为非物质文化遗产的保护提供了许多新的保护手段,包括通过数据库、磁盘阵列、光盘塔、光纤和网络连接以及一系列相关规定、协议,实现对非物质文化遗产资源的有效保护。通过这些现代数字化采集和储存技术,不仅可以把一些非物质文化遗产的档案资料如手稿、音乐、照片、影像、艺术图片等,编辑转化为数字化格式,保存于数字磁盘、光盘等物质介质中,而且还可以利用多媒体网络数据库来存储和管理,使他们完整有序、便于检索,这能够整体提升对非物质文化遗产保护的水平。

目前,运用数字化多媒体等现代科技手段对珍贵、濒危并具有历史价值的非物质文化遗产进行真实、系统和全面的记录、建立档案和数据库已成为中国非物质文化遗产保护工程的主要实施内容之一。然而,非物质文化遗产包括传统文化表现形式和其赖以生存的文化空间,单一的数字化存储通常忽视了其赖以生存的文化空间特性,很难将非物质文化遗产作为一个完整的整体给予保存。如在传统的记录保存工作中,演员的舞蹈动作多通过文字、照片、视频进行记录。然而,上述手段难以对舞蹈表演,特别是演员的表演动作进行准确全面的记录。拍摄录像或 DV 只能从几个有限的角度以二维图像的方式进行录制,记录的数据虽然可以方便地存贮在录像带、电脑硬盘等媒体中,但数据的可重用性和可编辑性较差。在重现时,还需要舞蹈艺术家和演员的参与。获取的数据难以被进一步的开发利用(如直接用于影视、动画制作等)。若希望对获取的数据进行修改,则需要演员全部重新表演,产生较大的工作量。现代数字信息获取与处理技术能更好地整理、收集、记录非物质文化遗产的信息,可以突破传统意义上的保护方式所不能达到的展示要求与保真效果,更为安全和长久地保存这些弥足珍贵的非物质文化遗产。

2. 数字化复原和再现技术为非物质文化遗产有效传承提供了支撑

非物质文化遗产传承之难,归根结底均由于生产方式、生活环境的变化,而维持原有的生产方式、生活方式,乃至生存环境,是与全人类的现代化奋斗目标相抵触的。这就是我们在非物质文化遗产保护问题上最根本的两难选择。现代计算机图形学、数字图像处理与虚拟现实等数字复原和再现技术以及设备日趋成熟,为非物质文化遗产的传承提供了更先进的手段与方法。对非物质文化遗产进行传承,可以将传统的非物质文化遗产资源进行数字化后,制作成可视化虚拟产品,供人们在非物质文化遗产知识方面进行学习、交流与创新。比如采取 2D、3D 数字动画技术,恢复、再现和解读非物质文化遗产现象、场景、事件或过程,通过图片、视频、三维动画等形式实现非物质文化遗产可视化,实现与原物或原事项完全一样的恢复和再现;应用真实感角色生成、场景搭建、动作绑定、人机交互、知识建模等技术,快速生成非物质文化遗产中的情景和行为,实现非物质文化遗产的虚拟再现、知识可视化及互动操作,以使尽可能多的人通过观看而了解这些非物质文化遗产,包括濒临消失的非物质文化遗产的原貌。此外,还可通过互联网或存储设备将数据上传到网络共享,从而实现非物质文化遗产信息更为广泛的交流,让更多的人对我们的民族文化增加了解,增强艺术兴趣,激发民族文化发展的活力。

比如在世界上久负盛名的南通板鹞风筝，它融雕、扎、书、画、绣等多种工艺于一体，其中哨口的雕刻工艺最为精湛，板鹞风筝上的哨口，随大小、形状、材料各异，以及哨面进风口的位置、角度、长短、宽窄的改变发出的音量、音质、音调千变万化，加之人们巧妙地将各种音调哨口进行组合，可产生各种奇妙的空中交响曲。对于哨口的大小、形状以及哨面进风口的位置、大小、角度、长短、宽窄等等这些技术参数都可以通过计算机进行数字化归纳，设计出一套相应的软件程序，这样能让设计出来的哨口音质、音调等更为精准；再结合虚拟场景建模，计算机辅助设计等技术将哨口雕刻的过程进行数字化编程，通过三维动画对哨口的制作进行展示，这样人们就可以通过计算机欣赏到哨口制作的全过程。板鹞风筝的鹞布上的绘画也颇有讲究，画面精细，重人物，大多采自民间故事，代表着人们放飞的理想与愿望，数字化保护开发可以对其画面题材内容、风格样式等特征进行数字化归纳，开发相应的软件及图形库，形成板鹞风筝特色的图形语言系统，并将其运用到现代设计中去，将这种民间传统文化的观念基因传承下去。[①]

3. 数字化展示与传播技术为非物质文化遗产广泛共享提供了平台

随着数字化虚拟展示技术的发展，这种虚拟展示集虚拟现实、图文声像等多媒体表现手段于一体，将非物质文化遗产在计算机虚拟世界中进行展示，以平面显示、全景显示或立体空间成像的方式，将声、光、电产生的效果以一种直观的方式全方位、多视角向大众展示。非物质文化遗产的数字化展示与传播主要包括以下方面：首先，利用三维场景建模、特效渲染、虚拟场景协调展示等动画技术，对非物质文化遗产特别是传统手工艺的生产方式、使用方式、消费方式、流通方式、传播传承方式等进行真实再现；其次，借助多媒体集成、数字摄影、知识建模等技术，建立包括文字、声音、图像、视频、知识在内的非物质文化遗产数字博物馆；其三，基于数字媒介统一平台而建立的数字博物馆，将多种媒介形式的非物质文化遗产信息整合在一起，借助电信、无线通讯、互联网、有线电视以及各种数字电视网络进行传播，打破特定时间、场所的限制，使之成为现代技术条件下适合于大众传播的一种新的应用平台，让非物质文化遗产的展示、传播与利用更为便利和充分，使海量存储的非物质文化遗产资源得到最大限度的共享利用。

例如，数字博物馆就是一种适合于民族民间非物质文化遗产大众传播的数字化展示平台，它与普通博物馆不同，不仅仅是静态藏品的展示，更是将一些民间工艺制作过程的历史流变，工艺存在的文化状态，民间艺人档案、民间艺术传播方式、制作工艺、原材料以及民间生活方式等成千上万种文化艺术的全过程进行数字化转换后存入数据库网络。因此，在虚拟的数字博物馆里，是以活态文化的方式展示各种民族民间非物质文化的具体内容和艺术精髓。比如民间蓝印花布是我国传统的印染工艺品，它以手纺、手织、手染的民间工艺，纯真而又朴素、鲜明而又和谐的蓝白之美闻名于世。当我们进入数字博物馆后，只需轻轻点击鼠

---

① 《非物质文化遗产的数字化保护》，文化传播网，发布时间：2006年9月11日。

标，就可以看到蓝印花布制作技艺从种植兰草到制作颜料、雕刻花版、染色、晾晒的全过程。数字博物馆的发展与普及，必将使大众更为方便地了解中华民族各种优秀的非物质文化遗产。

4. 虚拟现实技术为非物质文化遗产开发利用提供了空间

在新的历史时期，我们要进一步提高对非物质文化遗产的认识，创新思维，拓展非物质文化遗产的保护思路。非物质文化遗产真正的价值在于其所蕴含的丰富的文化因子，这些文化因子可以通过生产、流通、销售等方式转化成为体现独特的民族风格和地方特色的优秀文化产品，使之重新融入现实社会，走进人们的日常生活，这种对非物质文化遗产的生产性保护是最具文化延续性和创造力的保护。[①] 虚拟现实技术为非物质文化遗产的开发利用提供了广阔的空间，通过数字化技术可以将非物质文化遗产进行产业化经营，并转化为文化生产力，形成规模经济效益，可以调动民众保护和发展非物质文化遗产的积极性。

数字化虚拟非物质文化遗产是指运用先进的虚拟现实技术对非物质文化遗产进行数字重建，虚拟现实的人机交互技术是其应用发展过程中的关键技术，与虚拟现实技术相应的高性能硬件设备是其产业化的重要条件，随着科学技术的进步，数字化、信息化的发展，这些关键技术将被攻克，高端设备也将被制造出来，这将大大提高非物质文化遗产生产性保护的能力。非物质文化遗产资源数字化最大的益处是不仅可以记录和保存非物质文化遗产各方面的信息，而且可以在不改变非物质文化遗产原貌的情况下利用这些信息进行数字生产（数字复制、数字出版、数字再现）和数字传播，发挥非物质文化遗产独有的文化价值、经济价值。因此，利用数字化虚拟现实技术实现对非物质文化遗产的开发和利用，进行产业化生产与经营，有利于形成新的行业及衍生产品，延长产业链，使文化产业的比重得到提高，这对当今文化产业发展具有不可估量的经济价值和意义。比如通过数字化技术加快非物质文化遗产的产业化步伐，促使各民族服饰文化、民间技艺文化、民间文学、民间舞蹈、民间音乐、消费习惯、交际礼节、节日庆典、娱乐游戏以及饮食文化等知识和技能的价值不断得到增值。

二、数字化技术在非物质文化遗产保护与传承中的深度开发

数字技术在非物质文化遗产的保护和传承领域功不可没，但是它的效用却仍然没有完全被开发出来。随着信息化技术的发展，数字化技术在非物质文化遗产保护、传承与开发方面的作用将更大。鉴于非物质文化遗产具有活态性（传承、演变情况）、传统性（特定的文化渊源与所处地方、环境有内在联系）、整体性（包括生态、文化）等特殊性质，简单的数字化存储通常忽视了其赖以生存的文化空间特性。因此，我们应该对非物质文化遗产领域资源

---

① 黄永林：《非物质文化遗产 生产是最好的保护》，《光明日报》2011 年 10 月 7 日。

重新审视、重新评价,并重新挖掘其潜在价值。从知识表达及可视化的角度对其进行再认识,通过知识工程及语法粒度角度建立非物质文化遗产资源的多层次类型分类体系;建立非物质文化遗产的数据采集技术标准;构建国家非物质文化遗产保护与传承技术体系的方式和路径。在对情景建模和行为交互技术、知识可视化技术、动作绑定技术、Web 技术等进行综合分析研究的基础上,建立一套适合不同类型非物质文化遗产的数据记录、保存、保护、传承工作的综合应用技术方案,构建非物质文化遗产多媒体交互体系平台,从而推动我国文化产业及相关上下游产业的发展,提升我国文化产业的科技含量、促进原创性文化产品的设计开发和应用,这对于促进我国非物质文化遗产的保护、传承与产业开发均具有重要的意义。

1. 建立非物质文化遗产资源数字化分类体系

我国非物质文化遗产品种丰富、形式多样,既有多姿多彩的民俗文化,如风土人情、传统礼仪、宗教及节庆活动等,又有口头流传的各种民间文学,如传说、史诗、民间故事、寓言、民谣、谚语等;既有淳朴生动的各类表演艺术,如音乐、舞蹈、民间戏剧、曲艺杂技等,又有技艺精湛的工艺美术,如面人、糖人、剪纸、编织、刺绣、彩绘、蜡染等。由于各类非物质文化遗产的表现形式不同、创造方式有别,对其数字化既要遵循普适性的保护原则与方法,又要采取因类而宜、适合各自特点的方法和措施。基于非物质文化遗产的活态性、传统性和整体性,在对其知识的系统性、复杂性和内隐性等特征进行详细分析研究的基础上,从民俗学、社会学、人类学、美学、历史学、心理学等多重角度探索非物质文化遗产知识的构成要素,提取知识的特征并对其进行归纳总结;从 When、How、What、Where、Why 五个方面分别表示非物质文化遗产的时间演变、表现方法、形式、相应地域及其内涵,并对分类后的知识从语法粒度角度建立其间的关系,建立非物质文化遗产资源的多层次类型分类体系。即利用数字化技术对非物质文化遗产资源进行学术分类、信息化存储,以便科学地建立非物质文化遗产资料性的符号库和素材数据库。

2. 创建非物质文化遗产资源数据采集技术标准

针对目前全国各地非物质文化遗产资源数据库建设中存在的技术目标不一致、技术标准不统一、技术管理不规范的情况,立足于现代信息技术的发展趋势,与国家数字化图书馆、数字化博物馆和国家文化信息资源共享工程建设相配套,针对非物质文化遗产资源的创建、描述、组织、检索、服务和长期保存的需求,深入研究符合我国非物质文化遗产特点的资源建设相关技术标准,包括资源数字化采集、资源描述(元数据)、资源组织、资源管理、资源长期保存等技术标准;制定关于我国非物质文化遗产资源管理的统一、科学和规范的技术管理规程。并应用资源管理与分发技术对非物质文化遗产资源进行统一有效的整合,以促进非物质文化遗产资源采集、资源统一表示、资源权利信息描述、资源目录服务、注册服务、资源检索和发布等功能的实现。

3. 探讨非物质文化遗产知识可视化表达

非物质文化遗产可视化技术与物质文化遗产可视化技术有着本质的区别，物质文化遗产的可视化可以通过图片、视频、三维动画等形式实现，非物质文化遗产除了使用传统数字化技术进行可视化外，更多的是属于知识可视化的范畴。非物质文化遗产的知识可视化还是一个崭新的领域，这方面的研究还不多，离应用还有距离，但知识可视化是解决非物质文化遗产保护与传承的有效手段。非物质文化遗产知识可视化表达主要包括知识源层、知识描述层、可视化表达层和知识应用层。非物质文化遗产中包括了不同的知识源，如史料记载文档、民俗活动、民间技艺、戏曲、舞蹈等，这些知识源在语义上具有异构性。知识描述层描述文化空间知识的特征及其构成分类，如地域类、时间类、表现方式类、表现形式类、原因含义类等文化空间知识。可视化表达层阐述根据知识的特征及其构成分类，选择恰当的模型进行表达，以便于不同用户进行知识的学习、共享与创新。知识应用层可以让用户根据自身的文化背景、知识构成等情况选择最适合自己实际情况的知识可视化表达方式来学习、构建文化空间知识等。用户通过对非物质文化遗产中相关文化空间知识的学习与交流，自身的用户类型信息就会随之得到更新，并且文化空间知识经过学习与交流将会得到发展与创新，从而更新文化空间知识源。

4. 构建非物质文化遗产新技术综合运用体系

非物质文化遗产是经过长期实践检验传承下来的，可以代表一个地方的文化，它包括与群众生活密切相关的各种传统文化表现形式和文化空间。其文化空间具有活态性、传统性、整体性等特殊性质，仅通过文本、图像、视频或动画等表示的说、唱、舞蹈等形式难以将其错综复杂的关系完整地表达出来。因此，单一的数字化存储通常忽视了其赖以生存的文化空间特性，需要研究将多种新技术手段综合运用到非物质文化遗产的保护和传承中，构建国家非物质文化遗产保护与传承技术体系。技术体系主要有非物质文化遗产的数字化技术、情景建模及行为控制技术、资源管理与服务技术、可视化技术的融合构成，如图 1 所示。

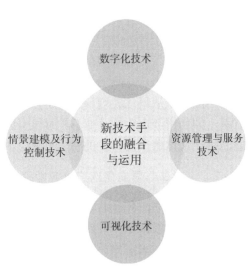

图 1　新技术手段的融合与运用

（1）非物质文化遗产数字化技术：建立一套针对不同类别非物质文化遗产数字化的数据采集方法，如运用动作捕捉技术获取运动对象三维数据，研究从这些测量数据中计算和推演动作数据的方法，建立运动物体三维动作；利用三维扫描技术，探索新的适合文物对象特点的，简单、可靠的三维建模方法；利用几何与纹理一体化数据模型技术，建立三维物体对象的模型库与纹理库等。

（2）资源管理与服务技术：综合应用分布式数据库技术、海量数据存储技术、非物质文化遗产本体技术、语义检索技术等实现非物质文化遗产资源统一表示、知识存储、资源权利信息描述、资源目录服务、注册服务、资源检索和发布等功能。

（3）情景建模及行为控制技术：综合利用真实感角色生成技术、动作绑定技术、多Agent的群体控制技术、场景生成技术等快速生成非物质文化遗产中三维场景、角色以及动作；应用Agent模型表示虚拟环境中所有的角色，重点解决非物质文化遗产内容制作中的三维表达及互动技术实现等难题。

（4）非物质文化遗产可视化技术：综合利用三维动画技术、虚拟现实技术、语义Web技术、知识可视化技术等构建基于本体的非物质文化遗产知识可视化模型系统，实现基于知识点语义的查询、自然语言的知识点分解和语义理解、不同本体之间的知识共享和补充知识库等功能。如通过知识可视化技术、基于本体的概念参考模型CIDOC CRM（Conceptual Reference Model）对具体非物质文化遗产项目的文化空间知识表示进行研究。

5. 搭建非物质文化遗产多媒体交互体系平台

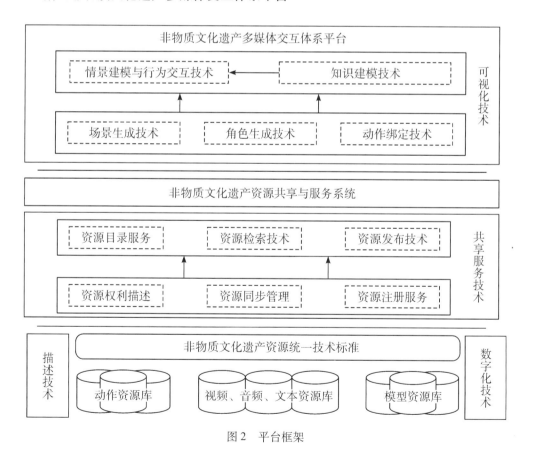

图2 平台框架

面对非物质文化遗产数字化产品开发中的瓶颈问题，针对文化活动中三维场景和角色动画交互式制作中存在的技术难点,利用非物质文化遗产资源库模型数据,引入高精度地形构建及文化元素交互式搭建等方法,为三维场景的快速生成提供新的思路和途径。同时,利用真实感人脸角色模型创建技术为非物质文化遗产传承人角色动画的制作提供真实感人物模型,利用资源库中动作数据,高效生成角色动作动画。最后利用知识建模、行为建模与交互等可视化技术对非物质文化遗产资源进行可视化制作,通过多媒体交互体系平台实现非物质文化遗产可视化产品的传播。其平台框架如图2所示。

6. 构建国家非物质文化遗产保护与传承技术体系

非物质文化遗产是各族人民世代相承、与群众生活密切相关的各种传统文化表现形式和文化空间,与物质文化遗产相比,它具有一定的特殊性,例如不易保存,保存的方式也不同。由于其独有的特殊性质,加上国家还没有一个有关非物质文化遗产保护与传承方面的技术规范,使得非物质文化遗产保护与传承工作一直难以开展,因此,研究构建国家非物质文化遗产保护与传承技术体系就显得尤为重要。

国家非物质文化遗产保护与传承技术体系应该包括非物质文化遗产从数字化技术(文本、音视频、图片、动作、模型数字化的技术流程规范)、资源入库技术(资源的分类体系、元数据标准、存储的技术规范、版权保护技术)、资源管理技术(资源发布技术、检索技术、资源注册及目录服务技术等)、情景构建技术(角色、场景、动作生成技术等,以及多Agent的群体控制技术)、非物质文化遗产可视化技术(三维动画技术、虚拟现实技术、语义Web技术、知识可视化技术)到最后的传播和服务技术等方面。通过对非物质文化遗产的技术体系进行构建,使我国优秀的民族文化资源得到"整体性保护",即连同它生存的文化土壤一起保护下来。该技术体系框架如图3所示。

图3 技术体系框架

三、数字化技术在非物质文化遗产保护与开发应用中的问题思考

数字化技术是当今最为前沿的信息科学技术,特别是虚拟现实技术的出现,使 21 世纪成为"虚拟时代"。将最前沿的科学技术应用到对非物质文化遗产的保护与开发中来,这为非物质文化遗产保护与开发提供了更加有力的高科技技术支持,使非物质文化遗产的保护与开发的途径得到了进一步拓展与衍生。但数字化技术在非物质文化遗产保护与开发的应用中仍有以下四个方面的问题需认真思考。

1. 数字化技术与文化生态平衡

数字化技术虽然对非物质文化遗产的保护与复原、虚拟与重建具有重大的意义,但过度依赖数字化技术也容易造成文化的数据化和遗产化,在一定程度上也会损害文化多样性和文化生态的平衡。因此,对数字化技术在非物质文化遗产保护与开发中的应用要有一定的"人文把握",使技术富有方向性和正确的文化立场。因此,数字化技术的运用必须从重视"静态遗产"的保护,向同时重视"动态遗产"和"活态遗产"保护的方向发展,因为非物质文化遗产并不是静止不变的,而是动态、发展、变化的。数字化技术的运用还必须从重视"物质要素"的文化遗产保护,向同时重视由"物质要素"与"非物质要素"结合而形成的文化遗产保护的方向发展。因为物质与非物质文化遗产所反映的文化元素是统一的,相互融合、互为表里、不可分割的。另外,尤其要注意保护非物质文化遗产的生态性,尽可能地让非物质文化遗产具有原生意义,让它们在属于自己的适域中生存和发展。总之,对于非物质文化遗产来说,运用数字化技术仅仅只是一种新型手段,而保护文化的多样性、鲜活性和文化生态平衡才是最根本的目的。

2. 数字化技术与多学科交叉融合

非物质文化遗产数字化是在虚拟空间呈现文化,与传统的文化表现在形态上有本质的区别,它不是一个物理存在的实体,而是一个跨地区、跨国家的信息空间和信息系统,它们汇集了人文社会科学、自然科学、工程技术等学科,带有明显的跨多学科性质。比如对非物质文化遗产特征的抽取、加工规则的拟定就需要人类学、民族学、社会学、影视学、传播学以及人文艺术等领域专家的共同参与才能完成。非物质文化遗产数字化研究对象、涉及领域、技术特点是一个大跨度交叉和高度综合的集成体。目前,数字化技术已开始应用于非物质文化遗产保护与开发领域,我们只有以开放的学科视野,打破学科界限,融合各学科知识,开展跨学科研究和创新,才能发展出综合的、交叉的新领域,逐步建立非物质文化遗产数字化的新学科;只有加强跨行业战略研究,才能探索一套适合非物质文化遗产数字化保护与开发规律的管理体制及运行机制。

3. 数字化技术与复合型人才培养

非物质文化遗产的数字化保护与开发工作是一项系统性、持续性和技术性很强的工作，然而由于文化领域缺乏在 IT 方面的有经验的数字化技术专家，这导致优势技术的应用和深层次文化内涵的结合成为数字化过程中存在的突出薄弱环节，因此，人才队伍培养成为非物质文化遗产数字化发展的关键。非物质文化遗产数字化人才除了要具备传统科学研究所要求的较高专业科学素质外，还要有跨学科研究的严格训练。我们必须加强各个高校、科研机构对非物质文化遗产保护与开发数字化技术专业人才队伍的培养，融合民族、人文、艺术、信息、工程等学科资源，将培养复合型高层次人才作为一项重要工作内容，纳入文化产业经济发展与人才队伍建设规划。探索建立多渠道培养、多元化评价、多层次使用、多方式激励、多方位服务的复合型人才培养机制，逐步建立一支懂文化、通管理、精技术的复合型文化人才队伍。

4. 数字化技术与文化产业发展

文化产业和信息产业是现代社会的两个"互为表里的超级产业"，信息技术从根本上改变了文化产品的生产、传播和消费方式，利用信息技术可以提高文化产品的原创力，开发新的文化产品，增强文化产业的竞争力和生命力。然而从产业发展的逻辑上说，信息技术只是手段，内容服务才是目的和核心。因此，我们应将重点放在内容的建设上，数字文化内容越丰富，信息的共享度就越高，人们从中捕捉的商机就越多。我国的信息技术产业正在蓬勃发展，非物质文化遗产资源通过数字化技术手段进行合理开发与利用的前景更广阔，从而形成文化与传媒、信息交融的特色产业。非物质文化遗产数字化作为高科技与高文化价值结合的产业交汇点，在对非物质文化遗产加以有效保护的同时，更要使之上升为具有知识产权和资源资本属性的文化产品，更好地促进文化资源优势转变为经济优势，创造出巨大的经济与社会效益，推动经济社会更好、更快地向前发展。

［原文载于《华中师范大学学报（人文社会科学版）》2012 年第 2 期］

口头传统专业元数据标准定制：
边界作业与数字共同体

巴莫曲布嫫　郭翠潇　高瑜蔚　宋贞子　张建军[*]

在中国社会科学院民族文学研究所（以下简称"民文所"或"IEL"）的学科建设进程中，以中国少数民族文学"资料库/媒资库/档案库"为学术资源依托，以"口头传统田野研究基地"为信息增长点，以"中国民族文学网"（中英文）为传播交流平台的整体发展计划，实施于2000年，简称为"'资源/基地/网络'三位一体方略"，至今依然是民文所科研事业发展规划的主要工作任务[①]。

一、口头传统研究与民文所学科发展

19世纪50年代，口头文学（oral literature）研究在哈佛大学兴起，至20世纪60年代，该校成为口头传统（oral tradition）这一跨学科领域的旗舰，其间历经柴尔德（Francis Child）、基特里奇（George L. Kittredge）、帕里（Milman Parry）、洛德（Albert B. Lord）、纳吉（Gregory Nagy）、埃尔默（David F. Elmer）六代学者的传承，学术传统已逾160年，并以其得天独厚的"帕里口头文学特藏"（The Milman Parry Collection of Oral Literature）执牛耳。口头传统研究以历史湮远的"荷马问题"为滥觞，并且由于承接了古典学领域中的核心话语，因此学科的基本问题——书面性与口头性的讨论——在人文学术领地具有方法论上的革新意义。"口承—书写大分野"[②]的辩论在西方知识界引发了一场前所未有的反思，贯穿了整个20世纪下半叶，几乎所有的人文学科均有涉及。口头传统研究阵营的理论和方法

---

[*] 巴莫曲布嫫，中国社会科学院民族文学研究所研究员；郭翠潇，中国社会科学院民族文学研究所助理研究员；高瑜蔚，中国科学院计算机网络信息中心工程师；宋贞子，中国社会科学院民族文学研究所博士后流动站研究者；张建军，中国社会科学院研究生院少数民族文学系博士研究生。

[①] Yin Hubin, Bamo Qubumo, Guo Cuixiao, & Li Gang, *Archive/Base/Network*: *A Threefold Solution for Safeguarding Ethnic Minorities' Oral Heritage in China*, Proceedings of the 2013 Digital Heritage International Congress, Marseille：IEEE, October 2013.

[②] （美）埃里克·哈夫洛克：《口承—书写等式：一个现代心智的程序》，巴莫曲布嫫译，《民俗研究》2003年第4期。

论也影响到了世界一百五十多种语言传统的研究，成果汗牛充栋。

口头传统研究进入中国则是在20世纪90年代中后期。当时，供职于民文所的数位学者，同时也是中国民俗学之父钟敬文先生的亲炙弟子，如朝戈金、尹虎彬、巴莫曲布嫫等专攻史诗研究的学者相继负笈西行，前往欧洲和北美的民俗学研究重镇（芬兰的国际民俗学者暑期学校、哈佛大学、密苏里大学等地）访学，与航柯（Lauri O. Honko）、弗里（John M. Foley）、纳吉、哈维拉赫提（Lauri Harvilahti）等口头传统研究大家相遇。此后一段时期内，他们陆续将国外几代学者传承的口头传统研究及其理论和方法论代表性成果译介到了国内，并于2003年9月在国内先成立了第一家"口头传统研究中心"，就此开始了口头传统研究理论方法论的本土化实践①。

二十多年来，西方口头诗学的理论成果，尤其是20世纪民俗学"三大学派"即口头程式理论（the Oral-Formulaic Theory）、表演理论/演述理论（the Performance Theory）和民族志诗学（the Ethnopoetics）② 的系统译介，以及在中国的本土化实践对中国口头传统研究和口头诗学理论建设起到了不可低估的作用。民文所学者的理论思考建立在学术史反思与批评的基础上，在若干环节取得了一定的成绩，引领了国内这一领域的学术实践和方法论创新。例如，对史诗句法的分析模型的创用，对既有文本的田野"再认证"工作模型的建立；对民间文学文本制作中的"格式化"③ 问题及其种种弊端进行反思，进而在田野研究中归总出"五个在场"④ 的基本学术预设和田野操作框架；运用口头传统的理论视域重新审视古代经典，生发出新的解读和阐释，同时利用古典学的方法和成就反观活形态口头传统演述的内涵和意蕴；对特定演述人或演述人群体的长期追踪和精细描摹及隐藏其后的制度化保障探究；在音声文档的整理、收藏和数字化处理方面，逐步建立起符合学术新理念和信息化建设要求的实践路径和工作机制。口头传统学科力倡和践行"本土化实践"，系列成果得到中外学者普遍肯定，影响已超出民间文艺学领域（刘铁梁语），改变了中国民俗学学科格局和走势，并在整体上赋予口头传统研究以中国族群文化多样性的特色。简而言之，口头传统学科在中国的发展，与在美国的成长相似，主要以代表性学者为中心，通过学者之间的代际传承来壮大研究者队伍，最终实现学术共同体的成长。其间，口头传统的数字化建档也成为少数民族文学学科建设的重要方向。

国外的口头传统资料建档起步较早，美国哈佛大学的帕里口头文学特藏及其希腊研究中

---

① Qubumo Bamo and Gejin Chao, with John D. Niles. *Documenting Living Oral Traditions: China's Institute of Ethnic Literature as Case Study*. The Journal of American Folklore, Vol. 129, No. 513, Summer 2016: 270—87.

② 重要译著有如下数种：（1）（美）约翰·迈尔斯·弗里：《口头诗学：帕里—洛德理论》，朝戈金译，社会科学文献出版社2000年版；（2）（美）阿尔伯特·贝茨·洛德：《故事的歌手》，尹虎彬译，中华书局2004年版；（3）（匈）格雷戈里·纳吉：《荷马诸问题》，巴莫曲布嫫译，广西师范大学出版社2008年版；（4）（美）理查德鲍曼：《作为表演的口头艺术》，杨利慧、安德明译，广西师范大学出版社2008年版；（5）（德）卡尔·赖希尔：《突厥语民族口头史诗：传统、形式和诗歌结构》，阿地里·居玛吐尔地译，中国社会科学出版社2011年版。

③ 巴莫曲布嫫：《"民间叙事传统格式化"之批评——以彝族史诗〈勒俄特依〉的"文本迻录"为例（上、中、下）》，《民族艺术》2003年第4期、2004年第1期及2004年第2期连载。

④ 巴莫曲布嫫：《叙事语境与演述场域——以诺苏彝族的口头论辩和史诗传统为例》，《文学评论》2004年第1期。

的数字人文项目、密苏里大学 e 研究中心的通道项目、印第安纳大学的传统音乐档案库、美国国会图书馆民众生活中心档案库、芬兰文学学会民俗档案库、韩国学中央研究院的口碑文学大系等建设时间长、理念新、资金充足，尤其是在数据标准的研制上大都有 IT 专业团队长期的对口支持。这些平行案例为本课题的设计和实施提供了可资参照的前鉴和思路。但由于语言环境、数据标准、软硬件环境和概念工具的大相径庭，尚难以与中国多民族、多语言、多样态的口头传统资源及其体现的文化多样性榫接。

从国家层面上看，文化部民族民间文艺发展中心和中国民间文艺家协会启动数据库建设已经多年，取得了阶段性成果。这两家的数据库建设皆基于 20 世纪 50 年代中期以来的民间文学艺术资料搜集整理工作中所产出的文字资料，前者基于民间文学三套集成的省卷本，后者则基于县卷本，二者都可视作文本资料数据库。据初步了解和交流，两家采用的数据标准和著录规则也各不相同，前者为自行定制且多次修改，后者与汉王公司联合开发；两家单位共同面对的难题依然出在元数据标准的设计理念和著录规则滞后于建库行动，尤其是 20 世纪的田野资料采录方法缺乏文本与语境之间的关联，加之口头文化表现形式的标准化维度和方法论模型尚未建立起来，大量数据录入后出现信息冗余，检索精度低，研究型的应用效率也当受到一定钳制。

民文所通过"中国少数民族文学研究资料库"（2000—2010，实体库）、"中国少数民族文学媒体资源库（2007—2011，媒资库）"及"中国少数民族口头传统音影图文档案库"（2011 年—至今，数字资源库）的持续性建设，以在西部地区建立"口头传统田野研究基地"为依托，以民文所建设的学科门户网站"中国民族文学网"为平台，采取"以演述为中心"①的民俗学田野工作原则，将文本、图片、音频和视频同时纳入内容建设的工作框架，同时考量语境、传承、接受等文化关联，某些档案资料具有唯一性，在国内外也有一定的影响。就数字化建档实践而言，民文所在中国史诗学和神话学领域的两个专题数据集即"蒙古英雄史诗大系"（2012—2014）和"中国神话母题 W 编目"（2014—2015）已取得初步成果②。尽管民文所在信息化建设中取得了一定的实绩，但长期以来，资料库/档案库/媒资库的建设都在专业元数据标准的定制和使用上受多种因素的制约而进展缓慢，尤其是中国社会科学院并无从事计算机科学与技术的部门建置和人力资源，数据库建设水平普遍偏低，专业领域的标准与标准化研究力量薄弱，这便构成民文所通过国家社科基金寻找合作方的立项诉求，以利接续民文所前期的信息化建设努力并探索可持续发展的学术空间。

---

① 朱刚：《从"语言转向"到"以演述为中心"的方法——当代民俗学理论范式的学术史钩沉》，《民族文学研究》2014 年第 6 期。

② Bamo Qubumo, Yin Hubin, Guo Cuixiao, & Li Gang, Customizing Discipline-based Metadata Standards for Digital Preservation of Living Epic traditions in China: Basic Principles and Challenges, Proceedings of the 2013 Digital Heritage International Congress, Marseille: IEEE, October 2013；巴莫曲布嫫、朝戈金、毕传龙、李刚：《蒙古英雄史诗的数字化建档实践》，《民间文化论坛》2015 年第 6 期；Guo Cuixiao, Wang Xianzhao, Bamo Qubumo, & Li Gang, Constructing Motif-index of China Mythologies Database: Design, Implementation and Potential Applications, Proceedings of the 2nd Digital Heritage International Congress, Granada: IEEE, September 2015；郭翠潇、王宪昭、巴莫曲布嫫、李刚：《"中国神话母题 W 编目数据库"：建设与应用》，《民间文化论坛》2015 年第 6 期。

二、口头传统专业元数据标准建设进程

国家社会科学基金重大项目"中国少数民族口头传统专题数据库建设：口头传统元数据标准建设"（批准号 16ZDA160），于 2016 年 11 月获得立项，由中国社会科学院民族文学研究所与中国科学院计算机网络信息中心（以下简称"CNIC"）共同实施，巴莫曲布嫫担任首席专家。该项目属于科研型专用类标准研究与定制，堪称口头传统专题数据库建设的基础之基础；秉持"标准在先，建库在后"的理念和原则而展开，下设三个子课题：（1）"口头传统元数据标准建设"（胡良霖主持）；（2）"口头传统的田野采集规范与数字化建档规程"（吴晓东主持）；（3）"口头传统数据资源描述模型与著录规则"（王宪昭主持）。

自课题启动以来，口头传统研究与 IT 技术两个专业领域的专家学者一同攻关，协同创新科研机制，各子课题组积极响应，参与组建了元数据专项联合研发核心工作小组。随着信息传播技术的急速发展和成本降低，数字采集和存贮已经变得比以往便利了许多，但如何选择、采集、处理、上载、存档、管理、下载、迁移、分析、挖掘、利用并可视化这些数据都是数字人文时代不得不面对的重要课题。因此，制定数据采集、汇交、整合、质控、审编、获取以及共享的标准体系是本课题的基本任务。在实施和推进过程中，课题组面对的一个问题是标准研究的基本对象抑或出发点到底是什么？

田野工作是口头传统研究的必经之路，也是数据库建设的关键环节。民文所田野研究基地建设的基本理念可以形象地概括为"活鱼是要在水中看的"（刘魁立语）。这些年来，民文所提倡和坚持的基本技术路线是围绕特定的口头文类、传承人群体、文本与语境，以及与口头文化密切相关的民俗生活事象，进行长期的形态学和类型学的定点追踪研究，通过科学地观察、忠实地记录和实证地分析研究，以契合学科所要求的历时性研究与共时性观察的两相结合，从学理上探索史诗传承的内在规律，进而从口头诗学的理论层面探究各民族口头文化的表达形式，实现钟敬文提出的从"目治"向"耳治"的范式转换①，更新口头传统的文本制作观念。依托本所多年来的田野实践和实地调查经验，针对当下中国境内少数民族活形态口头传统及其多样化表现形式考量现场数字采集作业的规范和流程，在田野采集原则层面则遵循"以演述为中心"的民俗学立场；在具体操作方法上，美国语言人类学家海默斯（Dell Hymes）的言说模型（the SPEAKING Model）②和巴莫曲布嫫提出的"'五个在场'田野研究模型"皆聚焦于自然语境中的交流事件（events of communication）和参与式观察，利用现代数字手段系统、全面记录民众的口头传统实践，为本课题最终确定为"以事件为中心"奠定了学理基础。然而，从"以演述为中心"到"以事件为中心"，课题组却花费了极

---

① 钟敬文：《"五四"时期民俗文化学的兴起——呈献于顾颉刚、董作宾诸故人之灵》，《北京师范大学学报》1989 年第 3 期。

② 参见朱刚：《以语言为中心的民俗学范式——戴尔·海默斯的交流民族志概说》，《民间文化论坛》2014 年第 6 期。

高的时间成本来加以论证和反复探讨。应当说,这一工作原则的确立,虽几经周折(从演述到文类,从传承人到文本),但最终使得多次陷入僵局的徘徊局面豁然开朗,因而确保了从定制、采集和著录三个环节设计并研发口头传统元数据标准方案的推进。

随着各子课题的实施和推进,课题组原有工作重心也随着元数据标准定制方向的确立发生了一些新移转,尤其是在学术优势和科研力量的整合上出现了新格局。课题组在研究计划的推进中,及时吸纳青年学者、博士后及博士研究生加盟,一则充实了团队力量,二则通过课题的开展培养有志于从事数据库建设的人才。一年多来,各子课题组以协同方式开展了各自的研究计划,除完成元数据标准定制方案的阶段性成果外,还编制了系列化中外口头传统数据库案例和教科文组织关联文献结集专档,另有多篇学术论文发表。在此过程中,民文所与中科院团队竭诚攻关,在科技与人文的深度融合中培养了协同增效的工作氛围,大家亲密无间地开展跨学科的边界作业,这乃是课题组最大的收获之一。具体而言,从实地调研计划的实施到文献整理和分析,从海外在线平行数据库调研到专题化的资料学建设,从参与学术会议到"引进来、走出去"的中外学术交流,从适时举办课题组工作会议到保持微群工作坊在线讨论,以多重进路推进了课题任务的实施。2017 年形成口头传统元数据标准定制方案,2018 年完成口头传统元数据标准方案的修改、完善和审定——这一总体进度安排基本实现。以下,分述各子课题的进展情况。

1. 子课题一:"口头传统元数据标准建设"

元数据(metadata)最为广泛传播的定义是"关于数据的数据"(data about data),这是一个高度抽象的概念;在具体应用过程中,应根据实际描述对象的特点和具体使用来明确并细化。对于口头传统研究而言,口头传统元数据就是关于口头传统研究对象的描述数据,这些描述信息应当客观全面记录口头传统研究对象的性理特征,并根据数据生命周期提供数字化采集、著录、建档的技术支持,确保数据的保存、发现、获取和使用。课题组以 metadata(元数据)为关键词检索国际标准化组织概念数据库[①],有 798 个涉及元数据的标准资料,632 个元数据标准,有 166 个标准对"元数据"进行了定义。正是在前期预研工作基础上,课题组根据数据管理和应用的实际需求,调研了国内外相关元数据标准 50 余种,选取其中 20 余种相关标准进行整理分析,总结现有元数据的特点和不适用之处。从梳理元数据定义、元数据特点和分类出发,调研国外标准(按照标准规范与描述方法、核心元数据、领域元数据、博物馆元数据、图书馆元数据、档案元数据分类进行分析)及国家标准和业内规范,同时借鉴中国科学院专业领域数据标准和国家数字图书馆等国内的相关标准,重点分析研究方法和元数据构成,总结各元数据的特点和对本课题研究的借鉴意义,在此基础上形成了《国内外元数据标准调研报告》。

在标准调研基础上,课题组从口头研究对象和载体入手展开分析。口头研究对象甚为多样,各具特点。除了基本的学科分类外,口头传统研究的对象还包括承载这些口头表现形式

---

① ISO concept database:https://www.iso.org/obp/ui/,访问日期:2018—09—12。

的文化空间和民俗生活实践,以及传承人和实践者群体,涉及相关社区、群体或个人的价值观和文化认同。口头传统研究的资源对象最终会以文本、图片、音频和视频等多元媒体形式呈现。结合这些特点,以及当前应用需求及未来应用潜在趋势等,课题组采用文献调研、案例分析、专家访问等研究方法,与口头传统领域的专家学者进行了多次对话和交流,以深入理解口头传统元数据描述对象的存在形式及其特点,并归纳出田野研究的特征和科研人员的需求;同时,课题组还实地走访了中央电视台音像资料馆、国家图书馆"中国记忆"项目组,赴韩国学中央研究院调研数据库建设情况,参加海峡两岸学科信息化交流会、中国科学数据大会等学术会议,充分调研和吸取国内外的成功经验;课题组在前两者基础上结合元数据构建理论,对资料进行深入分析,以信息化手段梳理元数据标准的基本结构,总结归纳了元数据标准描述的核心要素,优化了口头传统元数据标准体系的结构,确定了口头传统元数据这一研究对象的描述模型以及描述方法,最终设计出以口头传统事件为中心,集合5类专有元数据和11类通用元数据的口头元数据标准体系,完成《口头传统元数据标准方案》的定制。

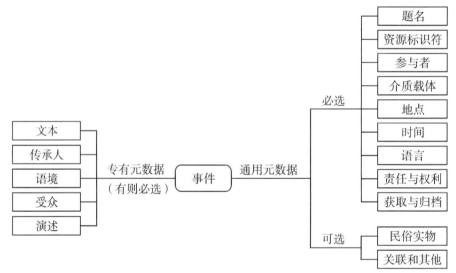

图1 口头传统元数据标准体系图

《口头传统元数据标准方案》历经多次修改和完善,最终确定"以事件为中心",并设计了16类元数据,255个描述元素,其中专有元数据5类,分别为文本、传承人、语境、演述、受众;通用元数据11类,其中必选项9类,包括题名、资源标识符、参与者、介质载体、地点、时间、语言、责任与权利、获取与归档;可选项2类,即民俗实物、关联和其他(见图1)。专有元数据包括85个描述元素,通用元数据包括170个描述元素。每个描述元素采用元素名称、英文标识、使用方式、使用频率、数据类型等描述方法。

2. 子课题二:"口头传统的田野采集规范与数字化建档规程"

"口头传统元数据标准建设"旨在为当下乃至未来的田野研究提供专业标准和数据环

境，在本课题执行过程中，需要充分考量信息传播技术的发展与科研人员开展数字化采集（音声、影像、图片、文本、实物）和数据著录的相关性、互连性及一致性。因此，与子课题一"口头传统元数据标准建设"和子课题三"口头传统数据资源描述模型与著录规则"实现衔接是一个重要前提。在相关专家的建议下，课题组需要厘清的基本问题包括但不限于：涉及文本、图片、音频和视频的相关著录规则有哪些？按专题进行数字化归集和数据集建档的数据管理与元数据标准有哪些？元数据登记及元数据登记互操作性、元数据内容一致性标准是什么？与 ISO 数据标准和 ICA 著录规则的兼容性如何？口头传统数据规范化采集、整理、入库和服务的专业标准、数据规范化整合的标准、数据资源的共享模式如何确立？最后，在尊重相关方权益（传承人与实践者、受众、田野采集者、田野协力者、数据使用人、研究机构、数字共同体、公共文化部门等等）的基础上如何开放共享等问题。

在课题推进过程中，课题组主要成员深度参与了文化部民族民间文艺发展中心主持的"中国史诗百部工程"的组织实施工作。该工程针对活形态史诗传统设定的相关数据采集标准和建档方案具有前瞻性和参考价值。与此同时，课题组在与国家图书馆"中国记忆"项目组的工作讨论会和相关培训工作中，也听取了该项目组参与组织"国家级非物质文化遗产代表性项目代表性传承人抢救记录工程"的经验和做法。在数字化归集和数据集建档的数据管理方面，我们重点参考了《UCLA 社会数据收集与归档管理规范（2011）》，中科院团队则负责研究 ISO/TC46/SC11 文件管理元数据系列标准。此外，在韩国实地调研中，课题组就田野采集及其数据标准进行了重点调研；回国后，课题组辅助人员宋贞子博士将《韩国口碑文学大系——改订·增补事业〈口碑文学现场调查及采录指南〉》译为中文，为课题的推进提供了实操性参考①。

《牛津英语字典》将"建档"（documentation）定义为信息的积累、分类和传播；或以这种方式收集的资料。在数字技术高度发达的今天，课题组针对的口头传统建档主要是利用摄影、录音、录像等现代技术手段记录、保存、呈现、获取口头传统表现形式和传统实践的证据提供过程；同时高度关注以书写、制图、标记、注解等任何传统方式进行记录的专业行为。专业建档因学术参与而有别于社区内部保存和传播其传统知识和传统文化表现形式的传统方式。课题组借鉴教科文组织《保护非物质文化遗产公约》所定义的"保护"（safeguarding）及其针对非遗的动态性和活态性所建立的"过程性保护"及其操作框架，基于"过程性建档"的基本理念来设计和编制田野数据采集方案。我们所强调的"过程性建档"尤为关键，因其往往是传承圈之外的人们获取口头传统存续力现状和口头交流实践的基本方式。因此，以田野研究为出发点，并以交流事件为中心的数据采集作业及其多层面和多维度（图文影音、实物、文本与语境、演述人及其受众、人文生态、风物遗址、自然空

---

① 韩国学中央研究院和韩国国立民俗博物馆的同行本着开放、共享的理念，为调研团赠送了他们项目实施的相关资料，包括《韩国口碑文学大系——改订·增补事业〈口碑文学现场调查及采录指南〉》《口碑文学调查方法》《韩国口碑文学大系（1979—1985）资料收集及分类》《韩国口碑文学大系——改订·增补事业参与研究者研讨会资料》《民俗档案资料管理手册》以及一些根据已建成的"韩国口碑文学大系"数据库数据产出的口碑文学资料和研究成果。在此，我们谨代表课题组全体成员向韩国同行们致以由衷的谢忱。

间、纪念地等）的建档流程，势必需要制定过程性的田野采集规范和数字化建档规程，并保证持续性更新和不间断的内容维护。

口头传统田野研究要求我们要从采集与语境两个维度来高度关注民俗学的"证据提供"（documentation），也就是说要纳入田野研究的一系列操作性环节，包括田野作业（fieldwork）、访谈（interview）、田野笔记（fieldnotes）、田野誊录（transcribing）、田野报告（reporting）、田野迻译（translating）、田野的文本化（textualizing）到最后形成一个系统的田野归档（archiving，包括田野文献识别、获取、处理、存储和传播等），才能最终支撑起被呈现、被阐释的文本。① 在田野实地工作中，只有经过这一完整的、有步骤的、充满细节的工作进程，才能最终提供并支撑一种能够反映口头传统特质的，以演述为中心的民俗学文本及其文本化制作流程。与此同时，我们还将事先知情同意原则、权利让渡的获取，以及建档涉及的学术伦理纳入了田野采集规范的编制范围。

截至目前，课题组按计划配合元数据标准研发各阶段的工作，针对标准应用环节（数字化建档人员），根据口头传统研究专业元数据标准和著录规则的定制需求，研究、设计和编制符合数据质量控制要求的田野采集标准和资料建档规范，初步完成《口头传统田野数字采集工作手册》，包括《口头传统田野调查问卷》《民族志访谈问题表》《口头传统摄影、拍摄、录音、实物采集技术标准》《田野资料著录规范、操作规程》《事先知情同意书》《权利让渡书》。下一步将参照学科田野作业规范和相关工作模型，组织学科内专家、标准专家和数据库专家协同制定《口头传统的田野采集规范与数字化建档规程》（含口头传统数据数字采集质量管理规范与入库验收标准），达成对田野数字采集的质量进行有效的控制和管理的目标。

3. 子课题三："口头传统数据资源描述模型与著录规则"

本子课题要解决的主要问题是数据著录质量的控制和管理，针对采集→入库→集成的流程中的著录细则形成过程性方案。课题组配合子课题组一定制《口头传统元数据标准方案》和子课题组二定制《口头传统的田野采集规范与数字化建档规程》，负责定制具体应用的数据描述模型、著录细则、操作规程和验证办法，同时组织学科内专家、标准专家和数据库专家协同编制著录工作流程方案，以达成对数据质量进行有效控制和易于管理的目标。本子课题采纳的研究方法主要以分析音影图文档案的国家标准、行业标准及相关的著录规范为线索，同时参考国内外相关数据库的描述型元数据标准及其采纳的著录工具、既有经验和实例。

在实地调研和工作讨论中，我们先后对中央电视台音像资料馆的音视频著录工作、国家图书馆"中国记忆"项目的视频信息著录方案，以及韩国学中央研究院"韩国口碑文学大系"的著录规则进行了重点研究。基于强调数据资源描述与语境的关联，在课题执行中，我们重点参考了国际档案理事会专家组（EGAD）基于档案原则记录描述的新标准《语境中

---

① 廖明君、巴莫曲布嫫：《田野研究的"五个在场"——巴莫曲布嫫访谈录》，《民族艺术》2004 年第 3 期。

的记录：概念模型》（RiC—CM 1.0）。该标准旨在协调、整合并建立在现有的四个标准 ISAD（G）、ISAAR（CPF）、ISDF、ISDIAH 的基础上。EGAD 还通过已建立的和新兴的通信技术，特别是比更成熟的标记和数据库技术更具表现力的语义技术，且越来越多地用于在不同的描述系统中互连描述，以提供跨文化遗产领域的资源集成访问。国内方面，我们参考了国家标准《GB/T 3792.4—2009 文献著录第 4 部分：非书资料》、档案行业标准《DA/T18—1999 档案著录规则》，国家图书馆的图像、音频、视频资源元数据规范和著录规则，以及《GY/T 202.1—2004、GY/T 202.2—2016 广播电视音像资料编目规范》。然而，从多级描述到多维描述，我们还需高度关注口头传统研究的特色数据涉及语言、文类、形式、结构、母题、功能、意义、程式、典型场景、故事范型、音声范型等多方面的学理尺度，同时还需对接数据的语境关联和特定的文化表现形式与文化空间要素，包括演述人、受众及多元行动方。因此，在课题实施过程中，我们特别关注口头传统多元化信息的著录、处理与互通问题，同时将多语种的拉丁转写和汉文翻译誊录的数据化流程纳入元数据标准建制环节和试验环节。

在课题执行进程中，课题组配合元数据标准研发各阶段的工作，针对标准应用环节（多元化的用户对象），确定口头传统研究专业元数据标准和著录规则的定制需求，研究、设计和编制符合数据质量控制要求的数据描述模型样本和著录规则；参照学科基本研究范式和相关的描述—分析模型，已初步编制出《口头传统数据描述标准及操作规程》《口头传统数据质量控制规范》《口头传统研究数据著录细目》。下一步，课题组将在田野验证和数字化建档的基础上选择数据种类和数据量，厘定数据描述模型的多重维度，确定著录细则要求。著录细则将基于子课题一定制的《口头传统元数据标准方案》进行编制，涉及 5 类专用元数据（85 个描述元素）和 11 类通用元数据（170 个描述元素），依托中国科学院计算机网络信息中心课题组搭建的实验环境加以测试、校正、改进和完善，以提升数据整合质量和数据集成管理技术指标，最终完成《口头传统描述规范和著录细则》，为推出高质量的专题化、系列化和精品化的描述性数据集样本奠定基础。

以上是三个子课题组的研究进展情况。2018 年 8 月和 9 月，课题组围绕《口头传统元数据标准方案》的适用性和可操作性，前往内蒙古鄂尔多斯伊金霍洛旗和贵州省紫云县开展田野验证工作。8 月调研主要围绕成吉思汗祭典之"苏德勒大祭"（入秋祭）和成吉思汗祭歌而展开，按"事件前—事件中—事件后"三个环节组织参与式采录工作。9 月调研，则以贵州麻山苗族口头传统为重点，采取随机调研方法。幸运的是，课题组既遇到了保穆（仪式师）黄小华老人主持的三次小型治疗仪式，同时也赶上了大型丧葬仪式的重要进程——守灵唱丧——由众多东郎参与的《亚鲁王》史诗演述。两次验证调研，一北一南，对于课题组认识仪式与口头传统的关系，以及如何在不同的仪式场合中记录口头传统文类都提供了有益的参考，有效地推动了本课题对于口头传统元数据标准的完善。在进入田野验证之前，以及在整个田野调查过程中，信息著录的可操作性一直都是反复被讨论的重要关节，而验证相关元数据标准在田野工作中使用效度反过来也会校正乃至修正相关标准的定制。结合两次田野验证工作来看，课题组也从具体口头传统的数字化建档实践中形成了如下共识：

（1）使用现代录音、录像设备的技术实践应当纳入朝向未来的口头传统数字化建档的能力培训范畴。（2）实现田野采录和信息著录的同步操作，在田野调查点完成相关信息著录是口头传统数字化建档的重要工作步骤。（3）田野实践是不断修正、补充和完善信息著录工作规则的必要检验过程，同时也是口头传统标准体系建设过程中的必要环节。

下一步，课题组将采用国家标准研制的"三稿两审"的标准工作流程对口头传统元数据进行严格的学术把关和质量把关，通过原型实验系统验证，对元数据标准方案进行修改完善，组织专家进行审核，正式发布并推广实施。具体实验方案包括："以数据库为方向"，以"重整合、易检索"为原则，结合民文所信息化建设的实际，并以既有的"四库五站"工作流程为基础，搭建数据库管理/网络发布的测试环境，通过数据植入和整合测试元数据标准的应用效能，遴选部分音影图文数据进行样本化的处理、存储、传输、响应、反馈等阶段的测试、校验和完善元数据标准，达成少数民族口头传统音影图文资料跨媒体交互检索的目的。

三、从边界作业到数字共同体：问题与挑战

本课题的挑战主要来自两个方面：一是针对活形态口头传统田野研究的专业元数据标准建设在国内外尚无前例。课题组在标准调研中发现大多数的元数据标准是基于既有的模拟资源、数字资源或网络资源而设定，尤其是许多标准其实是数字化标准，缺乏成熟、通用的异构数据融合管理技术。二是由科研人员个体来完成这些数据的采集、著录和更新，所需时间成本和精力对于每一个人来说都是难以承受的。

在本课题的开题报告会上，许多专家学者提出了诸多建设性的意见[①]。针对著录标准问题，中国人民大学信息资源管理学院梁继红提出，元数据标准建设对于这样一个高端定位的研究型数据库来说是非常关键的工作，建议用数字人文领域提供的一些知识挖掘工具来处理部分著录工作，档案学可以为著录规则提供一些借鉴。中国国家图书馆"中国记忆"项目负责人田苗认为元数据标准的制定要考虑将来的应用领域以及与其他资源库的融合，在描述著录力度上要考虑经济成本效率，建议项目开发移动端应用。

课题实施以来，中国人民大学安小米专门就标准方案的设计提出两方面的书面指导意见：一是三个子课题间的逻辑结构关系待进一步斟酌，三个子课题活动目标及对象和任务不同，标准内容不同，并非简单的定制、校验和应用关系顺序关系，如何产生综合集成整体效应。二是标准研究与一般的学术研究不同，如何将学术研究与标准工作研究统一起来确有难度；而预期成果和研究流程及方法不同，标准研究周期较长，立项时预期研究成果过多，需

---

① 郭翠潇：《2016年国家社会科学基金重大项目"中国少数民族口头传统专题数据库建设：口头传统元数据标准建设"开题报告会综述》，全国哲学社会科学工作办公室网站：http://www.npopssen.gov.cn/n1/2017/0418/c351660—29219028.html，访问日期：2018—09—12。

明确重大的关键性问题,尤其是对标准类知识生产有重大影响的突出性研究成果当是首先要考虑的权重问题。尤其是现有国际标准如何与中国多民族、多语言、多样态的口头传统资源及其体现的文化多样性榫接,标准的适用性与适应型改进原则,新增数据元素及考虑因素,亦当涉及语言资源管理的 ISO 标准及中国实践。口头传统数据资源作为人文学术和科研领域的特色数据确有其专业规定性。安小米还建议课题组以数字连续性管理与知识服务联动机制构建为指导,考虑前瞻性、前沿性、先进性、实用性,标志性成果当以入库前田野数字采集规程和入库后著录细则为导向;以大数据思维和手段服务科研;考量新的数字人文建构和少数民族口头传统的本体建构及诠释;在新的话语规则构建中注重话语权与数据库建设的学术伦理问题。这些建议是我们认识问题所在和采取改进措施的良策。

我们认为,参考国际 FAIR (Findable, Accessible, Interoperable, Reusable) 数据原则框架,建立科研型资源—特色数据—项目—事件—文本—语境—传承人—受众(社区、族群)—专家学者—田野协力人—研究机构—公众社会之间的多维互动关联,最终通过数据集建档和可视化在线平台对这些关系进行映射和呈现,以资源共享模式搭建动态的知识管理和分享平台,确实是我们应当面对的挑战。但就目前的课题实施进度和经费支持而言,尚难做到采用知识挖掘工具、开发移动端设备和建设可视化管理平台。这些任务将纳入今后的数据库建设工作中加以实现。

在口头传统研究领域,科技与人文的协同攻关早有前例。埃尔默以哈佛大学"米尔曼·帕里口头文学特藏"的历史沿革、主要成就及晚近发展为主线,从以下三个方面讨论了口头史诗传统的数字化建档实践及其在多学科研究领域的潜在应用价值:其一,技术创新与田野作业的问题导向;其二,田野资料的组织管理、数字化进程及在线数据库的创建;其三,方法论的挑战与建设数字语料库的可能途径。[①] 其中,田野作业的问题意识与创新技术手段的学理性讨论,也正是帕里留给口头传统数字化建档的生动案例。课题组成员郭翠潇对西方学界提出的"计算民俗学"(computational folkloristics)这一新概念进行了追踪和考察。坦盖利尼(Timothy R. Tangherlini)等人认为以计算机算法为研究方法的民俗研究属于计算民俗学;其方法论涉及民俗研究的全过程和民俗档案的全生命周期,事关从采集、立档、存储、分类、索引、检索,到呈现、利用、分析解释乃至分析工具的开发。[②] 在信息和传播技术高速发展的今天,"计算民俗学"无疑大有用武之地,对中国民间文学、民俗学及少数民族文学的数字化建档和数据库建设也有可资参考的实践论价值。口头传统档案库建设面临的主要问题包括但不限于以下挑战:(1)极度缺乏兼通民俗学理论方法论和信息技术的边界作业人才;(2)相关民俗文化资源数据库开放程度不够,可资利用的全文检索语料库不多;(3)专业元数据标准定制滞后于数据库建设及其带来的研究型数据质量不高;(4)人文和科技的跨学科深度融合不足,基于学科专业要求的数字人文项目缺乏。在大数据时代,

---

① (美)戴维·埃尔默:《米尔曼·帕里口头文学特藏的数字化:成就、挑战及愿景》,李斯颖、巴莫曲布嫫译,《民族文学研究》2018 年第 2 期。
② 郭翠潇:《计算民俗学》,《民间文化论坛》2017 年第 6 期。

这些瓶颈问题尤其是科际整合、边界作业、数字共同体意识当引起学界和政府相关部门的重视，相关的理论方法论讨论也亟待从认识论和实践论两个层面切实展开。

本课题是中国社会科学院和中国科学院两个下属专业机构首次开展正式合作，也就是我们所强调的基于功能性互补的跨学科边界作业。① 诚如朝戈金指出的那样，"这种跨领域的合作，也体现在中国社会科学院民族文学研究所和中国科学院计算机网络信息中心。我们发展了一个新的合作项目，要展开学科互设意义上的边界作业，在一些方面大大推进、分步建成具有中国本土多样化的少数民族专题数据库。"② 应当说，21 世纪以来，以民文所引领的史诗研究在口头传统的学术格局中形成了全新的定位，并在本土化实践中从偏重民间文学的文本研究走向口头诗学的田野研究。而中国史诗学的制度化经营，口头传统专业化的主导原则和实践路径也在推动学科发展的过程中超越了既有边界，使人文学术的知识生产呈现出跨界重组的动态图景。③ 中科院课题组成员提出基于科学数据对象（SDO）进行一体化设计的完整解决方案，分别从分布式数据汇聚、集成组织管理和统一数据共享服务三个层面进行了自下而上的框架体系设计、关键技术研究和系统化的研发设计。④ 这种体系建设思路对本课题今后的拓展也有参照价值。

从田野工作到资料搜集，从个案研究到理论阐释，口头传统研究作为一个学术共同体都需要形成一个能让大多数学者协同努力的学术范式，同时要立足于多民族的文化传统来思考理论和方法论建构，尤其是要考虑到口头和非物质文化遗产保护是一个系统化工程，其间学术共同体也当肩负起自己的历史使命和学术责任。在田野基地的建设中，我们提出并实践了与地方政府、社区、传承人和民众进行多元化协作的工作方式；在科研项目中，我们也同样重视与各地学术机构和专家学者的长期合作。那么，在信息化建设中，我们的资料库和网络建设也同样需要广开思路，打破地区与机构的条块分割，以积极、主动、平等的姿态，实现更全面、更广泛的数字合作，从而参与知识共同体的建设。

"知识中的伙伴关系"及其重要性确实事关重大。值得述及的是，韩中日三国会议"亚洲口传文学档案网络"于 2011 年在韩国学中央研究院成功召开，标志着口头传统领域区域性知识共同体的出现。2018 年 5 月，本课题组赴韩国访问交流，在韩国学中央研究院、韩国国立中央博物馆、韩国国立民俗博物馆就口头文学的元数据标准和数据库建设开展了调研和座谈，取得了丰厚的教益：（1）对口头传统专题数据库建设的原则和技术路线有了更清晰的认识。韩国的口碑文学大系第二期历时 10 年，从田野采录到数据库建设的每一步都形成了规范的操作指南，元数据标准贯穿始终，具有很高的借鉴价值。（2）在元数据标准定

---

① 这里，本文作者向课题组全体成员致谢，感谢他们的积极参与和重要贡献，恕不一一具名。此外，还要特别感谢三位子课题负责人，他们是中国科学院计算机网络信息中心研究员胡良霖、中国社会科学院民族文学研究所研究员吴晓东和王宪昭。
② 朝戈金：《科技在黑暗中探索，人文烛照道路》，腾讯新闻，2017 年 11 月 19 日。
③ 巴莫曲布嫫：《中国史诗研究的学科化及其实践路径》，《西北民族研究》2017 年第 4 期。
④ 刘峰、陈昕、朱艳华、夏景隆等：《基于 SDO 的一体化数据汇聚、管理与服务体系建设思考与实践》，第五届中国科学数据大会，2018 年 7 月 24 日至 27 日，黑河，http://dc2018.codata.cn/，访问日期：2018 年 9 月 9 日。

制方面,韩方的先行实践结果表明,元数据著录的实操可行性重要性高于元数据的"完备",元数据项不可过于繁琐。(3)对于专题数据库而言,首先追求的是高质量、专业的数据而不是体量大、质量低的数据。(4)坚持开放、共享是数据库建设的重要原则,应整合资源、打破壁垒,同时面向学术界和公众,最大限度实现资料的价值。(5)在数字时代,应将田野调查资料首先建成数据库,再从中甄选出一部分出版成纸质书籍。这一点对中国正在推进的很多民间文学调查出版项目极具借鉴价值。2018年10月10日至12日,韩国学中央研究院语文生活史研究所主办的"2018年数字时代的口碑文学"国际学术会议在韩国京畿道城南市召开。来自韩国、中国、芬兰、肯尼亚、罗马尼亚等国的学者和硕博研究生,就"韩国口碑文学大系的数字化编纂""数字化平台的《韩国口碑文学大系》改订·增补""韩国口碑文学大系改订·增补事业—田野调查团概要""芬兰的口头传统搜集与计算民俗学的发展""肯尼亚的口头文类的数字化""罗马尼亚的口头文学搜集""口头传统专业元数据标准定制""作为国家记忆的口头传统"等8个主题展开了富有成效的研讨交流;其间,本课题组"以事件为中心"的元数据标准定制方案也得到了国际同行的高度认可。

综上所述,人文社会科学的合作在今天已经产生了新的意义。"合作"不能仅仅停留在机构之间、学者之间或机构与学者之间,"合作"也不单单是学术交流活动所能涵盖的。举凡涉及田野作业的学科,如民族学、社会学、人类学、民俗学等,都要面对相关的族群和社区,以及那里的民众和他们的文化利益,参与其间的学者和机构都应思考合作与对话中的多向性互惠、学术伦理及知识共同体的社会义务。因此,在文化自主权和文化权利保护的向度上讲,我们也应该争取更广泛的社会参与。那么,在学术共同体与知识共同体之间,我们需要构建"数字共同体",才能在非物质文化遗产保护工作中形成合力,在信息化建设中发展知识生产的协作伙伴关系,创建新型的信息共享模式。

小 结

我们认为,至关重要的问题是研究范式的转换和知识观念的更新。通过"数字共同体"重建口头传统研究的"知识共同体"就要思考"为什么"和"怎么样"的问题,而不仅仅只是在文化属性上界定"是什么"的问题,这正是学术共同体的任务。自1980年建所以来,民文所学者在一些重要的口头文类及其文化传承方面做出了IEL这个学术共同体应有的努力和贡献;老中青三代学者的探索在某种意义上也揭示了中国口头传统的差异性、多样性和复杂性。由此,我们深感任何一个单独的研究机构及其学术力量都显然不足以胜任对之进行纵深的全面搜集、保存、保护和研究。但是,正是这种实际工作中的"距离"给IEL与CNIC两个团队留下了创造性的空间,那就是按照"资料库/基地/网络"三位一体的发展规划,逐步构建中国少数民族文学研究的"数字共同体",以制度化的科际合作和边界作业拓展出空间更为广阔的知识共同体。诚然,除了具体的技术问题、民间文化知识产权问题、知识生产的学术伦理问题,以及信息化标准问题需要慎重应对之外,我们面对的核心挑战便是创造一种新型的知识生产观念——构建口头传统信息的公共领地，使之成为维系世界文化多样性和人类创造力的共享资源和共同财富。那么，从"学术共同体"到"数字共同体"再到"知识共同体"，其间的距离并非一步之遥；在科技与人文深度融合的今天，基于"数字共同体"的"边界作业"更应发挥其不可或缺的关键作用。

（原文载于《民间文化论坛》2018 年第 6 期）

非物质文化遗产建档标准的建设：
国外经验与中国对策

戴旸[*]

全球范围内非物质文化遗产（以下简称"非遗"）建档保护的持续推进促成了非遗建档标准重要性的提升，如何以科学的标准指导非遗建档高效、规范化实施已成为各国关注的重要内容。上世纪五六十年代以来，联合国教科文组织、日本、美国、加拿大等国际组织与国家从国家、地方及行业层面开展起非遗建档标准的建设实践，为国际或本国的非遗建档、非遗保护注入了强劲动力，使其呈现出稳步推进、持续走强的局面。基于这些标准及其建设的理论总结与经验分析，对我国非遗建档标准的构建与完善，同样有着重要的启示和借鉴意义。遗憾的是，在我国2013年以来开展的非遗、非遗建档标准研究中，为数不多的研究成果多从本国自身角度探讨非遗、非遗建档标准的建设举措，如严菁[①]、周耀林等[②]对青海省非遗标准体系、非遗资源长期保存标准体系框架的设计；叶鹏[③]、许鑫[④]、张勇[⑤]等对我国非遗档案资源元数据标准完善与推广的构思；对国际、国外非遗、非遗建档标准成果的系统梳理却始终未曾展开，我国缺乏对国际、国外标准建设的全局认识和整体归纳。为此，本文将从这一基础性研究工作入手，总结国际、国外非遗建档标准建设的特征与经验，提炼适合我国的优化对策。

一、国外非遗建档标准的建设及其特征

非遗建档标准建设是以非遗建档过程中实际或潜在问题为对象，通过制订、颁布、贯

---

[*] 戴旸，安徽大学管理学院副教授。
[①] 严菁：《非物质文化遗产标准体系研究——以青海省为例》，《标准科学》2013年第8期。
[②] 周耀林，李丛林：《我国非物质文化遗产资源长期保存标准体系建设》，《信息资源管理学报》2016年第1期。
[③] 叶鹏，周耀林：《论我国非物质文化遗产档案元数据的创立思路与语意标准》，《忻州师范学院学报》2014年第2期。
[④] 许鑫，张悦悦：《非遗数字资源的元数据规范与应用研究》，《图书情报工作》2014年第21期。
[⑤] 张勇，蔡璐，李月明：《非物质文化遗产数字资源元数据标准应用的研究和思考》，《图书馆》2016年第2期。

彻、实施相关系列标准，形成最佳的建档秩序，获得最佳的建档实践。在联合国教科文组织、日、美、加等重要国际组织与文化强国中，非遗建档标准的建设均取得了突出成绩，成为非遗建档深入发展的重要保障。

1. 联合国教科文组织

作为国际非遗保护、非遗建档的倡导者与组织者，联合国教科文组织通过《保护世界文化和自然遗产公约》《实施世界遗产公约的操作指南》《保护非物质文化遗产公约》《非物质文化遗产术语表》及"人类口头和非物质文化遗产代表作名录"遴选标准构建起国际非遗建档的基本执行准则。文化遗产标准的普遍指导和制订专门标准相结合是其呈现的主要特征，具体内容涉及术语规范、建档实施和价值评估三方面。

术语规范是标准化实施的基础与前提。联合国教科文组织颁布的首部正式、专门性标准——《非遗术语表》（2002）就是对术语的明确与统一。标准将"非物质文化遗产"确定为国际唯一通用的称谓，以条目形式阐释了非遗主要文化表现形式、非遗保护的重要性，以及建档等具体保护措施[1]，国际非遗工作自此取得了共同的语言。联合国教科文组织对建档实施的规范体现于2003年的《保护非物质文化遗产公约》。公约规定了遴选建档对象和建档顺序的主要标准为"濒危""亟待保护"和"重要价值"三原则；建档前要"拟定清单""编制规划"，指定专门机构实施；建档需综合运用科技、技术、艺术等方法，并在法律、技术、行政和财政上予以保障[2]。

非遗价值的评估是联合国教科文组织在标准建设中关注较多的内容。未有专门标准前，联合国教科文组织采纳了文化遗产的标准，将《保护世界文化和自然遗产公约》（1972）中的"艺术成就"和"创造性"，以及《实施世界遗产公约的操作指南》（1977）中的"突出普遍价值"和"代表人类创作精神的杰作"，作为评定非遗价值的依据[3]。本世纪初，"人类口头和非物质文化遗产代表作名录"遴选标准颁布，非遗价值的评估标准被总结为"存在形式高度集中""具有突出价值""生存状况不利"等七个方面[4]；随后的《保护非物质文化遗产公约》又进一步凝练为"独特文化形态""依附性""濒危"等五个方面。

2. 日本

日本是开展非遗工作较早的国家之一，在"文化立国"国家战略推动下，日本比其他国家更早开展了非遗建档标准的建设，"政府主导"是其实施的主要模式，文部省文化遗产保护委员会是其建设的主要机构，内容涉及非遗的认定及保护措施的推介上。

---

[1] Mutual Cultural Heritage｜National Archives of the Netherlands. http://en. nationaalarchief. nl/international-cooperation/mutual-cultural-heritage—0. 2016年5月6日。

[2] UNESCO Culture Sector-Intangible Heritage—2003 Convention. http://www. unesco. org/culture/ich/index. phplg = en&pg = 00006. 2016年6月8日。

[3] 史晨暄：《世界文化遗产"突出的普遍价值"评价标准的演变》，《风景园林》2012年第2期。

[4] 李墨丝：《非物质文化遗产保护法制研究》，华东政法大学博士学位论文，2009年，第13页。

日本的非遗保护实施的是无形文化遗产和无形民俗文化遗产的分类别保护,"建档"是无形民俗文化遗产的主要保护措施。1951年的《应采取助成措施的无形文化遗产的指定基准》将是否"具有典型意义"作为无形文化遗产认定的主要标准,确定"重点指定"制度为"助成"无形文化遗产的主要手段。1954年的《重要民俗资料指定基准》和《应采取记录措施的无形民俗资料的指定基准》,将"体现民众基础生活的特色,与民众生活密切相关"作为无形民俗文化遗产认定的标准,将"记录"和"建档"作为主要的保护措施[1]。在非遗传承人和传承团体的认定上,《重要无形文化财指定以及保持者与保持团体的认定标准》(1954)确定了"艺术价值特别高""艺术史上占有特别重要的地位""在地方或流派方面特色显著者"等主要标准[2]。

3. 美国

在对非遗具体文化表现形式的理解上,以欧美加澳为代表的西方国家和亚非拉等国有着较大的区别,前者认同的是民俗与民间创作,后者则侧重于音乐、舞蹈和仪式,认识上的分歧带来的是非遗工作具体内涵与侧重点的不同。美国的非遗保护集中对本国民俗资料的保存与建档,隶属于美国国会图书馆的美国民俗中心是最主要的执行机构,其制订的《文化遗产建档指南》对本国的非遗建档有着普遍指导作用。美国民俗中心的建档实践充分运用了田野调查、实地访谈和文化调查等人类学与社会学研究方法,数字录音和摄像技术也被很好融入其中。《文化遗产建档指南》总结并推荐了这些成功做法与经验,介绍了田野调查、口头访谈的技巧与方法,调查笔记与访谈总结的撰写格式,拟定了记录日志的写作提纲,强调了建档过程中知识产权保护的重要性[3]。

4. 加拿大

加拿大的非遗建档标准建设呈现出的是"政府重心下移、地方多元创新"的特征,标准的实操性更强。国家层面的标准有《非遗建档过程中信息采集的问卷格式》,从采集方式、采集对象、采集步骤、知识产权的保护、建档形式等方面拟定了非遗信息采集的主要格式。[4]

地方层面,从事非遗保护、非遗建档实践的地方性高校、研究机构、民间团体承担了主要职责。纽芬兰省的纽芬兰和拉布拉多遗产基金会制订的《非遗田野调查指导性表格》,从

---

[1] 王晓葵:《日本非物质文化遗产保护法规的演变及相关问题》,《文化遗产》2008年第2期。
[2] 张松:《非物质文化遗产的保护机制初探——基于中日比较视角的考察》,《同济大学学报:社会科学版》2010年第6期。
[3] Cultural Documentation Guidelines, (The American Folklife Center, Library of Congress). http://www.loc.gov/folklife/edresources/ed-trainingdocuments.htm. 2016年5月6日。
[4] Case Study:Memorial University's Digital Archive Initiative-Digitizing Intangible Cultural Heritage:A How-To Guide | Find Resources | Canadian Heritage Information Network. http://www.rcip-chin.gc.ca/carrefour-du-savoir-knowledge-exchange/patrimoine_ immateriel-intangible_ heritage-eng.jsp?page=etude_ cas_ case_ study. 2016年5月13日。

文化学、人类学视角，对非遗调查、书面与口头访谈、信息采录、数据的整理与规范，以及数据的分析与展示等做出了规范。纽芬兰和拉布拉多纪念大学依托伊丽莎白图书馆的"数字档案倡议（DAI）计划"颁布了《非遗建档数字化执行指南》，提供了一套非遗数字档案内容描述的方案，依次包括：信息提供者的名称、信息提供者的传记信息、收集者的名字、项目描述、数据收集、收集地点、搜索主题、格式、类型等。[1]

5. 其他

此外，一些国际、区域性组织或国家也着手建设非遗建档标准。世界知识产权组织的《非遗建档、记录和数字化指南》（2007）规范了非遗建档、记录与数字化的政策、程序及具体实践。[2]欧洲委员会的《文化遗产保存与建档指南》（2009）肯定了文化遗产建档与存储的重要意义，提出了具体措施。[3]致力于苏格兰非遗建档保护与实践工作的苏格兰博物馆画廊组织颁布的《非遗的定义与描述：相关艺术品报告》（2009）阐明了非遗的定义，并对苏格兰地区非遗建档的具体步骤、执行模式加以推介。[4]匈牙利先后制订的《非遗保存与记录标准》和《非遗题名撰写格式》，也对非遗建档程序、非遗档案信息的内容、著录格式做出规范。[5]

二、国外非遗建档标准建设的基本经验

1. 非遗立法为标准建设奠基

国际、国外的非遗建档标准很大程度上借鉴并吸纳了非遗立法，将两者做内容上的比较，发现在主要涉及面和具体表述上都是一致的。联合国教科文组织颁布的系列法规，《保护民间创作建议案》（1989）、《人类口头与非物质遗产代表性条例》（1997）、《伊斯坦布尔宣言》（2002）、《世界文化多样性宣言》（2001）、《保护和促进文化表现形式多样化公约》（2005）肯定了非遗的重要价值，重申了非遗保护的要义，提出了建立非遗名录、"建档"

---

[1] Intangible Cultural Heritage | Training. http://www.mun.ca/ich/documenting/training.php. 2016 年 5 月 13 日。

[2] Guidelines for Documenting, Recording and Digitizing Intangible Cultural Heritage-IFACCA, the International Federation of Arts Councils and Culture Agencies. http://www.ifacca.org/publications/2007/11/05/guidelines-for-documenting-recording-and-digitizin/. 2016 年 5 月 6 日。

[3] Guidance on inventory and documentation of the cultural heritage-IFACCA, the International Federation of Arts Councils and Culture Agencies. http://www.ifacca.org/publications/2009/03/23/guidance-inventoryand-documentation-cultural-heri/. 2016 年 5 月 8 日。

[4] D'Art report: Defining and Mapping Intangible Cultural Heritage-IFACCA, the International Federation of Arts Councils and Culture Agencies. http://www.ifacca.org/publications/2009/02/15/dartreport-defining-and-mapping-intangible-cultur/. 2016 年 5 月 8 日。

[5] Hungary Intangible Cultural Heritage. http://szellemiorokseg.hu/eng/index.php?menu=22&m=nemzeti. 2016 年 5 月 6 日。

保护的主要模式。日本的《文化财保护法》（1950）规定了"登录"和"记录保存"等制度；世界知识产权组织的《世界知识产权组织表演和录音制品条约》（1996）、美国的《印第安艺术和手工艺法》强调了对非遗拥有者知识产权和文化权利的维护，立法为标准建设提供了重要的法律保障和内容导向。

2. 理论建构向实际操作的逐步转化

国际、国外非遗建档标准的建设经过了一个从理论建构向实际操作逐步转化的过程。早期的理论建构解决"是"的问题，从称谓、概念、内涵等层面条分缕析地形成了非遗的基本理论框架，进而对非遗是否需要保护，建档方式是否科学展开了理论探讨。实际操作涉及"做"的问题，侧重于对建档方法、模式及技术的探究与总结，有对整体执行方案的设计，有对特定建档模式的呈现，也有对重要技术、关键环节的推广与规范。理论建构实现了国际、国家范围内非遗、非遗建档认识上的统一；向实操层面的探索与转化则是对理论的进一步活化，体现着保障并推进非遗建档深入与完善的良好诉求。

3. 采纳并借鉴相关领域标准

作为一项上世纪才逐步开展起来的事业，国际、国外形成的非遗建档专门标准在数量及内容覆盖上仍是有限的，为了更好地指导并规范刚刚起步的非遗建档工作，部分文化遗产领域的标准，如《保护世界文化和自然遗产公约》《实施世界遗产公约的操作指南》等被采纳和借鉴到非遗建档工作中。随着非遗数字化建档的展开，非遗数字档案的增多，国外也开始吸收图书档案管理领域、博物馆考古领域的标准，如美国国会图书馆 FADGI 系列标准中的《文化遗产的图像数字化技术指南》，盖迪基金会联合 AITF 艺术信息工作组制订的用于艺术品作品描述的元数据标准 CDWA，美国国会图书馆联合美国视觉资源协会发布的用于描述艺术可视化资源、数字资源扫描的 VRA Core，以及国际博物馆协会制订的文化遗产领域的概念参考模型 CIDOC CRM 等，这些标准对非遗数字化建档的持续推进发挥了重要作用。

4. 多主体参与的建设模式

国内学者在比较国内外标准建设时，多肯定国外标准建设体制上的优势，这一优势同样存在于国际、国外非遗建档标准建设中。除日本是由政府主持本国早期非遗建档标准建设外，美国、澳大利亚、苏格兰等都未曾囿于政府这一单一主体，一些从事非遗建档实践的主体，如美国民俗中心、纽芬兰拉布拉多遗产基金会、纽芬兰和拉布拉多纪念大学等都成为标准的建设主体，他们将自身成功经验、科学做法上升为最佳实践，形成标准在本国或国际范围内推行与通用。联合国教科文组织、世界知识产权组织、欧洲委员会等在全球或区域范围内有着重要影响力的组织，也在标准建设与推行中承担着重要职责。

三、优化我国非遗建档标准的对策建议

对国际、国外非遗建档标准建设特征与经验的总结和分析,启迪着我国去透视并发现自身存在的不足,进而在国际、国外的正面影响下针对性地加以优化。

1. 我国非遗建档标准建设的主要症结

(1)起步较晚,数量较少。我国的非遗建档标准建设是在2005年以后随着实践工作的深入才逐步开展起来,较之于联合国教科文组织、日本等要晚。已颁布的标准,有中国民族民间文化保护工程中心主持,集合国家统计与标准化管理研究机构、文化部相关部门以及众多专家学者力量制订的《中国民族民间文化保护工程普查工作手册》,以及在此基础上由中国艺术研究院和中国非遗保护中心2007年修订颁布的《中国非遗普查手册》、山东省非遗保护中心的《山东省非遗普查验收标准》、湖南省文化厅的《湖南省非遗普查验收标准》和温州市群众艺术馆制订的《非遗普查标准》、云南省昆明市档案局的《昆明市档案局馆非遗档案分类表》和《昆明市档案局馆非遗档案机读目录数据库结构格式》,数量不多,与非遗建档直接相关的仅昆明市档案局的两项,其余属非遗领域标准,虽对非遗建档有一定指导作用,但专指性不强。

(2)内容覆盖面窄,针对性不强。从时间上看,我国非遗建档标准的制发与颁布多同步或滞后于实践,在前瞻性上略显不足。标准的内容仅涉及非遗普查、采集与分类,以及非遗档案的分类和初步信息化,这是我国初级阶段非遗建档、非遗保护的主要工作,一些深层次的工作,如非遗档案的整理、鉴定、保管和利用等,实践尚未开展,标准建设也就没有涉及。同时,专门针对非遗建档"量身度制"的标准的缺乏也是一个不可忽视的缺憾,非遗标准虽对非遗建档有一定参考作用,但管理对象、管理要求、工作特点上的不同,使其无法针对性地予以指导,更不能满足日益深入的非遗建档工作需求。

(3)地域性突出,建设主体缺乏互通。从建设主体看,我国现行的标准有着显著的地域或行业特征。除《中国民族民间文化报告工程普查手册》和《中国非遗普查手册》是国家学术机构联合国家标准主管机构颁布外,其余标准均由地方文化主管部门、专业机构、公共文化机构或档案部门颁布,只在地方或机构内部通用,约束范围有限,一定程度上加剧了非遗建档各自为政、各行其是的局面,非遗档案资源难以有效共享。此外,当前承担标准建设任务的,囊括了文化主管部门、非遗专业部门、学术机构、公共文化机构、档案部门等多元主体,这是值得肯定的,但从数量与范围看,属个别分散的参与,加之从事非遗建档、非遗保护实践的有限,使得制订出的标准实操性不强,宏观规划色彩较浓,主体间未能互联互通,部分标准交叉重复,整体质量有待提高。

2. 优化对策分析

（1）依托非遗立法，厘清主要建设内容。我国非遗建档标准数量的有限以及覆盖面的狭窄凸显出标准内容上的匮乏，地域性的突出以及部分标准的交叉重复也反映出整体规划的缺失，因此，全面认识和科学划定标准建设内容显得重要且迫切。国外经验表明，相对成熟和完善的非遗立法对非遗建档标准有着良好的内容导向作用。我国的非遗立法经过2002—2011十年的建设已日渐完善，对《保护非遗公约》的充分尊重与吸收，使得我国的立法思想同国际保持着高度的一致，因此，依托立法厘清主要建设内容是一条科学且高效的路径。

现行的非遗立法认定了非遗建档的主体，划定了"搜集、记录、分类和编目"等基本流程，提出了"文字、图片、录音、录像"等主要手段，以此作为非遗建档实施的指南，这启示着我们，标准建设也应围绕这三个方面展开。从类型上看，主客体的管控需要制订管理类标准，以明晰非遗建档主客体的职责与内涵、建档方法，合理组配建设资源，如建档的质量要求、质量评估和非遗档案收集人认定等；流程的规范需要业务类标准，非遗档案的收集、整理、鉴定、保管、分类、移交等基础流程与环节都需要制订相应的标准；技术的推介需要技术类标准，除传统的文本记录外，缩微影像与数字化技术该如何选择与应用？如何实现非遗资源的采集、存储、复制、转换、展示及传播？数据的规范与通用如何保证？同样需要建立相应的标准。

（2）借鉴相关领域标准，开展内容建设。"管理""业务""技术"三个维度三种类型的标准构成了我国非遗建档标准建设的主要内容，而具体标准的草拟与制订，完全依靠自主开发是有难度的，且很难在短期内一蹴而就。在这一方面，国际与国外很好地将自主开发与吸收借鉴相关领域标准结合在了一起，国际文化遗产、图书档案和博物馆考古领域的部分成熟且适用的标准，都被采纳或吸收到非遗建档标准中。

我国能够学习并借鉴的标准，首先有国际、国外非遗、非遗建档领域的主要标准，其尊重并保护传承人或采集对象知识产权的举措，以及对非遗建档实际操作层面的规范，如社会调查的主要方法、信息采集的具体格式、元数据的描述方案等。而国内档案、图书、文物、数字化资源等与非遗建档关系密切的领域，他们参与了非遗建档实践，并在流程、手段、方法及具体措施上与非遗建档有着共通之处，其成熟、稳定的执行标准也可为类似标准的制订提供很好的借鉴。档案领域的《艺术档案管理办法》《哈尔滨重大事项档案管理办法》很早就被用于指导我国非遗建档实践；新标准制订过程中，上述领域标准的条文或表述，也可被选择性整合或采纳，如非遗档案数字化保存方面，《文献档案资料数字化工作导则》（GB/T 20530—2006）、《文献管理长期保存的电子文档文件格式第1部分：PDF1.4（PDF/A—1）的使用》（GB/T 23286.1—2009）、《纸质档案数字化技术规范》（DA/T 31—2005）、《版式电子文件长期保存格式需求》（DA/T 47—2009）等就是很好的参考。

（3）集合多元力量，科学划分建设职责。非遗建档标准建设的持续深入、优化对策的执行需要主体，正是有着多元主体的参与，以及对其实践经验的充分融合，国际、国外的非遗建档标准建设才取得了良好的质量与效率。我国的非遗建档标准建设也需要多元主体的参与，除现行的地方文化主管部门、非遗专业部门、学术机构、公共文化机构、档案部门外，全国标准化主管部门——国家质量监督检验检疫总局及其下辖的国家标准化管理委员会、全国非遗工作主管部门——国家文化部，以及活跃在非遗建档实践中的非遗相关民间组织、非遗传承人、专家学者等也是不可忽视的主体力量。合理地认定和划分上述主体责权是标准建设顺利高效实施的保障。

依据职责的不同，国内标准建设的主体通常被分为发布主体、主管主体和起草主体三大类。国家质量监督检验检疫总局及国家标准化管理委员会、国家文化部应是我国非遗建档标准的发布主体，负责国家、地方、行业标准的发布；国家标准化管理委员会、国家文化部及地方文化主管部门是主管主体，负责对全国或地方非遗建档标准建设事业的统筹规划、任务落实、组织协调、业务指导以及执行监督；而文化主管部门、非遗专业部门、学术机构、公共文化机构、档案部门、非遗相关民间组织、非遗传承人、专家学者都可以成为起草主体，不同的标准可由不同工作特色、行业优势的主体以合作或独立承担的方式起草制订，如术语与图符规范、非遗档案资源分类等纲领性标准需由文化部独立或联合非遗专业部门制订；非遗档案收集、整理等执行标准的制订可由档案部门、非遗相关民间组织等非遗建档实践部门承担；非遗档案传承人方面的专门标准则需要非遗传承人的参与。

（4）树立系统化思想，构建非遗建档标准体系。总结和梳理国外的建设经验，不仅要吸取其科学的做法，还要审视其局限，以便在本国建设中加以改正。从目前看，国内外的标准建设都止于单项标准的建设与积累，由此形成的"一对一"单线指导的简单模式存在着效用不足的问题，难以协调并规范非遗建档涉及的众多利益主体、管理环节和管理技术，因此，需要树立系统化思想，努力构建起非遗建档标准体系，才能更好更长远地适应并指导非遗建档这一庞大而又复杂的工程。

如前所述，我国的非遗建档系列标准，在内容上应涵盖管理、业务、技术三个维度，对象上包括非遗项目和非遗传承人两大层面，层次上横跨国家、地方和行业三个级别。建构非遗建档标准体系不是数量上的简单积累与叠加，而是立足于我国非遗建档标准体系建设的全局规划和总体需求分析，对标准建设进度和建设资源的合理设计与配置，以结构化的非遗建档标准体系框架罗列标准内容，以详细的非遗建档标准体系明细表梳理现有标准，规划待编标准，进而展示标准基本信息，有计划、有步骤地形成层次分明、相互协调、构成合理的非遗建档标准有机整体，指导并实现我国非遗建档的发展与创新。

（原文载于《档案学通讯》2016年第6期）

我国非物质文化遗产资源长期保存标准体系建设

周耀林　李丛林[*]

非物质文化遗产（以下简称"非遗"）是人类世代相承而与生活密切相关的各种传统文化的表现形式和文化空间[①]。国际上，早在1972年，联合国教科文组织通过《保护世界文化和自然遗产公约》，明确提及各国应保证本国的文化和自然遗产的确定、保护、保存、展出和遗传后代，强调了世界各国对非物质文化遗产的保护，对非物质文化遗产保护标准的制定和执行起到了指导作用。在我国，《保护非物质文化遗产公约》[②]于2004年开始实施，成为非遗资源保存标准建设的纲领性文件。自此，非遗资源长期保存标准建设便成为实践工作的重点，也是学者们关注的焦点。

一、非遗资源长期保存标准建设的现状

自2011年正式启动非遗数字化保护标准体系至今，《术语和图符》《数字资源信息分类与编码》和《数字资源核心元数据》3个基础标准以及《普查信息数字化采集》《采集方案编写规范》《数字资源采集实施规范》和《数字资源著录规则》4个民间文学类、传统戏剧类、传统美术类、传统技艺类中的民居营造技艺业务标准等7项基本标准已经形成[③]。尽管如此，这些标准至今仍在小范围内进行试点，并未正式发布。目前，全国统一的非遗数据库还没有形成，各地已开始自行设计和实践，但由于数字化保护的分类标准不统一，而造成未来各地数据库难以融合。[④] 各个地方性的标准规范仍未被提上议事日程，导致出现相关标准

---

[*] 周耀林，武汉大学信息资源研究中心教授；李丛林，武汉大学信息资源研究中心硕士研究生。
[①] 周耀林、王三山、倪婉：《世界遗产与中国国家遗产》，武汉大学出版社2010年版，第249页。
[②] 中国非物质文化遗产网·中国非物质文化遗产数字博物馆，法规文件。http://www.ihchina.cn/show/feiyiweb/html/com.tjopen.define.pojo.feiyiwangzhan.FaguiWenJian.detail.html?id=a76d6771—5d75—4ee8—a2d7—2c76558e6381&classPath=com.tjopen.define.pojo.feiYiweb.faguiwenjian.FaGuiWenJian. 2015年4月10日。
[③] 丁岩：《吹响非遗数字化保护工作的时代号角》，《中国文化报》2013年12月11日，第3版。
[④] 陈彬斌：《非遗保护将进入数字化时代》，《中国文化报》2011年12月6日，第1版。

规范的严重滞后以及大多数标准缺失现象。由于缺乏相应的强制性标准,非遗资源的保存方式各不相同,加之缺乏长期保存的意识,在存储载体、存储格式、存储环境等的选择上以及信息分类、元数据编制等方面都具有很大的随意性和不确定性,非遗资源长期保存方式有欠统一,对非遗资源的长期保存造成不利影响,长此以往,将会影响我国非遗资源的建设。

上述现象的产生,主要有以下几个方面:①国家颁布的法规文件中对非遗资源长期保存的规定笼统、宽泛,仅提到非遗资源长期保存的问题,缺乏相应的标准,可操作性差;②信息技术发展迅猛,信息保存方式更新换代频繁,而非遗资源长期保存所依赖的载体、格式等多样,对载体、格式进行选择时没有统一的标准,易造成载体、格式异构,形式多样。在这种情形之下,各地区、各机构对非遗资源进行大量采集,产生了自下而上的采集方式,从而导致各行其是状况的出现,而非通过自上而下制定统一标准规范的形式。

因此,我国非遗资源长期保存亟需非遗资源长期保存标准体系的制定,尤其是自上而下的标准体系的制定,不仅能够给当前比较混乱的实践工作直接的指导,而且具有长远的指导作用。

二、非遗资源长期保存标准体系构建的原则

非遗资源长期保存标准体系的构建过程中应遵循一定的原则,综合考虑标准体系的整体设计和现实需求,以确保建设高质量的非遗资源长期保存标准体系。主要的原则包括:

1. 系统性原则

系统性原则是指非遗资源长期保存标准建设应连贯、循序地进行。针对当前已有的标准比较零散、缺乏系统化的现状,构建非遗资源长期保存标准体系必须从系统的角度出发,结合非遗资源长期保存的各个环节和相关要素之间的关系,构建一个既相互独立同时又内在联系的标准体系。体系内的各标准并不是孤立的,而是互相关联、互为补充,进而形成完整的非遗资源长期保存标准体系。采用系统性原则建设非遗资源长期保存标准体系,推动各项标准(包括已制定的和尚未制定的)的有机整合,形成一个完整、优质的系统体系,实现标准体系的整体功能优于各个部分标准功能之和,即"1+1>2"。

2. 可持续性原则

可持续性原则是指非遗资源长期保存标准体系建设要具有前瞻性,同时要根据内外部环境变化进行实时修订。针对当前非遗资源标准建设间断、滞后、缺乏预见性的现状,建设非遗资源长期保存标准体系要坚持可持续性原则,既要根据当前发展现状预见其可能产生的状况并制定相关标准,体现出当前科学技术和行业发展水平,也要对未来的技术发展有所预见,预留足够的弹性空间。此外,非遗资源建设是不断发展变化的,要根据实施情况及规范对象的变化实时进行维护与修订,对在非遗资源长期保存建设过程中出现的新问题、新现

象、新技术、新方法,及时制定标准来对其进行规范,不断充实、更新、完善标准体系。可持续性原则是非遗资源长期保存标准不断完善的重要保证。

3. 实用性原则

实用性原则是指制定非遗资源长期保存标准时要从非遗资源现实发展需要出发,满足非遗资源的不同价值、不同建设现状以及不同发展阶段的不同优先级标准。非遗资源长期保存标准制定首先要得到非遗行业领域内专家团队支持,符合行业发展的实践需要,同时结合非遗资源建设现状对其进行分类、分期建设,从阶段性标准制定入手带动全盘标准的建设。非遗资源长期保存标准制定后,根据我国《标准化法》① 规定的标准定期复审制度进行复审,保证标准切实可行,从而指导非遗资源长期保存标准进行全过程建设与管理。

三、非遗资源长期保存标准体系构建的方法

构建非遗资源长期保存标准体系需厘清建设思路,采用正确的构建方法,有利于确保非遗资源长期保存标准体系建设全面、有序进行。

1. 重点建设与全面建设相结合

非遗资源长期保存标准体系建设应抓重点,将非遗资源长期保存标准建设中迫切需要的、技术和管理水平相对成熟的相关标准作为当前标准制定工作的重点,以重点带动一般,通过对重点标准的制定与实施带动相关标准的制定。非遗资源长期保存实践过程除了需重点建设前文提到的标准外,其他与非遗资源长期保存相关的流程标准、元数据标准等,以及非遗传承人、非遗项目等相关标准的建设也需在重点建设标准之后同步建设,从而带动实际工作过程中可能需要(当前需求和潜在需求)的长期保存标准的制定,全面推进非遗资源长期保存标准的建设。

2. 近期建设与长远发展相结合

当前,急需的标准包括:《非遗资源长期保存格式标准》《非遗资源长期保存元数据规范》以及《非遗资源长期保存系统标准》等。上述这些标准的制定,有利于当前工作的开展,也为今后非遗资源长期保存标准的建设奠定了基础。通过近期标准的制定工作,预测非遗资源长期保存未来发展工作可能需要的标准,逐步带动长远发展标准的制定。尤其是非遗资源长期保存技术的应用与更新,更需要坚持非遗资源长期保存技术的近期开发和未来长远发展相结合,从而通过渐进式标准制定法不断完善非遗资源长期保存标准体系构建。

---

① 中国人大网《中华人民共和国标准法》,http/www.npc.gov.cn/wxzl/gongbao/1988—12/29/content_ 1481259.htm. 2015 年 4 月 10 日。

3. 自主开发标准与借鉴吸收标准相结合

构建非遗资源长期保存标准体系，要坚持自主开发为主，吸收借鉴为辅。自主开发就是依据非遗资源建设实际情况，依托行业标准，自主制订有关标准，缩小标准规范条款同实际工作技术状况和管理水平之间差距；借鉴吸收就是"拿来主义"，对国际标准、国家标准和行业（地方）标准中，适用于非遗资源长期保存的，可直接采用，而对档案、图书馆、文物领域的标准，应以借鉴、参考为主，并适当加以补充和完善[1]。例如，信息资源长期保存国际标准《文件管理——电子文件长期保存要求》（ISO/PDTR 26102）、国家标准《文献管理——长期保存的电子文档文件格式第 1 部分：PDF1.4（PDF/A—1）的使用》（GB/T23286.1—2009）、行业标准《版式电子文件长期保存格式需求》（DA/T47—2009）等都对非遗资源长期保存具有指导作用。坚持自主开发标准与借鉴吸收标准相结合，由此形成符合非遗资源长期保存实际标准体系。

四、非遗资源长期保存标准体系框架

非遗资源长期保存标准体系是指与非遗资源长期保存相关的直接标准和相关标准，按照其内在联系而形成的相对完善的科学有机整体。直接标准指与非遗资源长期保存直接相关，具有专门指导作用的标准，主要包括非遗资源长期保存管理标准和技术标准两大类。相关标准是指非遗资源长期保存过程中采用或采纳其他标准体系中的标准。其中，"内在联系"是指非遗资源长期保存标准之间相互协调统一，衔接搭配，互为补充，各有重点而又不失联系。"科学有机整体"则是指非遗资源长期保存标准体系并不是大量标准的简单叠加，而是具有紧密联系的有机整体。

建立非遗资源长期保存标准体系框架的实质是建立一个长期保存非遗资源所必需的、层次多样的、全面的并具有内在联系的标准框架，以便有效地实现非遗资源长期保存。为了实现对非遗资源规范化、标准化保存，非遗资源长期保存的每一个流程都需要相关标准支持。在参照国际上信息与文献标准规范建设[2]、国家数字图书馆标准规范体系建设[3]以及电子文件、档案数字化领域相关标准规范[4]的基础上，笔者认为我国非遗资源长期保存标准体系框架主要由管理标准和技术标准组成。

---

① 张美芳：《档案安全标准体系构建的研究》，《档案学研究》2010 年第 4 期。
② ISO. Standards. http://www.iso.org/iso/search.htm?qt=document&sort=rel&type=Simple&published=on&active_tab=standards. 2015 年 4 月 10 日。
③ 数字图书馆推广工程：标准规范建，http://www.ndlib.cn/bzgfjs2012/201201/t20120113_58038.htm. 2015 年 4 月 10 日。
④ 国家档案局：政策法规，http://www.saac.gov.cn/xxgk/node_141.htm. 2015 年 4 月 10 日。

1. 管理标准

管理标准是指从管理维度制定非遗资源长期保存标准，包括如非遗资源长期保存的实施主体及其基本职责范围的规范。笔者认为，基于我国非遗资源长期保存流程，且结合非遗项目和非遗传承人两大关注点制定管理标准。目前需制定的标准有非遗资源长期保存价值鉴定标准、非遗资源长期保存质量评估细则、非遗资源长期保存项目管理规范、非遗资源长期保存安全管理规范、非遗资源数据库采集与更新管理规范等等，主要是解决由谁保存，怎样保存的问题。在自我开发与吸收借鉴相结合的构建方法指导下，可吸收相关标准为参考，见表1。

表1 管理标准

标准名称	可参考标准
《非遗资源长期保存价值鉴定标准》 《非遗资源长期保存质量评估细则》 《非遗资源长期保存项目管理规范》 《非遗资源长期保存安全管理规范》 《非遗资源数据库采集与更新管理规范》 ……	《信息与文献 文件管理》（ISO 15489—1） 《文件管理——电子文件长期保存要求》（ISO/PDTR 26102） 《基于文件的电子信息的长期保存》（GB/Z 23283—2009） 《电子文件归档与管理规范》（GB/T18894—2002） 《国家图书馆数字资源长期保存规范》 ……

2. 技术标准

现代信息技术对非遗资源长期保存的支撑必不可少，技术标准是非遗资源长期保存标准体系的基本方面，主要包括一般技术标准、元数据标准和系统标准。

（1）一般技术标准

一般技术标准是指在非遗资源长期保存过程中对非遗资源采集、流转、传输、存储方面的技术标准以及数据格式、载体等非遗资源管理流程中的技术标准规范。主要包括非遗资源网络采集技术标准、非遗资源长期保存流转技术标准、非遗资源网络传输技术标准、非遗数据存储安全规范、非遗资源长期保存格式标准以及非遗资源长期保存载体选择标准，见表2。

表2 一般技术标准

标准名称	可参考标准
《非遗资源网络采集技术标准》 《非遗资源长期保存流转技术标准》 《非遗数据网络传输技术标准》 《非遗数据存储安全规范》 《非遗资源长期保存格式标准》 《文本数据加工标准》 《图像数据加工标准》 《音频数据加工标准》 《视频数据加工标准》 《非遗资源长期保存载体选择标准》 ……	《信息与文献——信息交换格式》（ISO—2709） 《归档和保存数字录音的技术文档》（国际声音和音视频档案馆联合会，IASA） 《文本和图形资料数字化转录技术标准》（美国） 《数字化文化遗产材料技术指南》（美国） 《内容分类与数字化对象指南》（美国） 《保存和归档的MXF格式应用规范》（美国） 《照片档案管理规范》（GB/T 11821—2002） 《版式电子文件长期保存格式需求》（DA/T 47—2009） 《电子文件归档光盘技术要求和应用规范》（DA/T38—2008） 《基于XML的电子文件封装规范》（DA/T 48—2009） 《磁性载体档案管理与保护规范》（DA/T 15—1995） 《数码照片归档与管理规范（征求意见稿）》 ……

（2）元数据标准

元数据的实质是定义和描述其他数据的数据。元数据是一种标准，是管理和利用的工具，是系统结构的组成部分[①]。元数据既能描述非遗资源或非遗数据自身所特有的属性，具有锁定、证实、评价等功能，又能支持系统对非遗资源的管理和维护。因此，非遗资源长期保存元数据标准建设非常重要。

非遗资源长期保存过程中，元数据标准必不可少，如非遗传承人档案收集对象、非遗传承人档案整体实体、非遗传承人档案鉴定实体、非遗传承人档案保存实体以及非遗项目信息指标实体都是重要的元数据集，内含各类元素。因此，元数据标准主要包括非遗传承人档案收集对象元数据标准、非遗传承人档案整理元数据标准、非遗传承人档案鉴定元数据标准、非遗传承人档案长期保存元数据标准、非遗项目元数据著录标准、非遗资源长期保存元数据标准等，见表3。

---

① 刘家真编著：《电子文件管理——电子文件与证据保留》，科学出版社2009年版，第132页。

表3 元数据标准

标准名称	可参考标准
《非遗传承人档案收集对象元数据标准》 《非遗传承人档案整理元数据标准》 《非遗传承人档案鉴定元数据标准》 《非遗传承人档案长期保存元数据标准》 《非遗项目元数据著录标准》 《非遗资源长期保存元数据标准》 《专门类别非遗资源元数据标准与著录规范》 《非遗资源著录规则》 ……	《文件元数据：原则》（ISO 23081—1） 《信息与文献 文件管理处置 文化元数据 第1部分：原则》（ISO 23081—1：2006） 《保存存取利用/元数据》（Z39.50） 《信息与文献——文件管理——文件元数据第1部分：原则》（GB/T26163.1—2010） 《国家图书馆核心元数据标准》 《国家图书馆专门元数据设计规范》 《国家图书馆管理元数据规范》 《数字资源核心元数据》 《信息资源目录系统》（IRDS） 《基本元数据规范》 《元数据扩展规划》 《专门元数据规范》 《专门数字对象描述元数据规范》 ……

（3）系统标准。系统标准是指为保证非遗资源长期保存各流程的顺利进行和各系统之间实现无缝衔接而制定的标准。非遗资源长期保存系统标准是保证非遗资源长期保存各环节互操作的基础，贯穿于非遗资源长期保存整个生命周期，对非遗资源长期保存具有重要作用。系统标准主要包括非遗资源长期保存系统标准和系统互操作标准，见表4。

表4 系统标准

标准名称	可参考标准
《非遗资源长期保存系统标准》 《系统互操作标准》 ……	《信息与文献——文件管理系统——需求》（ISO/CD13391） 《电子文件管理系统通用功能需求》（GB/T29194—2012） 《电子文件全程管理系统测评规范》 ……

五、非遗资源长期保存标准体系建设的特点与重点

非遗资源长期保存标准的缺乏已成为非遗资源长期保存的桎梏。因此,加强非遗资源长期保存的标准建设已是当务之急。上述非遗资源长期保存标准体系的构建,归纳起来,具有如下特点:

(1) 非遗资源长期保存管理标准和技术标准并行,标准体系完整框架建设紧紧围绕这两类标准依次展开;

(2) 坚持非遗传承人标准和非遗项目标准并重,构建非遗资源长期保存标准体系,切实始终围绕这两大方面;

(3) 技术标准中一般技术标准、元数据标准以及系统标准形成"三足鼎立"的局势,展现出三者均是技术标准建设的重要方面;

(4) 元数据标准作为非遗资源"身份证明"的重要组成部分,在建设过程中囊括非遗传承人、非遗项目以及非遗资源相关标准,在整个标准体系中发挥着独特作用。

结合上述非遗资源长期保存标准体系建设现状及特点可得,当前需要建设的非遗资源长期保存标准主要有:

(1) 非遗资源长期保存格式标准。针对当前非遗资源长期保存格式多样化的现状,急需制定非遗资源长期保存格式标准,尤其是从源头上采用统一的标准格式包括:非遗资源形成、传输以及存储各个环节,保证非遗资源的可重用性、确保非遗资源可以被多种应用创建和修改,同时,也可以避免依赖于特定的供应商。因此,制定非遗资源长期保存格式标准能够为非遗资源长期保存提供一定的指导,实现非遗资源保存格式之间的兼容性,从而实现非遗资源的长期保存。

(2) 非遗资源长期保存元数据标准。针对当前已有的非遗项目、传承人元数据标准不全面、不系统的现状,应尽快建设非遗资源长期保存元数据标准。非遗资源长期保存元数据是实现非遗资源长期保存的重要数据信息。因此,要实现非遗资源真实、完整、有效的长期保存,制定非遗资源长期保存元数据标准是重中之重。借鉴吸收已形成的元数据标准,形成各种类型的非遗项目和非遗传承人的元数据。值得借鉴的国外非遗资源元数据标准有《CDWA 艺术作品描述类目》《VRA 核心类目》《文物编目:描述文物及其影像指南》,以及《博物馆藏品记录标准程序》《博物馆记录原则宣言》[1] 等,国内主要是昆明市档案局(馆)的《非物质文化遗产档案机读目录数据库结构格式》[2] 等。

(3) 非遗资源长期保存系统标准。针对当前非遗资源长期保存系统标准缺乏的现状,需要建立非遗资源长期保存系统标准。非遗资源长期保存系统是指通过对非遗资源保存机构

---

[1] 黄永欣:《文化遗产资讯领域中的参考模型》,《图书馆学研究》2012 年第 11 期。
[2] 李蔚:《创新思维积极探索档案资源整合新方法》,《云南档案》2011 年第 2 期。

自身和外部获得的数据进行收集和序化整理，形成规范、有序的非遗资源库。非遗资源长期保存系统标准是非遗资源长期保存建设的急需标准之一，通过借鉴参考档案、图书馆、电子文件已形成的系统标准，并基于文化部门有关非遗资源长期保存系统建设平台构建非遗资源长期保存系统标准，有助于实现对非遗资源的组织、集中、有序化管理。通过系统之间的互操作实现对非遗资源按统一格式进行数据包封装，从而实现非遗资源长期保存系统标准化。

（4）非遗传承人基本数据集标准。针对当前非遗传承人基本数据集标准的缺乏，加快推进建设非遗传承人基本数据集标准。非物质文化遗产传承人是非物质文化遗产活动的重要主体和关键节点，传承人掌握和承载了非物质文化遗产的知识和记忆，既是非物质文化遗产的知识宝库，又是非物质文化遗产活动承继的线索所在，同时还是非物质文化的代表性人物[①]。非遗传承人基本数据集标准是指，非遗相关主管机构根据传承人提出申请时所提供的有关个人实际情况资料，依照法定权限和程序，在咨询有关专家委员会的基础上，确定其是否具备成为非遗资源传承人的资格的标准。非遗资源长期保存传承人资质高低对非遗资源长期保存有着不置可否影响，因此，亟待制定非遗传承人基本数据集标准。

（5）非遗资源长期保存质量评估细则。非遗资源质量高低决定其是否具有长期保存价值。并不是所有非遗资源都具有长期保存价值，应按照一定的标准或细则在形成的大量非遗资源中首先对非遗资源质量进行评估、甄别，对其中具有重要价值、高质量的非遗资源进行长期保存。因此，对非遗资源长期保存质量评估细则的需求则更加凸显。

结　语

总之，现阶段，在非遗资源长期保存领域乃至在整个非遗资源保护领域，加快标准体系建设研究仍是一项非常紧迫的工作。笔者认为，在技术实现途径与手段不断革新的时代，仍需做到标准先行、顶层设计不缺位，真正实现政府主导的自上而下的标准建设研究与实际工作运行所需标准同步，并随时根据实际应用效果的评估不断完善标准体系。笔者相信随着标准体系的不断建设和完善，非遗资源数据的增值与更深层次价值的开发将指日可待。

（原文载于《信息资源管理学报》2016年第1期）

---

① 周耀林、戴旸、程齐凯：《非物质文化遗产档案管理理论与实践》，武汉大学出版社2013年版。

第四单元 生产与技艺标准研究

明清北京"钦工砖"的材质标准与制造工艺

蔡 青[*]

"钦工砖"是指专为敕建工程烧制的各种规格建筑用砖,其材质当属砖中上品,系"钦工物料"。

明清时期,北京的钦工砖大多用于修筑城垣,如果说城墙是一部砖石砌筑的史书,这些城砖无疑就是构成这部巨著的字符。正是这些珍贵的古城砖,铃记着明清两代的兴衰变迁,记录了北京几百年的城市发展历程,可以说,每一块城砖都镌刻着历史长河流淌的遗痕。

明初筑建南京城和凤阳中都城时即已普遍用砖铭的形式来记录与城砖生产相关的内容,此后,北京城垣的建设亦延续了这一方式。铭文砖是文字与建筑材料相结合的特殊物料,这些砖文所记录的内容为我们研究明清时期的制砖工艺及材质标准等很多方面提供了大量有价值的信息。

一、钦工砖的材质标准

明初大规模兴建南京城墙时,曾向周边一百多个府、州、县征集城砖,为确保城砖质量,朝廷下令供砖的府、州、县相关官员及窑户、工匠等皆须在砖上留下姓名,以备日后追查不合格城砖的责任人。因此,这一时期砖文的重点是记录各责任人的姓名,如:

明中都城砖铭文:

"扬州淮安府盐城县提调官□□□主簿□□□作头□□□
洪武七年 月 日"

明南京城砖铭文:

---

[*] 蔡青,清华大学清尚环艺建筑设计院高级工程师。

"南昌府提调官通判王武司吏万宗程
新建县提调官主簿刘进亿司吏熊晟
总甲李仁甫甲首黄克绍小甲邹用和
窑匠黄五 人夫远近中"

北京钦工铭文砖目前所见年代最早的当属成化朝，成化及紧接其后的弘治、正德三朝征用的江南砖，铭文基本延续了以上特点，有些砖款记录的内容甚至比洪武时更加详实。

明成化城砖铭文：

"直棣苏州府卫管工委官指挥鲁洪知事赵荣
吴县提调官知县陈振所县委官千户唐弘主簿于通该吏屠嵩
成化拾 年 月 日造 黑窑匠钱行 陆行 曹昌"

与江南砖不同的是，此时由黄河中下游一带（山东、河南、河北）烧造的城砖，其砖铭内容就简单多了，一般只有朝代和州县名称。如：

"成化十七年德州窑造"
"弘治十四年安阳县烧造"
"正德常州府武进县造"

嘉靖初期，京师用砖仍由江南苏州等地及江北的山东、河南、河北一带烧造。嘉靖四年八月，工部会廷臣议："营建仁寿宫，工役重大，今世庙大工方兴，……其砖料于京城近地及苏州定价烧造。"（《世宗实录》卷54）从目前考证的嘉靖款城砖来看，嘉靖四年后城砖产地确实逐渐向"京城近地"转移，山东临清成为主产地，河北南部一带城砖产地也有所增加，而江南基本停止了向京师供城砖。

但苏州府的"特产"，被尊称为"金砖"的细料方砖，仍无法由其他产地替代，在城砖产地普遍北移的情况下，为保证"金砖"质量，继续保留地处江南的苏州府为钦工用砖产地。正如工部会廷臣议所定："（万历二十四年四月丁酉）工部题鼎建乾清、坤宁宫门座围廊等项……所有条议，各款事宜，皆大工之至切者。……一议烧砖。一议苏州砖。……"（《神宗实录》卷296）可见"苏州砖"已作为特例而长期成为钦工用砖。在考察中曾见到明晚期天启年间苏州府制造的细料方砖，砖文为：

"天启六年分烧造二尺细料方砖
直棣苏州府总督同知周应□委官督工县丞陈□
小甲庄田以中户戴存俸造"

而北京皇城博物馆收藏的一块清代光绪年间的细料方砖是目前所见到的年代最晚的金砖，砖文为：

"光绪三十年成造细料二尺见方金砖
督造官江南苏州府知府许佑身
监造官苏州府□□□□□"

从这款砖文上我们看到，时至光绪三十年（1904年），苏州府仍在为皇室烧造"金砖"，从目前发现苏州铭文砖最早的年代明成化朝始，已历时四百四十余年，可见其为钦工物料砖中最值得朝廷信赖的品种。

明代敕建工程被称为"大工"，"万历二十四年（丁酉）四月，工部题鼎建乾清、坤宁宫门座围廊等项该用木石等料上，紧造办，择吉兴举。所有条议，各款事宜，皆大工之至切者。……"（《神宗实录》卷296）钤有"大工"二字的款识在嘉靖年间的城砖上时有发现，而且是与其他砖款配合使用的，在砖上加印"大工"款，无疑是为城砖贴上一记强调其"钦工物料"身份及显示品质上等的标签。

为确保钦工用砖的质量，万历年间工部特别制定了严格、具体的检验标准，使对城砖材质的鉴定方法更具可操作性。

"万历十二年（庚申）十月，工部覆司礼监太监张宏传砖料内粗糙，着申饬烧造官务亲查验，敲之有声，断之无孔，方准发运。"

"万历十二年（丁巳）十二月，工部侍郎何起鸣条陈营建大工十二事。一议办物料砖须有声无孔，……"（《神宗实录》卷156）看来明代"大工"所用物料砖必须达到敲之声鸣如磬，断之实密无隙的标准才算合格。"敲之有声，断之无孔"也因此而成为人们对明代城砖材质的赞誉之词。

清代中早期仍较注重钦工用砖的质量，康熙八年曾规定："起解金砖及木料，如不选择精美以不堪用者解送，或折损或迟延，由部核，地方官罚俸一年，抚司各罚俸六月。"（乾隆《会典则例》卷一二八《工部营缮清吏司物材》）

康熙二十二年："送交物料若不精好，将铺户、匠役惩处换送。"（乾隆《会典则例》卷一二八《工部营缮清吏司物材》）

乾隆朝为确保钦工用砖的质量，更是沿用了明代物料砖必须敲之声鸣如磬的检验标准，光绪《会典事例》卷八七六《工部物材》记："乾隆二十四年议准，声音响亮临清砖，每块二分七厘，哑声砖每块一分七厘。"直至嘉庆朝也还有"办解临清砖，令临清州解员逐块敲验"的文献记载（光绪《会典事例》卷八七五《工部物材》）。

清晚期国力屡弱，城砖质量也逐步退化，也未再见到有关城砖质量检验的文献记载，可见钦工物料砖的质量也直接反映了国家的政治和经济状况。

二、严谨、科学的钦工砖制造工艺

不断改良发展的传统制砖工艺,加上官府对钦工砖规格和质量的严格规定,造就了明代钦工砖异常优良的品质,也使这一时期的制砖工艺达到了一个非常高的水准。

明代钦工砖的制造过程需要经过十余道严格的工序,如取土、踩泥、澄浆、沉积、制坯、晾坯、装窑、烧窑、洇水、出窑、包装等。

生产优质的钦工物料砖首先需要有上好的黏土。因此,砖窑的选址就非常重要,既要有优质的、能供长期取用的土资源,又要便于运输。在长期的制砖实践中,人们发现含铁高的黏土烧出的砖质量较好,这种黏土在江南被称为"铁硝黄泥",亦有"褐潮土""莲花土"之称。用这种高含铁量的黏土烧造的砖具有强度高、耐磨损、抗风化能力强的特点。而且,因其含铁量高,烧出的砖敲击时声音清亮,官方所定物料砖须"敲之有声"的验收要求即源于此。

澄浆是制砖过程中的一个重要环节,首先要把选好的泥土运到平整好的凹地中,除去杂质后用水浸泡,并把牛赶入其中踩踏,直到将所有泥块踩碎。然后将踩过的泥运至一个砖砌的大池子中,将其搅拌成泥浆状后,再将池壁上的放泥孔打开,泥浆由此处通过粗细两道竹篦流到下面的停放池内,此时的泥浆在经过两道竹篦的过滤后,已经非常细腻了,在砖文中常见到的"澄浆"即指此道工序。"澄浆泥"的词义为"过滤后除去了杂质的极细腻的泥,特指制细陶瓷等用的泥。"这种制砖用的"澄浆细泥"其品质已经接近细陶瓷用泥,可见当时对钦工用砖的质量要求之高。

泥浆在停放池内沉积数月后,逐渐凝结成软固体状,此时需掌握泥的可塑性,在其软硬适度时将中间最细腻部分取出并封存,待用的泥至少要停封四个月以上,等泥性完全熟透后方可用于制坯。此程序制砖业中谓之"亭泥"。

在经过以上数道工序后,可用来制造钦工砖的泥才算基本培制完成,"亭"在字义中有均匀的意思,《史记五帝纪》解"亭"字:"平也均也。"在对砖文的考察中我们经常看到"亭泥"二字。如:"亭泥城砖"。在这里,"亭泥"无疑是指经过特制的质地均匀细腻的泥,而"亭泥城砖"意即使用此种泥土烧制的城砖。

用砖模将泥性完全熟透的泥脱出坯,脱出来的泥坯仍需要几个月的脱水、干燥期。传统的方法是将其放置于既可密封又可通风的具有调节功能的房间里,不仅要防晒,还须防冻,在脱水、干燥期间应不断调节屋内的湿度和温度,防止泥坯结冰或干裂。同时还要经常翻动泥坯,避免因其干湿不均而变形。

烧窑是极为关键的一道工序,技术性非常强。一般先用文火烧,然后逐渐加大火力,烧的时间也要根据泥坯的质地、数量和摆放的疏密程度来把握,可以说,成砖的品质优劣与烧窑匠的经验和技术有着极大的关系,因此,明代早期江南砖的款识中大都带有窑匠的名字。

明中期以后，砖文中虽有很多内容被减掉，但仍保留有窑匠的名字，这也足以说明窑匠在制砖过程中举足轻重的作用。

三、明、清两代砖铭的不同功能

从目前对明清时期城砖的考察来看，明代城砖的款识内容虽丰富，却很少记录有关制砖工艺及材质标准等方面的内容。在明代早期的砖款上经常可以看到有关各级制砖人的详细记录，如"窑户""作头""匠人""砖匠""高手""窑匠""管工""人匠""匠作""高手匠"等称谓。如：

> "成化十七年六月十四日造　太平府管工推官张兴
> 当涂县管工委官驿城朱□
> 窑匠高手□□
> 人匠焦□造"
> "嘉靖十五年秋季临清厂窑户赵经匠人葛禄造"
> "万历三十一年窑户张亨匠人杨鹿造"

从以上砖文不难看出，明代更注重造砖者的个人职责，所以砖款一般都详细记载制砖各环节责任人的名字，而砖的用途和制造工艺则极少提及。官方对砖的质量要求是"有声无孔"，即无论制造过程如何，只要能达到"敲之有声，断之无孔"即可。

而从对清代城砖的考察来看，不仅质量已明显不如明代，款识内容也不如明代城砖丰富、详实。尤其清晚期砖铭大多偏重于制造工艺、用途以及窑厂名称等方面的内容，如："通和窑澄浆停城""万盛窑细泥停城砖""裕盛窑大新样城砖""裕金窑官办停泥城砖"。

很明显，这些清代城砖铭文的作用已不再是记录相关人员的职责，给人的感觉更像是一种介绍商品材质的广告。砖文中的"澄浆""细泥""亭泥""停城"等显然都是标示城砖精良的制造工艺。虽表面强调做法，可内在品质却早已不如明代城砖。而"宝丰窑记""万顺窑记""兴记"等则实属生产厂家的标签。一个中国传统商业、制造业常用的"记"字，透出了阵阵商业味道。

砖款只标示城砖用途也是清代晚期常见的做法，我们常看到一些城砖印有"大新样城砖""大亭城砖记""亭泥城砖"等砖文，好像是在借助其"城墙用砖"的身份来标榜自己材质标准高，而非明代检验城砖须敲而听之和断而观之。

随着时代的发展，曾经身价不菲的钦工物料砖早已退出历史舞台，如今，我们只能从为数不多的城墙遗址以及一些拆迁工地上偶尔见到它们的身影。想不到的是，在废墟的瓦砾中我们竟能意外发现不少品相极好的明代城砖，不仅砖面平整、少有风化痕迹，而且棱角分明、款识清晰可辨，有些砖上的砖文依然印痕如新。面对这些品质异常优良的古城砖，很难相信它们已然经历了五百余年的风霜雨雪。从一些断裂开的明城砖上，我们看到其质地坚韧如铁、碴口锋利如刃、断面细密无隙，历经几百年之久依然能保持如此状况，不得不使人为其材质和制造工艺叹服。

（原文载于《古建园林技术》2012 年第 2 期）

试论传统民间刺绣挑花手工艺类非物质文化遗产的保护标准
——以湖南隆回花瑶挑花为例

吕晓珊*

一、问题的提出

在以工业文明为主导的文化现代化转型过程中，中华传统手工艺文化遭受了前所未有的冲击，进入或被遗弃或被改造的动态流变发展过程，传统民间刺绣挑花手工艺就是其中的典型。至上世纪末，随着民众生产生活方式的转变，其传统生活文化语境逐渐丧失，传统民间刺绣挑花手工艺曾一度走向式微乃至消亡。本世纪初以来，传统民间刺绣挑花手工艺被列为非物质文化遗产保护对象，从过去的民间社区文化转变成现在的公共文化。随着非物质文化遗产保护工作的深入，尤其是生产性保护方式的推广和实施，传统民间刺绣挑花手工艺品作为公共文化产品（特别是公共文化旅游产品）被大众传播和消费，市场的需求使其在民间社会得到一定的恢复和发展。但是，随着刺绣挑花产品从"自用"向"他用"的转变，传统民间刺绣挑花手工艺都面临一个艺术本质嬗变的问题，即核心技术、艺术形态的异化和审美观念的娱他性发展。当背后的传统习俗、社会信仰和地方性伦理规约与其作为外在可视形态的艺术产品逐渐丧失了应有的关联和制约时，传统民间刺绣挑花手工艺作为一种地方社群文化是否还是它自己就有待甄别了。这也是所有非物质文化遗产在保护和发展过程中都要面对和解决的问题。

深究这些现象，其主要原因有两个：一方面，作为传统民间刺绣挑花手工艺的文化主体对自身持有的文化自觉和自信程度不高，在文化传承和生产过程中受短期逐利思想驱动，为了迎合文化传播和消费市场的需求而异化或放弃传统技艺的某些核心内容；另一方面，政府、媒体、外来民众等文化工作参与者和普通消费者对传统民间刺绣挑花手工艺艺术本质和文化特性的认识不足，将主流文化思想和艺术审美观念强加或无意传递给文化主体。我们都知道，传统民间刺绣挑花手工艺置身于文化现代化转型的时代语境中，"应时而变"已是不

---

* 吕晓珊，广州美术学院美术教育学院副教授。

争的事实,中国艺术研究院吕品田研究员就指出"活态流变性是手工生产方式及其传统技艺的基本特征,也是非物质文化遗产的重要特征",并提出了"如何既保持传统技艺的流变性却又不至于'流失'其核心技术和人文蕴涵,避免造成其技术本体和技术形态的蜕化、变形?或者,如何在生产性方式保护过程中,积极而贴切地利用传统技艺的流变性,合乎文化发展规律和手工艺规律地进行技艺创新?"①的思考。

那么,在保护实践中如何平衡和把握传统民间刺绣挑花手工技艺流变过程中"变"与"不变"的矛盾与尺度呢?这涉及一个规范与标准的问题。中山大学王霄冰教授早在2010年就曾以祭孔大典为例探讨过非物质文化遗产本真性的衡量标准问题,提出"应该主要依靠学术界的力量,以政府管理部门委托并组织一批相关的专家学者,针对每项入围的文化事象进行深入的研究,通过纵向(历史)和横向(地域)的比较,在与传承人和当地政府相互协商的基础上,确立一个应予保护和传习的基本生态形式,并以此作为监测和检验传承效果的衡量标准。"②王霄冰教授关于非遗"标准"的探讨对具体实践工作中如何保护文化原真性具有前瞻性指导意义。那么,作为虽源自生活,终以艺术造型为形态、艺术审美为意旨的非遗项目——传统民间刺绣挑花手工艺是否也可设定相应的衡量标准呢?一般观念认为,艺术审美在专业艺术领域具有很强的个体审美差异,很难用一套普适的标准来衡定,这可能也是关于传统手工技艺的标准方面的研究和探讨十分少见的原因吧!

但笔者认为,传统民间刺绣手工艺是实用和审美高度紧密结合的集体共享的民间文化综合体,在长期的使用、传承和发展过程中,其技艺已经形成一系列稳定、典型、规范的工艺流程、技术方法和形态样式,其抽象的文化特色就蕴涵在这些可被客观表述的技艺要素里,在传承和发展的过程中只有坚持这些技艺要素的核心特色,才能保有该手工技艺的文化特点并能以独立的文化个体身份存在。所以,以此为依据建立一套具有实践操作性的传统民间刺绣挑花手工艺的保护标准,维护其技术规范和艺术形态本体特性,避免其文化基本性质的改变是必要且可行的。本文试以湖南隆回花瑶挑花为例,通过对成为公共非物质文化遗产的传统民间刺绣挑花手工艺概念、范围及其技艺审美形态与文化特性关系的分析,探讨传统民间刺绣挑花手工艺保护标准设定的考量要素和应用价值。

二、基于非遗的传统民间刺绣挑花手工艺的归类和概念探讨

为了使本文探讨的刺绣挑花手工艺保护标准具有类型通用参考意义,有必要从非遗的角度对传统民间刺绣挑花手工艺的概念和讨论范围做出界定。

从已公布的四批国家级非物质文化遗产名录可知,被列入中国国家级的刺绣与挑花手工

---

① 吕品田:《重振手工与非物质文化遗产生产性方式保护》,《中南民族大学学报(人文社会科学版)》2009年第4期。

② 王霄冰:《试论非物质文化遗产本真性的衡量标准》,《文化遗产》2010年第4期。

艺项目共有 29 项，这些项目均被归置在传统美术（第一批为民间美术）大类中，这种归类突出了项目的美术形态和审美价值，是以其艺术性作为依据的。如果对这 29 项刺绣挑花项目再加以归类分析，我们不难发现，其中顾绣、苏绣、湘绣、粤绣、蜀绣、瓯绣、汴绣、汉绣、上海绒绣、宁波金银彩绣这 10 个项目在近代均已通过合作生产（从家庭生产转向集体企业化生产）而发展转型为刺绣手工艺产业，其产品定位从服务生活的实用品转向纯粹审美的艺术品。作为国家轻工产业部门管理的手工艺产业，无论是技艺传承、技术规范、生产销售和管理，还是知识产权保护，均已形成一套较为完善的规范体系。进入非物质文化遗产保护名录后，此类项目虽然也面临人才断代、品牌个性趋同、缺乏创新活力等问题，但其主要问题已经不是文化公共转型中如何保有文化本真性的问题了。而其余的 19 个项目，在列入非遗并进入公共文化领域之前均为特定民间社会的区域性生活文化用品，主要被该社区本族人群所持有、分享和继承。美术形态是其最终呈现形式但非主要目的，用手工技艺满足服饰着装、家居日用等生活功能才是其根本目的，技艺性和区域文化性才是其主要特征。此类刺绣挑花项目进入非遗名录后，从民间社会登上了非遗保护的文化舞台，成为被大众传播和消费的公共文化产品，在享受非遗保护带来的文化复兴的同时，也不得不面对该过程中社会化、功利化、商品化所带来的文化流变等系列问题。本文所探讨的刺绣挑花手工艺保护标准是以此类非物质文化遗产项目为主要对象的，与以四大名绣为代表的艺术性刺绣手工艺项目相比，此类刺绣挑花手工艺项目因其与民间社会生活的紧密联系，在数量、地域分布、技艺特色和文化作用等方面于传统手工艺文化保护来说有着更为重要的意义。

那么此类传统民间刺绣挑花手工艺的共同特质是什么呢？我们首先须从概念上来加以明确。所谓传统手工艺"主要是指在前工业时期以手工作业的方式对某种材料（或多种材料）施以某种手段（或多种手段）使之改变形态的过程及其结果"[①]。徐艺乙教授关于传统手工艺概念的表述突出了传统手工艺的手工性、技艺性，其对材料、手段过程的强调暗含了传统手工艺是源自生活、服务生活的文化智慧。以此为框架，笔者根据传统民间刺绣挑花手工艺的具体工艺特点，对其概念作如下表述：传统民间刺绣挑花手工艺是指前工业时期，流传于民间社会，以手工作业的方式对自然纤维及其织物施以各种刺、绣、挑等技法，使之形成有审美意味的纹饰形态，并将其结果应用于服饰、家居、日用的过程。该概念试图表述五个方面的内容，可分为有形和无形两个部分：（1）材料和工具是物质基础；（2）手工技能是技术要素；（3）艺术形态是技艺结果；（4）它具有生活和审美的双重文化功能。（5）它是民间社会创造、分享并传承的手工文化。前三者是有形部分，是特定民间社群的生产生活、信仰认知、社交礼仪、思想情感、伦理规约等抽象文化内容的具体表现形态。从其历史发展样态来看，呈现浓郁的地域文化特色，并以此作为其文化独立的认同依据。

---

① 徐艺乙：《手工艺的传统——对传统手工艺相关的知识体系的再认识》，《装饰》2011 年第 8 期。

三、传统民间刺绣挑花手工艺的技艺审美形态与文化特性的关系

所谓标准，就是指衡量事物的准则，引申为榜样、规范。[①] 能成为某事物的准则，就必然代表该事物的本质属性，所以，要为某类文化事象设定保护标准，首先要知道该事象的本质是什么，其本质是通过什么外在形态来表现的，它们之间的互动关系是怎样的。非物质文化遗产是人类特有的精神财富，其本质是无形文化遗产，但"非物质文化遗产本质的无形性并不排斥其在存在和传承时的有形性"[②]。传统民间刺绣挑花手工艺是以刺绣挑花手工技艺及其艺术成品为外在表现形式的非物质文化遗产类型，其精神文化本质外化在能具体感知的技艺审美形态里，所以，探讨传统民间刺绣挑花手工艺的技艺审美形态与其文化特性的关系，是探讨其保护标准首先要理顺的问题。

技艺审美形态是指传统民间刺绣挑花手工技艺及其艺术成品的外在样态，是具有审美价值的艺术表现形式。传统民间刺绣挑花手工艺是基于生活的文化创造，其文化特性主要表现在以特定民俗生活为基础的民族地域性、民俗象征性和生活功能性三个方面，这些特性又分别从不同的角度制约和规定着传统民间刺绣挑花手工艺的技艺审美形态，如工具材料、刺绣针法、题材样式、形式构造，及其内在的审美思维和审美观念等等。传统民间刺绣挑花手工艺的文化特性是通过一定的技艺审美形态来承载的，分析两者的关系，尤其是在具体技艺形态产品的细节中梳理二者——对应的关系，不仅能透视作为非物质文化遗产的传统民间刺绣挑花手工艺的文化本质特性，同时，也能在具体可视的层面搭建一个表述传统民间刺绣挑花手工艺保护标准的基本框架。

民族地域性特色的差异是我国传统手工艺文化丰富多样的表现，技艺审美形态与民族地域性的关系具体表现在材料使用观念和加工工艺理念方面。刺绣挑花手工艺是基于生活服饰着装而发明的技艺，它的材料、工具和技术都离不开文化主体居住的自然和社会环境，在长期的民族文化历史发展沉淀过程中，必然会形成不同的地域特色。从现已颁布的29项国家级刺绣挑花类非物质文化遗产项目的名称来看，其中有14项是以技艺持有族群来命名如苗绣、瑶族刺绣、羌族刺绣、侗族刺绣等；有11项是以技艺流行地域来命名如苏绣、湘绣、粤绣、蜀绣、汴绣等。这些项目的命名本身就是包含了其民族身份识别的意义，作为非遗项目名称被确认和使用，是对其民族地域性特色的认可和肯定。来自不同地区或民族的同类刺绣工艺，因为民族传统和地域环境不同，在材料、工具和针法技术上表现出来的差异是十分突出的。如贵州三都水族马尾绣，其最大的特色就是材料的使用，即以马尾毛为骨心，用白色丝线将其缠绕加工成预制绣线，再在布面盘绕出各种纹饰，最后配合填绣等其他针法完成整个绣制。马尾材料的使用，使盘绣图案具有很强的立体感和体积感，缠绕在马尾上的丝线

[①] 引自《辞海》，上海辞书出版社，1999年出版，第3635页。
[②] 宋俊华：《非物质文化遗产特征刍议》，《江西社会科学》2006年第1期。

依托马尾的形态产生光影和色彩的变化，形成独特的视觉美感。马尾材料的使用衍生出水族盘绣的核心技艺形态，是其地域特色的突出表现。同为盘绣工艺，青海省东北部的土族盘绣手工艺经过上千年的传承，在材料运用和手工技法上也独具特色。土族盘绣的底布用料十分考究，不使用单层布料，而是先将胡麻锤软，再用胡麻油制成的糨糊将锤软的胡麻与黑或蓝色的棉布粘平，也有直接将多层棉布粘平制成底布的。土族盘绣针法更是独特，采用一针两线，其中一条做盘线、一条做缝线，同时操作，上盘下缝，在布面缝线上形成2毫米大小的圆圈纹样，由此构成的图案具有特殊的美感。用独特的加工理念对本土材料加以运用并形成自己独特的针法技术是传统民间刺绣挑花手工艺共同的文化特性，应该成为非遗保护的核心内容和标准。

民族传统刺绣挑花手工艺的民俗象征性是以传统生产方式、生活习俗和民间信仰为基础的。技艺审美形态与民俗象征性的关系具体表现在纹饰题材、结构样式和造型方法等方面，民俗象征性则代表艺术表现形式的文化内涵。我国传统民间刺绣挑花手工艺因为民俗象征性而形成独特表现形式的案例俯拾皆是，如湖北黄梅汉族挑花和湖南花瑶族挑花在针法技艺上都以十字数纱为主，但艺术表现形式上却有着各自的特点。黄梅挑花为五色彩挑，题材以汉族流传的经典纹饰图案龙凤、花鸟鱼虫、人物家具及文字为主，其中戏曲故事题材为其特色，图像组合结构有团花、边花、角花、填心花等多种类型，通常以团花为中心，角花与边花组合在四周，形成内圆外方的样式用于门帘被面、生活穿戴和家居日用。花瑶挑花则以双色挑花为主，题材以动植物居多，少量人物主题，其中最有特色的是本地自然环境中的常见动物如蛇、虎、豹、牛、羊、马、猪等作为主体图案，采用分层排列、左右对称的结构来构成画面，主要应用于女性裙饰。二者艺术形式上的差异与其生产方式、生活习俗和民间信仰是分不开的，黄梅地处鄂东，是佛教禅宗发祥地，著名的戏曲之乡，其挑花造型在荆楚和吴越文化的共同滋养下，形成黄梅挑花追求吉祥寓意象征、色彩明快、古朴典雅的特征；花瑶是一个历经迁徙的瑶族分支，生活在梅山文化所处的湘中雪峰山脉地区，险峻的自然环境、独特的农耕狩猎生活方式和原始的自然崇拜使花瑶挑花的题材和结构样式具有神秘原始的特点，图像纹饰造型保留稚拙的原始图腾象征意味。

生活功能性是传统民间刺绣挑花手工艺产生和存在的前提，它包括物质功能和精神功能两部分，刺绣挑织的图案纹饰装饰美化了服饰和用品，使人们在穿着使用的同时获得美的享受，是刺绣挑花艺术价值的体现。技艺审美形态与生活功能性的关系具体表现在艺术思维、造型风格、审美观念等方面。刺绣手工艺在民间常常被称之"绣花"，此处之"花"除表示花样、纹饰之外，也有"美"的意思，对美的追求是传统民间刺绣挑花手工艺传承和发展生生不息的动力，历代民众在追求装饰美化生活的过程中，总是从当前的生活出发，不断探索尝试新的语言和方式并运用于传统的造型中，形成了不同的造型风格和审美观念。以苗绣为例，苗绣是我国传统民间刺绣挑花手工艺中生活功能的实用与审美功能结合得十分完美的一类，无论是哪个分支哪个地域型的苗绣，其总是以丰富多样、细致入微的服饰型制给图像造型创造出形态各异的承载空间，激发绣者的艺术思维和想象力，在造型和审美风格上形成形式对称、充实饱满、色彩艳丽的艺术特色。

综上所述，传统民间刺绣挑花手工艺的技艺审美形态是其文化特性的外在具象表现，文化特性是技艺审美的文化内蕴，二者是互为表里的关系，把握了技艺审美形态的艺术特性也就把握了该手工技艺作为非物质文化遗产的基本性质。

四、传统民间刺绣挑花手工艺保护标准设定的考量要素和范式

如上文所述，把握了技艺审美形态的艺术特性也就把握了该手工技艺作为非物质文化遗产的基本性质，那么，一项传统民间刺绣挑花手工艺术的艺术特性应可成为区别于其他同类手工艺术的根本依据，艺术特性的具体内容也应当作手工技艺保护标准的考量要素。下面笔者试以湖南花瑶传统挑花例，分析其手工艺标准设定的考量要素，并尝试拟出一个花瑶传统挑花手工艺保护标准的试用样本。

湖南隆回花瑶挑花手工艺主要应用于花瑶族传统女性服饰制作与装饰，它主要包括两个部分：一是筒裙上的单色挑花裙片、连接处彩色挑花前片、头帕、上衫襟边袖口、腰带、绑腿和挂饰所采用的十字针法与一字针法挑绣工艺；二是头盘的花绳编织工艺。花瑶挑花手工艺是基于数理抽象而展开造型想象力的手工艺术，其艺术特色有两个：一是针法简单但工艺运用极致；二是造型方法稚拙但艺术表现力丰富。其核心技艺就是"数纱造型"，无论是单个物象的外形轮廓，还是内部纹饰，又或者周围的图像填充，都离不开对底布经纬线的计算，从而统筹安排形及形与形之间的构造与布局，并因此成就了花瑶挑花造型思维和审美风格上的"大拙致巧"。所以，笔者对其手工艺标准要素的考量是按核心手工技术、主要表现形式、典型审美观念的线索来展开的。

1. 花瑶挑花手工艺的核心手工技术

"天有时，地有气，工有巧，材有美。合此四者，然后可以为良。"[1] 古人在《考工记》中记述了材料于手工艺品质量的重要作用。材料工具和加工工艺是一项挑花手工技艺外貌得以呈现的技术保障，失去或改变其中的任意一项要素，都可能改变该手工艺的原有性质。与其他民族和地区的挑花手工艺相比，花瑶挑花手工艺的核心手工技术具有材料工具自然而朴素、制作工艺单纯而极致的特点。

材料工具要素包括绣线、底布、身体、绣针。花瑶挑花的材料十分简单，传统绣线为棉线和丝线，传统底布为平纹土织棉布，其中筒裙底布为藏青色、头帕底布为青白二色格子布，而近代由于追求结实耐穿，棉线棉布逐渐被淘汰，均采用人造纤维毛线和平纹尼龙布。从实用功能的角度看，新技术新材料的使用和普及是使用者出于功能需要的选择，是无可厚非的，但作为传统手工艺，则应当严格遵循材料的历史传统，因为挑花作为手艺被创造出来

---

[1] 〔汉〕郑玄著，〔唐〕贾公彦疏，赵伯雄整理，王文锦审定：《周礼注疏（卷39〈冬官考工记第六〉）》，载李学勤主编：《十三经注疏》，北京大学出版社1999年版，第1060页。

有一个从材料的物理到物性的处理过程。比如，人们在使用材料的过程中发现土织棉布的经线相对比纬线细，所以传统的做法是左右方向数四根纱来挑，上下方向数三根纱来挑，以此调整获得更加舒服的"×"字形状比例。① 这个十分细微的处理技巧显示了花瑶先民在挑花材料技术上的智慧。日本的传统手工艺能在日本高度工业化发展的过程中得到完整的保存和发展，与其艺人在材料工艺方面恪守传统不无关系。如日本宫殿木匠历代坚守的材料口传艺诀就有："不买木料去买座山回来、建寺庙时木头的方向要跟它生长的方位相同、搭建木结构建筑不依赖尺寸而依赖木头的习性。"② 可见材料作为手工技艺是有其核心意义的。花瑶挑花在对手织土棉布的长期使用中，已经将传统的棉线、丝线和棉布的自然色泽、质地和品性融入加工技术，是花瑶挑花技艺的重要组成部分，应为其传统手工艺重要的考察要素。花瑶挑花的绣针并未有特殊要求，不做特殊表述。笔者将身体列为挑花的工具，是为了强调其手工艺的"手"，发展到近代，并非所有的传统手工艺都坚持纯手工制作，某些多工序的传统手工艺如陶瓷技艺的和泥、造纸技艺的踩料工序，随着近代工业技术的发展已经改为机器来替代该部分的手工作业。但挑花作为由个人独立操作的生活手艺，其工艺流程单纯，强调心手合一、工艺反复，如果不保留纯手工作业，那么作为手工艺的技术部分就失去了全部意义，所以全手工也应成为衡量的必须要素。

制作工艺要素包括基本针法、技术规范。若从针法上来说，花瑶挑花针法十分简单，基本以十字针法为主、一字针法为辅，但花瑶挑花的简单针法恰恰成就了其制作工艺的"以简至精"的独特魅力。针法单一对于造型来说是一把双刃剑。一方面，它制约了花瑶挑花在造型上难有更多的表现技巧；另一方面，正是它给了花瑶挑花最大的造型自由。花瑶妇女不用分散精力去掌握复杂多变的针法技巧，而是将注意力集中在数纱造型和走针造型的技巧上，并因此形成了花瑶挑花特殊的技术规范，即以数成形、走针有序。以数成形是通过数和算来排列针脚形成线条和块面，构成基本形及形态间的穿插关系并做镜像复制，表现在具体视觉形式上就是花瑶的挑花图形直中求曲、整齐有序、繁复多变、左右对称。特别是那些传承历史久远的老图案，所有造型都充分遵循经纬线的制约，将自然物象的曲线都概括成直线来加以表达，使得每一个造型都趋于几何化特征。③ 挖掘和整理这些经典的老图案，可作为以数成形技术标准的代表图例。（如图 1）走针有序是以正面斜角 45 度走针，背面水平一字走针的方式，起针和收针要求均为同一处的顺序进行，正面十字多为一次过线，背面一字多为两次过线，其视觉效果为正面是成 45 度十字形连缀的图案，背面为水平一字形连缀的图案，双面成花。（如图 2）这与市面流行的十字绣是有本质区别的，十字绣是定型复制，几乎没有数纱工艺，普通民众将二者混为一谈，就是因为对花瑶挑花工艺的不理解。数纱和走针是花瑶挑花的技艺精华，越是工艺优秀的花瑶挑花，其数纱和走针越是细致严谨。所以数纱的技术规范和走针的基本针法应明确为花瑶挑花手工艺标准的核心要素，简化或缺失此项

---

① 笔者注：我在大托村考察时曾跟当地妇女学习挑花针法，大托村的奉春妹、奉红花和周朋村的杨爱花都指出老人家传下来的数纱方法要按横四纵三的方法来数，并作为基本针法教授给我。
② （日）盐田米松：《留住手艺》，英珂译，广西师范大学出版社 2012 年版，第 18—21 页。
③ 吕晓珊：《湖南花瑶新老挑花图案对比及其启示》，《装饰》2016 年第 1 期。

技艺，就不能被认定是花瑶挑花。

图 1　对蛇图　作者拍摄

图 2　对狮图（局部）挑花正面十字形图案（上）与背面一字形图案（下）对比　作者拍摄

2. 花瑶挑花手工艺的主要表现形式

纹饰题材、结构样式和造型方法是传统民间刺绣挑花手工艺的技艺审美形态中最为直观的要素，也是容易被创新和应用的要素，尤其在民族融合、文化交流、传承更代过程中容易受到冲击和影响，所以，作为标准衡量要素，需要对以往流传和近代变迁的内容做一定的甄别筛选，找出能代表其主要特色的经典样式，作为表现形式板块的保护标准设定考量要素。

形象要素是构成艺术形象的具象元素，具有直观性，包括色彩和纹样。花瑶挑花的色彩使用往往与其应用的服饰形制相联系，比如，筒裙主体挑花为单色即白色，白色与底布藏青色形成接近黑白极色对比的明度关系，配合均衡穿插的图案，形成远看接近灰色调子的色彩效果，是其他同类挑花没有的色彩风格。而筒裙前面的连接处的两块前片挑花、夏装袖口、头帕上的纹样挑花，色彩一般采用红、黄、绿、蓝四色为主，其色相并未有十分严格的要求，日常挑绣时绣者可依据个人爱好做一定的改变来搭配。如果从代表性来说，筒裙主体的单色挑花为花瑶挑花的特色，可作为色彩的必须标准，而彩色部分则可为容变项。花瑶挑花的纹样既包括在长期发展过程中通过对自然对象的观察提炼创造出来的单个装饰图案元素，如植物纹中的岩石花、南瓜花、打子花、勾勾藤、老虎脚印花、穆子纹、柿蒂纹等，也包括那些抽象的有特定象征含义的符号如卍字纹、盘长纹、寿字纹等，这些纹样常常作为基本素材通过各种组合和构造来表现一定的主题。人物和动植物挑花纹样，虽然不能全部为花瑶挑花独有，但其中有一部分纹样在造型和组合上经过数百年的沉淀已经形成花瑶的独特语言，应该采纳为形象要素标准，如岩石花、打子花、南瓜花、八角花、蛇纹、豹纹、虎纹等，作为代表性形象要素鼓励花瑶挑花妇女在挑花创作中加以运用（图3）。色彩和纹样是艺术创作中最活跃最能展现想象力的要素，纳入保护标准应标明可容变性，以免成为创新发展的约束。

图3　部分花瑶挑花常用纹样　依次为岩石花、打子花、南瓜花、八角花　作者制图

结构要素是构成艺术形象的抽象元素，具有隐蔽性，包括布局和样式。花瑶筒裙上的挑花采用分层的方式布局，将底布按一定的比例分割成上中下三层，中间各有一条用十字长挑工艺挑成的比较突出的线将三层分隔开，下层的底部还有两条抽象的二方连续纹样。从尺度看，一般上下两层窄，中间一层宽，三层高度比例并不固定，常视图像安排具体而定。中间层图案一般以人物和动物居多，多以单个较大的形象为主，四周穿插装饰有各种动植物纹样和抽象符号，两片裙片合起来看，图像两两相对，上下层则多为形状较小的图案，也为两两对称、重复排列（如图4）这种分层对称的布局是一种具有原始意味的空间造型思维方式的运用结果，不仅在视觉上取得了秩序美感，也创造了一种特殊的观看方式，当妇女穿上挑花裙后，仿佛置身自然三维空间，被天上的飞鸟、地上的花鸟鱼虫团团围绕，从二维到三维的意象空间跨变，令观者浮想联翩。花瑶挑花的结构要素还体现在图案的造型样式上，无论人物动物、鱼虫花卉，皆可以打破自然法则，按挑绣的布面空间来安排纹饰和图案，物象间常常大小交错、互相嵌套，如动物的身上嵌套各种花卉，花卉中又嵌套抽象符号。（如图5）花瑶挑花自身独特的布局和样式是表现形式中最能代表花瑶挑花艺术特色的部分，所以在设定为考量要素时应强调为不可缺少和较少容变项。

图 4　野猪图　陆显中拍摄

图 5　对虎图（局部）老虎身上嵌套着岩石花、八角花等动植物图案　作者拍摄

方法要素是指为获得特定造型效果对图像进行观察、选择、处理和表现的手法。花瑶挑花是来自民间的实用造型艺术，它的造型方法一方面受制于服饰形制和实用功能，一方面也受挑花者通过口授心传方式所掌握的原生的造型思维影响，形成观物取象、意象组合、适形造型等特点。这些方法虽然也为多数民间传统手工艺造型所共有，但如果缺失这些方法与挑花材料工艺、制作工艺、形象结构的配合，花瑶挑花也就可能变成别的东西了。花瑶挑花的图案和题材均源自生活，强调从自然物象中捕获灵感，从花瑶挑花的经典纹样"岩石花"的传说可以看出花瑶挑花历来注重对自然物象的观察、提取和表现，但并不以追求物象真实再现为目标，而是提取表象的主要特征，结合挑绣针法和形制空间将表象进行意象化，其采用的方法就是意象组合与适形造型。所谓意象造型就是"得意而忘形"，比如传统老虎的造型，有表现其凶猛，可毛发怒张、龇牙咧嘴、头歪眼斜；也有表现其憨萌，则圆头呆脑、笑态可掬，能达意就不拘泥于形。所谓适形造型就是在安排图案位置和塑造图案外形时根据形与形之间空隙的具体形态来设计，常常是见缝插针、联想巧妙。图案也往往不受现实约束，

扭曲、颠倒、变形使这些穿插在主体图像周围似真非真的纹饰成为挑花图案中非常活跃的因素，让花瑶挑花造型独具魅力。（如图6）近些年在政府组织的某些推广宣传花瑶挑花手工艺的大赛活动中，部分将摄影图片或绘画图像直接复制成挑花图案而完成的作品被当作花瑶挑花创新的案例获得最高奖项并被大力宣传，这与花瑶挑花传统的造型方法和精神是背道而驰的。所以，将花瑶挑花手工艺观物取象、意象组合、适形造型的方法因素作为考察标准是十分必要的。

图6　对马图　马身与马身四周的动物、花草、抽象符号互相穿插、适形造型　作者拍摄

3. 花瑶挑花手工艺的经典审美观念

传统民间手工艺的审美是基于生活文化的审美，它首先是实用的，然后才是艺术的。理解花瑶传统挑花手工艺的审美观念首先要从它的实用功能开始，花瑶挑花应用最有特色部分在筒裙，与其他地区挑花应用于头巾、包袱布和桌布不同的是，前者实用功能性强，后者装饰功能性强，所以花瑶筒裙上的挑花在视觉和触觉上的饱满、密实、均匀、平整是一种朴素的功能设计思维的结果。花瑶地处高寒山区，年平均气温只有11℃，保暖、牢固、舒适是花瑶服饰三个必不可少的功能。在底布上用棉线满铺挑花纹饰不仅增加了筒裙的厚度，也改变了筒裙底布原有的织纹结构，保暖和耐用性能都得到提高。一些有经验的花瑶妇女甚至总结出那些纹饰均匀、无大面积留底的挑花筒裙可以使用更久的经验。[①] 筒裙为四季常服，夏季需贴身穿着，绣线和针脚平整才能保证舒适。挑花图案饱满、密实、均匀，针脚平整慢慢成了花瑶筒裙挑花的实用审美标准，这种观念在历代传承实践的过程中甚至被当成考察一个花瑶女儿心灵手巧的条件。花瑶挑花在艺术审美观念的特点可以从题材选择、纹饰造型、形态语言和艺术手法来概括，出现在挑花裙上的图案除少量的抽象符号如卍字纹、盘长纹和寿字纹以外，其他均来自花瑶自然环境中的动植物形象，在视觉直观上有一种人与自然和谐共

---

① 笔者注：2015年8月笔者在湖南隆回虎形山采访小托村的奉涯妹、岩儿塘的沈婆婆时，她们都提到，花要挑得密挑得匀就穿得久。

处的审美趣味。从图案的造型来说，由于十字针法是通过连续或渐变排列的方式来塑造图案外形轮廓，所以所有的造型线条都受制于针脚排列，任意一条曲线都是依赖针脚渐次排列成直线通过视觉空间混合来表达的，比如蛇纹的造型，有时为了塑造蛇的身体轮廓，需要排列数百针才表现出其透迤的特点，视觉上就呈现出夸张之美。细密的实用功能也促进了绣者不断在图案中添加和排列各种小纹饰，层层嵌套，或者在轮廓外围添加整齐排列的线条，再加上分层排列、左右对称的布局，使得花瑶挑花的艺术风格具有浓烈的夸张、写意和装饰性。这些造型风格在不断传承沉淀的过程中成为花瑶挑花区别于其他地区挑花的典型审美观念。

上述分析基本呈现了花瑶传统挑花手工艺的技艺审美形态在技术、形式和审美三个板块的具体内容，以此为范式，笔者尝试拟制花瑶传统挑花手工艺保护标准试用范本如下表。此标准作为一种探索，它的表述和呈现方式都有待进一步研究和改进。

湖南隆回花瑶挑花手工艺保护标准（试用样本）[①]

板块名称	价值表述	分析因素		判断要点	图例参考	容变范围
手工技术	反映技艺审美形态的材质和技术的基本内容、特征与性能。	材料工具	绣线	棉纱线（包括白色、黑色）；丝线（以红、黄、蓝、绿为主）		传统挑花材料绣线和底布在容变范围应做领域区分：一是生活领域为可容变范围；公共领域为不可变范围。[②]
			底布	平纹土织棉布（包括藏青色、白色）；平纹土织青白相间格子布		
			制作方式	是否纯手工操作		
			绣针	普通用针		
		制作技术	基本针法	十字针法、一字针法		
			技术规范	数纱成形为主；走针有序、起收同位；双面成花、正面为"×"形、背面为"一"形		

① 因文章版面限制，本表中图例参考一栏并未列出样板，实际应用当另页附出详细图例。

② 笔者注：花瑶挑花材料早在上世纪80年代开始，人造纤维毛线和尼龙布逐渐替代棉纱线和土织布，其原因和影响笔者曾在拙文《湖南花瑶新老挑花图案对比及其启示》中有详细论述。花瑶挑花传统材料关联着其工艺技术和艺术形态，不可任意改变，从原真性的角度来说，应该对传统材料加以恢复。所以笔者将材料在公共领域应用作为不可变更的标准。

(续上表)

板块名称	价值表述	分析因素		判断要点	图例参考	容变范围
表现形式	反映手工艺品的造型形态、结构和方法的基本面貌与特征。	形象要素	色彩	白色与藏青色组合 黑色与白色组合 红、黄、绿、蓝四色组合		四色组合方式可变并容许一定的色差
			纹样	使用代表性纹样，如岩石花、打子花、南瓜花、八角花、蛇纹、豹纹、虎纹等		可任意组合
		结构要素	布局	一般为三层分布 左右对称		层数和比例可自由调整
			样式	大小交错 图案嵌套		嵌套和交错方向大小均可变
		方法要素	观物取象	以自然为主的题材		题材的组合运用可变
			意象组合	非写实再现形态 非写实组合		组合的方式可变
			适形造型	轮廓的互相适合 空间的互相适应 线条的互相适应		适合的方式可变
审美观念	反映技术与艺术的关系，呈现审美思维和与之相联系的审美观念	审美要素	实用审美	饱满、密实、均匀、平整		
			艺术审美	自然性、装饰性、夸张性、写意性		

五、结论与思考：传统民间刺绣挑花手工艺保护标准的应用与创新之辨

通过以湖南隆回花瑶挑花手工艺为例的论述和分析，得出以下结论：传统民间刺绣挑花手工艺的文化特性和精神是可以通过其外在技艺形态来全面呈现，并转换成理性表述和规范的要素来架构手工艺保护标准。标准的建立和应用有着多重的意义：首先，于其原属的文化社区来说，它有唤醒文化主体自觉和启发传承创新的作用，保护标准中对手工艺技艺具象要

素系统规范的梳理将该技艺的文化精粹呈现给它的持有者,提高他们对自身持有文化的正确理性的自觉、自知与自信。其次,于文化公共领域的宣传和消费来说,它有保护、规范和普及的作用。标准中提供的要素和判断要点作为规范依据一旦以法规的形式明确下来,就可以成为保护手工艺生产者及其产品在消费和流通过程中不受各种商业化运作带来不公平竞争和伤害的法律依据;促进政府和各界文化工作者对自己所从事的保护工作对象有准确的认识和评价,使具体的组织、宣传和推广工作不会背离非物质文化遗产保护的基本精神。最后,于手工艺文化创新来说,标准为创新找到出发点,如果说创新是一次新的征途,那么标准就会告诉我们:哪里是起点要走向哪里去。关于传统手工艺的创新,笔者十分认同徐艺乙教授提出的三层意思:第一层指发明创造新东西(这与手工艺这个行当无关);第二层指复原和不断重复同样的技术即更新;第三层是在恪守传统的基础上不断地进行更新,在充分了解材料特性的前提下,充分掌握技术,在技术熟练的前提之下,让传统工艺更加精良。[①] 三层意思的表述着重强调了手工艺的历史传承的特点,不轻言创造,多重复精进。传统民间刺绣挑花手工艺就是这样一种有着清晰独立的历史文化特性的手工技艺,对于任何一位传承实践者来说,只有深刻领悟到被历代手工艺者锤炼过的技艺方法和文化精神,明辨它的规范和标准,才能真正走在创新的路上。

(原文载于《文化遗产》2017 年第 3 期)

[①] 徐艺乙:《传统手工艺的继承与创新》,《苏州工艺美术职业技术学院学报》2016 年第 1 期。

传统饮食制作技艺类非物质文化遗产的标准化建设研究

程 鹏[*]

在我国非物质文化遗产的传承与保护中,"生产性保护"是其中的一项重要方式,目前主要应用于市场基础条件较好的传统技艺、传统美术和传统医药药物炮制类非物质文化遗产项目。对于生产性保护,自其诞生之日起就争议不断,不仅对是否应该实行"生产性保护"存在不同意见,而且即使赞成者对于"生产性保护"的实施范围及途径也存在不同观点,再加上"产业化保护""商业化经营"等衍生概念的提出,使得这一问题变得愈加复杂。而之所以出现这一问题,一个重要的原因就是我国非物质文化遗产项目众多、种类庞杂,并且目前的分类体系仍然存在许多不足,因此从更为细致的分类体系中进行探讨也就非常必要。将传统饮食制作技艺类非物质文化遗产单独拿出来作为一个类别进行研究,是基于其自身特点及目前所存在的问题。

饮食类非物质文化遗产的食品特性和其价值体系等特点,使其与其他类别的非物质文化遗产有所区别。而且由于标准的缺失和不适用,中国传统饮食的传承与发展存在诸多问题。在非物质文化遗产保护被纳入国家文化发展战略之际,如何传承传统饮食文化使其进入现代生产体系?如何解决传统技艺、传统配方与现代法律法规之间的矛盾?如何解决饮食生产监管政策与非物质文化遗产保护政策之间的矛盾?如何平衡标准化建设与多元化发展等问题都是亟待解决的重点。本文从标准化建设这一视角切入,对传统饮食制作技艺类非物质文化遗产的特点、标准化缺失、标准化建设等问题展开探讨,希冀对传统饮食制作技艺类非物质文化遗产的发展有所助益。

一、国内外研究现状

对于饮食标准化,目前国内外的研究视角主要围绕在以下方面:(1)饮食文化的标准

---

[*] 程鹏,上海社会科学院文学研究所助理研究员。

化与文化原真性。有学者认为饮食文化标准化是识别地方原真文化的过程,① 跨地方饮食有必要通过地方文化特质的标准化进行文化传播。② 有学者进一步厘清"原真性"与"标准化"之间的关系,提出"标准化是原真性的保障,原真性是标准化的根基"。③（2）跨地方饮食文化生产的标准化。不同的学者有不同的观点,支持者认为饮食服务一定要重视产品和服务标准,④ 跨地方饮食生产放弃标准化注定会失败。⑤ 反对者认为标准化不利于维持独特的形象,并会"侵蚀"顾客体验的差异性,⑥ 中餐更不宜实行标准化。⑦（3）餐饮标准化的过程。有学者指出实施餐饮标准化的过程中,首先要实施餐饮产品品质的形成过程和管理过程的标准化。⑧ 餐饮企业的标准化主要体现在对餐饮企业经营环境、设施设备及食品加工的标准化,企业营销、内部管理制度的标准化,以及企业文化的标准化三个层次。⑨ 这些研究主要集中在人文地理及餐饮管理等专业,主要侧重于现代餐饮业的规模化拓展,关注点偏狭,对于跨文化饮食标准的适用性、传统技艺与现代标准等问题研究不足。

　　对饮食制作技艺类非物质文化遗产的研究,主要出现于我国非物质文化遗产名录体系建立之后,尤其是 2013 年日本的"和食——日本人的传统饮食文化"和韩国的"腌制越冬泡菜文化"列入人类非物质文化遗产名录后,相关的研究急剧增长。主要的研究视角有以下几点:（1）饮食文化申遗。主要集中在中国饮食文化的非物质文化遗产价值、非物质文化遗产构成等基础研究以及中国饮食文化有无申遗必要性的探讨等应用研究;⑩ 2013 年后针对他国饮食文化申遗成功的经验分析,⑪ 以及中国饮食文化申遗的对策研究成为热点。⑫（2）饮食类非物质文化遗产的传承与保护。包括对具体区域或具体项目的深入个案研究以及从生产性保护等不同视角展开的研究。⑬ 有些学者已经在研究中指出某些具体的饮食制作技艺类非物质文化遗产项目就存在着标准缺乏等问题。这些研究虽然关涉到饮食制作技艺类非物质文化遗产的传承与保护,然而在具体问题的研究方面仍有不足,尤其是对标准化的问

---

① MÖHRING M. Foreign Cuisine in West Germany. *GHI Bulletin*. 2007. 41（3）.
② NIJMAN J. Cultural globalization and the identity of place: the reconstruction of Amsterdam. *Cultural Geographies*. 1999. 6（2）.
③ 曾国军、孙树芝:《跨地方饮食文化生产:鲜芋仙的原真标准化过程》,《热带地理》2016 年第 2 期。
④ FINE G. The Culture of Production: Aesthetic Choices and Constraints in Culinary Work. *American Journal of Sociology*, 1992. 97（5）.
⑤ PARSA H G, SELF J T, NJITE D, KING T. Why restaurants fail. *Cornell Hotel and Restaurant Administration Quarterly*. 2005, 46.
⑥ MACCANNEL L D. *The Tourist: A New Theory of the Leisure Class*. Schocken Books, 1976.
⑦ 李健、李祝舜:《现代中餐企业的标准化研究》,《桂林旅游高等专科学校学报》2006 年第 1 期。
⑧ 李晓黎:《ISO9000 与餐饮标准化》,《世界标准化与质量管理》2001 年第 12 期。
⑨ 李健、李祝舜:《现代中餐企业的标准化研究》,《桂林旅游高等专科学校学报》2006 年第 1 期。
⑩ 于干千、程小敏:《中国饮食文化申报世界非物质文化遗产的标准研究》,《思想战线》2015 年第 2 期。
⑪ 孙洁:《无形文化遗产构建及内涵的再思考——以日本"和食"申遗历程及其变化为例》,《贵州社会科学》2014 年第 3 期。
⑫ 彭兆荣、牟军:《本体反思与本味反哺——从日本"和食"等入选世界遗产名录说起》,《贵州社会科学》2014 年第 3 期。
⑬ 杜莉、张茜:《川菜的历史演变与非物质文化遗产保护发展》,《农业考古》2014 年第 4 期。

题还有许多探索空间。个别研究虽然针对具体的非物质文化遗产项目对标准化问题有所提及，但深度和广度都远远不够。

二、传统饮食制作技艺类非物质文化遗产的特点及问题

传统饮食制作技艺类非物质文化遗产主要是指在目前我国的非物质文化遗产名录中传统技艺类里的饮食制作技艺项目，主要包括酒水、茶叶、调味品、糕点、菜肴等的制作技艺（酿造、腌渍、烹饪等），暂不包括其他类别中与饮食相关的项目。目前在各级非物质文化遗产名录中，都没有单独的饮食门类。尤其是中国的非物质文化遗产项目数量庞杂，现行的分类方法标准单一，多为单线索式，缺乏层级，类目设置不完全、界限模糊，部分类别交叉、重复的现象也较为明显。饮食文化内涵丰富，表现形式多样，在中国目前的非物质文化遗产名录中，除了"传统手工技艺"外，"民间文学""民间美术""民俗"等类别中也有部分项目与饮食有关。饮食类非物质文化遗产项目分类与评价标准的混乱，不仅影响到饮食文化的传承与保护，也牵涉到中国饮食文化申报人类非物质文化遗产时的准确归类和科学定位。

中国传统饮食制作技艺类非物质文化遗产标准化建设的不足，还体现在生产环境、原辅料等多方面。虽然诸如茅台酒酿制技艺等酒类项目已经实现了较为完备的标准化建设，但大多数传统饮食制作技艺类项目仍然主要以手工随意性生产、单店式作坊经营、经验性管理为主要特征，标准化建设不足。中国传统饮食在制作技艺上以手工作业为主，缺乏精准的量化，常代之以少许、若干、适量等模糊性词语，操作中主要凭借经验，个人因素占主导地位，这种生产方式不仅限制了传统饮食的生产规模，也影响到其质量的稳定。在技艺传承上，由于主要依靠口传心授，标准化的缺失容易影响其传承发展。

传统饮食制作技艺类非物质文化遗产项目在入选非物质文化遗产名录之前，大都已经面向市场进行生产经营，并且都有相应的企业和门店。非物质文化遗产企业以"企业生存"作为实在性的目标，以市场为导向，接受市场的优胜劣汰。为降低成本、占领市场，实现品牌化经营和海外拓展，标准化建设也势在必行。

全球化时代，传统饮食制作技艺类非物质文化遗产的标准缺失及不适用等问题，不仅涉及到食品安全，更使传统手工艺与现代工业技术的矛盾凸显。传统饮食制作技艺类非物质文化遗产项目所生产的产品是需要入口的食品，除了遵守《中华人民共和国非物质文化遗产法》外，还要遵守《中华人民共和国食品安全法》和各类食品标准，并接受食品药品监督管理局等卫生安全部门的监管。当前我国普遍把西方监管标准视为现代化、科学化的标准，评价体系单一，缺乏适用于中国传统饮食文化的指标。而西方监管标准长期以来居于主流地位，也显现出西方中心主义观念的深刻影响和中国对自身文化的不够自信。

中国传统饮食制作技艺类非物质文化遗产标准化建设的不足，主要体现在生产环境、原辅料等多方面。例如传统技艺中需要日晒夜露的酿造类饮食产品，就不宜单纯使用现代化的

生产监管标准，国家级非物质文化遗产钱万隆酱油酿造技艺就因为强制施行食品监管采用的GMP标准而陷入困境。在生产原辅料方面，转基因食品的使用、添加剂的使用标准等问题也日益凸显，王老吉凉茶里的夏枯草等成分就被卫生部认定不在允许添加食用中药材的名单之列，而合江先市酱油也存在氨基酸态氮（以氮计）偏低、防腐剂过量的问题。

三、传统饮食制作技艺类非物质文化遗产的标准化建设路径及意义

标准化是指在经济、技术、科学和管理等社会实践中，对重复性的事物和概念，通过制订、发布和实施标准达到统一，以获得最佳秩序和社会效益。标准化是一个概念体系，涵盖了从生产环境、原辅料、生产工具、生产技艺到管理服务、企业文化等环节的标准制定与实施。《中华人民共和国标准化法》就将我国标准分为国家标准、行业标准、地方标准、企业标准四级，包括基础标准、产品标准、卫生标准、原辅材料标准、地理标志产品标准等方面。

在中国，将标准化应用于非物质文化遗产保护领域已有先例。2012年8月，内蒙古自治区地方标准《蒙古族服饰》正式实施，是全国首次将标准化这一技术手段应用于少数民族非物质文化遗产保护领域。2013年，扬州市质监局、扬州报业传媒集团开始策划组织广陵古籍刻印社大胆尝试制定雕版印刷技艺标准，先后通过了市级和省级行业标准，2014年底正式申报制定新闻出版行业标准《印刷技术——雕版印刷技艺》。而对非物质文化遗产名录中的传统饮食制作技艺类项目，从标准化角度进行保护的还较少。对此，可以按照不同类别从不同层级和角度进行标准化建设。

针对中国传统饮食制作技艺类非物质文化遗产标准的缺失和不适用，制定适合传统饮食生产方式的标准，包括基础标准、产品标准、卫生标准、原辅材料标准等内容，构建饮食类非物质文化遗产标准体系，以更好的传承与保护中国传统饮食文化，为申报人类非物质文化遗产做准备。对于地理标志类饮食产品，在深入研究其自然因素、人文因素、地理标志等特征的基础上，制定我国各种地理标志饮食制品的相应国家质量标准。

对于某些不适用于传统生产工艺的标准，则应该在充分尊重企业传统手工生产工艺和流程的基础上，对其做相应的修正。例如我国酱油行业的治理标准与卫生标准主要是《酿造酱油》（GB 18186—2000）和《酱油卫生标准》（GB 2717—2003），对传统酿造工艺和现代勾兑工艺的区分不明显，缺乏针对性。对于酿制酱油来说，检验的内容除了采用西方标准设立的基础理化指标（如色度、食盐量、无盐可溶性固形物、乙醇、直接还原糖及有无异物）之外，还应该包括与传统酿造技艺相关的感官指标。感官检验内容包括酱油的色、香、味，有无异味、异臭或霉味等。应该在充分尊重企业传统手工生产工艺和流程的基础上，为其量身定制一套标准。另外，对于许多传统手工技艺，应该在严格论证的基础上，针对传统生产技艺的特殊器具及其材质（如竹、木）、特殊生产方法（如日晒夜露）、特殊生产环境等提出既能保留传统工艺特色和传统风味，又能使百姓吃得放心的具体标准。

当然，传统饮食制作技艺类非物质文化遗产标准化并非一味地因循守旧，并非提倡利用落后的、不合时宜的制作手段和原料进行产品的加工，而是要传承保护传统饮食制作技艺类非物质文化遗产的核心技艺和特色。在不改变核心技艺与特色的基础上，鼓励和提倡饮食类非遗企业进行各种创新和多样性发展，生产出不失传统特色又符合现代人口味的饮食产品。

作为国家文化软实力的重要部分，饮食文化可谓是人文外交的重要载体。传统饮食作为中国传统文化的重要组成部分，在民族文化认同和国际文化传播中占有重要位置。随着经济的发展和现代化进程，人们的生存环境和饮食习惯发生了变化，食物的来源渠道和制作过程也发生了改变。全球化时代，中国传统饮食面临着现代性和国际化的挑战，标准化的缺失和不适用影响着其传承与发展。要占领国际市场，规模化、标准化生产势在必行。饮食文化的跨地方性传播在保持文化原真性和实施标准化之间存在一定矛盾，需要根据中国饮食的特点和消费者的习惯适度调适，以实现中国饮食的标准化建设，建立中华传统饮食的民族品牌，促进其海外传播发展。

总而言之，传统饮食制作技艺类非物质文化遗产的标准化建设意义重大，对于传统饮食制作技艺类非物质文化遗产项目来说，有利于解决传统生产技艺与现代化标准之间的矛盾、本真性传承与多元化发展等问题，从而更好地传承传统饮食文化。对于企业来说，可以降低成本、提高效率，树立统一的品牌形象，占领市场，从而促进企业规模化发展和海外拓展。对于国家来说，不仅有利于改善食品生产监管标准、增强食品安全，而且有助于加强本土认同，增强文化自信和国家文化软实力，建设中华传统饮食的民族品牌，拓展中国传统饮食的国际传播路径，对外传播中国饮食文化。对于人类口头和非物质遗产来说，中国传统饮食的标准化建设，可以为人类非物质文化遗产提供保护传统饮食的重要范例，中国制定的相关饮食标准，对于国际相关食品行业也将起到引领作用。

结　语

在对传统饮食制作技艺类非物质文化遗产进行传承与保护时，除了关注其本身的文化属性之外，还要注意其饮食方面的特性，考虑其产品的市场导向及食品安全相关的规定要求。拥有良好市场基础的传统饮食制作技艺类非物质文化遗产项目，在实行生产性保护时，由于标准化建设不足，无法扩大生产规模，质量也不稳定，加之口传心授的传承方式，使得技艺的传承存在一定困难。

规模化和标准化的市场需求，使得饮食制作技艺类非物质文化遗产在对传统生产技艺予以博物馆式的传承和保护的同时，越来越趋向于产业化的开发。然而过多的聚焦于生产及其功能价值上，对文化价值、社会价值等内涵还缺乏深入的挖掘，对消费者和消费阶段的关注明显不足。实际上，生产者与消费者都是传承者，在传承与保护时，需要重新思考其本真性和整体性。从生产者的角度要特别注意其核心内容和文化内涵，保持技艺的整体性和传承性，同时，从消费者的角度，也要注意对其当地的文化环境进行传承保护，注意培养本土的消费群体，使其本位性文化得以接续。

当代饮食文化的标准化及标准多元复杂等问题，不仅涉及食品安全，更使传统手工艺与现代工业技术的矛盾凸显。当前我国普遍把西方监管标准视为现代化、科学化的标准，评价体系单一，缺乏适用于中国传统饮食文化的指标。我们需要明确的是标准化并非完全采用西方标准，完全采用西方标准是文化不自信的表现。应该在充分尊重传统手工企业生产工艺和流程的基础上，为其量身定制一套标准。既要保证食品安全，又不能阻碍传统企业发展。

（原文载于《上海非物质文化遗产发展报告2018》，上海出版社，2018年）

传统工艺类非遗的生产标准问题讨论
——基于钱万隆酱油酿造技艺的思考

毕旭玲　程　鹏[*]

一、引言

2017年3月12日，国务院办公厅转发了文化部、工业和信息化部、财政部联合发布的《中国传统工艺振兴计划》（国办发〔2017〕25号），部署了促进中国传统工艺传承与振兴的任务，正式将振兴传统工艺上升为国家计划。中国传统工艺是中华优秀传统文化的活态实践，是非物质文化遗产（以下简称"非遗"）的重要组成部分，涉及传统美术类、传统技艺类、传统医药类、民俗类四大类非遗项目，在国务院已经公布的4批1372项国家级非遗名录项目中占据了300多项。传统工艺同时也是非遗生产性保护的主要领域。非物质文化遗产生产性特点最集中也是表现最突出的是民间手工技艺类，它们的工艺传承和产品制作，都必须在生产过程中完成。[①]《中国传统工艺振兴计划》中提出了10项主要任务，其中的第五条、第六条、第七条等都涉及传统工艺的生产性保护。但生产标准作为传统工艺类非遗生产性保护中一个不能绕开的问题，却尚未引起足够的关注。尤其是与民众生活、健康，乃至性命息息相关的酿造技艺类非遗，对于其生产标准几乎没有进行过细致的讨论，本文试图以国家级非遗项目——钱万隆酱油酿造技艺为例进行分析。

二、钱万隆酱油酿造技艺案例

钱万隆酱油酿造技艺是上海地方传统工艺，曾于2008年入选国家级非遗名录。该工艺有着上百年的传承历史，可以追溯到始创于清朝光绪五年（公元1879年）的"万隆酱园"。

---

[*] 毕旭玲，上海社会科学院文学研究所副研究员；程鹏，上海社会科学院文学研究所助理研究员。
[①] 陈华文：《论非物质文化遗产生产性保护的几个问题》，《广西民族大学学报（哲学社会科学版）》2010年第5期。

因为信誉良好和质量优良，万隆酱园获得了官府颁发的"官酱园"认证。到了民国时期，钱万隆酱油已经成为上海地区民众非常喜爱的酱油产品，当时有"一口香酥高桥松饼，妙不可言钱万隆酱油"的俗语。1983 年，作为沪上首批出口的调味品，钱万隆酱油开创了上海酱油出口的先河，远销奥地利、挪威、西班牙、澳大利亚等国家，及中国香港、澳门等地区，年出口量曾达 1200 吨。① 1993 年，钱万隆酱油荣获了"第一批中华老字号""首届中国食品博览会银奖""上海市名优产品""放心产品"等众多荣誉称号。同年 1 月 1 日，上海钱万隆调味品有限公司正式成立。1998 年，钱万隆公司向欧美及香港市场出口的特晒酱油有 985 吨，占上海口岸酱油出口量的四分之三。② 21 世纪初，钱万隆酱油的年产（销）量超过 1.5 万吨③，钱万隆由此迈上了发展的巅峰。

钱万隆酱油酿造技艺是中国传统酿造技艺类非遗的杰出代表，它有着极富特色的生产技艺与流程，主要包括搬料、汰豆、蒸豆、制曲、制醅、榨油等十二个阶段，核心技艺是制醅和复酿。在这两个阶段，酱缸内配置好盐与水的酱曲进入自然发酵阶段，因为采撷日月之精华，故被称为"日晒夜露"。"日晒夜露"的原理是利用温度差异，使空气中所含的微生物以及酱醅中的微生物充分生长，分解原来的各种成分，从而产生酱油特有的物质和风味。在这一阶段，为保证酱缸得到充分的暴晒，还要防止雨水进入酱缸，酱油师傅一般都会居住在酱园，昼夜观察天气，晴天晒酱，雨天则罩上竹篷盖。这样反复酿至一年左右，酱缸里酱香四溢，标志着酱醅已制好。按照一般酱油生产工艺，接下来就可以从酱醅中压榨出酱油。但钱万隆酱油酿造技艺的独特之处在于从酱醅中压榨出的酱油还要经过复酿。这些酱油要重新放回酱缸中再酿制 6 个月左右。在这个过程中，酱油中的有益微生物得到了更充分的成长，而有害细菌则被抑制。钱万隆酿造酱油产品不添加防腐剂，却能长久保存的秘密正在于此。经过复酿的酱油兼具了酱香与醇香两种风味。④

但作为传统酿造工艺类非遗，钱万隆也遭遇了普遍的生存困境。比如由于市场竞争的激烈，工业酱油的低价竞争使手工生产的钱万隆酱油卖不出应有的价格，企业连年亏损。再加之其手工技艺后继乏人，传承危机隐现。钱万隆酱油酿造技艺遭遇的最大危机发生于 2011 年。2011 年 4 月，央视曝光了由上海盛禄食品公司生产的掺有违禁添加剂柠檬黄的"问题馒头"。为了杜绝此类问题食品，上海质量监督部门在食品生产企业推行了一套严格的质量安全标准——GMP 标准。在此标准下，浦东质监局质疑钱万隆的酿造器具——竹木器，及传统酿造方法的核心环节——"日晒夜露"中存在着食品安全隐患，并勒令其停产。钱万隆公司与上海市非遗保护部门都对质监部门的停产决定提出了异议，认为如果放弃传统制作技艺，钱万隆酱油酿造技艺就违反了非遗保护的相关规定，不再具有作为国家级非遗项目的资格。经多方努力，在 2013 年底，质监部门做出妥协，最终同意该公司继续采用传统工艺

---

① 刘建：《百年钱万隆，且喜且忧求发展》，《中华商标》2008 年第 10 期。
② 张江镇志编纂委员会：《张江镇志》，格致出版社 2006 年版，第 249—250 页。
③ 张江镇志编纂委员会：《张江镇志》，第 250 页。
④ 此处材料来自访谈。访谈对象：张惠忠，钱万隆集团副董事长、总经理；访谈者：毕旭玲、程鹏；访谈时间：2016 年 11 月 24 日；访谈地点：钱万隆公司。

生产。但此时的钱万隆公司已无力恢复生产，只能靠出租厂房勉强维持。

三、基于技术的现代性与经典性的分析

在钱万隆的案例里，我们看到了传统生产工艺与现代生产标准之间的矛盾，分析如下。

1. 现代生产标准的合理性与不适用性

GMP标准是西方现代工业生产标准的代表，是 good manufacturing practice 的缩写，一般翻译为"良好生产规范"，最初是由美国坦普尔大学6名教授为制药工业质量管理而编写，于1963年在美国率先应用于药品生产。不久以后，GMP被世界卫生组织采纳。世界卫生组织要求各成员国采用GMP制度管理药品生产，以消除差错事故。中国从1988年也开始正式在制药行业强制推行GMP标准。该标准要求在机构、人员、厂房、设施设备、卫生、检验、生产管理、质量管理等方面都必须制定系统、规范化的规程。通过一系列规程的执行，以保证消费者的用药安全。[1] GMP标准后来也在美国等国家扩展到食品行业，主要原因可能是食药行业都是性命攸关的行业。

现代生产标准的推行是现代工业发展的结果之一，它的推行有一定的合理性，并在很大范围内、很长时间中显著降低了药品与食品生产过程中的污染、交叉污染，以及混淆、差错等风险，保证了持续稳定地生产出符合预定用途和要求的产品，这是不能否认的。但我们也应该看到现代生产标准产生和推行的背景是现代工业生产的产生与发展，这样的背景是有局限性的，并非所有的生产都可以被纳入现代工业生产的范围，本文所讨论的传统工艺就不能。《中国传统工艺振兴计划》明确指出："传统工艺，是指具有历史传承性和民族或地域特色、与日常生活联系紧密，主要使用手工劳动的制作工艺及其相关产品，是创造性的手工劳动和因材施艺的个性化制作，具有工业化生产不能替代的特性。"[2] 这里清晰地指出了传统工艺"是创造性的手工劳动和因材施艺的个性化制作"，与工业化生产不同，具有不可替代的特性。既然传统工艺与现代化生产不同，那因现代工业生产而产生的现代生产标准就不适用于传统工艺产品的生产。

钱万隆案例并非个案，虽然如同钱万隆这样因GMP标准而受到极大损失的酿造技艺类非遗并不多见，但依然出现了不少受现代工业生产标准的影响而改变原有手工技艺以及生产器具的情况。

比如，为了适应现代生产标准以及满足市场的需求，作为国家级非遗项目的郫县豆瓣传统手工制作技艺大量采用了机械设备生产。郫县豆瓣传统制作工艺的核心是"翻、晒、

---

[1] 戴克商、雷金溪：《质量管理理论与实务》，清华大学出版社2010年版，第283—284页。
[2] 《国务院办公厅关于转发文化部等部门中国传统工艺振兴计划的通知》，《中华人民共和国国务院公报》（2017）25号。

露",也就是白日晒阳光,夜晚吸收露水,每日用木杵翻杵,劳动强度相当大。而工业化生产线则用机械杵翻杵,很快就能翻完一遍。但相比纯手工制作的郫县豆瓣,机械生产线生产出来的豆瓣缺乏阳光与露水中的微生物发酵,因此味道"淡而薄,缺少回甘"。这样生产出来的豆瓣已经是现代工业产品,而不再是传统非遗产品了。① 又如茅台酒的优良质量也离不开其精湛独特的传统工艺。制曲环节是茅台酒生产的基础,要生产出高质量的酒曲,关键在于坚持传统操作方法。1986年,茅台酒厂受现代工业生产的影响,为了提高劳动效率曾将人工踩曲方式改为机械踩曲。但机械生产的酒曲质量往往达不到生产要求,到1989年又不得不全面恢复了人工踩曲。②

可见,现代生产标准确实并不适用于传统工艺的生产,至少目前的GMP标准并不适用。

2. 技术的现代性与经典性的关系

生产标准说到底是技术问题,传统生产工艺与现代生产标准之所以会产生矛盾,是因为我们过于重视技术的现代性而忽略了技术的经典性。

技术有着漫长的发展史,与人类的历史一样古老。现代技术产生于近代欧洲工业革命期间,确切地说是18世纪的英国,并随着科学的发展不断进步,这是技术的现代性。以GMP标准为代表的西方现代工业生产标准就是技术现代性的体现之一,除了现代性,技术也有经典性。在科学作为系统化的理性知识出现之前,人类技术的进步只能依靠经验的积累和感性的认知,这些技术至今还有一部分以经验的形式在人类社会中传承,这就是技术的经典性。传统工艺就反映了技术的经典性,比如传统酿造工艺来自上千年的工艺传承和文化积淀,有一套传承千年、行之有效的自我管理方法与理念来保证酿造产品的品质:

第一,独特的酿造技艺最大程度上防止了有害杂菌的生长。传统酿制酱油一般来说是安全的,尤其是酱油种曲环节不容易被有害菌污染。其主要原因在于曲霉的发芽要比产生毒素的野生霉菌早约三小时,曲霉孢子发芽以后对其他有害霉菌具有抑制作用,因此一般不会再产生杂菌。在钱万隆酱油生产技艺中,所酿出的酱油还要经过六个月的复晒,使有益微生物进一步发酵,并同时抑制有害细菌的生成。

第二,独特的感官检测方法保证了酱油的品质。在传统酿造产品生产的全过程,都有经验丰富的工人对每一个环节进行掌控。他们把关的方法是独特的感官检测,即传统的手捏、口尝、鼻嗅。比如在浸豆阶段,一年四季浸豆所需的时间和水温都不一样,浸泡所需的时间也不同。泡久了大豆里的蛋白质会损耗;泡的时间不够,蒸出来的黄豆夹生,不易发酵。而经验丰富的酿造师傅通过手捏就能掌控浸泡时间。又比如在酱醅酿造阶段,酱醅的质量决定了酱油的品级。工人通过看色、闻香、手试、口尝等就可以确定每缸酱醅所出酱油的品级,同时也能确定酱醅出缸的具体时间。

第三,中华传统商业道德所倡导的"诚信"理念从道德底线上进行了品质把控。从根

---

① 张红霞:《一缸郫县豆瓣如何留住传统味》,《四川日报》2017年6月1日第8版。
② 康明中:《贵州茅台酒厂》,当代中国出版社1995年版,第86页。

本上说，酱油品质的好坏掌握在生产者手中。从选料到出缸，如果每一个环节都能进行质量把控，最后生产出来的必定是优质酱油。中华传统商业道德所倡导的"诚信"便是从道德底线上进行了品质把控。比如"诚信"是钱万隆从酱园到公司都一以贯之的重要经营理念，即使在原料采购阶段也由专人负责，并由"作头师傅"检验，杜绝了劣质豆、麦、盐进入生产环节的可能。①

上述三条传统品质控制模式在所有的酿造技艺类非遗生产中都存在。这些方法诞生于传统农业社会，在追求人与自然和谐的哲学思想指导下发展而成，体现了以人为本的理念。古代酿造活动顺应四时节令的变化，这样的安排保证了新鲜酿造原料的供应，在追求美味的同时还追求对人体健康有益。而在传统酿造活动中，掌控酿造活动节奏，把控产品质量的关键是技术高超的匠人，即"作头师傅"。他们凭着口尝、鼻嗅、手摸、眼看就能精准把握生产过程，确保产品质量。这是以人为本理念的体现，也是技术经典性的体现。

对于技术的现代性与经典性，我们应该有两个基本判断：一是技术的现代性不能代替技术的经典性，二是技术的现代性也不排斥技术的经典性。

技术的现代性之所以不能代替技术的经典性是因为用以指导现代技术发展的科学自身的局限。科学处于不断进步中，新的科学知识往往对旧的科学知识进行修正或彻底否定，这种进步至少我们还看不到止境。换言之，科学对人类、自然与社会的认知还远远达不到完全与彻底，有一些科学不能认知的领域至今只能以经验进行传承。因此，技术的现代性代替不了技术的经典性，技术的现代性也不排斥技术的经典性，它们同样都在社会发展与民众生活中具有不可替代的作用。尤其是在现代技术发展的已经达到较高程度的今天，那些代表了技术的经典性的手工制品得到越来越多人的喜爱。正如《中国传统工艺振兴计划》"总体目标"中指出的那样："培育中国工匠和知名品牌，使传统工艺在现代生活中得到新的广泛应用，更好满足人民群众消费升级的需要。"②

技术的现代性与经典性所应用的领域不同，前者主要体现在工业生产领域，后者则在以经验传承为主要传承方式的传统工艺产品的生产中得到体现。但以 GMP 标准为代表的现代生产标准是现代工业生产领域中发展出来的，在制定时并没有将传统工艺方法纳入考量的范围，显而易见，不适合拿来作为传统工艺的生产标准。

（三）技术经典性的重要意义

中国酱油行业早已有酿造酱油标准和配置酱油标准，并先后几次进行了修订，比较新的是《酿造酱油》（GB 18186—2000）和《配制酱油》（SB/T 10336—2012）。前一标准规定了酿造酱油的定义、产品分类、技术要求、实验方法、检验规则和标签、包装、运输、贮存

---

① 此处材料来自访谈。访谈对象：张惠忠，钱万隆集团副董事长、总经理；访谈者：毕旭玲、程鹏；访谈时间：2016 年 11 月 24 日；访谈地点：钱万隆公司。

② 《国务院办公厅关于转发文化部等部门中国传统工艺振兴计划的通知》，《中华人民共和国国务院公报》（2017）25 号。

的要求,适用于以粮食作物为原料,经微生物发酵制成的酿造酱油;后一标准规定了配置酱油的术语和定义、技术要求、试验方法、检验规则和标签、包装、运输、贮存的要求,适用于配置酱油的生产、检验和流通。这样两份分别制定的标准说明我们早已意识到采用传统工艺的酿造酱油和流水线上生产出来的工业酱油有着明显的区别。

可惜的是,两份生产标准制定时并未能清晰地认知到技术的经典性与技术的现代性的区别。因此我们发现除了在具体的技术要求、试验方法等方面有微小差别之外,两份标准几无二致。因为在具体检测方法上无法体现出酿造酱油的独特优势,技术指标便成为衡量传统工艺生产的唯一标准。长此以往,势必混淆非遗产品与工业产品,对传统工艺类非遗的传承与保护造成沉重的打击。

非物质文化遗产不是哪一个地区哪一个国家的,它是属于全人类的共同财富,是消失了就不能再生的宝贵财富,这正是非遗的高贵性与珍贵性。我们今天谈传统工艺类非遗的保护,不是要保护哪些企业、哪些技术这么简单,我们要保护的是人类的共同财富,保护的是全人类的文化,甚至保护的就是人类自身。而技术的经典性在此方面具有独一无二的意义,绝不能轻忽。

四、建立以技术的经典性为主要依据的新标准

因为种种原因,我们往往容易过分重视技术的现代性而忽略了技术的经典性。对钱万隆酱油酿造技艺等非遗产品的生产采用 GMP 这样的现代生产标准其实就是忽略了技术的经典性。这种情况也不仅发生在传统酿造领域,几乎所有的传统工艺类非遗都可能遇到忽略技术经典性而影响自身传承与保护的问题。如何解决这一问题,是非遗保护对现代社会所提出的一项挑战。

1. 新标准的目的与背景

在谈论解决方法之前,我们不妨先分析一个来自日本的案例。由于历史的关系,日本的传统文化有很多来自中国,比如酿造酱油的技术。龟甲万是日本著名的酱油企业,也是全球第一的日本食品作料制造商兼供应商,拥有 380 多年的历史。有统计称,龟甲万持有全球酱油市场约 50% 的份额。龟甲万公司公布的统计也显示,2013 年公司在美国酱油市场的份额超过 55%。仅酱油一项,每年就可为龟甲万贡献约 20 亿美元的销售额。[①] 龟甲万公司生产的并非是工业酱油,它的酱油生产工艺继承了 17 世纪流传下来的古法,必须经过制曲、制醪、压榨、灌装等步骤,这种古法正源自中国。没有相关资料显示日本政府在龟甲万这样的传统工艺企业采用了 GMP 标准。实际上,在食品行业,除美国立法强制实施之外,日本、加拿大、新加坡、德国等国家均采取劝导方式推行。这些采取劝导方式在食品行业推行

---

① 蔡成平:《龟甲万:350 岁的"酱油帝"》,《华夏酒报》2015 年 9 月 15 日第 C46 版。

GMP 标准的国家大都是历史悠久，并仍使用传统工艺进行生产的国家，它们的传统技艺产品在国际市场上美誉度和销售额一直都很高。龟甲万的例子提示我们：传统工艺产品在当代社会依然是广受欢迎的，可以很好地与现代工业产品并存。

为了更好地促进传统工艺类非遗的传承与发展，必须为其制定一套适合自己的生产标准，一套以技术的经典性而不是技术的现代性为主要依据的新标准。这套标准的最终目的是保持传统工艺生产的核心技艺和核心内涵不改变，保持传统工艺类非遗的本质不变，为传统工艺类非遗的振兴服务而不是制造障碍。

当然，新标准的制定必须考虑到现代社会与传统社会的种种不同，要正视两个背景：第一，现代社会的自然环境已经改变，如空气与水受到污染，气候产生较大变化，这些条件与传统工艺产生的农业社会已经有了较大变化。一成不变地沿袭传统工艺生产的一套，显然已经不合适了，必须适时地做出改变；第二，科学的发展和生产技术的进步为传统工艺产品生产带来的积极影响，比如新材料提高了产品的品质，新技术缩短了生产周期等。同时，现代生产标准在保证食品安全以及规范生产流程中也发挥了重要作用。

2. 新标准的原则与内容

以技术经典性为主要依据的新标准的建立不是一个简单的过程，不仅需要文化管理部门和传统工艺企业的努力，更需要生产管理部门与市场监管部门的共同努力，本文仅提供一些思路和理念上的建议。

第一，以技术的经典性为主要依据的新标准应该遵守两个基本原则：（1）要充分尊重传统工艺生产方法和基本流程；（2）既要保证产品质量，又不能阻碍传统工艺发展。应该注意的是传统工艺生产的标准化并不排斥技术指标，反而应该加强技术研究，正如《中国传统工艺振兴计划》"主要任务"之四所指出的那样，应该"加强传统工艺相关学科专业建设和理论、技术研究"，"鼓励高校、研究机构、企业等设立传统工艺的研究基地、重点实验室等，在保持优秀传统的基础上，探索手工技艺与现代科技、工艺装备的有机融合，提高材料处理水平，切实加强成果转化。"[①] 但是也绝不能完全依靠技术指标。在以技术的经典性为主要依据的新标准建设中，食品安全是基础要求，而不是目标，其建设的重点是保证产品的质量、特色和风味，开发适销对路的产品，满足日益丰富的市场和不同消费者的需求。

第二，以技术的经典性为主要依据的新标准至少应该包括四方面的内容，即环境标准、流程标准、产品标准、器具标准。以传统酿造技艺标准为例，其生产的核心过程是露天晾晒的发酵过程，因此对生产环境要求相当高。不良环境将严重影响酿造产品的品质以及安全性，因此环境标准是生产标准中首先需要考虑的。环境标准可以包括空气质量、水质、温度、湿度等；流程标准的目标在于监控生产环节，一方面保证生产过程的安全性，另一方面保证酿造产品的品质，保证其产品是经传统工艺生产而非工业配制。流程标准的内容比较丰

---

① 《国务院办公厅关于转发文化部等部门中国传统工艺振兴计划的通知》，《中华人民共和国国务院公报》（2017）25 号。

富，包括诸如选料标准，原料蒸煮时间与温度，制曲的温度与湿度等内容；产品标准主要包括原料和产出比（原料和产出比与酱油的品质相关），无盐固形物指标（即浓度），以及感官检测。感官检验内容包括酱油的色、香、味，有无异味、异臭或霉味等，感官检测应该由专门人员完成；器具标准主要应用于传统酿造方法所使用的竹、木器具。应在充分论证的基础上，将这些器具的材质、寿命、消毒方法等内容进行详细规定，以保证生产的安全性。

第三，无论制定出怎样的标准，都应该进行广泛而深入的听证与严谨的论证，以保证它是以技术的经典性为主要依据，而不是重复了技术的现代性标准。

虽然本文期盼着以技术的经典性为主要依据的传统工艺生产标准的出台，但它的到来很可能没有那么迅速。因为对文化管理部门来说，正视传统工艺生产的技术经典性比较容易，而对于生产管理部门与市场监管部门来说，从观念上认识到技术的经典性与现代性的区别，从而区分传统工艺产品与普通商品，可能需要较长的一段时间。

[原文载于《广西民族学院学报（哲学社会科学版）》2019 年第 3 期]

第五单元 非遗保护伦理规范研究

联合国教科文组织《保护非物质文化遗产伦理原则》：绎读与评骘

朝戈金*

2015年12月4日是一个值得标注的非常时刻。联合国教科文组织（UNESCO）保护非物质文化遗产政府间委员会（IGC—ICH，下称"委员会"）在其第十届常会上（纳米比亚温得和克市）审议并通过了《保护非物质文化遗产伦理原则》（Ethical Principles for Safeguarding Intangible Cultural Heritage，以下简称"十二条伦理原则"）。① 这是联合国教科文组织在文化遗产领域推动形成的又一份重要的国际文件，正式为2003年通过的《保护非物质文化公约》（以下简称"2003年《公约》"，或"《公约》"）② 赋予了伦理维度，其纲领意义和指导作用将在地方、国家和国际层面的非物质文化遗产保护进程中日益凸显出来，也将为全球范围内的文化遗产保护和伦理实践提供可资深拓和发展的多向化路径。这里，笔者还想提及的是，中国民俗学会出席这次会议的代表团见证了该文件进入审议、辩论、修正和通过的全过程。这也是我们能够"近水楼台先得月"地了解并领会国际层面的相关进展和委员会精神的一个契机。

一、从"老鹰之歌"到瓦伦西亚专家会议：伦理关切

1970年，美国歌手保罗·西蒙（Paul Simon）的一支单曲风行于世，很快人们就发现这首名叫《老鹰在飞》（El Condor Pasa）的歌实际上是一支玻利维亚民谣，后来也有人称这首民歌在整个南美都有流传③。1973年10月1日，玻利维亚政府以其教育与文化部的名义

---

* 朝戈金，中国社会科学院学部委员，民族文学研究所研究员。
① 这份文件的中文译本已由长期在非遗领域工作且熟悉教科文组织工作语汇的两位同道完成，全文刊布在《民族文学研究》2016年第3期。原文可从以下网页获取 http://www.unesco.org/culture/ich/en/decisions/10.COM/15.A。
② UNESCO, Convention for the Safeguarding of the Intangible Cultural Heritage, 2003。中文订正本见 http://unesdoc.unesco.org/images/0013/001325/132540c.pdf, 2016—07—16。
③ 1913年，秘鲁作曲家达尼埃尔·阿洛米亚·罗布莱斯（Daniel Alomia Robles）按照安第斯山区流传的这支民谣谱写成曲；近些年，秘鲁政府宣布这首名曲为该国的国家文化遗产。

向联合国教科文组织政府间版权委员会第 12 次会议提交了一份《保护民俗国际文书提案》①，此举后来便成为 2003 年《公约》的先声。此后未久，联合国教科文组织和世界知识产权组织（WIPO）便联手在世界范围内发起"保护民俗"（Protection of Folklore）的行动计划，两家共同拟定了示范条款的工作模型。该计划虽然历经各种波折并饱受诟病，但在 1989 年 11 月通过了《保护传统文化和民俗建议案》（以下简称《建议案》）②。可以毫不夸张地说，玻利维亚政府的"权利主张"背后，实际牵涉着艺术家是否"挪用"或"滥用"该国民间文学艺术并使之商品化而获得非正当商业利益的伦理拷问。

公允地说，这份《建议案》也为晚近出台的"十二条伦理原则"奠定了至关重要的实践基础。所谓基础，特别是指在该《建议案》中，言及传统共同体——社区的地位和作用，言及民俗在传达文化认同和社区价值观方面的重要意义等，尤其是其中就"民俗的传播"已明确提出"鼓励国际科学共同体采纳一套伦理准则（a code of ethics），以确保以适当的方式对待传统文化并对之予以尊重"。作为联合国教科文组织的一份重要国际文书，《建议案》旨在敦促各国政府承担起保护传统文化和民俗的历史责任，同时呼吁"科学共同体"③ 提供必要的伦理支持和道义协助，以推动这种保护。从玻利维亚提案的未通过到"十二条伦理原则"的出台，我们或许能够找到一条潜在的线索，那就是对民间文学艺术和非物质文化遗产的商业利用、挪用和滥用问题，从一个国家蔓延为全球性的普遍关切，尤其是 2003 年《公约》实施以来，各国非物质文化遗产的存续力在得到进一步保护的同时，也随着可见度的日益提升而遭遇各种各样的威胁和挑战，伦理方面形成的颉颃、矛盾和冲突也尤为突出。

《保护非物质文化遗产公约》正式生效于 2006 年，《实施〈保护非物质文化遗产公约〉的操作指南》（以下简称"操作指南"）则于 2008 年颁布，此后还经过多次修正④。虽然在指导多元化行动方保护非物质文化遗产的努力方面，不论是《公约》还是其《操作指南》都未提供专门的伦理方针或具体的行为规范，但伦理关切在《操作指南》的某些章节中已形成相应的表述，比如第 93 段规定，"经认证的非政府组织应遵守适用的国内、国际法律和

---

① Proposal for International Instrument for the Protection of Folklore, LA—73/CONF. 005/12。

② UNESCO, Recommendation on the Safeguarding of Traditional Culture and Folklore, 1989。在联合国教科文组织的官方文件中又译作"《保护民间创作建议书》"，而世界知识产权组织则一直将其中的关键概念"folklore"译为"民间文学艺术"，有时也以"传统表达形式"替换之。有关 1989 年《建议案》与 2003 年《公约》的内在关联，参见巴莫曲布嫫《非物质文化遗产：从概念到实践》，载《民族艺术》2008 年第 1 期，亦见安德明《非物质文化遗产保护：民俗学的两难选择》，载《河南社会科学》2008 年第 1 期。

③ "科学共同体"这一概念的提出由来已久，但发展到今天，也可以理解为"学术共同体"。在非物质文化遗产领域，民俗学正是其学科根基。参见巴莫曲布嫫《非物质文化遗产：从概念到实践》，载《民族艺术》2008 年第 1 期。诚然，在欧美一些国家，民俗学与人类学或民族学也难分畛域。

④ UNESCO, Operational Directives for the implementation of the Convention for the Safeguarding of the Intangible Cultural Heritage.《公约》缔约国大会第二届会议（2008 年 6 月 16~19 日，法国巴黎）通过，第三届会议（2010 年 6 月 22~24 日，法国巴黎）、第四届会议（2012 年 6 月 4~8 日，法国巴黎）及第五届会议（2014 年 6 月 2~4 日，法国巴黎）修正。该文件又译作《实施〈保护非物质文化遗产公约〉的业务指南》，本文采纳经文化部认定的译法"操作指南"。http://www.unesco.org/culture/ich/en/directives, 2016—07—12。

伦理标准（ethical standards）"；① 再如第 103 段规定，"鼓励缔约国制定并通过基于《公约》和本业务指南各项规定的伦理准则（codes of ethics），确保以适当方式提高对其各自领土上存在的非物质文化遗产的认识"。2012 年，保护非物质文化遗产政府间委员会在其第七届常会上要求联合国教科文组织《公约》秘书处"启动伦理示范准则工作并在其下一届常会上报告"（Decision7. COM6）。这一要求是在辩论语境中提出的，一则围绕非物质文化遗产日益面临的威胁——包括商业化、商品化和去语境化——出现了越来越多的关切，二则反映了缔约国在履约过程中急需伦理方法及其指导方针的诉求。

为响应委员会的要求，秘书处于 2015 年 3 月 30 日至 4 月 1 日在西班牙巴伦西亚组织了一次专家会议。来自教科文组织 6 个选举组的 11 名专家（包括 5 名女性）以个人身份参与其间，而 2003 年《公约》秘书处（下称"秘书处"）主持讨论的项目官员普罗山（Frank Proschan）博士，时任联合国教科文组织文化遗产处非遗科项目实施的负责人，兼有人类学和民俗学的专业背景。会议分为 4 个专场：（1）应当纳入非物质文化遗产伦理示范准则的《公约》核心价值观；（2）非物质文化遗产伦理准则的一般范围；（3）应纳入道德准则的具体伦理原则；（4）为非物质文化遗产编制一份示范准则和由示范准则到具体准则的可能性流程。在每个专场中，专家们应邀讨论了制订伦理准则的诉求及其相关性，并从内容、类型、对象和特殊性等方面就一份可能的示范准则形成了意见的分享和讨论。这些专家来自多个学科领域，且兼具性别视角，同时也代表了范围广泛的专门知识、经验（如人类学、传播、发展、文化遗产、知识产权和法律）及部门（政府、学术机构、非政府组织及政府智库），在一定程度上反映了多元化的利益相关方（stakeholders）和行动方（actors）的立场和声音，为伦理示范准则及其适用范围应涵括的核心价值观提供了不同的见解和新观点。以上便是《保护非物质文化遗产伦理原则》出台的直接背景。截至目前，秘书处已经按委员会的要求，在 2003 年《公约》的专用网站上开通了作为在线工具包的"伦理与非物质文化遗产"专栏，提供了"十二条伦理原则"及其出台的相关背景、工作目标及参考资料的简要说明②，以达传播和推广之效。

二、核心价值观：保护理念与伦理维度

2003 年《公约》语言简明精审，约文却举重若轻，最能体现联合国教科文组织的文书特征。该《公约》的约文正本开宗明义，将其宗旨概括为以下四条：（1）保护非物质文化遗产；（2）尊重有关社区、群体和个人的非物质文化遗产；（3）在地方、国家和国际一级提高对非物质文化遗产及其相互欣赏的重要性的意识；（4）开展国际合作及提供国际援助。

---

① 需要说明的是，在《操作指南》中文本中，将"ethics"或其形容词格"ethical"一律译作"道德"或"道德的"，应当予以矫正。

② UNESCO, Ethics and Intangible Cultural Heritage, http://www.unesco.org/culture/ich/en/ethics-and-ich—00866, 2016—07—15。

可以认为，这四条宗旨充分体现了《公约》的核心价值观。《公约》旨在保护非物质文化遗产，促进文化多样性、人类创造力、相互理解和国际合作，在定义、施行、传承和保护其非物质文化遗产等方面，格外强调传承人和实践者及其所在社区的核心作用。因此，保护（safeguarding）、尊重（respect）、提高意识（awareness-raising）、相互欣赏（mutual appreciation），以及国际合作与援助（international cooperation and assistance）皆应成为保护实践的关键词。在《公约》的框架下，围绕这些关键词所体现的核心价值观制定的《公约》条文，也是以这四条宗旨为目标和指引的。那么，从《公约》宗旨中的几组关键语汇便能把握其中的基本保护理念，也就能理解其有关"非物质文化遗产"的定义和有关"保护"的实施方略所蕴含的核心价值观。当然，话是这么讲，但从认识到理解再到行动，其复杂程度远远超出了所有人的预期，包括《公约》起草人。作为国际标准文书，《公约》约文只能言简意赅，而各缔约国的履约则大都显现出种种步履蹒跚的复杂样态。其间就有太多的伦理险境或伦理陷阱。

言归正传。我们对"十二条伦理原则"的词频进行的统计结果表明，"社区"出现过14次，在十二条原则中仅有第八条除外；与此同时，"尊重"二字出现了9次，涉及相关的六条原则。由此生发的一整套核心价值观可以概括为"五个符合"，即符合确保社区、群体和个人应有的中心作用这一根基性立场，符合现有国际人权文件的精神，符合相互尊重的要求，符合可持续发展的需要，符合人类的整体利益和共同关切。正是在这些核心价值观的引导下形成了"十二条伦理原则"这一整体性纲领，由此为地方、国家和国际层面的非物质文化遗产保护进一步夯实了道义行动的观念基石，也为更好地实施《公约》及其《操作指南》赋予了不可或缺的伦理维度。

下面，我们围绕2003年《公约》定义所蕴含的三组基本价值观，同时结合《公约》基础文件、联合国教科文组织及联合国系统的相关国际文书①，以及若干独立专家的专题研究报告，对"十二条伦理原则"的设计意图和工作目标及其体现的《公约》核心价值观②，进行撮要性绎读和解析。

价值观一：确保社区在保护进程中应有的中心作用

"非物质文化遗产"在2003年《公约》中被明确定义为"被各社区、群体，有时是个人，视为其文化遗产组成部分的各种社会实践、观念表述、表现形式、知识、技能以及相关的工具、实物、手工艺品和文化场所"。这便将"非物质文化遗产"的价值认定通过《公约》这一国际法文件正式赋权给了遗产的持有人，也就是我们通常所说的传承人和实践者，

---

① 本文引述的相关国际文书大都直接来自联合国教科文组织或联合国在线数据库，由于篇幅所限，不再一一列出每个文件的网址。
② 这里需要说明的是，就核心价值观的分类阐述，笔者参考了秘书处为瓦伦西亚专家会议准备的讨论文件（UNESCO，ITH/15/EXP/2，Paris，20 February 2015），但并不限于这个工作文件（working paper）本身，尤其是其中的个别观点本人也不完全同意。

以及他们所属的社区和群体①。因此,"非物质文化遗产"以相关社区、群体和个人的自我授权为特征,保留了文化创造者、传承者和实践者群体对其自身的文化遗产予以界定的权利,这与《保护世界文化和自然遗产公约》(1972)框架下的"专家认定"或"专业组织认定"是迥异的,但与1989年《建议案》则一脉相承,体现了保护立场的历史性调整。按照芬兰民俗学家劳里·航柯(Lauri Honko)的说法,这是经过几十年的发展,从事文化遗产保护的学者,已经从高高在上享有某些特权的"精英"人士变为普通人了②。换言之,学者或专家不再居高临下地去看待民间文化,而把价值认定的权利归还给了非物质文化遗产的持有人和实践者及其所属的社区和群体。这也是学科、社会、文明发展带来的深刻变化。

说到底,非物质文化遗产作为一种文化事实不能离开人这一实践主体而独立存在,其存续力(viability)的维系取决于这种活形态遗产之于社区的社会功能和文化意义;而离开相关社区、群体或个人——实践主体——就不存在《公约》所定义的"非物质文化遗产"。毋庸置疑,非物质文化遗产由相关社区、群体或个人来展现、传递和传承,也只有社区、群体或个人才能决定什么是他们的遗产。这与《公约》"前言"也形成了呼应。"各社区,尤其是原住民、各群体,有时是个人,在非物质文化遗产的生产、保护、延续和再创造方面发挥着重要作用,从而为丰富文化多样性和人类的创造性做出贡献"。"相关社区、群体和个人在保护其所持有的非物质文化遗产过程中应发挥主要作用"(原则一)便由此确定,进而《公约》以社区为本的根基性立场也作为首要原则确立了一整套伦理原则的基本导向。

《公约》对非物质文化遗产的"保护"也作出了明确的定义:"保护"是指"采取各种措施,确保非物质文化遗产的生命力(应为"存续力"——作者注),包括这种遗产各个方面的确认、立档、研究、保存、保护、宣传、弘扬、传承(主要通过正规和非正规教育)和振兴"。《公约》第三章对各缔约国义务是这样规定的:"采取必要措施确保其领土上的非物质文化遗产受到保护;在第二条第三款提及的保护措施内,由各社区、群体和有关非政府组织参与,确认和确定其领土上的各种非物质文化遗产。"也就是说,社区参与应贯穿整个保护的全过程及各方面,尤其是在"确认和确定"方面,这里同时述及的还有"非政府组织"如专业学会、行业组织、社区协会等等非官方力量的参与。后文我们还会涉及这个话题。

《公约》第十五条进一步强调了社区、群体或个人在非物质文化遗产保护中的首要地位:"缔约国在开展保护非物质文化遗产活动时,应努力确保创造、延续和传承这种遗产的社区、群体,有时是个人的最大限度的参与,并吸收他们积极地参与有关的管理。"也就是说,在国家层面上,确保社区的广泛参与是每一个缔约国的法定义务,而且对这些国家的非遗主管部门和保护机构当形成更大的约束力。因此,缔约国应该创造条件并形成机制确保社

---

① "相关社区、群体,有时是个人"这一表述是教科文组织的工作语汇,也是2003年《公约》的关键用语之一。为行文方便,我们采取俭省一些的方式来指代,比如"相关社区、群体和个人",这也是国内相关文件在翻译中采纳的表述。文中的"相关社区"或"社区参与"等省略表达,也多用于指代非物质文化遗产的持有人,包括社区、群体和个人。

② Lauri Honko, "Do We Need a Folkloristic Code of Ethics?" FFN21, March 2001: 2—7.

区、群体和个人参与和管理他们自身的非物质文化遗产,这是"保护"的题中应有之义,也是"十二条伦理原则"的出发点,当用以指导所有参与保护非物质文化遗产的相关行动方。

价值观二：符合现有国际人权文件的精神，符合相互尊重的需要，符合可持续发展的要求

《公约》第二条第一款"定义"中规定,"在本公约中,只考虑符合现有的国际人权文件,各社区、群体和个人之间相互尊重的需要和顺应可持续发展的非物质文化遗产"。这句话的背后蕴含着三种伦理价值的深意。换言之,这里的"符合"一词同时限定了三个条件,也就蕴含了三个层面的伦理关切,进一步界定了"非物质文化遗产"的范围。这句话看似简单,但不得不说是步步为营、逻辑缜密、滴水不漏。

其一,非物质文化遗产须符合现有的国际人权文件。但凡不符合"现有的国际人权文件"的任何非物质文化遗产,都不在 2003 年《公约》定义或据其定义的保护范围之内。虽然《公约》述及但未穷举国际社会业已公认的各种人权基本原则,但从《公约》出台的背景到"十二条伦理原则"的通过,我们不难发现联合国教科文组织在文化遗产领域所遵循的一贯立场,保护非物质文化遗产的伦理准则也必须尊重这些人权原则。因此,"社区、群体和个人继续其各种实践、观念表述、表现形式、知识和技能以确保非物质文化遗产存续力之权利应得到承认和尊重"（原则二),不仅体现了《公约》的根基性立场（如第二条和第十五条),也是基于一系列国际人权文件的精神。"十二条伦理原则"开篇也对此作出了回应:"《保护非物质文化遗产伦理原则》遵循 2003 年《保护非物质文化遗产公约》和现有的保护人权和原住民权利国际标准文书的精神而制定。"

那么,哪些国际人权文件应纳入基本的参照范围呢？一则可以按照《公约》"前言"述及的相关国际文书从整体上加以理解,这就包括《世界人权宣言》（1948）、《经济、社会及文化权利国际公约》（1966）和《公民权利和政治权利国际公约》（1966）；二则可以从该组织在文化领域颁布的相关国际基础文书来深化我们对基本人权文件的认识。目前,全球范围内对维护文化多样性的关切日益增长,也需要人们更全面地探究 2003 年《公约》与相关国际标准文书之间的关系。虽然其中的若干法律文书比《公约》出台要晚一些,但国际人权领域近年来的发展,比如说联合国的《残疾人权利公约》（2006）和《联合国土著人民权利宣言》（2007）的通过,对 2003《公约》也有相互促进和相互支撑的作用。因此,在讨论"十二条伦理原则"的同时,需要结合相关的国际人权文书加以分析。这里,我们应当述及的一份重要文献是联合国大会通过的《联合国土著人民权利宣言》[①]。

---

① United Nations Declaration on the Rights of Indigenous Peoples, 2007. P. 8。

该宣言承认土著人民①免受文化歧视的平等人权，努力促进土著人民和各国间的相互尊重及和谐关系。其中第三十一条第一款阐明如下："土著人民有权保持、掌管、保护和发展其文化遗产、传统知识和传统文化表现形式，以及其科学、技术和文化表现形式，包括人类和遗传资源、种子、医药、关于动植物群特性的知识、口述（头）传统、文学作品、设计、体育和传统游戏、视觉和表演艺术。他们还有权保持、掌管、保护和发展自己对这些文化遗产、传统知识和传统文化表现形式的知识产权。"第三十一条第二款进一步规定："各国应与土著人民共同采取有效措施，确认和保护这些权利的行使。"回观《公约》"定义"一节，非物质文化遗产从整体上被划分为五大领域：（1）口头传统和表现形式，包括作为非物质文化遗产媒介的语言；（2）表演艺术；（3）社会实践、仪式和节庆活动；（4）有关自然和宇宙的知识和实践；（5）传统手工艺。这些领域与《联合国土著人民权利宣言》所界定的"传统知识、传统文化表现形式和遗传资源"大部分重合，比如关于传统医学。后者第二十四条规定："土著人民有权使用自己的传统医药，有权保持自己的保健方法，包括保护他们必需的药用植物、动物和矿物。"2003年《公约》界定的"有关自然和宇宙的知识和实践"便覆盖了传统医学知识及其相关的实践。

其二，非物质文化遗产须符合社区、群体和个人之间相互尊重的需要。这一价值取向以联合国教科文组织于2001年制定的《世界文化多样性宣言》为基石，即"在相互信任和理解氛围下，尊重文化多样性、宽容、对话及合作是国际和平与安全的最佳保障之一"。该《宣言》所倡导的文化之间的真诚对话，惟有相互尊重的原则在地方层面（社区、群体和个人）和国家层面都成为保护活动的导向，国际层面的人类和平愿景才能实现。《公约》第一条也提醒我们，这样的相互尊重，不仅仅基于人与人之间的尊重，而且也基于对非物质文化遗产的相互尊重和相互欣赏。那么，从"相互尊重以及对非物质文化遗产的尊重和相互欣赏，应在缔约国之间，社区、群体和个人之间的互动中蔚成风气"（原则三），到"与创造、保护、延续和传承非物质文化遗产的社区、群体和个人的所有互动应以透明的合作、对话、协商和咨询为特征，并取决于尊重其意愿，使其事先、持续知情并同意的前提而定"（原则四）也就顺理成章，且彼此映照。

这两条原则从"尊重"到"相互尊重"为如何实现彼此尊重提出了"互动"的原则。一则，合作、对话、协商及咨询是基本的互动方式但当保持"透明"，方能达成相互之间的理解；二则，这样的互动须以"自愿事先知情同意"为前提，且须保持持续性知情和同意为条件。"自愿事先知情同意"（free, prior and informed consent, FPIC）是"事先知情同意"（prior informed consent, PIC）的发展，其中的伦理关切不仅意味着权利，也意味着责任，同

---

① indigenous people，又译作"原住民""土著人""土著居民"。一般认为，土著人民是指在外来族群到来之前，祖祖辈辈繁衍生息在一个国家或地区的人民，如美洲的印第安人、大洋洲的毛利人和靠近北极圈的因纽特人等，我国台湾地区的少数民族也往往被称作"原住民"。据估计，世界上共有3亿7000万土著人，分布在90多个国家和地区。联合国系统近年来的数据分析发现，许多土著人民生活在贫困之中，大约占世界贫困人口15%。参见http://www.un.org/chinese/News/story.asp?NewsID=23848, 2016—08—25。

时诉诸于互动中的有关各方，但得以尊重社区的选择为导向。①"事先知情同意"这一原则从概念上讲最早来自医学伦理，即病人有权在完全了解某种治疗的利弊之后决定是否接受这种治疗。后来，作为专业伦理和职业操守进入相关领域的许多学科，尤其是那些与人打交道的学科，包括民俗学、人类学和社会学等平行学科。该原则同样为若干国际标准文书所采纳。《世界人类基因组与人权宣言》（1997）第五条述及，在所有针对某个人的基因组的研究、治疗或诊断中，应当对潜在危险和益处进行评估，并"均应得到有关人员的事先、自愿和明确同意"。联合国教科文组织《世界生物伦理与人权宣言》（2005）的第6条规定，涉及"预防性、诊断性或治疗性的医学措施"或"科学研究"时，需要"当事人事先、自愿地作出知情同意"。再如，教科文组织《生物多样性公约》（1992）第十五条第五款对遗传资源的获取作出如下规定："须经提供这种资源的缔约国事先知情同意，除非该缔约国另有决定。"《生物多样性公约关于获取遗传资源和公正和公平分享其利用所产生惠益的名古屋议定书》（2010）第十六条第一款规定："缔约方应酌情采取适当、有效和适度的立法、行政或政策措施，以便规定，其管辖范围内所利用的与遗传资源相关的传统知识，须遵照土著和地方社区的事先知情同意或批准和在其参与下予以获取，同时规定，须依照此种土著和地方社区所在其他缔约方的国内获取和惠益分享立法或管制要求订立共同商定的条件。"在国际文化政治领域，"自愿事先知情同意"这一多重限定的术语也已成为普遍的工作原则，比如执行土著人民参与决策以及参与制定、实施和评价对其有影响的项目（《联合国土著人民权利宣言》第三十二条第二款），须遵循事先知情同意原则。②

自2003《公约》及其《操作指南》实施以来，"尊重其意愿，使其事先知情并同意"这一原则落实到了具体的行动中，主要包括在项目申报和定期履约报告的证据提供。比如，缔约国不论是向委员会提交列入"人类非物质文化遗产代表作名录"和"急需保护的非物质文化遗产名录"的项目申报，还是推荐项目、计划或活动参加"优秀保护实践名册"的遴选，乃至向非物质文化遗产基金申请国际援助，都需要提供社区知情同意的相关证明，即"申报该遗产项目尊重相关社区、群体或个人的意愿，经其事先知情同意，这既可通过书面或音像形式，也可通过根据缔约国法律制度及相关社区和群体丰富多样性所采取的其他方式予以证明。委员会欢迎通过不同的方式表达或证实社区的同意，不强求标准或单一的声明形式。此类事先知情同意的证明应译成委员会的工作语言之一（英文或法文），并提供相关社区的原始语言材料（如其使用的语言非英文或法文）。随表附上证实此类同意的信息，并在此处注明所提供的资料及其形式。"③ 这便是工作层面上业已成型的具体实践方略。"原则四"更进一步要求"持续知情并同意"，也就是说，相关的保护活动包括"申遗"这样的国

---

① 在我国的非物质文化遗产保护实践中，将"free"这一原义为"自由的"一词按中文表述习惯译为"尊重其意愿"，在"十二条伦理原则"中也采纳了这一译法。考虑到该原则通用的国际语境，具体怎么译更妥帖，尚可进一步商榷。

② 亦见联合国发展组《土著人民问题指导方针》（United Nations Development Group, Guidelines Related to Indigenous Peoples）。

③ 这段文字引自文化部外联局国际处翻译的 ICH—02—2016 申报表 4. b 表项说明。

家行为,都应当创造一种透明的、不间断互动机制,确保相关社区、群体和个人自始至终地全面参与保护和管理自身的非物质文化遗产。各缔约国在具体的操作层面上则采纳各种各样的"证据提供",常见的方式有书面证明、视频证明,前些年还有提交实物证明的例子。在被退回补充信息的项目中,因为社区知情同意证明未能通过审查的例子也不在少数。

这里值得提醒的是,"相互尊重"还隐含着平衡相关利益方的内在诉求。一方面,获得和享有文化遗产权利是人权的构成部分①,也是大量国际人权文书的基础,更是《公约》的立足点之一,缔约国当承担确保各利益相关方获得非物质文化遗产的责任;另一方面,"相互尊重"也要求对获取这种遗产的特殊方面的习俗做法予以尊重(《公约》第十三条第四款第二点的规定),也就是需要来自遗产社区外部的相关行动方尊重社区内部特定的传统实践和惯例做法,尤其是被视为隐秘和神圣的方面(《操作指南》第101段d条)。因而,"应确保社区、群体和个人有权使用表现非物质文化遗产所需而存在的器具、实物、手工艺品、文化和自然空间以及纪念地,包括在武装冲突的情况下。接触非物质文化遗产的习惯做法应受到充分尊重,即使这些习惯做法可能会限制更广泛的公众接触"(原则五),与前述关注社区、群体和个人的中心地位是一致的,这个价值观肯定了他们有获得自己文化遗产的优先权,即使这种优先考虑有时会限制其他人的获得,这依然是以社区为本的伦理选择。

"相互尊重"的进一步引申,也是对"人类文化多样性"的尊重。这一价值观与《世界文化多样性宣言》(2001)②在基本精神和立场上是相衔接的。"文化多样性是交流、革新和创作的源泉,对人类来讲就像生物多样性对维持生物平衡那样必不可少。从这个意义上讲,文化多样性是人类的共同遗产,应当从当代人和子孙后代的利益考虑予以承认和肯定。"捍卫文化多样性是伦理道义,离不开对人的尊严的尊重。"每个人都应当能够参加其选择的文化生活和从事自己所特有的文化活动,但必须在尊重人权和基本自由的范围内。"《公约》同样认为非物质文化遗产是文化多样性的源泉,相关缔约国对促进文化多样性负有同样的义务,这就意味着非物质文化遗产的不同表现形式之间的绝对平等(只要符合第二条第一款中的定义),也意味着任何类别的等级化都是不当之举。"每一社区、群体或个人应评定其所持有的非物质文化遗产的价值,而这种遗产不应受制于外部的价值或意义评判"(原则六),蕴含的基本理念就是平等,同时要尊重差异,因为正是差异才构成多样性的人类文化的多样性;而文化多样性为平等、人权和自决权原则所要求。

在联合国教科文组织2000年发布的《世界文化报告——文化的多样性、冲突与多元共存》中能更清楚地看到,该组织在倡导和践行文化多样性理念时,其核心价值观是明晰的,

---

① 2011年,文化权利领域独立专家法里达·沙希德(Farida Shaheed)根据人权理事会第10/23号决议提交的一份报告(A/HRC/17/38),探讨了获取和享有文化遗产在多大程度上构成国际人权法的一部分。这位专家在强调需要以基于人权的方法处理文化遗产问题时,从人权的角度探讨了文化遗产的概念,并列出了与文化遗产有关的人权问题清单。参见 Farida Shaheed, The Right of Access to and Enjoyment of Cultural Heritage, a report of the independent expert in the field of cultural rights, 2011。

② 联合国教科文组织《世界文化多样性宣言》,2002年。http://unesdoc.unesco.org/images/0012/001246/124687c.pdf#page=84,2016—07—15。

也是一以贯之的。报告的第一章在引述"文化多样性"与"文化创造力"的相互关系时认为，世界文化并非由马赛克构成，而是一条由不同文化支流混合而成且奔流不息的"七彩长河"，这是受到威尔逊·曼德拉关于"七彩之国"的启发。报告认为，虽然文化差异日益成为冲突的原因，但冲突并不一定是发展的障碍。问题在于政府如何将差异作为一种建设性而不是破坏性的力量来处理，并加以引导。"如果文化的多样性是人类精神创造无法抑制的表达，那么差异的创造就同样是不可动摇。没有任何力量能压制和窒息它。然而政府和社会风俗习惯对差异所界定和采取的方法，决定了差异是导致更全面的社会创新，还是导致暴力和排斥。"① 第六条原则强调的是每个社区、群体或个人都应当认识和珍视自己的非物质文化遗产，任何外部对其价值或赋值的评判都有背《公约》精神；既要承认差异，也要尊重差异，就是尊重并促进文化多样性。所以，对于非物质文化遗产的保护，就同时具有不同文化之间彼此欣赏、交流、借鉴和共享，消除不同文化之间的误解和歧视，增进人类和平的意义。这样的基本意涵，反复出现在联合国教科文组织所主导的若干彼此有关联的重要文献中②。2014年3月27日，习近平总书记在联合国教科文组织巴黎总部发表演讲时指出："文明因交流而多彩，文明因互鉴而丰富。文明交流互鉴，是推动人类文明进步和世界和平发展的重要动力。"③ "文明交流互鉴"这一重要思想的提出，也是中国智慧对促进人类文化多样性的积极贡献。

其三，非物质文化遗产须符合可持续发展的要求。这一价值取向同样是对《公约》对"非物质文化遗产"范畴的进一步限定。也就是说，对非物质文化遗产当符合可持续发展的要求，正如《公约》承认非物质文化遗产是文化多样性的熔炉，又是可持续发展的保证（"序言"部分）。"可持续发展"的最初定义见于著名的《布伦特兰报告》（*Brundtland Report*，1987）中，可持续发展是满足目前的需求又不损害子孙后代满足其自身需求的能力的发展④。10年后，这一核心原则在联合国教科文组织通过的《当代人对后代人的责任宣言》（1997）中得到重申。其中指出："当代人有责任使当代人和后代人的需要和利益受到充分的保护。"⑤ 因此，基于可持续发展的诉求及其间凸显出来的代际责任原则，也引导了保护非物质文化遗产的伦理考量，同时也是实现代际传承的动力所在。

由于不同社区、群体和个人的文化表达具有独特价值和意义，有助于丰富人类文化的多

---

① 联合国教科文组织编：《世界文化报告——文化的多样性、冲突与多元共存》，关世杰等译，北京大学出版社2002年版，绪论部分。

② 例如，2005年联合国教科文组织在文化领域通过了又一个重要的国际标准文书《保护和促进文化表现形式多样性公约》，以解决2003年《公约》未能覆盖的文化创意和文化产品等诸多有关文化多样性与可持续发展的关键问题。

③ 习近平《在联合国教科文组织总部的演讲》，联合国教科文织总部，2014年3月27日。http：//news.xinhuanet.com/politics/2014—03/28/c_119982831_2.htm，2016—07—22。

④ UN—WCED, Report of the World Commission on Environment and Development: Our Common Future, 1987。http：//www.Un-documents.net/our-common-future.pdf，2016—07—16。该报告以牵头执笔人格罗·哈莱姆·布伦特兰（Gro Harlem Brundtland，时任联合国环境与发展委员会主席）的姓氏而为世人知晓。

⑤ UNESCO, Declaration on the Responsibilities of the Present Generations towards Future Generations,' 29 C/Resolution 44. Records of the General Conference, 29th session, Paris, 21 October to 12 November 1997, v.1: Resolutions.

样化景观，也因此有助于人类的和平和可持续发展。围绕"可持续发展"这一人类社会的普遍诉求，"十二条伦理原则"形成了如下若干条彼此互为关联并互为限定的条文：创造非物质文化遗产的社区、群体或个人应从源于这类遗产的精神利益和物质利益的保护中受益，特别是社区成员或其他人对其使用、研究、立档、宣传或改编。（原则七）非物质文化遗产的动态性和活态性应始终受到尊重。本真性和排外性不应构成保护非物质文化遗产的问题和障碍。（原则八）社区、群体及地方的、国家的和跨国的组织，还有个人，对可能影响到非物质文化遗产的存续力或实践该遗产的社区的任何行动的直接和间接、短期和长期、潜在和明显的影响都应仔细评估。（原则九）社区、群体和个人在确定对其非物质文化遗产构成的威胁，包括对非物质文化遗产的去语境化、商品化及歪曲，并决定怎样防止和减缓这样的威胁时应发挥重要作用。（原则十）

实际上，这四条原则的并置也进一步回应了《操作指南》的相关实施细则。在"鼓励所有各方谨慎从事，确保提高认识的行动"一节中，该指南102段提出：（1）不使非物质文化遗产的相关表现或表达形式脱离其语境（decontextualization，即原则十述及的"去语境化"——作者注）或背离其本质；（2）不给相关社区、群体或个人贴上与当代生活脱节的标签，也不以任何方式损害其形象；（3）不为任何基于政治、社会、种族、宗教、语言或性别的歧视提供辩护；（4）不助长对相关社区、群体或个人的知识和技能的盗用或滥用；（5）不导致将危及相关非物质文化遗产的过度商业化或不可持续的旅游开发。

这段以"不"字打头的祈使句一贯而下，读来真有振聋发聩的语力。遗憾的是，我们发现许多行动方往往在保护的过程中既不认真领会《公约》的宗旨和精神，也不细读《操作指南》的行动方针，甚至长期使用已经废止的《公约》的中文文本。[①] 我们在文化部组织的相关培训中一向将以上的警示性建议归纳为"五不行为守则"——这五个"不"的提出，实际上已经构成非遗保护在实践层面的基本操守。不仅是在"提高认识行动"中，也是在非遗保护进程的各个环节上，各利益相关方或各有关行动方都当遵从的基本行为规范，并应视作"谨慎从事"的伦理警钟。

《操作指南》的103段紧接着提出："鼓励缔约国制定并通过基于《公约》和本操作指南各项规定的伦理守则（codes of ethics），确保以适当方式提高对其各自领土上存在的非物质文化遗产的认识。"对比《操作指南》的不同版本，我们可以看到早在2008年的第一版文本中，委员会就已经向缔约国提出编制此类行为规范的建议了。庆幸的是，"十二条伦理原则"的正式出台，再一次为缔约国的履约加强了积极采取伦理行动的信号。

那么，为确保相关社区、群体和个人的经济、社会及文化权利，《操作指南》则建议采取适当的法律措施，"缔约国应特别通过运用知识产权、隐私权和其他适当的法律保护形式，在提高对其非物质文化遗产的认识和从事商业活动时，努力确保创造、传承和传播该遗产的相关社区、群体和有关个人的权利得到应有的保护"（104段）。

---

① 参见巴莫曲布嫫：《从语词层面理解非物质文化遗产——基于〈公约〉"两个中文本"的分析》，《民族艺术》2015年第6期。

当下，非遗保护面临的一大挑战是商品化、商业化，其带来的后果是对相关社区社会、经济和文化权利的剥夺，乃至形成知识产权的长期攫取。许多打着"保护"甚至"抢救性保护"名号的非遗"开发"、非遗"打造"、非遗"再生产"，往往就是伦理失范导致的滥用和破坏。实际上，《操作指南》就"与非物质遗产有关的商业活动"早已给出了导向明确的建议，即"某些形式的非物质文化遗产可能产生的商业活动和与非物质文化遗产相关的文化产品和服务贸易，可提高人们对此类遗产重要性的认识，并为其从业者带来收益。这些商业和贸易活动有助于传承和实践该遗产的社区提高生活水平，推动地方经济发展，增强社会凝聚力。然而，这些活动和贸易不应危及非物质文化遗产的存续力，而且应当采取各种适当措施，确保相关社区成为主要的受益方。这些活动可能影响上述非物质文化遗产的性质和存续力，尤其会影响各种仪式、社会实践或有关大自然和宇宙的知识等领域所展现的非物质文化遗产，因此应当予以特别关注"（116 段）；"应当特别注意避免商业性滥用，以可持续方式管理旅游业，寻求商业方、公共管理和文化从业者利益之间的适当平衡，确保商业使用不歪曲非物质文化遗产之于相关社区的意义和本旨"（117 段）。

诚然，来自"商业利用"方面的种种难题已然超出了 2003 年《公约》所覆盖的范围，但商业利用中必须以社区诉求和社区利益为导向，同时不危及非物质文化遗产的性质和存续力，当成为基本原则。1989 年《建议案》出台后持续了 10 年之久的辩论结果，就是将相关问题移交给世界知识产权组织从国际法层面去应对和解决。1999 年至今，世界知识产权组织在"民俗"也就是该组织沿用的"民间文学艺术"或"传统文化表达形式"方面所取得的立法进展，这里我们按且不表。但值得述及的是，今年 5 月 30 日至 6 月 1 日在巴黎召开的 2003 年《公约》缔约国大会第六届会议期间，讨论通过了《操作指南》的修正意见，并为该指南增加全新的第六章"在国家层面上保护非物质文化遗产与可持续发展"[①]。在这一新增章节中，伦理关切多次出现："只要其发展计划、政策和方案涉及非物质文化遗产或可能影响其可行性，缔约国应努力……确保该等计划、政策和方案尊重伦理考量因素（respect ethical considerations），不对相关的非物质文化遗产的存续力产生负面影响，不脱离遗产的语境或改变其本质"（171 段 c 条）；"采取适当的法律、技术、管理和金融措施，包括伦理准则或其他伦理工具（codes or other tools of ethics），以促进和/或监管农业、捕鱼、狩猎、放牧、食物采集、准备及保存的知识和实践的使用，这些知识和实践在有些情况下被社区、群体和个人视为非物质文化遗产及利益平均分配的一部分，同时以确保这些知识和实践的传承"（178 段 b 条，食品安全）；"……鼓励缔约国尊重遗产性质和相关社区、群体和个人的具体情况，特别是其对集体或个人管理其遗产的选择，同时为其创造性表达提供必要条件并促进公平贸易和伦理经济关系（fair trade and ethical economic relations）"（184 段，包容性经济发展）。

关于可持续发展的议题有很多。非物质文化遗产中所承载的知识和技能往往都是世代传

---

① 参见 http://www.unesco.org/culture/ich/doc/src/ICH-Operational_ Directives—6. GA—PDF—EN. pdf#p170，2016—08—25。

承的，是民众智慧累积式的发展资源，弥足珍贵。尤其是对于那些在其日常生活世界中依赖这种知识体系的社区、群体和个人来说具有不可替代的价值。当今人类面临的许多问题，从生态保护、气候变暖、环境恶化到土壤、草场、水资源管理，从灾害治理到减贫脱贫，乃至防止冲突和战争等等棘手难题，往往在民间传承的知识体系和智慧管理中呈现出应对、平衡和发展的动力，尤其是乡土民间大都自有一套可持续性和适应性的积极方案。这也正是"西班牙地中海海岸的灌溉者法庭：穆尔西亚平原贤人委员会和巴伦西亚平原水法庭"① 在2009年被列入"人类非物质文化遗产代表作"名录的独特意义所在。在中国，我们也看到过类似的民间管理方案，比如东巴造纸传统资源共管会的在地实践②。地方的或社区的非物质文化遗产保护行动及其所依托的世代相承的经验值得汲取。在各国的履约过程中，这些典型案例也在某种意义上构成当下可被特定社区、同类遗产管理可资参考的行动方针。如果我们认真加以梳理、归纳和总结，也不难找到为今天乃至将来的非遗保护提供伦理行动导向且符合社区意愿和诉求的诸多前鉴。

在当下国际、国内的非物质文化遗产保护工作中，对非物质文化遗产的不尊重和滥用现象普遍存在。而《操作指南》提出的一系列鼓励性建议，也是前述四条原则的基本理据所在，尽管第六章有关"可持续发展"的增补晚于"十二条伦理原则"获得通过，但在酝酿过程中，二者几乎是同步的，不同之处仅是常会每年一次，而缔约国大会每两年一次。可以认为，这些原则性建议，环环相扣，每一环节的具体实施和落实都与如何保护和维系各民族文化多样性、文化创造力和文化自主权相关。

价值观三：符合人类的整体利益和共同关切

这一价值观直接引申自《公约》的前言，即保护非物质文化遗产是人类的普遍意愿和共同关切，而特定的社会实践、观念表述、表现形式、知识和技能依然是各自社区、群体或个人不可旁贷的责任，同时也承认在不同的社区存在着持续不断的借鉴和共享非物质文化遗产的事实。基于这个核心价值观，"文化多样性及社区、群体和个人的认同应得到充分尊重。尊重社区、群体和个人的价值认定和文化规范的敏感性，对性别平等、年轻人参与给予特别关注，尊重民族认同，皆应涵括在保护措施的制订和实施中"（原则十一），便是对当今各国普遍关切的若干问题的回应。除了文化多样性事关可持续发展外，性别平等、代际责任、少数民族群体的文化认同等都是较为突出的全球关切，也是联合国系统下相关政府间组织及其职能部门的优先考虑事项。性别问题一直以来都是教科文组织的优先事务之一，往往与非洲地区事务并置。在其机构部署中，每一部门都设有性别平等的专项事务，比如教育与性别、媒体与性别、信息技术与性别，等等。非物质化遗产与性别平等也是其文化遗产处非物质文化遗产科必须关注的重要议题之一。为此，该组织于2014年发布了《性别平等：遗

---

① 委员会决议见 http：//www.unesco.org/culture/ich/en/decisions/4. COM/13.70，2016—08—25。
② 曾益群、郭占峰：《丽江市纳西族东巴纸调研报告》，刊于国际行动援助中国办公室编：《保障弱势群体的公平受益——云南6个少数民族自治县文化产业化过程的利益分配问题研究报告集》，知识产权出版社2009年版，第54—80页。

产和创造力》的专题报告①。

说到"代际责任",这里我们不妨回到《当代人对后代人的责任宣言》:"在充分尊重人权和基本自由的情况下,当代人应注意保护人类的文化多样性。当代人有责任确定、保存和保护物质及非物质文化遗产,并将这一共同遗产传给子孙后代。"(第七条,"文化多样性与文化遗产")实际上,这是教科文组织官方文件中首次将物质遗产与非物质文化遗产进行对举的正式表述,早在 2003 年《公约》正式通过之前,而其提出的初衷正是为了强化人类共同的代际责任。至于年轻人的参与往往比我们想象得还要复杂。其中有几个突出问题,一是儿童的安全问题,二是雇用童工问题,三是强制儿童问题。这里的篇幅不容许举更多的例证逐一予以说明。我们仅须提及一个近年被退回的"代表作"申报项目。原因是某缔约国向委员会提交的一个项目在申报片中所展示的细节——将未成年人置于高空而未采取任何保护措施。尽管申报材料未作任何涉及,但一个镜头就足以让人们警觉青少年在参与非遗传承的过程中需要引以为戒的伦理警示。尽管其实践方式是基于传统的训练模式,但传统也需要加以审视和反思。如何确保孩子们在习得祖传技艺的同时保障其身心安全,这也是当代人对后代的责任之一。

联合国大会通过的《土著人民权利宣言》为保障世界土著人民的生存、尊严、福祉和权利确立了全球框架,以确保土著人民充分享有经济、社会和文化权利,这是实现基本尊严和生存的关键。少数民族群体的相应权利也同样是教科文组织 195 个会员国和 10 个准会员国所表达的全球关切。尤其是近年来随着全球化趋势的加剧,原住民的利益问题与移民、流散民的生存权问题一道成为众多国家面对的文化冲突,其间夹杂着少数群体如何在融入可持续发展的同时保有平等、公正和自由选择的诸多难题。在伦理行动的多重"选择窗"中,原住民、少数民族的社会、经济和文化权利始终是全球事务的焦点之一。正是因为以上问题往往演变为冲突、对抗和战争,全球关切也就成为人类的普遍利益。在欧洲,这类冲突愈演愈烈,以致德国曾公开承认多元文化政策在本国的失败。但失败可能正是成功之母,俨如前述差异正是激发创造力的动能所在。非物质文化遗产被理解为能够推动文化多样性和不同文化间和平对话的积极资源。

联合国教科文组织很早就通过了《国际文化合作原则宣言》(1966)。在第 3 届文化部长圆桌会议上通过的《伊斯坦布尔宣言》(2002)指出,非物质文化遗产是构成世界各民族特性的重要因素,保护和发展非物质文化遗产对于促进人类文化的多样性,增强人类社会的凝聚力和推动社会的发展具有重要意义。宣言还呼吁世界各国遵循《世界文化多样性宣言》的原则,制定有关收集和整理非物质文化遗产的国家政策和相应的措施,同时在这一领域开展广泛的国际合作。在《世界文化多样性宣言》中,则列有"文化多样性与国际团结"部分。《保护非物质文化遗产公约》第五章的标题就是"国际合作与援助"。可见,促进国际

---

① 联合国教科文组织:《性别平等:遗产和创造力》(Gender Equality: Heritage and Creativity),2014 年。相关讨论详见康丽:《非物质文化遗产保护与性别平等——基于〈保护非物质文化遗产公约〉及相关文书的讨论》,即将刊于《民族艺术》2016 年第 6 期。感谢作者在本人完成这篇文章的过程中惠赐这篇论文的未刊稿。

间文化对话和文明交流互动的国际合作,乃是近些年来联合国教科文组织的重要关切之一。

因此,2003年《公约》起草人摈弃了1972年《保护世界文化和自然遗产公约》的语言,即"作为一个整体的人类世界遗产"。但《公约》文本承认"保护人类非物质文化遗产是普遍的意愿和共同关心的事项",而缔约国为此目的在双边、分地区、地区和国际各级开展合作(第十九条第二款)就是应尽的责任和义务,但与此同时不能让相关的社区、群体或个人疏离自身的遗产。因此,这一价值观回到了第一价值观,即社区、群体和个人在实践、传承和保护他们自身的遗产方面的首要作用。这便是以"保护非物质文化遗产是人类的共同利益[①],因而应通过双边、次区域、区域和国际层面的各方之间的合作而开展;然而,绝不应使社区、群体和个人疏离其自身的非物质文化遗产"(原则十二)来为整套"伦理原则"收尾的合理之处,达成了首尾呼应并内在一致的总动员之效。

写到这里,我们不得不说"十二条伦理原则"的设计、目标和方略是成功的,也是缜密的。但正如其"序言"所说:"这些原则代表一套鼓励性的总体原则,对政府、组织和个人可形成直接或间接影响非物质文化遗产的优秀实践,以确保非物质文化遗产的存续力,并由此确认非物质文化遗产对促进和平和可持续发展的贡献,因而获得广泛接受。作为2003年《保护非物质文化遗产公约》《实施〈公约〉操作指南》和国家立法框架的补充,这些伦理原则可作为制定适用于地方和部门条件的具体道德准则和工具的基础。"换言之,每一条原则都可以针对不同的使用语境和适用对象发展出具体的伦理守则,为参与非物质文化遗产的各行动方提供工具性的指导方针和行为规范。这也就是通常意义上的"伦理守则"如何制定的问题。而170个缔约国(截至2016年6月10日)的不同行动方可依据这"十二条伦理原则"的基本精神及其所体现《公约》核心价值观,针对不同的保护环节(至少涉及《公约》第二条所定义的九种措施)继续深化伦理关切,并将这些通用性原则付诸于具体的行动和实践。

三、朝向未来的伦理行动

在12年前的中国,人们对于"非物质文化遗产"这个名词还知之甚少,如今"非遗"作为一个概念已家喻户晓,并随着地方、国家和国际层面展开的保护实践及其空前的影响而日益深入人心。截至2015年底,中央财政投入非物质文化遗产保护专项经费共计42亿元。国务院批准公布了四批国家级非物质文化遗产名录共1372项目;文化部命名了四批国家级非物质文化遗产项目代表性传承人共1986名,各省(区、市)批准公布了12294名省级非遗项目代表性传承人;设立了18个国家级文化生态保护实验区,公布了两批国家级非物质

---

① 经与"十二条伦理原则"的译者讨论并取得认可,此处的英文是 general interest to humanity,译为"人类的普遍利益"更妥当,留待今后修订时再采纳。这里也代表译者作一更正。本文在写作过程中,也与中文版《保护非物质文化遗产伦理原则》两位译者进行过不间断的在线讨论,并吸纳了她们的意见和建议,这里特别申谢。

文化遗产生产性保护示范基地共 100 家企业和单位。与此同时，通过《保护非物质文化遗产公约》搭建的国际合作机制，我国有 30 个项目被列入"人类非物质文化遗产代表作名录"、7 个项目列入"急需保护的非物质文化遗产名录"、1 个提案被遴选进入"优秀实践名册"。这些数字看似流水账，但确实说明国家层面长期以来对各民族文化遗产不遗余力地进行抢救、挖掘、整理、保护、传承和传播的具体实绩，传达出中国非物质文化遗产保护成果的主要指数。

众所周知，2003 年《公约》通过政府间委员会执行，接受缔约国大会的控管，并由教科文秘书处协助各缔约国实施，包括其《操作指南》和国际合作机制（一个基金、两个名录、一个优秀实践名册，以及定期报告制度），也就是说，教科文组织搭建的这一平台给缔约国同时带来义务（即责任）和惠益（即权利）。《公约》作为保护非物质文化遗产的国际性多边文件，从法律上讲对缔约国都具有约束力。加入《公约》就意味着我们承诺遵守这一国际公约的相关规定，履行缔约国的责任和义务，并接受有关方面的监测。自 2003 年《公约》通过至今已经过去了 12 年，而自《公约》于 2006 年生效以来，其在国际层面上的履约工作也积累了 9 年的实践。与此同时，《中华人民共和国非物质文化遗产法》（2011 年 2 月 25 日第十一届全国人民代表大会常务委员会第十九次会议通过）自 2011 年 6 月 1 日起实施。在国际法和国内法的双重框架下，如何有效地保护非物质文化遗产依然是学界和政府普遍关注、不断讨论乃至辩论的一个焦点。那么，在地方、国家和国际等不同层面开展的非物质文化遗产保护实践中，到底存在一些怎样的伦理问题？

对此，长期在国际层面参与非物质文化遗产保护工作的巴莫曲布嫫，立足于保护非物质文化遗产政府间委员会自其第四届常会以来的相关工作报告，按时间顺序和相关项对全球范围内普遍存在的"横向问题"（transversal issues）进行了如下归总：（1）在保护的整个过程中社区的中心作用；（2）不当用词（本真性、真实性、原创性、杰出的、唯一的，等等）；（3）商业利用中的经济导向与社区导向；（4）非文化目的保护和申报；（5）长期保护进程与短期效应；（6）性别平等；（7）可持续发展（解决冲突与建设和平，气候变暖与生态环境，可持续的旅游与促进地方旅游等）；（8）在非遗保护工作中可持续发展专家的参与；（9）青年与儿童；（10）能力建设；（11）原住民和少数民族；（12）全球性资源与跨界共享（族群关系、民族国家、移民、流散民、游牧传统等问题与多国联合申报）；（13）知识产权；（14）1972 年《公约》与 2003 年《公约》之间的联系；（15）与空间、场所和手工艺品有关的非遗；（16）混淆 2003 年《公约》与 2005 年《公约》；（17）传承人与实践者；（18）多元行动方的参与，不局限于文化部门；（19）保护措施的"至上而下""去语境化"或"再语境化""博物馆化"及"剧场化"等；（20）非物质文化遗产与动物使用；（21）非物质文化遗产保护的伦理原则，等等[①]。这些问题之所以成为横向问题，大多与伦理考量相关。

因此，"十二条伦理原则"的出台，对非物质文化遗产保护活动中的各行动方进一步制

[①] 转引自中国民俗学会联合国教科文组织非物质文化遗产项目评审工作团队的年度报告，2015 年 11 月。

定具体的伦理守则提供了指导性的方针,对各国切实地建构保护框架中的伦理维度和更新保护理念也是深有启发的。而如何根据我国非物质文化遗产保护实际,并在具体实践中回应可持续发展的伦理诉求,也正是政府、学界和相关行动方面临的挑战之一。

有鉴于此,我们希望在国内的非物质文化遗产保护领域引入伦理分析的视角,并形成连续性讨论。这或许有利于从认识论和实践论两个向度促进"提高认识行动",加强履约的能力建设,进而探索未来保护非物质文化遗产的可能性路径,厘清实践中的伦理挑战,进而规避伦理误区,并止步伦理禁区。

[原文载于《内蒙古社会科学(汉文版)》2016年第5期]

《保护非物质文化遗产公约》
中的相互尊重原则及其适用探析

黄 瑶 王 薇[*]

2006年生效的《保护非物质文化遗产公约》（下称《公约》）是全球范围内最为重要的文化公约之一，但其并非保护所有的非物质文化遗产。根据《公约》第2条第1款对"非物质文化遗产"（下文亦称"非遗"）用语的解释性规定，该《公约》只考虑（或调整）符合如下要求的非物质文化遗产：符合现有的国际人权文件，符合各社区、群体和个人之中相互尊重的要求和可持续发展的要求。其中的"符合各社区、群体和个人之中相互尊重要求"的规定，不仅仅是非遗定义的重要组成部分，还是非遗名录评审最为基本的列入标准之一，因为从第一版（2008版）至最新一版（2018版）的《实施〈保护非物质文化遗产公约〉的业务指南》（以下简称《业务指南》）中"人类非物质文化遗产代表作名录"（以下简称"代表作名录"）和"急需保护的非物质文化遗产名录（以下简称"急需保护名录"）"的列入标准第一项，都是"该遗产项目属于《公约》第2条定义的非物质文化遗产"。那么，何谓"相互尊重"呢？《公约》文本和《业务指南》均没有作出解释。

实际上，"各社区、群体和个人之中相互尊重要求"已在《公约》实施过程中被联合国教科文组织保护非物质文化遗产政府间委员会（下称"政府间委员会"）逐步确立为一项基本原则，即相互尊重原则。本文试图深入解析该原则的意涵和适用问题。鉴于现今国际上对条约解释的普遍做法，是根据1969年《维也纳条约法公约》第31、32条[①]关于条约的"解释通则"、"补充的解释资料"等规定进行，本文综合采用该公约这两条规定的文义解释（又称"约文解释"）、目的解释（也称"职能解释"）、历史解释（又称"条约解释的补充资料"）和实践解释等国际条约的各种解释方法，侧重于结合《公约》的缔约历史及其适用中的嗣后实践，对相互尊重原则的解释和适用展开探讨。

---

[*] 黄瑶，中山大学法学院教授、博士生导师；王薇，中山大学法学院博士研究生。
[①] 《维也纳条约法公约》第31条对条约解释的一般规则做出规定。根据该条规定，条约的解释应参照条约的目的与宗旨、依条约的用语所具有的通常意义并考虑其上下文，善意地加以解释。该公约第32条对条约解释的补充资料做出规定。简单地说，根据该条规定，作为条约解释的一种补充手段，可参考条约起草时的准备资料，包括缔约的谈判记录、条约的历次草案、讨论条约的会议记录等来对条约的正确含义进行揭示和说明。

一、相互尊重原则的形成及重要意义

《公约》规定："'非物质文化遗产'指被各社区、群体，有时是个人，视为其文化遗产组成部分的各种社会实践、观念表述、表现形式、知识、技能以及相关的工具、实物、手工艺品和文化场所。这种非物质文化遗产世代相传，在各社区和群体适应周围环境以及与自然和历史的互动中，被不断地再创造，为这些社区和群体提供认同感和持续感，从而增强对文化多样性和人类创造力的尊重。在本公约中，只考虑符合现有的国际人权文件，各社区、群体和个人之中相互尊重和可持续发展要求的非物质文化遗产。"该定义由三句话组成，早在《公约》生效初期，便有学者注意到其逐层限制的特点，并将最后一句称为对其他要件范围的多重限制。[①] 非遗定义的分层设计是为了将其纳入国际保护领域而做出的标准限定。实际上，这三句话分别对应的是广义上的非遗概念、内部评价标准和外部评价标准，这是《公约》筹备阶段"里约专家会议"所形成的重要共识。[②] 内部评价标准指遗产之于某社会群体身份的价值，外部评价标准指国际普遍认可的规范和要求。专家们认为并非所有的非遗项目都能得到国际保护，在国际层面上保护和促进非遗的政策应采取"双轨路径"（a dual approach），只有同时符合内部和外部评价标准才达到国际保护的要求。[③] "各社区、群体和个人之中相互尊重要求"即是《公约》选定的三个外部评价标准之一，但将其写进非遗定义亦经历了多番争论。

非遗保护领域的"相互尊重原则"最早可追溯至《公约》筹备阶段"都灵圆桌会议"形成的五个重要结论的之一，即"保护非物质文化遗产的国际努力必须建立在……对所有尊重其他文化的文化的尊重之上"。[④] 在"专门起草小组"[⑤] 起草并提交政府间专家协商的"第一次公约草案初稿"中，首次将"相互尊重"写进非遗定义——"在本公约中，非物质文化遗产是指……，并符合……和文化社区之间相互尊重的原则。……"[⑥] 与"都灵圆桌会议"的共识相比，原表述已凝练为"文化社区间相互尊重原则"，这是为了与《教科文组织

---

① 参见宋俊华：《非物质文化遗产概念的诠释与重构》，《学术研究》2006 年 09 期。
② 在《公约》的筹备阶段，联合国教科文组织举办了三次专家会议，包括 2001 年 3 月讨论非遗定义的"都灵圆桌会议"，2002 年 1 月讨论公约优先保护领域的"里约专家会议"以及 2002 年 6 月讨论公约使用术语及相关定义的"术语表专家会议"。
③ 参见 Final Report of the Expert meeting on Intangible Cultural Heritage: Priority Domains for an International Convention, 22—24 Jan. 2002, Rio de Janeiro (Brazil), p. 9.
④ 参见 Action plan approved by the International Round Table: Intangible Cultural Heritage-Working Definitions, 14—17 Mar. 2001, Turin (Italy), para. 12 (a).
⑤ "专门起草小组"（Restricted Drafting Group）主要由法律专家组成，其成员由教科文组织总干事指定，负责《公约》整体框架设计以及草案初稿的起草工作。专门起草小组分别于 2002 年 3 月和 6 月各举行了一次会议，会议形成了"第一次公约草案初稿"供下一阶段政府间专家协商时参考并作为讨论案文。
⑥ 参见 Preliminary Draft Convention for the safeguarding of intangible cultural heritage（即"第一次公约草案初稿"），UNESCO Doc. CLT—2002/CONF. 203/3, 26 Jul. 2002.

组织法》序言中的"相互尊重原则"表述保持一致，毕竟《公约》是在教科文组织框架内制定的，与此同时也体现了非遗保护领域"文化社区"主体的特殊性。

进入《公约》政府间专家协商阶段，① "相互尊重原则"的表述主要经过了两次调整：第一次调整由"文化社区之间相互尊重原则"改为"各社区、群体和个人之间相互尊重原则"。这是由于各国代表及与会专家普遍对主体术语存有异议，包括"社区"、"文化社区"和"当地社区"之间，"群体"和"社会群体"之间，他们认为这些概念在不同的文化背景下具有不同的含义，讨论的结果是删除各限定词，从广义上同时保留"社区"和"群体"两个术语。② 第二次调整由"各社区、群体和个人之间相互尊重原则"改为"各社区、群体和个人之中相互尊重要求"。从语义上而言，"之间"（between）仅指彼此关系，而"之中"（among）既包括内部关系、也包括彼此关系。将"之间"改为"之中"，主体关系上就多了一种可能性——同一个社区（含群体和个人）内部对某非遗项目持有不同的意见。而以"要求"替代"原则"，并非只针对相互尊重原则，而是对三个外部评价标准都不再称"原则"，这是由于部分国家代表对"第一次公约草案初稿"将几个外部评价标准称为"原则"存有异议。③ 或许是采纳了哥斯达尼加的书面意见，④ 也可能是为了降低用词敏感度，促进缔约可能性，政府间专家第三次、也是最后一次会议，通过并提交教科文组织执行局审议的公约草案文本选择了"要求"一词。⑤ 由此可见，"相互尊重原则"在公约草案文本中的表述一直是朝着更加灵活、更加包容的方向调整的。

众所周知，名录制度是《公约》创设的最为重要的国际性非遗保护制度，由于《业务指南》对列入标准的规定，使得非遗定义的适用亦主要体现在名录评审过程中。自2009年首次评审以来至2019年，在这11轮评审中，政府间委员会不仅强调符合相互尊重要求的重要性，更将其上升为《公约》的基本原则：其最早是在2012年"提醒缔约国注意各社区、群体和个人之中相互尊重要求是《公约》的基础"，紧接着在2013年首次提出"各社区、群体和个人之中相互尊重是《公约》的基本原则"，并于2014年再次强调其基本原则的地位，而后在2015年直接称之为"相互尊重原则"。⑥ 而且，这是《公约》实施十多年来，唯

---

① 2002年9月至2003年6月是《公约》缔约过程中最为重要的政府间专家协商阶段，共举行了三次政府间专家会议和一次闭会期间工作组会议。

② 参见 Secretariat Report of the Second session of the Intergovernmental Meeting of Experts on the Preliminary Draft Convention for the Safeguarding of the Intangible Cultural Heritage, 24 Feb. -1 Mar. 2003, Paris (France), UNESCO Doc. CLT—2003/CONF. 205/6, para. 13.

③ 参见 Compilation of amendments from Member States concerning the Convention for the Safeguarding of the Intangible Cultural Heritage, UNESCO Doc. CLT—2003/CONF. 203/3 REV., footnote 366. Germany; footnotes 368 &370 Finland; footnote 371. Belgium.

④ 同上，footnote 360. Costa Rica.

⑤ 参见 Report by the Director-General on the preliminary draft of an international convention for the safeguarding of the intangible cultural heritage, 15 Sep. -15 Oct. 2003, Paris (France), UNESCO Doc. 167 EX/22, 附件三《公约》初步草案。

⑥ 参见政府间委员会第七届常会（2012年）决定 DECISION 7. COM 11, para. 10；第八届常会（2013年）决定 DECISION 8. COM 8, para. 11；第九届常会（2014年）决定 DECISION 9. COM 10, para. 11；第十届常会（2015年）决定 DECISION10. COM10. b. 15, para. 7.

一明确的基本原则。①

二、非遗保护领域相互尊重原则的意涵

如前所述，相互尊重原则的主体用词是缔约时的争议所在，现采用的"各社区、群体和个人"是为了最大限度地将可能存在的主体囊括在内而选择的中性表述。在具体适用中，特定情况下还是要将其他主体成分考虑在内。《公约》筹备时的"术语表专家会议"曾对部分概念作出界定，包括："社区"指一群拥有共同归属感的人，它可以通过一种身份感或共同行为来体现，也可以体现在活动和领土之中。个人可以属于多个社区。"文化社区"则指一个以其文化区分于其他社区的社区，在广义上而言，国家也可以是一个文化社区。"当地社区"则指居住在特定地区的社区。但该会议没有对"社会群体"作出界定，只是在定义"文化"和"传统文化"时使用了该词。② 而后，在《公约》即将生效之际，教科文组织及其亚太中心联合举办的专家会议对主体术语作出了界定："社区"指一群由共同历史关系而产生认同感和联系的人的网络，这种共同历史关系植根于他们非物质文化遗产的实践、传承或参与；"群体"由社区内或跨社区的人组成，他们具有共同的特征，如技能、经验和特殊知识，因而在非物质文化遗产当前和将来的实践、再创造和/或传承中扮演特定的角色，如文化传承人、实践者或学徒；"个人"可理解为"群体"中的个人。③

至于"尊重"的含义，从文义解释来看，中文语境中的"尊重"具有尊敬、敬重和重视等含义，指怀有敬意地对待别人和严肃认真对待（人或事物）；④ 在伦理学范畴中，"尊重"是对待他人及其价值的态度的道德概念，它建立在人人平等基础上，要求人们在与他人交往过程中，承认他人的人格尊严，肯定他人的权利和自由，理解他人的信念和情感，对他人富有同情心、正义感、举止礼貌，诚恳谦逊，以礼待人等。⑤ 在英文语境中，"尊重"除了表示对他人的良好敬意和评价以外，还要求在行为上避免做任何他人不喜欢或他人认为

---

① 笔者以"principle"为关键词，对 2006—2019 年《公约》历届缔约国大会会议的决议和政府间委员会会议的决定进行检索，文件中提到的《公约》原则还有"国际合作原则"（参见 DECISION 14. COM 10，para. 12；DECISION 9. COM 10，para. 12）和"地域公平代表性原则"（主要在缔约国大会决议中提及），但明确为公约基本原则（fundamental principal）的只有"相互尊重原则"。

② 参见 Glossary Intangible Cultural Heritage（Results of the International Meeting of Experts on Intangible Cultural Heritage-Establishment of a Glossary, UNESCO Headquarters, Paris, 10—12 June 2002, and edited by this group between June and August 2002），definitions of "Culture", "Community", "Cultural community".

③ 参见 the Final Report of the Expert Meeting on Community Involvement in Safeguarding Intangible Cultural Heritage：Towards the Implementation of the Convention for the Safeguarding of the Intangible Cultural Heritage, 13—15 Mar. 2006, definitions of "Communities", "Groups", "Individuals".

④ 参见贺国伟主编：《现代汉语反义词典》，上海辞书出版社 2009 年版；任超奇主编：《新华汉语词典》，崇文书局 2006 年版，词条"尊重"。

⑤ 参见宋希仁、陈劳志、赵仁光主编：《伦理学大辞典》，吉林人民出版社 1989 年版，词条"尊重"。

是错误的事情。① 据此，非遗保护领域的"相互尊重原则"可理解为各社区、群体和个人对彼此文化的尊重，《公约》只保护那些彼此尊重的遗产项目。然而作为一项标准，其内涵依然过于抽象和宽泛。考虑到《公约》对遗产项目的保护主要通过名录制度，该原则的适用亦主要体现在名录申报和评审的过程中，以下尝试从中归纳该原则的基本要求和考量因素并总结其在名录评审中的适用路径。

三、从近十年名录评审的实践看相互尊重原则的适用

为清晰反映代表作名录和急需保护名录的评审过程，现将2009—2019年经过"审查机构"② 审查和政府间委员会评审的遗产项目数据分别统计，如表1、表2所示。

表1 2009—2019年代表作名录经审查和评审的遗产项目数量③

年度	经审查机构审查的申请	审查后缔约国撤回的申请	经委员会评审的申请	列入名录	不列入名录	退回申报缔约国
2009	111	35	76	76	0	0
2010	54	7	47	47	0	0
2011	49	11	38	19	0	19
2012	36	4	32	27	0	5
2013	31	3	28	25	0	3
2014	46	7	39	34	0	5
2015	35	1	34	23	0	11
2016	37	0	37	33	0	4
2017	35	1	34	33	0	1
2018	40	1	38	31	2	5
2019	42	2	40	35	0	5
总数	516	72	443	383	2	58

---

① 参见《柯林斯高阶英汉双解学习词典》（第8版），外语教学与研究出版社2017年版，词条"respect"。
② 政府间委员会的决定主要是参考有关专家或机构的初步审查意见。2009—2014年，急需保护名录的初步审查由咨询机构负责，代表作名录由附属机构负责。因两个名录的列入标准之间具有紧密联系，为统一审查标准，自2015年起，委员会依据《公约》第8条第3款设立名为评估机构（Evaluation Body）的咨询机构，全面负责两个名录、名册和国际援助的初步审查工作。为了避免不必要的混淆，下文对负责两个名录初步审查工作的机构统称"审查机构"。
③ 表1和表2的数据均根据附属机构、咨询机构和评估机构的历年工作报告，以及保护非物质文化遗产政府间委员会常会历年决定整理而成。由于申报缔约国在政府间委员会正式评审前的任何阶段均有权撤回其申请，部分缔约国在获悉初步审查结果的不利意见后选择直接撤回申请，因而每年委员会正式评审的遗产项目数量一般少于审查机构已审查的项目数量。

表2 2009—2019年急需保护名录经审查和评审的遗产项目数量

年度	经审查机构审查的申请	审查后缔约国撤回的申请	经委员会评审的申请	列入名录	不列入名录	退回申报缔约国
2009	12	0	12	12	0	0
2010	5	1	4	4	0	0
2011	23	6	17	11	6	0
2012	8	1	7	4	3	0
2013	12	2	10	4	6	0
2014	8	4	4	3	1	0
2015	8	2	6	5	1	0
2016	6	1	5	4	0	1
2017	6	0	6	6	0	0
2018	7	0	7	7	0	0
2019	6	1	5	5	0	0
总数	101	18	83	65	17	1

2009—2019年经审查机构初步审查后，申报列入代表作名录中有72个（见表1）和急需保护名录中有18个（见表2）遗产项目由缔约国撤回申请。由于开始评审的两年、审查机构没有公布已撤回的项目情况，本文只能对2011—2019年的项目进行分析。其中，撤回申报列入代表作名录的30个遗产项目中（不含2009年35个和2010年7个）未能满足列入标准一的有21个，进一步考察其理由后发现：基本上一半是由于不能证明符合广义上的非遗概念，例如遗产项目的性质和范围描述不清，社区、群体、传承人、从业者等范围界定不清，不能清晰说明传承方式，或者过于强调经济价值使之更像是"商品"而不是非遗项目[①]；另一半则是不能证明符合内部评价标准，主要是由于过多陈述其历史背景或其他因素

---

① 参见相应年份审查机构工作报告中为政府间委员会而拟定的决定草案，先后涉及德国、斯洛文尼亚、阿根廷、斯洛伐克、玻利维亚、蒙古、沙特阿拉伯、中国、法国所申报的遗产项目：Draft Decision 14. COM 10. b. 13；Draft Decision 10. COM 10. b. 28；Draft Decision 9. COM 10.2；Draft Decision 9. COM 10.40；Draft Decision 8. COM 8.6；Draft Decision7. COM 11.22；Draft Decision7. COM 11.29；Draft Decision 6. COM 13.5；Draft Decision 6. COM 13.15；Draft Decision 6. COM 13.31.

从而缺乏对遗产项目当下的社会功能和文化意义的描述①。涉及外部评价标准的只有2012年白俄罗斯申报的"毛毡制作与制毡商的贸易术语",但没提及相互尊重原则。在急需保护名录方面,缔约国主动撤回的17个遗产项目(不含2009年0撤回、2010年1个)中未能满足列入标准一的有6个,具体理由中部分属于不能证明符合广义上的非遗,需要更多信息解释申报项目如何符合非遗的性质和特征、项目传承人和实践者的角色、当前的传播模式,以及相关社区的范围;②另一部分则属于未能证明符合内部评价标准,例如项目的社会文化功能、如何被相关社区视为其文化遗产的一部分从而获得认同感;③至于外部评价标准,则没有一个项目涉及。由此可初步推断,审查机构考察列入标准一的侧重点偏向遗产项目是否符合广义上非遗概念和内部评价标准,似乎不在外部评价标准。

2009—2019年经政府间委员会评审后未列入代表作名录的遗产项目有60个(见表1,含不列入的2个和退回缔约国58个)、未列入急需保护名录的有18个(见表2,含不列入的17个和退回缔约国的1个)。在这总共78个未列入名录的遗产项目中,再进一步考察每年委员会评审作出的相关决定,有31个不符合列入标准一(代表作名录25个、急需保护名录6个)。同样对其理由考察后发现:不少是由于未能清晰说明所申报的遗产项目属于广义上的非遗,例如遗产项目的范围、有关社区的范围、实践者的特点以及如何被社区视为其文化遗产的组成部分④;许多是属于未能提供足够信息说明遗产项目符合非遗概念中的内部评价标准,包括遗产项目在社区内或之于有关社区在当下的社会和文化功能及意义⑤,当前

---

① 参见相应年份审查机构工作报告中为政府间委员会而拟定的决定草案,先后涉及中国、阿尔及利、尼日利亚、白俄罗斯、古巴、蒙古、沙特阿拉伯、阿曼、土耳其等所申报的遗产项目:Draft Decision 14. COM 10. b. 7;Draft Decision 12. COM 11. b. 1;Draft Decision 9. COM 10. 32;Draft Decision7. COM 11.5;Draft Decision7. COM 11.11;Draft Decision7. COM 11.22;Draft Decision7. COM 11.29;Draft Decision 6. COM 13.5;Draft Decision 6. COM 13.7;Draft Decision 6. COM 13.15;Draft Decision 6. COM 13.31;Draft Decision 6. COM 13.32;Draft Decision 6. COM 13.33;Draft Decision 6. COM 13.35;Draft Decision 6. COM 13.37;Draft Decision 6. COM 13.49.

② 参见相应年份审查机构工作报告中为政府间委员会而拟定的决定草案,先后涉及伊朗、洪都拉斯、巴基斯坦所申报的遗产项目:Draft Decision 10. COM 10. a. 4;Draft Decision 9. COM9. a. 4;Draft Decision 9. COM9. a. 6.

③ 参见相应年份审查机构工作报告中为政府间委员会而拟定的决定草案:先后涉及巴基斯坦、尼加拉瓜、肯尼亚所申报的遗产项目:Draft Decision 9. COM9. a. 6;Draft Decision 8. COM 7. a. 10;Draft Decision7. COM 8.4;Draft Decision 6. COM 8.11.

④ 参见相应年份政府间委员会常会的评审决定,先后涉及白俄罗斯、伊朗、韩国、尼日尔、奥地利、伊朗、克罗地亚、北马其顿、塞尔维亚、罗马尼亚、摩尔多瓦、土耳其、沙特阿拉伯、阿富汗、孟加拉国、多米尼加、乌兹别克斯坦、朝鲜、黑山、柬埔寨、博茨瓦纳所申报的遗产项目:DECISION6. COM13.1;DECISION6. COM13.22;DECISION6. COM13.42;DECISION6. COM13.43;DECISION7. COM11.24;DECISION8. COM8.3;DECISION8. COM8.15;DECISION9. COM10.13;DECISION9. COM10.38;DECISION10. COM10. b. 1;DECISION10. COM10. b. 8;DECISION10. COM10. b. 15;DECISION10. COM10. b. 34;DECISION 11. COM 10. b. 8;DECISION 14. COM 10. b. 25;DECISION 9. COM 9. a. 1;DECISION 11. COM 10. a. 1.

⑤ 参见相应年份政府间委员会常会的评审决定,先后涉及印度、韩国、西班牙、巴哈马群岛、博茨瓦纳等所申报的遗产项目:DECISION6. COM 13.1;DECISION6. COM13.21;DECISION6. COM13.40;DECISION 8. COM8.3;DECISION9. COM10.38;DECISION9. COM10.42;DECISION10. COM10. b. 1;DECISION10. COM10. b. 34;DECISION 13. COM 10. b. 4;DECISION10. COM10. b. 15;DECISION 7. COM 8.6;DECISION 8. COM 7. a. 2.

的传承方式或存续力①，如何为社区和群体提供认同感和持续感等②；而明确提到不符合外部评价标准的遗产项目只有4个，其中2个涉及相互尊重原则：

其一，2014年评审中国申报的"彝族火把节"。由于火把节中有斗牛、斗鸡等活动，委员会于评审中认为"虽然火把节包含了不同的文化表达形式和世代相传的实践，但对于其中涉及动物相斗的部分仍需要更多的信息以解释是否符合尊重不同社区、群体和个人（情感）敏感性的要求，以及尊重可持续发展"③。

其二，2015年评审吉尔吉斯斯坦申报的"传统马上游戏——叼羊"。这是一项盛行于中亚地区的体育运动，运动员们把被斩首的羊当做球，边骑马边抢夺"球"，将"球"放到对手球门的人得分。虽然"马背叼羊"被当地社区视为力量与精神的象征，但委员会评审时认为，"考虑到它会给人类带来健康风险、需要马匹适应极端的条件，以及使用山羊尸体作为团队间的竞争对象，申报文件未能提供足够信息解释这些情况是否符合尊重在国际范围内各个不同社区（情感）敏感性的要求"④。

在上述案例中，委员会使用的表述是"尊重社区、群体和个人（情感）敏感性的要求"（the requirement of respect for the sensitivities of communities, groups and individuals），新增的"敏感性"（sensitivities）一词，其本身并非《公约》文本用语，但对于理解相互尊重原则的适用尤为关键。牛津词典对可作为复数使用的"sensitivity"一词的解释是"容易生气、易被惹恼、敏感"以及作为术语指"（对食物、低温、光等）敏感性、过敏性"，对"sensitivities"的解释是"（人的）情感的敏感性"⑤。结合公约背景和保护对象，本文认为理解该词的关键点在于：他方、情感和过敏。首先是"他方"，《公约》强调的是"相互尊重"，也就是说，行为者在实践非遗时应兼顾他方的情感，而不能仅考虑己方的；其次是"情感"，这与《公约》保护对象的"非物质性"紧密相关，不同社区"情感"上的冲突，也同样具有不可触摸的特点；最后是"过敏"，我们知道过敏是由过敏原引起的，那么"情感冲突"亦相应存在过敏原甚至曾由其引起的"不良病史"。如此看来，不妨将相互尊重原则在名录评审中的适用路径类比为发现"过敏原"及其"不良病史"的过程，申报缔约国的责任在于是否已采取措施避免可能产生的"情感过敏反应"。关于申报缔约国的责任问题，王霄冰教授等学者指出，《公约》中反复出现"互动""尊重"等词体现的是教科文组织鼓励政府、学界与传承群体和个人以及传承者和传承者之间积极开展对话、增进相互理解

---

① 参见相应年份政府间委员会常会的评审决定，先后涉及印度、阿曼、韩国等所申报的遗产项目：DECISION6. COM13.1；DECISION6. COM13.21；DECISION6. COM13.36；DECISION6. COM13.42；DECISION6. COM13.43。

② 参见相应年份政府间委员会常会的评审决定，先后涉及西班牙、塔吉克斯坦、捷克、亚美尼亚、埃塞俄比亚等所申报的遗产项目：DECISION6. COM13.40；DECISION6. COM13.42；DECISION6. COM13.47；DECISION 12. COM 11. b. 32；DECISION 13. COM 10. b. 4；DECISION 13. COM 10. b. 12；DECISION 6. COM 8.2；DECISION 7. COM 8.2。

③ 参见彝族火把节（Torch festival of the Yi people）/中国，政府间委员会第九届常会（2014年）决定DECISION9. COM10.12。

④ 参见传统马上游戏"叼羊"（Kok-boru, traditional horse game）/吉尔吉斯斯坦，政府间委员会第十届常会（2015年）决定DECISION10. COM10. b. 21。

⑤ 参见《牛津高阶英汉双解大词典》（第四版），商务印书馆1997年版，词条"Sensitivity"。

与认同的基本理念，认为其哲学基础可回溯到德国当代哲学家哈贝马斯提出的"交往理性"概念和商谈理论，在一种以"交往理性"为指导的商议过程中，规范可以得到改进并获得其正当性①。这方面的一个例证是2015年评审时被退回的"传统马上游戏——叼羊"遗产项目，在吉尔吉斯斯坦新制定了一套确保参赛者和动物在比赛时的安全的规则后，重新申报即获得《公约》机构认可，终于2017年列入代表作名录②。可见，"过敏反应"并非无解，理性的沟通与对话至关重要。

  沿着"情感过敏反应"的思路继续考察相互尊重原则在适用过程中的考量因素。彝族火把节和"马上叼羊"的共同点是涉及"动物"，委员会在评审中关注的是人类对待动物的方式和动物权利。这与国际社会保护动物的观念不断增强有关，尤其是动物福利论的兴起，该理论承认动物具有内在价值，认为人类对动物负有道德义务，主张利用动物时应最大限度地减少动物的痛苦并善待动物③。动物权利作为"过敏原"，可能触动人们情感敏感性的范围非常广泛，其相关社区的范围亦非常宽泛，这可以从委员会在提到相关社区时的用词感受到，在彝族火把节中使用的是"各个（diverse）不同社区、群体和个人"，在"马上叼羊"中使用的是"在国际范围内各个不同社区"。这一细节说明，相互尊重原则的适用，不仅存在敏感性程度的差异，亦存在相关社区范围的差异。而相关社区的范围取决于"过敏原"，"过敏原"不同，相关社区的范围亦不同。

  既然"过敏原"如此重要，那么识别出可能存在的"过敏原"，就有可能将作为评审标准的相互尊重原则的要求具体化。除前述案例中涉及的动物权利以外，本文通过梳理2009—2019年委员会历届常会作出的名录评审一般性决定，归纳出以下两个基本要求：

  第一，要求缔约国在申报文件中，若提及有关战争、冲突或特定的历史事件时，应极其谨慎地表述，以避免引发社区之间任何方式的误会，以此促进对话和社区、群体和个人的相互尊重。这项要求在2010年、即代表作名录第二次评审时委员会即明确提出，而后在2014年常会中又再次呼吁④。

  第二，提醒缔约国在申报材料中慎重描述甚至应避免提及他国境内的做法和行动，以免无意中削弱了尊重或妨碍了对话。这在2012年常会关于代表作名录和急需保护名录的决定中分别提出⑤。另外，在2015年对多米尼加申报的音乐舞蹈"Son"作出退回申报缔约国决定时，委员会要求多米尼加若重新提交申请，应避免与其他做法和社区进行有偏见的比较，认为这与相互尊重原则不符⑥。

---

① 参见王霄冰、胡玉福：《论非物质文化遗产保护工作的规范化与标准体系的建立》，《文化遗产》2017年第5期。
② 参见政府间委员会第十二届常会（2017年）决定 DECISION 12. COM 11. b. 19.
③ 参见王倩楠：《动物法在全球的发展及对中国的启示》，《国际法研究》，2020年第2期。
④ 参见政府间委员会第五届常会（2010年）决定 DECISION 5. COM 6，para. 9；第九届常会（2014年）决定 DECISION 9. COM 10，para. 13.
⑤ 参见政府间委员会第七届常会（2012年）决定 DECISION 7. COM 7，para. 9 及 DECISION 7. COM 11，para. 12.
⑥ 参见政府间委员会第十届常会（2015年）决定 DECISION10. COM10. b. 15，para. 7.

申报缔约国若违反以上基本要求很可能会构成对相互尊重原则实质性的违反，导致申报项目被退回或不列入名录。此外，也有一些行为是属于对相互尊重原则的减损，从程度上而言尚未构成实质性违反，如委员会多次提醒缔约国在申报文件中避免使用与公约精神不符或可能引起社区之间任何方式的误解的表述或用语，甚至遗产项目的名称都应给予最大的谨慎（utmost care），以期鼓励对话和相互尊重①。另外，委员会亦提到一些能促进相互尊重与对话的做法，如申报的遗产项目若属于口头传统，请缔约国提供歌词和诗句的翻译，以增进更广泛听众的理解，以促进超越国家和语言边界的对话和相互尊重②。

再者，需指出的是，以上统计数据显示在已知的 2009—2019 年两个名录中经过审查和评审后、未被列入名录且不符合列入标准一的有 58 个遗产项目中（初步审查阶段 27 个、委员会评审阶段 31 个），明确不符合外部评价标准的只有 5 个（初步审查阶段 1 个、委员会评审阶段 4 个），数量差距明显。虽然如此，但是这并不能反向推断出除了这 5 个以外的遗产项目（包括那些已经列入代表作名录的 383 个和列入急需保护名录的 65 个）全都符合外部评价标准，2019 年被委员会除名的比利时"阿尔斯特狂欢节"即是例证③。造成这种明显差距的原因或许有三：一是审查和评审的侧重点问题，毕竟非遗定义的三个组成部分是逐层限制的，只有符合前者才可能符合后者，因此在列入申报时，审查机构更加侧重于对前两部分的审查是可以理解的；二是外部评价标准的要求比较模糊抽象、缺乏明确指引，委员会在评审中较难把握，使得评审结果整体上呈现得较为宽松；三是名录评审方式的问题，名录评审过程为纯粹的"书面审"（不考虑申报文件以外的任何信息），在申报缔约国"精心准备"后提供的有限信息中，委员会很难判断遗产项目的实践是否符合外部评价标准。

四、结　语

综上所述，相互尊重原则的适用非常依赖于他方的感受，它与联合国倡导的"不同文明对话全球议程"④ 有着紧密联系，对该原则的解释应注意将如何更好地促进对话考虑在内⑤。然而在名录评审中，明显的信息不对称使得政府间委员会无法"聆听"他方的意见，造成该原则作为"列入标准"的天然困境。若要解开此"困境"，也许只能通过建立名录监督机制，为他方信息表达搭建平台。事实上，《公约》当前正处于"全面反思进程"阶段，

---

① 参见政府间委员会第九届常会（2014 年）决定 DECISION 9. COM 9, para. 8；第十届常会（2015 年）决定 DECISION 10. COM 10, para. 17；第十一届常会（2016 年）决定 DECISION 11. COM 10, para. 22.

② 参见政府间委员会第十届常会（2015 年）决定 DECISION 10. COM 10, para. 19；第十一届常会（2016 年）决定 DECISION 11. COM 10, para. 25.

③ 参见政府间委员会第十四届常会（2019 年）决定 DECISION 14. COM 12.

④ "不同文明对话全球议程"，联合国大会 2001 年 11 月 9 日第 56/6 号决议通过。

⑤ 正如有学者所提出的，"非物质文化遗产"作为交流框架，一方面为不同领域的工作者搭建平台、打破专业或学科界限，另一方面也为不同国家、地区、或民族建立一个文化问题的交流通道，为破除隔阂、增进理解奠定基础。参见安德明：《作为交流框架的"非物质文化遗产"》，《民间文化论坛》2019 年第 2 期。

计划在 2022 年缔约国大会第九届常会召开前完成，名录监督机制的建立正是主要议题之一。[①] 这与近年来已列入名录的遗产项目被投诉的情况呈上升趋势有关，于是政府间委员会自 2018 年的常会起，每年增设一项单独议程"对已列入名录遗产项目的跟进"。据统计，2017 年 1 月至 2019 年 9 月，代表作名录中受到投诉的遗产项目有 11 个（含已被除名的"阿尔斯特狂欢节"）。[②] 倘若监督机制建立，已列入名录的遗产项目将实行动态监督管理（包括项目除名、扩展、缩减、名录间转移），项目被除名的可能性也会增大。如此看来，遗产项目列入名录并非一劳永逸，本文建议我国密切留意《公约》建立名录监督机制尝试的新变化，关注相互尊重原则的解释及适用问题，并加强对非遗定义中三项外部评价标准的研究，注意其成为"除名标准"的潜在可能，以期在后续实践中掌握规则解释的主动权，维护已列入名录的遗产项目。

（原文载于《文化遗产》2020 年第 3 期）

[①] 参见政府间委员会第十三届常会（2018 年）决定 DECISION 13. COM 10，para. 18.

[②] 参见政府间委员会第十三届常会（2018 年）议程 9 "Issues concerning the follow-up of inscribed elements on the Lists of the Convention" 工作文件，UNESCO Doc. ITH/18/13. COM/9, 29 Oct. 2018；政府间委员会第十四届常会（2019 年）议程 14 "Reflection on the listing mechanisms of the Convention" 工作文件，UNESCO Doc. LHE/19/14. COM/14, 8 Nov. 2019.

非物质文化遗产从记录到消费中的伦理问题

张举文[*]

一、引 言

在2006年于华中师范大学（于武汉和长阳县）召开的"非物质文化遗产保护国际学术研讨会暨第四届民间文化青年论坛"会议上，[①] 我强调了在田野记录中所遇到的伦理问题，提到了托尔肯的故事（见下文）。记得当时许多人对这个话题没有什么兴趣，因为那时这个话题既不是教材中强调的内容，也不是实践中所关注的问题。

2014年，借助中美两国民俗学会的合作项目，我推动举办了"民俗影视田野记录工作坊"，并将伦理问题融入从立题到记录，从编辑影片到宣传的整个过程，努力让每个学员不但有伦理意识，也学会如何践行。2015年，第二届工作坊以美国西部地区的"圣诞节"为主题，又通过在异文化语境中的伦理践行让学员们体会到伦理的重要性和必要性。[②] 在之后的工作坊中，也始终坚持"伦理问题始终是工作坊的一个核心"。[③] 在我主持编辑的《民俗影视记录手册》（2018）中，也通过对各个记录阶段的论述突出伦理问题，并在附录中包含了美国和日本人类学会和民俗学会的伦理规则译文。[④]

2015年底，联合国教科文组织通过了《保护非物质文化遗产的伦理原则》（Ethical Principles for Safeguarding Intangible Cultural Heritage），并做了背景说明（Background of the ethical principles for safeguarding intangible cultural heritage），解释了为什么需要这个伦理原则

---

[*] 张举文，美国崴涞大学（Willamette University）东亚系教授，美国西部民俗学会（Western States Folklore Society）会长。

[①] 参见《文化自觉 众志成城——非物质文化遗产保护国际学术研讨会暨第四届民间文化青年论坛在鄂召开》，《民俗研究》2006年第3期。

[②] 有关这两届工作坊的一些详情，见《民间文化论坛》2016年第6期专栏。

[③] 参见拙文《民俗的影像记录：从概念到实践的日常化》，《民间文化论坛》2016年第6期；《民俗影像的核心符号记录与相关伦理》，《广西民族大学学报》2019年第1期。

[④] 参见张举文、（美）谢尔曼主编：《民俗影视记录手册》，商务印书馆2018年版；另见，https://ich.unesco.org/en/examples-of-codes-of-ethics—00868，访问日期，2019年12月19日。

(Why are ethical principles needed for intangible cultural heritage?)。①

鉴于2003年的《保护非物质文化遗产公约》（以下简称《公约》）将"社区"（communities）作为"非遗"的核心，任何有关非遗的活动都必须尽可能得到相关的社区、群体和个人的参与，并是自愿的、事先的，以及被告知的认可。基于越来越多的"非遗"被商业化（包括对数据或录音材料在未经同意，并且不提供权益和利益的情况下进行商业使用），成员国表达了对有关伦理操作方法的指导的需要，以便强化执行2003年的《公约》。在此，对伦理问题的讨论便是对这个新的《保护非物质文化遗产伦理原则》（以下简称《伦理原则》）的呼应。②

这一点与2015年的《伦理原则》的第4条一致：

> 与创造、保护、维持和传播非物质文化遗产的社区、群体和有关个人之间的所有互动，应以透明合作、对话、谈判和协商为特征，并以自愿、事先、持续和知情同意为前提。

而在《公约》的"行动指导"（Operational Directives）中，只有两条相关的建议：

93段："认定的非政府机构应该遵循可执行的国内和国际法律和伦理标准"。

103段："鼓励成员国发展和采用基于《公约》和'行动指导'的伦理规则，以便保证以妥当的方法提高对自己地区的'非遗'的意识"。

由此，我们可以看出，《伦理规则》是希望成员国根据各自的文化和社会情况，制定符合各自社会背景的伦理行为规范。所以，《伦理规则》的12条进一步诠释的是如何推动全世界的努力以便增加对保护非遗的考虑，发掘出2003年《公约》中的伦理维度；其目的是指导成员国及其机构（政府机构、公共组织、私人机构、国民社会组织等）发展出具体可行的、适于各种"非遗"活动的伦理规则。

其实，《伦理原则》的核心精神就是对"非遗"项目拥有者（社区、群体和有关个人）的"权利"的"承认与尊重"（recognized and respected）（见第2条）。对这个《伦理规则》已经开始有许多学者和机构做出了多方面的解读和建议，也提出了许多好的意见。③ 本人希望，有关学科和机构，至少是中国的人类学会和民俗学会，可以尽快拟定相关"伦理规

---

① 参见 https://ich.unesco.org/en/background-of-the-ethical-principles—00867，访问日期，2019年12月19日。

② 本文主要内容为2017年12月9—10日的"伦理与非物质文化遗产国际研讨会"会议发言稿，该会议由中山大学非物质文化遗产研究中心主办。

③ 参见，"联合国教科文组织《保护非物质文化遗产公约》成果框架专家会议在京召开"（https://www.chinesefolklore.org.cn/web/index.php?NewsID=14750）；巴莫曲布嫫：《民俗学伦理与非物质文化遗产保护》，《民族文学研究》2016年第4期；朝戈金：《联合国教科文组织保护非物质文化遗产伦理原则：绎读与评骘》，《内蒙古社会科学（汉文版）》2016年第5期。

则",并在今后的实践中进一步完善。在此,本人主要就伦理的基本原则和对"非遗"的影视记录方面提出浅见,希望能将对伦理的重要性的认识与日常行为合为一体,融入学术活动和社会实践。

二、学者应当遵循的基本原则

1. 要将"非遗"的伦理原则与学科伦理,以及日常生活中做人与做学者的伦理结合起来。

伦理规范不仅是一个人一生中的行为准则,也是一个社会和文化的特质及其持续的准则。其实,正是人类有了伦理原则,才有了人类文化发展的今天;而每当出现战争动乱时,也正是伦理原则因政治、军事和经济等利益成为优先而被抛弃的时候。可以说,儒家伦理原则是东方文化的基础,而亚里士多德的伦理观则是基督世界的基础。而孔子和亚里士多德都强调的是伦理行为的一贯性(一生性,而不是一次性)才是人生幸福的前提。所以,一个学者在学术上的伦理行为必须是其生活中的伦理行为的继续,必须把做学者与在日常生活中做人(包括做"非遗"的传承人和实践者或消费者)的伦理结合起来。对保护"非遗"的伦理行为也必须与对待所有人类多样文化传统的行为一致。这种原则上的一致与不同文化有不同伦理规范是不矛盾的,因为这一切的前提是对所有传统实践者的"承认与尊重",是"己所不欲勿施于人"的践行。

2. 在"非遗"与伦理问题上,传统的持续和维系是根,保护的"成果"或"效益"是叶,不可本末倒置。

保护"非遗"的伦理行为体现在多个层面,特别是在多文化互动融合中:有的涉及到核心信仰与价值观层面;有的是在可变的日常表现行为方式上。因此,必须对有关文化传统有深刻的认识,才能做到合情合理,而不是本末倒置。同时,在保护"非遗"进程中,记录、研究、传承和传播、发展和创新、以及销售和消费都是必要的环节,其中的伦理行为涉及到全社会的每个人,因此,这也是整个社会的问题,而不是某个机构、学科或群体的问题。同样,在全球化的今天,跨国旅游与进出口贸易已经成为日常,对异文化的认识和消费也成为日常。因此,对所谓"异文化"中的"非遗"或传统的认识和消费也需要遵循"承认与尊重"的基本原则。

总之,在日常生活中,对"非遗"或其他传统的物质消费和精神消费是不可分隔的两面,而作为消费者与实践者或研究者(或保护者)也是两个不可分隔的层面。因此,从记录者、保护者,以及消费者角度(也是传承的一部分),都要把伦理实践作为做人、做学者、做文化保护者,以及做文化消费者的日常实践的必要部分。

不应以"保护"的名义去做违背伦理原则的事。例如,利用"偷拍"或"偷录"(或不说明真正目的的欺骗)手段以影视记录某项传统,进而将所获得的资料进行商业化处理(如以公共媒体"曝光"或"直播"等形式追求某种利益目的),或是以学术名义发表而因此获得名誉和利益,这些在近年来时有发生,值得学者和有关机构(如媒体平台)的关注和反思。

这里,我们必须反思这些问题:如果没有记录下那些消失的传统,我们还失去了什么?如果以文字和影像记录下那些消失的传统,这意味着什么(对实践者及其社区或其他社会和社区)?因遵循伦理而没有记录与违背伦理而记录的得失是什么?如何在不违背伦理的前提下记录下正在消失的传统?

三、从对"非遗"的影视记录层面来看

如上所述,对"非遗"的保护涉及到社会各个层面的人:记录者、研究者、传承者、传播者,以及各种消费者,但是,就"非遗"保护而言,记录是第一步,因此也是伦理实践中最重要的一步。在此,着重探讨对"非遗"等类型事项的记录问题,尤其是在影视记录中"记录者"在实地调查(fieldwork)中的伦理问题。在此,笔者认为,中文应该以"实地调查"(fieldwork)取代"田野作业"或"田野",从术语翻译和观念两方面做一修正:一方面是因为今天的调查记录不只是在田间旷野,也还在都市高楼中,是实实在在的"实地"工作;另一方面,当今世界正在摆脱殖民时代的阴影,人类学和民俗学者正在将"向下看"和"向过去看"的眼光转向"向自己看"或"向身边看"。此外,笔者也提出从"走向民间"到"走在民间"的观念转换问题。①

(一)部分现状

1. 有关记录方法

过去(乃至今天)最常用的"田野"方法是:(1)殖民式,或强加式;认为自己的就是最好的,最正确的。(2)帝国式,或掠夺式;认为自己的解释或阐释便是唯一可行的。两者都是在物质资源与精神信仰层面将己所欲强加于人,以己所欲强取于人。始于1980年代的人类学的"反思"正是对依此方法所产生的大量"民族志"的批评。

而今天,我们需要的"实地调查"方法是:(1)入乡随俗式。通过体验和包容以求"和而不同";(2)具体忠实式;利用影视设备等手段记录(特定时空内有局限的"一人一事一时一地")所见所闻。两者都需要强调"己所不欲勿施于人"和"尊重"对方"权利"和"权益"的原则。同时,也需要有妥当的表现方式,即"方法"和"方法论",表里如一。例如,在对"非遗"传承人的记录拍摄中,就有过许多不妥当的例子:"偷拍""摆拍""断章取义""编辑解说""免费拍摄"、无许可的拍摄和发行影像资料,以及"揭秘隐

---

① 详见拙文《从走向民间的田野到走在民间的实地:意识形态范式的转换》,《民俗研究》2020年第2期。

私"等现象。

2. 有关教材对伦理价值观的教育

在有关民俗记录的论述，特别是涉及影视纪录片的拍摄和使用中，目前似乎存在两个突出的问题：总体上，缺失对伦理问题的涵盖和讨论；实践上，忽视对所记录的民俗相关的传统价值观的前提了解，反而侧重国外的学科理论和方法。例如，被列为"新世纪高等学校教材""国家规划重点教材"的《纪录片：影像意义系统》就没有关于伦理的论述。另外，该书所列的"参考文献"中，共有37部，其中，纯英文著述有7部，翻译成中文的著作和文集有14部，中文著作和文集有16部。中文著作中只有3部属于对影视纪录片的研究，其他都是有关语言文化艺术和美学研究。当然，值得高兴的是，该书在最后的两个小节论述了"文化侵入"问题，强调了近年中国一些优秀纪录片中对传统价值观的维系："爱人修己"的道德完善，"中庸和谐"的宽容品格。但是，为什么这些根本的问题不能被提到更重要的教学大纲或科研立项或审批等具体进程中？

民俗影视以其独特的关注视角和叙事手段，通过尊重人类与自然生生不息的文化传承力，依据美与崇高的价值观，塑造传统生活的丰富与创造力。这是其深层内核。因而，民俗影视记录，不是文明对于愚昧的猎奇，不是先进对于落后的俯瞰，也不是落后对先进仰视，而是充满人文关怀的人类平等的对话与交流，是对于民俗生活的尊重与礼赞。借助于民俗影视，民族与民族之间、人与人之间达到交流与理解的目的。这也正是民俗影视无可比拟的魅力所在。为此，民俗影视工作者首先要能进入生活、走向民间，包括物质生活和感情生活两个方面的心理准备和体验。要有吃苦的准备和能力。一旦与被拍摄对象有了感情，就不会去拍猎奇的画面。哪怕拍一间破茅屋，拍一位破衣烂衫的劳作者，也会将画面充满生活气息，充满人情味，会从现实的贫困中找出他们和昔日的不同与发展，会从相对的落后环境中发现在现代城市里已经难以找到的情感与信任。只有这样，民俗影视记录才有真正的价值。

伦理问题不只是观念上的问题，也不只是学科方法论的一部分，更重要的是日常行为上的表现。目前，中国民俗学界在民俗与法律，民俗与伦理等方面没有大家认可的或可执行的学科"伦理规则"。[①] 相关的人类学、社会学、心理学等学科也没有。不仅如此，对伦理的研究和关注也很有限。在构建类似的学科"伦理规则"时，我们可以借"他山之石"，但是，不同文化和社会背景需要有相应的不同伦理准则，不能照搬。切实可行的伦理规则是基于特定文化价值观的伦理实践。

（二）前车之鉴

1. 一次对伦理的反思行为

在此，简述一个柏瑞·托尔肯（Barre Toelken，1935—2018）的故事。他在1960年代

---

① 参见《民俗影视记录手册》（2018）附录中的美国和日本的人类学会和民俗学会的四份伦理规则译文。

开始民俗学研究，曾负责俄勒冈大学的民俗档案室、犹他州立大学的民俗项目、美国国家人文基金的民间艺术部，并在 1977—78 任美国民俗学会会长。他的《民俗动力学》等著述都是美国民俗学的基础教材。托尔肯的民俗学之路始于他年轻时与纳瓦霍印第安人中的一个叫"黄人"（Yellowman）的族人的接触。黄人把他从疾病的死神手中救了回来。从此，托尔肯成为黄人的家人。不论他人在哪里，始终与黄人及其部族人保持联系。在 1960 年代，他利用录音设备，记录了约 60 小时的黄人和他的族人讲述的故事和唱的歌等。用托尔肯自己的话说，因为他与黄人的特殊关系，他得以发表一些独特的研究黄人和纳瓦霍文化的文章，由此而获得了晋升，也赢得了名声和地位。

但是，三十多年后，托尔肯做了一个别人意想不到的决定：他把只有自己保存的录音带都归还给了黄人的家人。他在 1998 年在《美国民俗学刊》发表了一篇文章，说明了自己为什么这样做，也在 2003 年美国民俗学年会上的发言中特别论述过（Toelken 1998，2004）。[①]由于他的传播，一些纳瓦霍的故事被在错误的时间和地点讲述了，也被片面地理解了。而这些故事涉及到纳瓦霍的一些重要信仰基础。后来，在他的姐姐，也就是黄人的妻子（那时黄人已经去世）的要求下，托尔肯把录音带都还给了她。"毕竟，这些故事是纳瓦霍人的，不是我的"（2004：443）。但是，托尔肯后来似乎明白了，他反思自己的所作所为，也为了提醒后人，总结道：在一个母系社会里，他没有关注女性讲的故事；他没有将为他提供各种帮助的族人作为他发表文章的合作者；他没有明白故事中的多层意义，而仅凭所知道的一层意思去炫耀自己（2004：444）。托尔肯认为，一个学者只有在所研究的文化的指导下才可能做好工作，哪怕这条路会被学术假设所中断（1998：381）。

托尔肯归还了录音带，"坦白"了自己在采录故事时对女性的忽视，在"运用"故事时的片面，也表明归还故事是因为这些故事被认为会对讲述者有害，特别是在不恰当的时间讲述时。他承认自己终于在 50 年后才开始懂得其中的一些问题。但是，他的做法引发了民俗学界的一场辩论（Oring 2006，Sherman 2008）[②]：一种观点认为，尊重采录对象的意愿是符合伦理的行为；但是，如果违背这个伦理准则，将所录的故事好好翻译、保存，这可能是保存了永远也不能再得到的人类文化的宝贵的一部分；另一种观点认为，尽管故事涉及到讲述者的信仰核心，不以其应有的方式讲述将为族人带来伤害，但是，如果按照族人的传统来对待这些故事，在特定时间地点播放或讲述这些故事，难道不可以吗？这两个方面的伦理问题，以及相关的问题，也值得中国同行深入思考。

2. 技术手段所折射出的价值观问题

这里特别要提到一个案例：著名人类学家列维·斯特劳斯（C. Lévi-Strauss）在 1930 年

---

① Toelken, Barre. 1998. The Yellowman Tapes, 1966—1997. Journal of American Folklore 111：381—391；2004. Beauty Behind Me; Before Me. Journal of American Folklore 117：441—45.

② Oring, Elliott. 2006. Folk or Lore? The Stake in Dichotomies. Journal of Folklore Research 43（3）：205—218；Sherman, Sharon. 2008. Who Owns Culture and Who Decides?: Ethics, Film Methodology, and Intangible Cultural Heritage Protection. Western Folklore 67（2/3）：223—236.

代到巴西做过人类学田野记录，也拍摄了大量照片。近60年后，他出版了那次考察的影像民族志画册《巴西回忆》（1994）。稍后，他当时的巴西助手，卡斯特罗·里亚，也出版了一部与他同行时自己拍摄的图片集《另外的观看》（2001）。前者要展现的是自己想象中的"田野"、经过裁剪过的（或是当时用不同景别和景深）画面，一种"原始"。因此，照片中的人物都是在"原始"的背景前的各种动作。可是，后者则展现的是当时的社会发展现状：同样的人物，在同一时刻，所处的背景中展现出前者所没有的房屋、栅栏、电线杆等"现代"村落的迹象。①

由此可见，无论是通过景别还是后期剪裁，都可以有意识或无意识地再现或消除"背景"，从而达到论证个人理论观点的目的。但是，这绝不是一个支持某个理论观点的问题，更重要的是对一个文化的现状的尊重、对人类文化发展进程现实的尊重，是一个人的信仰与价值观的表现。这不是对特写画面的真实性的质问，而是对拍摄这样画面的目的的质问。这也正是我们始终要追问的"为何如此"（so what？）的问题。

在此，首先要彻底理解伦理原则的内核，它到底要表达什么，是针对什么问题提出的，其目的是针对某些文化或具体现象，还是要将其视为普遍的具有普世价值。那么，在伦理实践中，有普世标准吗？伦理的普世性是理想（概念）层面的，还是实践层面的？这与人的抽象的本质有何关系？

（三）对"非遗"传统的影视记录

仅从民俗影视工作者的角度来说，对伦理常识的关注和掌握要体现在日常生活和学习中，再践行于实地调查中。不论是在准备进入现场，已经在现场，还是后期编辑或展示成果，头脑中不但要有伦理这根"弦"，而且要时刻把这根弦"绷紧"。要加强自身在传统伦理方面的修养和实践，要在准备阶段思考一些基本的原则和常识问题。

以影视方式进行现场记录所涉及到的伦理问题，要比传统的纸笔记录（甚或录音）方式的田野调查所涉及到的更复杂，也更有认真学习、实践和反思的必要。民俗影视记录所涉及的伦理问题，从当事人层面，至少直接涉及四个方面：该拍摄项目所涉及的法律和规则问题；拍摄者的自我权益（包括名誉和良知）；被拍摄者的权益；所拍摄内容的取舍。其实，这些原则的前提是：拍摄者是否在平等对待被拍摄者。这也是实地调查的最基本伦理原则。从拍摄项目角度，要考虑到所拍摄的作品对民俗传统的传承和实践的影响，以及可能的学术、社会、经济、政治，以及法律影响等。当然，还有与参与拍摄的同事、现场的"旁观者"等的关系问题。充分尊重伦理，按照伦理原则进行拍摄是每一个民俗影视工作者应当坚持的原则。

在实践上，一方面要遵循学科的原则；另一方面要遵循传统价值观，特别是所要记录的群体的当地伦理行为规范。民俗影视记录不仅要遵循特定伦理规范，也要为捍卫和传承这些

---

① 详见邓启耀：《我看与他观》，清华大学出版社2013年版，第12—16页。

规范做出贡献。

民俗影视记录的最基本原则是要尊重和保护被拍摄者（被记录者）的尊严和权益。对此，民俗影视记录者的良知有时比明文规则更重要。如何具体掌握伦理的基本原则，可以从下面的实践进程中得到体现。

1. 基本准备

伦理问题，不仅仅是职业道德问题，也是个人素养问题；不仅仅是学科问题，也是不同文化价值体系问题。所以，准备下面提到的问题时，也要思考这样一些大问题：民俗的影视记录仅仅是个学科问题吗？民俗影视记录是尊重传统或传承人的最佳方法吗？还有什么价值？民俗的影视记录与该文化的价值观有什么关系？民俗影视记录是记录"我们自己"还是"他者"？谁拥有所记录的文化（民俗）？谁在以什么方式、为了什么、为了谁进行影视记录？

第一，准备拍摄项目。

（1）将要拍摄的项目对被拍摄者有什么利益和伤害（名声、财产、社区关系等）？

（2）将要拍摄的项目与现行的法律或规则或当地习俗或信仰有冲突吗？

（3）将要拍摄的项目是研究该群体或个人及其传统的最佳或唯一手段吗？

（4）如果不进行此拍摄项目会对该传统或该群体有什么消极影响？

（5）将要拍摄的项目需要事先得到被拍摄者的许可吗？

（6）自己将进行的拍摄项目在什么程度上影响到个人的名和利？

（7）如果作品为自己带来了名利，如何处理这些名利与被拍摄者及其群体的关系？

（8）如何比较个人与被拍摄者的得失？

此外，要明确是否做好了这些准备工作：书面（或录音）的许可声明文件；证明自己身份的信件；与采访对象事先约定；采访对象或联系人的联系方式；采访对象或相关人的称谓；向采访对象说明拍摄目的与用途；拍摄事件的联系人等信息，等等。

第二，准备现场拍摄。要确认是否已经了解或熟悉了这些情况：当地特别的节庆或日子；当地有关辈分、性别、年龄的称谓与禁忌；需要注意的穿着（当地禁忌、习惯）；需要注意的言行（当地禁忌、习惯）；需要注意的饮食（当地禁忌、习惯）；需要注意的行为（当地信仰），等等。此外，要自我回答这些问题：

（1）所有拍摄的场景和镜头都需要事先或事后得到被拍摄者的许可吗？

（2）对被拍摄者的群体，在拍摄过程中和之后，需要做什么说明（或者，有什么积极和消极影响，如何避免可能的消极影响）？

（3）是否准备好应对可能出现的情况（如，被拒绝拍摄或采访?)？

（4）是否协调好了与同事的合作关系？

（5）是否协调好了与现场有关人员的关系？

（6）是否处理好了相关人员的隐私问题？

（7）是否已口头（录音或录像）或书面的形式得到了被拍摄者的许可？

第三，后期编辑与成果展示。这个阶段，要持续提问自己：

（1）所拍摄和所编辑的成片在传播或发表之前需要再次得到被拍摄者的认可吗？

（2）如果拍摄和编辑出的作品得到社会或学科（甚或被拍摄者）的批评，如何处理与被拍摄者及其群体的关系？

（3）目前没有得到许可的拍摄将来可以使用吗（因为影片会存在很长时期，也会在很广的范围传播）？

（4）如何对成片署名？

（5）如何处理同事、辅助人员的署名或报酬问题？

（6）如何处理被拍摄者或其社区有关人员的署名或权利问题？

（7）如何处置或保管素材片、不同样片，以及成片？

（8）如何签署涉及到利润和权益的出版或商业合同？

2. 伦理反思

虽然我们可以说，如果不去拍摄记录某民俗事项，它可能就面临濒临消失的可能，但是，我们还必须反思：如果所要做的拍摄行为违背了当事人的意愿，我们是否该坚持拍摄行为；是否有其他记录方式；是否因为不拍摄记录就会加快该民俗传统的消失。当然，其中最重要的是：如何协调好关系，达到多方满意的结果。

我们可以设想这样一些尤其值得深刻思考和反思的场景（其实，在民俗学界就曾发生过）：民俗记录者以自己的真诚得到了被记录者或其群体的认可，也得到被记录者的许可，并记录到了所计划的专题项目的核心部分，而这部分正是该群体或文化的信仰核心，甚至是神圣的、秘密的部分，那么，记录者是否应该将此部分"完整"和"真实"地展示给公众？如何保存这部分素材，如果被拍摄者个人与其群体出现不同意见，那么，该如何处理所拍摄的内容？如果记录者个人因此得到了名利，如果被记录者当时没有意识到被记录的内容会得到某种程度的公开，如果被记录者或其群体在事后不想让自己的"内部知识"公开，那么，记录者该如何处理？

总之，在反思拍摄和记录过程中遇到的伦理和法律的冲突、伦理与现实的冲突、伦理与个人利益的冲突时，要常常重温和反省最基本的伦理底线：不能因为自己的拍摄，而使被拍摄者的各种权利和利益受到侵害或损失，无论是暂时的还是长久的。其实，如果真诚地说明某项记录工作的意义和用途，使被拍摄者认识到其自己的价值和长远的利益，就不存在不可调和的矛盾了。

3. 伦理维护

对伦理的维护体现在每个工作阶段，从设计到拍摄，到后期编辑，从成片的播放传播到档案保存，以及期间的版权和利益分配问题。例如，在制作成品片的时候，要注意，运用任何"特技"或"配加"任何画面和音声，都可能是强加的制作者的"意图"，"压制"被拍摄者自己的"声音"。而这被消除的"声音"不正是民俗影视记录最需要聚焦的核心吗？不能为了画面的"美",音响的"美",而歪曲"真实"的美。(此时如果妥当利用文字补充说明不仅是必要的,也是完整的影视记录必须的。)这与其说是风格技术问题,倒不如说是伦理意识问题——是真实和平等地尊重被拍摄记录者,还是利用"他者"来强迫受众接受制作者的价值观?其实,伦理道德的准线决定了电影制作人如何选择所拍摄的内容以及如何去拍摄,同时也受到参与者的影响。对于一部民俗影片,到底是谁在控制其制作?如果被拍摄人物在控制,那么制作人是否能坚持自己的道德底线?其结果是否多少会更接近生活真实?

伦理的维护,从目前实际的角度看,体现在这几方面:①知识产权等法律问题与伦理传统;②学科发展层面;③个人发展角度;④多元文化交流中的伦理维护;⑤对未来学科发展的影响;⑥对一个社会里的传统文化价值观和信仰体系的维护。

四、结　语

每一次的实地调查、拍摄记录或课题执行都是一次伦理践行,但是,这样的职业伦理规则与做人的日常生活中的伦理准则应是一致的。对每个"非遗"项目的记录或保护也必须是多方面的伦理践行。因此,在"非遗"保护中,虽然记录是以学者为主的工作,保护常常是以政府为主的工作,传承是以实践者为主的工作,消费是所有民众的需要和责任,但是,"非遗"保护中的伦理问题是全社会的问题,是做人的核心问题。

民俗学因为走在保护传统的第一线,通过实地调查,与传承人有着面对面的接触,也因此更多地运用影视设备对"非遗"等传统活动和传承人生活进行记录。由此,就尤其需要思考伦理的核心问题,并在实践方法上注意如何维系自己的价值观和伦理准则,吸取前车之鉴的教训,将伦理维护落实的保护工作的每个步骤。

通过对《伦理原则》的探讨,相信在不久的将来会出现符合中国文化和价值观体系以及传统实践,并适用于相关学科的"伦理规则",以便帮助学者在跨文化、跨区域和跨学科的"非遗"保护中发挥更积极的作用。

(原文载于《文化遗产》2020年第1期)

"红线"：非遗保护观念的确定性

高小康[*]

一

法规归根到底是对特定行为的强制性规范，非遗保护法规核心也是一个行为概念"保护"。研究非遗保护法制化问题的起点就应当是对非遗保护概念的认知：非遗保护究竟保护什么？如何保护？

简单地说，"保护"首先是一个限制性概念：有些行为在特定条件下不可以做，或者只能以特定形式或按照特定条件做。在传统的文化遗产和自然遗产保护中，对于这种限制性概念有个清晰的符号，就是"红线"：对于需要保护的遗产划定相应的不可改造破坏的空间范围，界限在地图上就标示为红线。理论上讲，划在红线包络范围内的空间就是不可任意改造变动的保护范围。尽管实际上侵入和破坏红线的事时有发生，但从观念上讲，保护行为的要求是清楚的。非物质文化遗产与具有明确物质形态的文化遗产和自然遗产不同，简单地划定"红线"似不大可能。但如果要使非遗保护走向法制化，保护限制的确定性是必须的。也就是说，在观念上需要有某种形态的"红线"作为规范。没有了保护限制的确定性，保护行为就变成了无法实施强制性限制和约束的随意活动。如果不能强制性实施和确定效果，法规意义上的保护行为也就不存在了。

然而问题在于，非遗毕竟不同于一般文化和自然遗产。非物质文化遗产当然不是完全不具有物质形态的"非物质"，但非遗的"保护"却是一个比较复杂的概念。联合国教科文组织的《保护非物质文化遗产公约》中提到的"保护"这个字眼，在英文中其实与Safeguarding，preservation，protection 等好几个词相关，而这些词的含义存在许多细微的差异：保护、防护、养护等等意义都有。而在公约中对"保护"的具体说明内容更丰富："采取措施，确保非物质文化遗产的生命力，包括这种遗产各个方面的确认、立档、研究、保存、保护、宣传、弘扬、承传（主要通过正规和非正规教育）和振兴。"这里包括了许多不

---

[*] 高小康，南京大学文学院教授。

同方面和层次的行为，核心在于这种保护不同于具有明确物质形态对象保护的特点是"活态"保护即不是对固定的限制性行为，而是与具体的文化活动形态相关、保护多样性文化活动特征和活力的柔性限制性行为。这样的保护行为要想从中找到一条统一的界限显然不大可能。

设置保护"红线"的意义是建立具有法规效力的确定性限制，而活态保护则意味着某种不确定性。一处遗址、一片地貌、一个村镇，作为物质遗产都有确定的存在空间，这种空间的确定性就成为划出保护区域"红线"的依据。而非物质文化遗产的情况就复杂多了。同一个需要保护的区域，作为历史遗迹的地理空间和作为传统生活活动的文化空间是不同的：前者是固定的，而后者可能随着生活活动的移动和变迁而形成时间—地理关系，空间的界限是不确定的。当一处历史文化保护区同时又是非物质文化遗产保护对象时，我们就会发现在明确的地理区域界限和不确定的文化空间区域之间的关系可能是模糊和连续的。因此，当我们为历史文化保护区划定地理范围保护红线后，如何为这里的活态文化空间确定保护区域就可能面临复杂的问题：在地理区域保护红线与文化活动空间保护之间的差异不仅仅是空间范围，更复杂的是保护的内容：保护文化空间的"红线"不仅在于空间范围，而且在于文化活动形态、参与群体和意义的确定性。

比空间更麻烦的是，许多非遗项目要保护的不是空间，而是真正"非物质"的内容如技艺、风格、知识等。传统工艺、戏曲等遗产都有作为历史传承的特征。但保护的意义在于传承和发展，因而不可能简单地固化为"原生态"状态。就拿手工艺来说，作为文化传承，核心在于手工操作的技能和美感。但手工艺在发展中并不是一成不变地完全采用徒手和手工工具进行制作的，从最简单的人力机械到电动机械和仿形、复制技术，现代科技一点点地渗入工艺品制作技术中。材料的使用也随着时代而变化，现代材料廉价而易于加工的特点使之不断排挤传统材料的应用。手工艺的文化意义也在变化着：从信仰、实用、社会交往、表达感情等意义逐渐转向文化记忆的符号和奢侈品。山歌、戏曲、民俗也是如此：从处于原始封闭空间的所谓"原生态"文化一步步地开放，出现新的生活内容、新的表现形式、新的参与者和围观者，文化意义也从原始的信仰、求爱、劳动和群体认同逐渐转向形式化、符号化的审美和娱乐活动，直到成为完全商业化或政绩化的表演，文化传承的性质逐渐消散。问题的复杂性在于，这些变化往往都是连续的、渐变式的，而且越变就离传统文化越远，最终将不再属于非物质文化遗产。如果没有确定性限制，渐变的结果当然就是非遗的消逝。但在这些渐变过程中划出保护红线，的确不是一件简单的事。

可以说，"红线"是非遗保护不得不面对的一个悖论，一个必须解脱的困境。

二

关于非遗保护的原则从保护行动一开始就存在争议。在我国的非遗法中，提出了保护

"三性"的要求,即真实性、整体性和传承性。但这"三性"如何能够成为具有可操作性的保护标准却是个问题。因为非遗的活态性质,使得"三性"概念很难从字面意义上去解释和操作。就拿"真实性"来说,对于一直在生长、演变中的文化形态,如何确定哪种形态是真实的?一些学者提出"原生态"和"本真性"概念来确定真实性,但问题可能因此而变得更加复杂。对于"原生态"或"本真性"概念外延的确定一点也不比"真实性"更容易。"整体性"同样是个令人困惑的概念:变动不居的活动怎样确定空间的整体性?迁徙流动着的人群怎样确定文化群体的整体性?因人而异的技艺和表达方式怎样确定形态的整体性?非遗的活态性质意味着它仍然在生长,也就意味着它仍然处在各种文化因子相互影响的生态关系之中。在这种关系中非遗的整体性保护只能是文化生态保护。

实际上在非遗保护公约诞生之前,对传统文化进行生态保护的想法和行动就已经展开了。1995年中国和挪威合作在贵州六枝梭戛兴建了第一座生态博物馆。这是对传统文化进行生态保护的一个范本,至今还被作为重要的旅游资源推广,也是后来非遗保护中建设文化生态保护区的滥觞。但有的学者在对这一生态博物馆进行跟踪考察后却发现其中存在问题。一位研究者在2000年和2004年两度考察这个生态博物馆,第一次的感觉是充满希望,但第二次却完全不同了:

> 资料信息中心的每个房间基本上大都紧锁着,既看不到博物馆的工作人员,也没有见到本土的管理人员,只有一个彝族妇女在负责看守和接待……和四年前相比,博物馆资料信息中心的各项工作已基本停止了……处处显示出衰败景象……当初生态博物馆强调要保护的传统文化艺术事实上并没能有效地保护下来:在这儿,你再也听不到古歌和情歌的自然演唱,再也看不到自发的歌舞欢爱,你也看不到原生艺术的展示和民族的自尊,虽然还能看见有中年和老年妇女把木角戴在头上,蜡染的衣服也还没有被那些所谓"扶贫济困"的汉装所完全取代,但是,和四年前相比,我不得不说,真正原生的长角苗民的文化符号已所见不多了……①

对梭戛文化生态博物馆的评价以及此后这里的发展状况暂不作讨论,值得注意的是这里涉及的关于文化生态保护的观念。"文化生态"这个概念来自生态学(ecology),创造这个概念的观念渊源可以从这个词的词干"eco"得到一点启示:这个词素来自希腊文,本义近于英语的"家园"(home)。换句话说,生态是特定生物种类赖以生存的"家园",即具体的环境条件。当从生态学引申产生"文化生态"观念后,生态的意义有了扩展:不再仅仅指自然环境条件,而且包括各种各样历时性的和共时性的文化环境条件,如历史传承、时代发展、相互交流、外来影响等等。各种物质条件的变化和文化因子的相互影响都可能对文化生态形成影响,因此在谈论文化生态保护时可能涉及的影响范围很难简单确定:大的文化生

---

① 潘年英:《梭戛生态博物馆再考察》,《理论与当代》2005年第3期。

态环境可能延伸到远离特定非遗形态的时空范围，对这样的环境概念几乎无法圈定保护的"红线"；而小的文化生态环境则可能限制在特定文化形态存在的空间范围内，"红线"是易于确定了，但能否实现真正的文化生态保护却可能出现问题。文化生态博物馆所保护的就是这样一种小范围的文化生态，但可能发生的问题正如上文中梭戛的调查者所注意到的，圈入博物馆的生活抵御不了外部的影响和诱惑，可能导致变成空壳文化。

如何从观念上摆脱这种两难困境？我们可以参考生态学的另一个概念"生态壁龛"（ecological niche）。所谓生态壁龛在生态学上是指与特定生物的生存繁衍具有最直接关系的环境条件。英国艺术史学者贡布里希在文化生态学研究中从生态壁龛引申出"艺术生态壁龛"概念，用以指与艺术形态生成条件关系密切的文化环境。在非遗的文化生态保护中可以用"文化生态壁龛"这个概念来分析和处理与保护问题相关的文化生态问题。简单地说，就是对文化生态环境根据与非遗生存条件的相关程度进行区分，找到具有密切关系的环境范围，即文化生态壁龛。文化生态保护"红线"所圈定的范围就是这种文化生态壁龛。

文化生态壁龛的概念可以帮助解释一些复杂的文化生态现象。比如许多地区、民族都有的山歌，本来都是乡土社会环境的产物。随着城市化进程，乡土文化空间逐渐萎缩消失，山歌的生态环境似乎也要随之而消失，山歌的消亡便成为文化生态变化的必然结果。但实际上有些山歌在城市化的文化环境中仍然生存着。一个典型的例子是广州越秀公园的客家山歌墟。这个山歌活动空间已存在了几十年，现在尽管带有行政组织的色彩，但基本上还是客家人自发自愿参加的传统活动。这种源自山野的文化活动似乎与大都市的空间格格不入，何以解释它存活的生态根据？调查者注意到在广州这个大都市中心的越秀公园，周围生活、工作的市民中客家人很集中。客家人强烈的族群认同使他们很容易地形成了社会交往群体，传统上工作单位统一的发工资日期也成为自动形成活动周期的重要条件。这些条件共同构造出客家文化的小环境或生态壁龛，山歌墟就诞生在这个文化生态壁龛中。

广州客家山歌墟不是唯一的例外。其实在许多已远离乡土文化传统的大环境中仍然存在着特定范围的文化生态壁龛，这些壁龛养育着相对复杂多样的文化生态，成为我们在当代文化空间进行非遗保护的生态条件。如今许多民俗活动由特定文化群体的传统变成了向游客展演的商业性娱乐，导致民俗的生态根据被破坏。但也有一些民俗在繁荣的旅游文化环境中仍然保持着文化传承的特色。比如在北京著名旅游景点什刹海街区有个专门说相声的剧场"嘻哈包袱铺"。这里如同一般展演民俗风情的旅游项目一样，是在旅游景点根据传统风貌新建的娱乐场所。但有一点值得注意的是，来这里进行娱乐消费的听众中大部分其实不是外来的游客，而是本地人。这个看似为游客建的"伪民俗"，其实包含着真实的传统民俗文化：它在为本地人和外地人传播"老北京"的民间娱乐生活情趣。这个场所之所以没有成为脱离文化传统的伪民俗，就在于它的周围是一片保护相对完整的传统生活街区——在什刹海的胡同里除了鳞次栉比的旅游商品摊点和摩肩接踵的游客，还有许多比较传统的居民生活空间。这里吸引着观光的游客，也汇聚着保持或向往传统文化的居民。可以说这里是一个依托传统重构出来的北京民俗文化生态壁龛。

可以看出，这种文化生态壁龛其实是与宏观文化生态环境不同的小环境，它的存在造成了都市中不同形态文化空间的并置和混生现象。这种不同文化空间的并置混生是使得文化多样性得到保护的生态条件，也可以说这就是文化生态保护的"红线"。

相反的例子是在城市空间建设中把一些具有文化生态壁龛性质的空间通过改造而破坏掉。比如广州的许多城中村就具有传统民俗生态壁龛的性质，最典型是位居都市核心区域的猎德村。这里的祠堂、河涌、莲雾、芒果和一年一度规模盛大的"扒龙舟"，以及生活在城中村的原住农民和租房居住的"农民工"，构成了具有相当空间规模和草根文化内涵的乡土文化生态壁龛。经过改造后这里成了昂贵的商业地产，居住者变成高级白领，祠堂也被统一迁移集中成类似祠堂博物馆的东西。改造城中村的理由很充分：这些脏乱差区域是都市的疥疮，既有城市管理方面的隐患，更影响都市形象的美观和谐。改造的思路是清除并重建整个生态环境，只留下若干符号性的文化标志。改造的结果是把城中村与村外的都市空间统一了起来，具有文化空间并置和混生功能的生态壁龛就这样被消灭了。如果都市中原有的各种文化生态壁龛都被一个个地消灭，整个都市空间被建设成统一完美的乌托邦空间，那么，非遗保护就彻底失去了基础。

三

与空间范围不同，非遗保护中对文化内涵如何确定保护的"红线"，是更为复杂微妙的问题。近年来关于如何保护的讨论中，争议最大的观念之一是所谓"生产性保护"的观念。从字面上看"生产性保护"是个含糊不清的观念：什么是"生产性"？如果按照马克思的生产观念，可以说任何文化活动都是生产——包括物质生产和精神生产乃至人的生产。这样一来，"生产性保护"就失去了具体含义。实际上，"生产性保护"背后真正为非遗保护研究所关注的问题是非遗的商业化。所谓"生产性"并非一般意义上的生产，而是通过产业化经营进入市场的商品生产。

远在非遗保护公约出现前十多年，就出现了对传统文化进行商业化改造和利用的活动。这种利用常常被称为"文化搭台经济唱戏"。这种"唱戏"方法的结果对传统文化的保护而言多半是灾难性的：真遗产被破坏后制造出一大堆赝品和"伪民俗"进行商业推广，有的还没有毁灭的遗产也被按照商业需要改造得失去本来面目和文化价值……由于这些情况使得非遗保护与商业化的关系问题变得复杂起来。非遗能否商业化本来是个需要根据每个非遗项目的文化特征进行研究的问题。事实上，不同的非遗项目之间在文化形态方面差异很大。像传统技艺和艺术类项目如工艺品、生活用品、曲艺杂技、戏曲表演等，其中的大多数本来就是具有商业性的，而且只有在商品消费和表演市场正常发育的条件下才能够存在和持续发展。这些非遗项目的保护如果离开市场培育，基本上难以真正存在下去。对于这些项目而言，如何在当代文化环境中培育消费市场应当是必须研究的课题。但由于这些年对传统文遗产进行的过度商业化开发造成的影响，使得"商业化"这个概念本身就具有了贬义和可能产生的误导。因此即使谈论市场和商业化问题，也不得不转换为一个模棱两可的"生产性"概念。但无论如何，当我们进入到关于"生产性保护"的实质性研究时，面对的问题其实就是非遗的商业化。所谓"生产性"指的就是形成合理的生产和再生产循环发展机制，当然也就是构建良性的产业形态和市场环境，使传统文化在今天的社会生活环境中能够形成内在的生存、发展机制，从而真正得到生态保护和振兴。

但人们在谈论这个问题时的踌躇态度表明，这个问题的确面临着观念和实践方面的许多不确定性和两难困境。简单地说就是以商业化方式保护传统文化时所要解决的文化价值与商业价值二者之间的矛盾问题。尽管许多文化活动项目必须在市场环境中生存，但市场有自己的运行机制，商业价值规律的自发运行可能把文化生产引导到脱离文化传承的方向，从而导致非遗文化价值的消灭。生产性保护面临的不是要不要商业化的问题，而是在文化价值和商业价值的关系中如何确定合理的保护界限：怎样才能在不危害文化传承价值的前提下创造合理的商业价值？也可以说就是在两种价值追求二元对立的冲突中划出一条具有某种确定性意义的价值"红线"。

自 20 世纪 90 年代以来，对传统文化进行"文化搭台经济唱戏"包装表演和产业开发的一类典型案例是文化旅游产业。几乎所有的旅游景点都学会了用传统文化符号进行形象包装，不辨真假的古迹古董遍地开花，而真正的传统文化遗产却在商业化包装改造的过程中遭到破坏。有的看起来得到很好保护的景点也难逃厄运。比如周庄这个著名的江南小镇，它的传统水乡特色建筑和环境都保护得相当完整，但传统文化的活态内涵——乡民的生活形态则完全消失了，居民全变成了旅游业的从业者，生活内容成了为游客提供服务。传统文化只剩下了用物质外壳和商业表演构造的符号。这种状况在发展成熟的著名景点比比皆是。

当非物质文化遗产保护的观念提出后，人们才惊讶地发现文化遗产并非仅仅是废墟和符号，还应当有活态生活内涵。这时形成的非遗保护开始注意到活态文化传承问题。历史文化保护区的"红线"发挥了作用：在红线保护区域内不仅限制对建筑物和景观的改动，而且逐渐形成对居民的传统习俗和生活形态的保护，文化生态保护区的概念因此而产生。从概念上讲，文化生态保护是对商业开发破坏性的一种限制。但实际上问题并没有完全解决。在对文化生态保护区域进行严格保护的时候，被保护的传统文化生活与现实的生活需要之间又会产生矛盾冲突。例如贵州黔东南州雷山县有许多苗寨成为苗族文化保护对象，其中最著名的有被国家命名为全国重点文物保护单位和"中国民间艺术之乡"的郎德镇和"中国历史文化名镇"西江千户苗寨。这两个镇虽然都是文化生态保护的对象，但保护方式和效果差别很大：郎德镇是被严格划定保护"红线"的寨子，保护区内的苗族传统建筑风貌和自然环境都非常完美。西江镇则因为没有强制性的"红线"约束，旅游产业发展得比较繁荣；但文化生态有了较大变化，自然环境也因旅游业影响而受到一定破坏。从这个角度看，可以认为郎德镇的文化生态保护比西江更好。但通过实地考察就会发现问题的另外一面：郎德镇因为保护严格而限制了产业发展，居民就业机会少、收入低；因此年轻人们不得不离乡背井去大都市打工，村寨变成了空心社会。西江镇则相反，因为旅游业繁荣，年轻人们愿意留在寨子里工作；这不仅为村寨带来了生气，而且民俗文化展演也刺激、提升了苗族居民的文化自豪与自觉意识。

郎德和西江两个苗寨似乎形成了各有千秋的相互对照形态。文化保护和旅游开发之间的矛盾使得对这种文化景观空间的保护成为一种动态平衡——在文化传承与现实生活需要之间的两难选择。这里的保护对象是文化生态空间，包括自然与人文景观、传统习俗和生活方式。从保护对象的确定性来说，景观和习俗的保护"红线"比较容易确定：哪些景观不能改动，哪些习俗必须保持，都可以采用一定的标准加以限制。但如果没有了与这些保护对象相关的生活内容，那么这种保护就很容易重蹈以前许多文化旅游景点和文化生态博物馆建设的覆辙，成为空壳遗产。然而要保护居民的生活传统，麻烦在于可能与居民自己的现实生活需要发生冲突。生活在当代环境中的居民有了与传统不同的生活内容和需要，不考虑这些新的生活与传统如何衔接共生的问题，文化生态保护就注定要失败。在这里，区分保护与开发的界限是件复杂微妙的工作。问题的焦点在于相关文化群体如何对待自己的两重需要：历史记忆与当下生活。在不同文化背景下生活的人们对这两方面需要的关注和侧重是不同的。一般说来像郎德、西江这样生活在山区的少数民族对自己的文化传统更重视一些，因此可以设想通过调侃、沟通、补偿以及封闭性开发等方式来确定这类区域的文化生态保护尺度，即构建合理的保护"红线"。而有些地方可能因为生活变化较大或其他原因，相关文化群体本身已淡化传统认同，保护变成外界植入的需要，就很难确定保护传统与发展生活二者之间的合理关系。这种情况下有时可能首先需要传统文化启蒙，唤起被遮蔽、遗忘的文化记忆和认同感。这就是说，在划定保护"红线"之前需要先激活保护的需要。这种激活有时看起来像是个悖论：让村民进行民俗表演是典型的"伪民俗"特征。但这种表演有时却可能对村民产生激活文化认同、提升传统自豪感的作用。比如几年前央视举办的"原生态歌手大赛"就产生过这样的后续影响，使一些地方已经衰微的民歌又因此而复兴起来。

与文化空间保护有所不同，传统技艺的保护所面临的价值冲突是另一种类型：有些传统技艺和艺术在历史发展过程中本身就在不断演变，特别是技术和市场需要会刺激传统技艺和艺术转向时尚趣味，或因低廉复制品的大量出现而造成"劣币驱逐良币"效应。为了防止这些问题对非遗传承的损害，确定被保护对象的基本工艺和形态特征非常必要，可以说这些技术性要求就是传统技艺与艺术项目保护的"红线"。但这个在观念上看似清楚的红线在实际操作中可能就不那么清晰了。比如手工艺品最基础的技艺要求当然是手工制作。但完全不使用任何机械辅助的全手工制作其实在很多工艺品制作中早就不存在了。从古老的人力机械到现代的电力机械乃至电子设备的使用，一步步地渗入手工艺制作活动中。把这些辅助机械的使用完全剔除不仅不现实，而且也与传统技艺的实际存在及其发展历史相悖。但在容忍辅助性机械手段存在的同时，也产生了保护范围的不确定性：机械的使用在什么水平、什么程序和程度上是可以被容忍的？从最传统的手工制作到完全机械化复制，这其中存在着几乎难以完全切断的连续性。即使从中切出一条分界线，是否能够有效阻止大量复制品的生产？在艺术风格方面同样如此：传承不等于守旧，当然要有发展。但发展到什么程度还可以被认为属传承的范围？

也许在这些连续的文化活动形态中人为地划出一条"红线"并不难，难的是如何对待那些"越界"的文化活动和产品？任凭"劣币驱逐良币"，也就失去了划线保护的意义；但要想把那些"越界"的产品从市场上清除掉则近乎与风车决斗。其实问题的关键在于如何界定被保护的非遗文化形态与"越界"的次生形态之间的区别与关系，从而使不同形态的文化活动与产品获得相应的生存环境。从历史上看，高水平的工艺和艺术品从来都是和低层次产品乃至赝品和仿制品共生的；可以说，不同层次文化产品的共生是优秀文化形态影响力的条件和产物。大量次生形态文化产品的存在可以为真正的非遗提供传播影响力的空间，实际上有助于非遗在当代文化环境中的传播。解决"劣币驱逐良币"现象的办法不在于驱逐劣币，而在于分清层次，通过文化市场建设来逐步构建具有合理结构的多层次文化消费市场，从而使各种形态的文化活动和产品形成共生空间，传统的优秀文化才可能在这样的文化生态中如众星拱月般凸现出自己的存在价值。

四

按照的 UNESCO 的《保护非物质文化遗产公约》对"保护"概念的定义，其中包括了教育（正规与非正规教育）的内容。教育是非遗保护的重要方式，但在迄今为止的非遗保护实践中，关于非遗教育的问题似乎主要在关注实施的方式和效果，却很少研究非遗教育内容的文化内涵确定性问题。就是说，非遗教育是否真正是在传承非遗，这个问题还没有被认真研究。也许人们想当然地认为，既然教育的内容是非遗项目，那么这种教育当然就是在传承非遗。但实际上目前开展的非遗教育，从非遗保护的要求而言，仍有一些问题存在。其中一个关键问题就是非遗教育的目的问题。

许多非遗项目需要技艺和艺术能力的培养训练，但能力的学习是传承传统文化的手段而并不是非遗教育的最终目的。非遗教育的目的是文化传承，包括各种文化传统所包含的多样性知识、各种文化群体的情感认同和集体记忆等等，这些文化内涵的传承和发扬是保护文化多样性的基础。但在许多情形中，非遗教育主要表现为某种技艺和艺术能力训练，每种非遗的特殊性及其文化内涵却往往被忽略了。比如所谓"京剧进校园"的活动，本来也是一种传承传统文化的教育活动，但当把一个剧种向全国具有各种不同戏曲文化背景的地区统一推广时，就在无形中培育着一种戏曲在美学和文化形态方面的普遍性，而抹去了作为非物质文化遗产的地域性和群体传承的文化特征，而且可能影响地方戏曲文化的传承。

这种做法在许多地区都有发生，如云南弥渡花灯进入非遗名录后，当地政府采取的保护措施之一就是推广"花灯进校园"的教育传承措施，一时间中小学的花灯教育轰轰烈烈。但过了没多久，这种教育热潮就降温、低落，逐渐难以为继。关于弥渡花灯进校园产生的问题，有学者进行了专门的调查：

> 弥渡花灯进校园工程……是全国众多非遗校园传承保护的一个缩影。尽管相关部门认为"传承花灯文化，从娃娃抓起"是一个弘扬、普及弥渡花灯文化的创举，但这个工程从一开始就受到了广泛的质疑。
>
> 质疑之一：花灯虽然在弥渡有广泛的群众基础，但主要是在汉族群众中比较流行，那是不是境内所有的民族都想和愿意学习花灯？事实上，在调查的过程中，一些彝族、回族、白族和傈僳族的学生就明确表示："我不喜欢学习弥渡花灯，我喜欢我们彝族的踏歌和跳菜舞"，"我对花灯不感兴趣，我会跳白族的'霸王鞭'。"……
>
> 质疑之二：弥渡花灯在境内有不同的支系和流派，每种流派的艺术形式和表演内容都有差别，让全县的中小学生都依据教材学习同一种花灯音乐、花灯舞蹈，会不会抹杀弥渡花灯艺术的多样性？对此，几个本土文化学者和花灯艺人谈了他们的看法："三本弥渡花灯进校园音乐乡土教材基本涵盖了弥渡花灯音乐中比较有特点的曲调，但让所有中小学生就只学习由弥渡县花灯团几个专业演员编排的集体花灯舞蹈'跳灯乐'和'少年花灯健身操'，很容易误导心理还不成熟的中小学生，让他们以为弥渡花灯就是这样子跳呢"……"给我们的时间很短，我们就用弥渡花灯舞蹈中的几个基本动作，像'跷''崴''耸肩'等提炼一下，加上一些集体舞和健身操的队列样式，在很短的时间里（四五天）就编排出了集体花灯舞蹈'跳灯乐'和'少年花灯健身操'。可以说，'跳灯乐'和'少年花灯健身操是健身操、集体舞和弥渡花灯舞三者融合而成的，不能说是真正的弥渡花灯舞'。"[①]

花灯如此，大学的武术教育也存在类似问题。有的武术研究者就指出，作为非物质文化遗产的武术具有独特的传承关系和传承形态，因而形成了门派林立、风格各异的多样化武术文化形态。但在学校的武术教育中，竞技化、规范化的教学训练实际上远离了中国武术文化传统，成为一类新的体育项目。这样的武术可以成为新兴的体育竞技和健身项目，但与非遗保护的关系不大。

上述种种形态的非遗教育，可能会导致把非遗项目的文化内涵变成无具体所指的抽象能指符号，使传统文化教育变成普通技能教育，因而逐渐远离非遗教育的文化传承目标。在如今越来越热的非遗进校园活动中，类似这样的伪非遗教育情况并不鲜见，而且更重要的是，关于非遗教育的研究中人们很少注意到这个问题：非遗教育面临的关键不是效果如何而是目标失落。有时在教育效果方面看起来情况很好，对于非遗传承而言却可能有问题。因此在非遗教育的研究中同样需要形成关于教育内容、方法和目的等方面的确定性"红线"，使非遗

---

① 李刚：《"后申遗阶段"非物质文化遗产保护可持续发展研究——以云南弥渡花灯为个案》，中山大学博士学位论文，2012年，第三章第一节"虎头蛇尾的花灯进校园工程"。

教育成为真正推进非遗传承的建设性工作。

在衡量非遗教育的效果时，显然不能仅仅采用普通教育的评估标准，如教学课时、学生人数、教学质量和成绩等等。在这些评估之前，首先需要考察的是教育内容的文化特征：这种教育是否保持了非遗项目的传统文化特征？是否体现和发扬了特定文化群体所传承的个性？是否能够通过教育提高参与者的情感认同和文化自觉？是否有利于在学校教育环境中培养多元和谐的生态文明教育导向？在具备这些文化特征的基础上产生的教育效果才是非遗教育的效果，或者说，这些需要关注的问题是开展具有真正非遗传承人培育作用的教育所应当具备的一些基本要求，是勾画非遗教育"红线"的基础。

（原文载于《文化遗产》2013年第3期）

附录：相关法规与标准举要

中华人民共和国非物质文化遗产法

(2011年2月25日第十一届全国人民代表大会常务委员会第十九次会议通过)

第一章 总 则

第一条 为了继承和弘扬中华民族优秀传统文化，促进社会主义精神文明建设，加强非物质文化遗产保护、保存工作，制定本法。

第二条 本法所称非物质文化遗产，是指各族人民世代相传并视为其文化遗产组成部分的各种传统文化表现形式，以及与传统文化表现形式相关的实物和场所。包括：

（一）传统口头文学以及作为其载体的语言；
（二）传统美术、书法、音乐、舞蹈、戏剧、曲艺和杂技；
（三）传统技艺、医药和历法；
（四）传统礼仪、节庆等民俗；
（五）传统体育和游艺；
（六）其他非物质文化遗产。

属于非物质文化遗产组成部分的实物和场所，凡属文物的，适用《中华人民共和国文物保护法》的有关规定。

第三条 国家对非物质文化遗产采取认定、记录、建档等措施予以保存，对体现中华民族优秀传统文化，具有历史、文学、艺术、科学价值的非物质文化遗产采取传承、传播等措施予以保护。

第四条 保护非物质文化遗产，应当注重其真实性、整体性和传承性，有利于增强中华民族的文化认同，有利于维护国家统一和民族团结，有利于促进社会和谐和可持续发展。

第五条 使用非物质文化遗产，应当尊重其形式和内涵。

禁止以歪曲、贬损等方式使用非物质文化遗产。

第六条 县级以上人民政府应当将非物质文化遗产保护、保存工作纳入本级国民经济和社会发展规划，并将保护、保存经费列入本级财政预算。

国家扶持民族地区、边远地区、贫困地区的非物质文化遗产保护、保存工作。

第七条 国务院文化主管部门负责全国非物质文化遗产的保护、保存工作；县级以上地方人民政府文化主管部门负责本行政区域内非物质文化遗产的保护、保存工作。

县级以上人民政府其他有关部门在各自职责范围内，负责有关非物质文化遗产的保护、保存工作。

第八条　县级以上人民政府应当加强对非物质文化遗产保护工作的宣传，提高全社会保护非物质文化遗产的意识。

第九条　国家鼓励和支持公民、法人和其他组织参与非物质文化遗产保护工作。

第十条　对在非物质文化遗产保护工作中做出显著贡献的组织和个人，按照国家有关规定予以表彰、奖励。

第二章　非物质文化遗产的调查

第十一条　县级以上人民政府根据非物质文化遗产保护、保存工作需要，组织非物质文化遗产调查。非物质文化遗产调查由文化主管部门负责进行。

县级以上人民政府其他有关部门可以对其工作领域内的非物质文化遗产进行调查。

第十二条　文化主管部门和其他有关部门进行非物质文化遗产调查，应当对非物质文化遗产予以认定、记录、建档，建立健全调查信息共享机制。

文化主管部门和其他有关部门进行非物质文化遗产调查，应当收集属于非物质文化遗产组成部分的代表性实物，整理调查工作中取得的资料，并妥善保存，防止损毁、流失。其他有关部门取得的实物图片、资料复制件，应当汇交给同级文化主管部门。

第十三条　文化主管部门应当全面了解非物质文化遗产有关情况，建立非物质文化遗产档案及相关数据库。除依法应当保密的外，非物质文化遗产档案及相关数据信息应当公开，便于公众查阅。

第十四条　公民、法人和其他组织可以依法进行非物质文化遗产调查。

第十五条　境外组织或者个人在中华人民共和国境内进行非物质文化遗产调查，应当报经省、自治区、直辖市人民政府文化主管部门批准；调查在两个以上省、自治区、直辖市行政区域进行的，应当报经国务院文化主管部门批准；调查结束后，应当向批准调查的文化主管部门提交调查报告和调查中取得的实物图片、资料复制件。

境外组织在中华人民共和国境内进行非物质文化遗产调查，应当与境内非物质文化遗产学术研究机构合作进行。

第十六条　进行非物质文化遗产调查，应当征得调查对象的同意，尊重其风俗习惯，不得损害其合法权益。

第十七条　对通过调查或者其他途径发现的濒临消失的非物质文化遗产项目，县级人民政府文化主管部门应当立即予以记录并收集有关实物，或者采取其他抢救性保存措施；对需要传承的，应当采取有效措施支持传承。

第三章 非物质文化遗产代表性项目名录

第十八条 国务院建立国家级非物质文化遗产代表性项目名录,将体现中华民族优秀传统文化,具有重大历史、文学、艺术、科学价值的非物质文化遗产项目列入名录予以保护。

省、自治区、直辖市人民政府建立地方非物质文化遗产代表性项目名录,将本行政区域内体现中华民族优秀传统文化,具有历史、文学、艺术、科学价值的非物质文化遗产项目列入名录予以保护。

第十九条 省、自治区、直辖市人民政府可以从本省、自治区、直辖市非物质文化遗产代表性项目名录中向国务院文化主管部门推荐列入国家级非物质文化遗产代表性项目名录的项目。推荐时应当提交下列材料:

(一)项目介绍,包括项目的名称、历史、现状和价值;

(二)传承情况介绍,包括传承范围、传承谱系、传承人的技艺水平、传承活动的社会影响;

(三)保护要求,包括保护应当达到的目标和应当采取的措施、步骤、管理制度;

(四)有助于说明项目的视听资料等材料。

第二十条 公民、法人和其他组织认为某项非物质文化遗产体现中华民族优秀传统文化,具有重大历史、文学、艺术、科学价值的,可以向省、自治区、直辖市人民政府或者国务院文化主管部门提出列入国家级非物质文化遗产代表性项目名录的建议。

第二十一条 相同的非物质文化遗产项目,其形式和内涵在两个以上地区均保持完整的,可以同时列入国家级非物质文化遗产代表性项目名录。

第二十二条 国务院文化主管部门应当组织专家评审小组和专家评审委员会,对推荐或者建议列入国家级非物质文化遗产代表性项目名录的非物质文化遗产项目进行初评和审议。

初评意见应当经专家评审小组成员过半数通过。专家评审委员会对初评意见进行审议,提出审议意见。

评审工作应当遵循公开、公平、公正的原则。

第二十三条 国务院文化主管部门应当将拟列入国家级非物质文化遗产代表性项目名录的项目予以公示,征求公众意见。公示时间不得少于二十日。

第二十四条 国务院文化主管部门根据专家评审委员会的审议意见和公示结果,拟订国家级非物质文化遗产代表性项目名录,报国务院批准、公布。

第二十五条 国务院文化主管部门应当组织制定保护规划,对国家级非物质文化遗产代表性项目予以保护。

省、自治区、直辖市人民政府文化主管部门应当组织制定保护规划,对本级人民政府批准公布的地方非物质文化遗产代表性项目予以保护。

制定非物质文化遗产代表性项目保护规划,应当对濒临消失的非物质文化遗产代表性项目予以重点保护。

第二十六条　对非物质文化遗产代表性项目集中、特色鲜明、形式和内涵保持完整的特定区域，当地文化主管部门可以制定专项保护规划，报经本级人民政府批准后，实行区域性整体保护。确定对非物质文化遗产实行区域性整体保护，应当尊重当地居民的意愿，并保护属于非物质文化遗产组成部分的实物和场所，避免遭受破坏。

实行区域性整体保护涉及非物质文化遗产集中地村镇或者街区空间规划的，应当由当地城乡规划主管部门依据相关法规制定专项保护规划。

第二十七条　国务院文化主管部门和省、自治区、直辖市人民政府文化主管部门应当对非物质文化遗产代表性项目保护规划的实施情况进行监督检查；发现保护规划未能有效实施的，应当及时纠正、处理。

第四章　非物质文化遗产的传承与传播

第二十八条　国家鼓励和支持开展非物质文化遗产代表性项目的传承、传播。

第二十九条　国务院文化主管部门和省、自治区、直辖市人民政府文化主管部门对本级人民政府批准公布的非物质文化遗产代表性项目，可以认定代表性传承人。

非物质文化遗产代表性项目的代表性传承人应当符合下列条件：

（一）熟练掌握其传承的非物质文化遗产；

（二）在特定领域内具有代表性，并在一定区域内具有较大影响；

（三）积极开展传承活动。

认定非物质文化遗产代表性项目的代表性传承人，应当参照执行本法有关非物质文化遗产代表性项目评审的规定，并将所认定的代表性传承人名单予以公布。

第三十条　县级以上人民政府文化主管部门根据需要，采取下列措施，支持非物质文化遗产代表性项目的代表性传承人开展传承、传播活动：

（一）提供必要的传承场所；

（二）提供必要的经费资助其开展授徒、传艺、交流等活动；

（三）支持其参与社会公益性活动；

（四）支持其开展传承、传播活动的其他措施。

第三十一条　非物质文化遗产代表性项目的代表性传承人应当履行下列义务：

（一）开展传承活动，培养后继人才；

（二）妥善保存相关的实物、资料；

（三）配合文化主管部门和其他有关部门进行非物质文化遗产调查；

（四）参与非物质文化遗产公益性宣传。

非物质文化遗产代表性项目的代表性传承人无正当理由不履行前款规定义务的，文化主管部门可以取消其代表性传承人资格，重新认定该项目的代表性传承人；丧失传承能力的，文化主管部门可以重新认定该项目的代表性传承人。

第三十二条　县级以上人民政府应当结合实际情况，采取有效措施，组织文化主管部门和其他有关部门宣传、展示非物质文化遗产代表性项目。

第三十三条　国家鼓励开展与非物质文化遗产有关的科学技术研究和非物质文化遗产保护、保存方法研究，鼓励开展非物质文化遗产的记录和非物质文化遗产代表性项目的整理、出版等活动。

第三十四条　学校应当按照国务院教育主管部门的规定，开展相关的非物质文化遗产教育。

新闻媒体应当开展非物质文化遗产代表性项目的宣传，普及非物质文化遗产知识。

第三十五条　图书馆、文化馆、博物馆、科技馆等公共文化机构和非物质文化遗产学术研究机构、保护机构以及利用财政性资金举办的文艺表演团体、演出场所经营单位等，应当根据各自业务范围，开展非物质文化遗产的整理、研究、学术交流和非物质文化遗产代表性项目的宣传、展示。

第三十六条　国家鼓励和支持公民、法人和其他组织依法设立非物质文化遗产展示场所和传承场所，展示和传承非物质文化遗产代表性项目。

第三十七条　国家鼓励和支持发挥非物质文化遗产资源的特殊优势，在有效保护的基础上，合理利用非物质文化遗产代表性项目开发具有地方、民族特色和市场潜力的文化产品和文化服务。

开发利用非物质文化遗产代表性项目的，应当支持代表性传承人开展传承活动，保护属于该项目组成部分的实物和场所。

县级以上地方人民政府应当对合理利用非物质文化遗产代表性项目的单位予以扶持。单位合理利用非物质文化遗产代表性项目的，依法享受国家规定的税收优惠。

第五章　法律责任

第三十八条　文化主管部门和其他有关部门的工作人员在非物质文化遗产保护、保存工作中玩忽职守、滥用职权、徇私舞弊的，依法给予处分。

第三十九条　文化主管部门和其他有关部门的工作人员进行非物质文化遗产调查时侵犯调查对象风俗习惯，造成严重后果的，依法给予处分。

第四十条　违反本法规定，破坏属于非物质文化遗产组成部分的实物和场所的，依法承担民事责任；构成违反治安管理行为的，依法给予治安管理处罚。

第四十一条　境外组织违反本法第十五条规定的，由文化主管部门责令改正，给予警告，没收违法所得及调查中取得的实物、资料；情节严重的，并处十万元以上五十万元以下的罚款。

境外个人违反本法第十五条第一款规定的，由文化主管部门责令改正，给予警告，没收违法所得及调查中取得的实物、资料;情节严重的,并处一万元以上五万元以下的罚款。

第四十二条　违反本法规定,构成犯罪的,依法追究刑事责任。

第六章　附　则

第四十三条　建立地方非物质文化遗产代表性项目名录的办法,由省、自治区、直辖市参照本法有关规定制定。

第四十四条　使用非物质文化遗产涉及知识产权的,适用有关法律、行政法规的规定。对传统医药、传统工艺美术等的保护,其他法律、行政法规另有规定的,依照其规定。

第四十五条　本法自 2011 年 6 月 1 日起施行。

中华人民共和国标准化法

(1988年12月29日第七届全国人民代表大会常务委员会第五次会议通过 2017年11月4日第十二届全国人民代表大会常务委员会第三十次会议修订)

第一章 总则

第一条 为了加强标准化工作，提升产品和服务质量，促进科学技术进步，保障人身健康和生命财产安全，维护国家安全、生态环境安全，提高经济社会发展水平，制定本法。

第二条 本法所称标准（含标准样品），是指农业、工业、服务业以及社会事业等领域需要统一的技术要求。

标准包括国家标准、行业标准、地方标准和团体标准、企业标准。国家标准分为强制性标准、推荐性标准，行业标准、地方标准是推荐性标准。

强制性标准必须执行。国家鼓励采用推荐性标准。

第三条 标准化工作的任务是制定标准、组织实施标准以及对标准的制定、实施进行监督。

县级以上人民政府应当将标准化工作纳入本级国民经济和社会发展规划，将标准化工作经费纳入本级预算。

第四条 制定标准应当在科学技术研究成果和社会实践经验的基础上，深入调查论证，广泛征求意见，保证标准的科学性、规范性、时效性，提高标准质量。

第五条 国务院标准化行政主管部门统一管理全国标准化工作。国务院有关行政主管部门分工管理本部门、本行业的标准化工作。

县级以上地方人民政府标准化行政主管部门统一管理本行政区域内的标准化工作。县级以上地方人民政府有关行政主管部门分工管理本行政区域内本部门、本行业的标准化工作。

第六条 国务院建立标准化协调机制，统筹推进标准化重大改革，研究标准化重大政策，对跨部门跨领域、存在重大争议标准的制定和实施进行协调。

设区的市级以上地方人民政府可以根据工作需要建立标准化协调机制，统筹协调本行政区域内标准化工作重大事项。

第七条 国家鼓励企业、社会团体和教育、科研机构等开展或者参与标准化工作。

第八条 国家积极推动参与国际标准化活动，开展标准化对外合作与交流，参与制定国际标准，结合国情采用国际标准，推进中国标准与国外标准之间的转化运用。

国家鼓励企业、社会团体和教育、科研机构等参与国际标准化活动。

第九条 对在标准化工作中做出显著成绩的单位和个人，按照国家有关规定给予表彰和奖励。

第二章 标准的制定

第十条 对保障人身健康和生命财产安全、国家安全、生态环境安全以及满足经济社会管理基本需要的技术要求，应当制定强制性国家标准。

国务院有关行政主管部门依据职责负责强制性国家标准的项目提出、组织起草、征求意见和技术审查。国务院标准化行政主管部门负责强制性国家标准的立项、编号和对外通报。国务院标准化行政主管部门应当对拟制定的强制性国家标准是否符合前款规定进行立项审查，对符合前款规定的予以立项。

省、自治区、直辖市人民政府标准化行政主管部门可以向国务院标准化行政主管部门提出强制性国家标准的立项建议，由国务院标准化行政主管部门会同国务院有关行政主管部门决定。社会团体、企业事业组织以及公民可以向国务院标准化行政主管部门提出强制性国家标准的立项建议，国务院标准化行政主管部门认为需要立项的，会同国务院有关行政主管部门决定。

强制性国家标准由国务院批准发布或者授权批准发布。

法律、行政法规和国务院决定对强制性标准的制定另有规定的，从其规定。

第十一条 对满足基础通用、与强制性国家标准配套、对各有关行业起引领作用等需要的技术要求，可以制定推荐性国家标准。

推荐性国家标准由国务院标准化行政主管部门制定。

第十二条 对没有推荐性国家标准、需要在全国某个行业范围内统一的技术要求，可以制定行业标准。

行业标准由国务院有关行政主管部门制定，报国务院标准化行政主管部门备案。

第十三条 为满足地方自然条件、风俗习惯等特殊技术要求，可以制定地方标准。

地方标准由省、自治区、直辖市人民政府标准化行政主管部门制定；设区的市级人民政府标准化行政主管部门根据本行政区域的特殊需要，经所在地省、自治区、直辖市人民政府标准化行政主管部门批准，可以制定本行政区域的地方标准。地方标准由省、自治区、直辖市人民政府标准化行政主管部门报国务院标准化行政主管部门备案，由国务院标准化行政主管部门通报国务院有关行政主管部门。

第十四条 对保障人身健康和生命财产安全、国家安全、生态环境安全以及经济社会发展所急需的标准项目,制定标准的行政主管部门应当优先立项并及时完成。

第十五条　制定强制性标准、推荐性标准,应当在立项时对有关行政主管部门、企业、社会团体、消费者和教育、科研机构等方面的实际需求进行调查,对制定标准的必要性、可行性进行论证评估;在制定过程中,应当按照便捷有效的原则采取多种方式征求意见,组织对标准相关事项进行调查分析、实验、论证,并做到有关标准之间的协调配套。

第十六条　制定推荐性标准,应当组织由相关方组成的标准化技术委员会,承担标准的起草、技术审查工作。制定强制性标准,可以委托相关标准化技术委员会承担标准的起草、技术审查工作。未组成标准化技术委员会的,应当成立专家组承担相关标准的起草、技术审查工作。标准化技术委员会和专家组的组成应当具有广泛代表性。

第十七条　强制性标准文本应当免费向社会公开。国家推动免费向社会公开推荐性标准文本。

第十八条　国家鼓励学会、协会、商会、联合会、产业技术联盟等社会团体协调相关市场主体共同制定满足市场和创新需要的团体标准,由本团体成员约定采用或者按照本团体的规定供社会自愿采用。

制定团体标准,应当遵循开放、透明、公平的原则,保证各参与主体获取相关信息,反映各参与主体的共同需求,并应当组织对标准相关事项进行调查分析、实验、论证。

国务院标准化行政主管部门会同国务院有关行政主管部门对团体标准的制定进行规范、引导和监督。

第十九条　企业可以根据需要自行制定企业标准,或者与其他企业联合制定企业标准。

第二十条　国家支持在重要行业、战略性新兴产业、关键共性技术等领域利用自主创新技术制定团体标准、企业标准。

第二十一条　推荐性国家标准、行业标准、地方标准、团体标准、企业标准的技术要求不得低于强制性国家标准的相关技术要求。

国家鼓励社会团体、企业制定高于推荐性标准相关技术要求的团体标准、企业标准。

第二十二条　制定标准应当有利于科学合理利用资源,推广科学技术成果,增强产品的安全性、通用性、可替换性,提高经济效益、社会效益、生态效益,做到技术上先进、经济上合理。

禁止利用标准实施妨碍商品、服务自由流通等排除、限制市场竞争的行为。

第二十三条　国家推进标准化军民融合和资源共享,提升军民标准通用化水平,积极推动在国防和军队建设中采用先进适用的民用标准,并将先进适用的军用标准转化为民用标准。

第二十四条　标准应当按照编号规则进行编号。标准的编号规则由国务院标准化行政主管部门制定并公布。

第三章 标准的实施

第二十五条 不符合强制性标准的产品、服务，不得生产、销售、进口或者提供。

第二十六条 出口产品、服务的技术要求，按照合同的约定执行。

第二十七条 国家实行团体标准、企业标准自我声明公开和监督制度。企业应当公开其执行的强制性标准、推荐性标准、团体标准或者企业标准的编号和名称；企业执行自行制定的企业标准的，还应当公开产品、服务的功能指标和产品的性能指标。国家鼓励团体标准、企业标准通过标准信息公共服务平台向社会公开。

企业应当按照标准组织生产经营活动，其生产的产品、提供的服务应当符合企业公开标准的技术要求。

第二十八条 企业研制新产品、改进产品，进行技术改造，应当符合本法规定的标准化要求。

第二十九条 国家建立强制性标准实施情况统计分析报告制度。

国务院标准化行政主管部门和国务院有关行政主管部门、设区的市级以上地方人民政府标准化行政主管部门应当建立标准实施信息反馈和评估机制，根据反馈和评估情况对其制定的标准进行复审。标准的复审周期一般不超过五年。经过复审，对不适应经济社会发展需要和技术进步的应当及时修订或者废止。

第三十条 国务院标准化行政主管部门根据标准实施信息反馈、评估、复审情况，对有关标准之间重复交叉或者不衔接配套的，应当会同国务院有关行政主管部门作出处理或者通过国务院标准化协调机制处理。

第三十一条 县级以上人民政府应当支持开展标准化试点示范和宣传工作，传播标准化理念，推广标准化经验，推动全社会运用标准化方式组织生产、经营、管理和服务，发挥标准对促进转型升级、引领创新驱动的支撑作用。

第四章 监督管理

第三十二条 县级以上人民政府标准化行政主管部门、有关行政主管部门依据法定职责，对标准的制定进行指导和监督，对标准的实施进行监督检查。

第三十三条 国务院有关行政主管部门在标准制定、实施过程中出现争议的，由国务院标准化行政主管部门组织协商；协商不成的，由国务院标准化协调机制解决。

第三十四条 国务院有关行政主管部门、设区的市级以上地方人民政府标准化行政主管部门未依照本法规定对标准进行编号、复审或者备案的，国务院标准化行政主管部门应当要求其说明情况，并限期改正。

第三十五条　任何单位或者个人有权向标准化行政主管部门、有关行政主管部门举报、投诉违反本法规定的行为。

标准化行政主管部门、有关行政主管部门应当向社会公开受理举报、投诉的电话、信箱或者电子邮件地址，并安排人员受理举报、投诉。对实名举报人或者投诉人，受理举报、投诉的行政主管部门应当告知处理结果，为举报人保密，并按照国家有关规定对举报人给予奖励。

第五章　法律责任

第三十六条　生产、销售、进口产品或者提供服务不符合强制性标准，或者企业生产的产品、提供的服务不符合其公开标准的技术要求的，依法承担民事责任。

第三十七条　生产、销售、进口产品或者提供服务不符合强制性标准的，依照《中华人民共和国产品质量法》、《中华人民共和国进出口商品检验法》、《中华人民共和国消费者权益保护法》等法律、行政法规的规定查处，记入信用记录，并依照有关法律、行政法规的规定予以公示；构成犯罪的，依法追究刑事责任。

第三十八条　企业未依照本法规定公开其执行的标准的，由标准化行政主管部门责令限期改正；逾期不改正的，在标准信息公共服务平台上公示。

第三十九条　国务院有关行政主管部门、设区的市级以上地方人民政府标准化行政主管部门制定的标准不符合本法第二十一条第一款、第二十二条第一款规定的，应当及时改正；拒不改正的，由国务院标准化行政主管部门公告废止相关标准；对负有责任的领导人员和直接责任人员依法给予处分。

社会团体、企业制定的标准不符合本法第二十一条第一款、第二十二条第一款规定的，由标准化行政主管部门责令限期改正；逾期不改正的，由省级以上人民政府标准化行政主管部门废止相关标准，并在标准信息公共服务平台上公示。

违反本法第二十二条第二款规定，利用标准实施排除、限制市场竞争行为的，依照《中华人民共和国反垄断法》等法律、行政法规的规定处理。

第四十条　国务院有关行政主管部门、设区的市级以上地方人民政府标准化行政主管部门未依照本法规定对标准进行编号或者备案，又未依照本法第三十四条的规定改正的，由国务院标准化行政主管部门撤销相关标准编号或者公告废止未备案标准；对负有责任的领导人员和直接责任人员依法给予处分。

国务院有关行政主管部门、设区的市级以上地方人民政府标准化行政主管部门未依照本法规定对其制定的标准进行复审，又未依照本法第三十四条的规定改正的，对负有责任的领导人员和直接责任人员依法给予处分。

第四十一条　国务院标准化行政主管部门未依照本法第十条第二款规定对制定强制性国家标准的项目予以立项，制定的标准不符合本法第二十一条第一款、第二十二条第一款规定，或者未依照本法规定对标准进行编号、复审或者予以备案的，应当及时改正；对负有责任的领导人员和直接责任人员可以依法给予处分。

第四十二条　社会团体、企业未依照本法规定对团体标准或者企业标准进行编号的，由标准化行政主管部门责令限期改正；逾期不改正的，由省级以上人民政府标准化行政主管部门撤销相关标准编号，并在标准信息公共服务平台上公示。

第四十三条　标准化工作的监督、管理人员滥用职权、玩忽职守、徇私舞弊的，依法给予处分；构成犯罪的，依法追究刑事责任。

第六章　附则

第四十四条　军用标准的制定、实施和监督办法，由国务院、中央军事委员会另行制定。

第四十五条　本法自 2018 年 1 月 1 日起施行。

文化标准化中长期发展规划（2007—2020）

（文化部 2007 年 7 月 13 日印发）

一、序言

文化领域的标准化是促进文化艺术与现代科技紧密结合、推动文化创新的重要技术保障，是繁荣文化事业和发展文化产业的重要基础性工作。"十五"期间，文化标准化工作取得了很大的进展，为繁荣文化事业、发展文化产业发挥了积极作用。随着文化建设的迅猛发展，文化标准数量少、水平低、适用性较差、缺乏统一规划等问题日益凸现。加快文化标准化工作已成为今后一段时期一项十分紧迫的任务。

本世纪前 20 年，是我国文化发展的重要战略机遇期，也是国家标准化事业实现跨越式发展的关键时期。为更好地推动国家标准化发展战略在文化领域的贯彻实施，发挥标准化工作在落实科学发展观、建设先进文化和推动文化体制改革和文化创新中的技术支撑和保障作用，根据国家标准化管理委员会《标准化"十一五"发展规划》和文化部《文化建设"十一五"规划》，结合文化建设实际，制定《文化标准化中长期发展规划（2007—2020）》，指导我国文化领域的标准化建设。

二、指导思想和基本原则

1. 指导思想

以邓小平理论和"三个代表"重要思想为指导，全面落实科学发展观。以立足中国、面向世界，立足当代、面向未来建设中国特色社会主义文化的高度，创新文化标准化管理机制，全面推进文化标准化建设。

2. 基本原则

坚持政府主导原则。标准化工作是一项全局性、战略性的工作，必须加强政府宏观指导和政策导向，大力推动标准化规划的实施。

坚持重点保障原则。标准化工作要面向文化建设的中心工作，重点加强基础性标准、行业急需标准以及涉及公共文化安全和文化环境保护的标准建设，逐步开展面向社会的文化服务标准、技术标准、管理标准、基础标准等各项工作。

坚持需求导向原则。加强文化标准化与文化建设紧密结合，密切标准化建设与社会需求的联系，加快速度，提高质量，增强适用性。为繁荣文化事业、发展文化产业提供技术保障，为制定、贯彻执行文化法律法规提供技术支撑。

坚持共同参与原则。充分调动和发挥文化企事业单位、社会团体和专家学者的积极性和创造性，参与文化标准的研究和制（修）订工作和文化标准的贯彻实施。

坚持制定与实施并重原则。不仅要注重标准的研究、制（修）订工作，更要注重标准的贯彻实施，使标准真正成为文化建设的规范，成为广大文化艺术工作者自觉遵循的行为准则。

坚持自主创新原则。文化标准化建设要解放思想，弘扬创新精神，善于把现代科学理论同文化建设的具体实践相结合，积极探索有中国特色的文化标准化创新之路。

坚持国际化原则。积极采用国际标准和国外先进标准，加强与国际有关标准组织的交流与合作，学习和借鉴国外先进的标准化经验，全面提升我国文化产品和文化服务的国际竞争能力。

三、主要目标和任务

2010年以前，初步建立起文化领域标准体系，开展文化标准化理论研究，完成部分安全标准、基础标准和行业急需标准的制（修）订。2020年以前，建立起较为完善的标准体系，取得一批文化标准化理论研究重大成果，完成主要标准的制（修）订工作，使文化标准化建设走向规范有序健康发展的道路。

1. 加强文化标准化基础建设。建立健全文化标准管理体制，创新文化标准管理机制，努力实现文化标准化的统筹规划、有序发展、规范管理。

加强文化标准化组织建设。建立文化部标准化指导委员会、组建全国专业标准化技术委员会，积极推动文化行业标准监督检验和认证机构的构建。在全国培育一批标准研究和制定的文化企事业单位及社会团体，形成有一定规模和业务水平的文化标准化建设队伍。

建立文化标准化理论研究机制，加强文化标准化基础性科学研究。在2010年以前，逐步开展文化标准化基础理论研究、文化行业技术标准体系研究、公共文化服务标准体系研究、文化行业基础分类标准的研究及初步制定文化行业标准课题指南等。在2020年之前，基本完成文化标准化基础研究，推出一批文化标准化基础理论研究成果；全面推进文化标准体系研究，形成涉及文化领域安全、环保、质量、工艺、功能、技术、检验检测、资质、等级评定、保护消费者权益的标准体系；建立较为完善的图书馆、博物馆、文化馆、美术馆、演出场所、社会艺术教育、社区文化设施、文化娱乐场所、网络文化、动漫游戏、乐器、工艺美术等文化行业分类标准；出版发行《文化行业标准编制导则》《文化艺术分类标准》《文化标准体系》等系列的行业基础标准。培养文化标准化建设人才。有计划、有步骤地每年培训一定数量的文化标准化专业人才，逐步建立文化标准专家库。鼓励学术交流、国际合作等多种形式培养文化标准化专业人才。加强与国家标准委员会人才培养的联合联动，积极参加国家标准委员会标准化专业培训活动，在国家标准化管理委员会的指导下，培养文化标准化工程师，试行文化标准化首席研究员制度。建立文化行业标准网。建立网上查询、申报、公示、交流和宣传文化标准的信息平台。

2. 加强公共文化服务体系的标准化建设。加强公共文化体系服务标准的制定实施，努力改善公共文化服务体系的社会服务功能和社会效益。制定实施以服务为核心，以群众满意度为基本准则的公共文化服务标准，推动全国公共文化服务体系的规范化服务。制（修）订公共文化体系的建设标准、建筑设计规范、文化设施价值评价体系等一系列的文化标准。鼓励和扶持区域性公共文化服务体系的规范化、标准化建设，促进基层文化事业发展。

3. 编制涉及公共文化安全标准。制定涉及文化安全、文化环境保护、公共文化活动场所安全的相关标准。研究和制定文化资源数字化等涉及文化资源安全的技术标准和管理标准；研究和制定关于抢救和保护物质的、非物质的文化遗产管理技术规范；研究和制定文化内容管理规范，限制多媒体、互联网等文化载体中的文化公害，保护文化环境的健康发展；研究和制定剧场、互联网上网服务营业场所、歌厅、露天演出、文化集会等公共文化活动场所的安全管理技术规范。

4. 编制文化领域急需标准。制定《文化服务术语》《公共文化服务体系分类标准》《文化设施分类标准》《文化设施通用术语》《文化信息系统标准》《文化内容数据库核心元数据》等标准。制（修）订美术馆、文化馆等文化设施建筑设计规范、质量合格检验评定标准，社区文化设施建设标准，数字图书馆技术规范；制定图书馆、美术馆、博物馆、文化馆、剧院等公共文化设施的服务规范。制定音响师、灯光师、舞台机械师、调律师、舞台美术师、录音师等执业岗位认证标准和等级评定标准。加快文化标准制（修）订速度，使制（修）订周期缩短为2年，标准寿命期缩短为5年；努力满足社会发展对文化标准的需求，逐步提高和改善文化标准的质量和适用性。

5. 以标准化推动文化艺术领域科技进步。全面推动文化艺术领域的技术标准化建设，促进我国文化艺术领域的科技进步和新产品研发。着力促进现代科学技术在文化艺术领域的创新和广泛应用，引导新兴科学技术和前沿科学技术在文化领域产、学、研各方面的广泛应用和集成创新或消化吸收再创新，推进具有自主知识产权的我国文化标准的研究制定。

6. 以标准化促进文化产业的发展。推进文化产业科学技术进步，以标准的形式推动文化产业的秩序化发展，促进文化市场的规范化管理，使我国文化产业向规模化、品牌化方向发展，提高民族文化产品的国际竞争力。

7. 通过标准化为文化法制化建设打下良好基础。加强与文化法制建设紧密相关的标准化工作，努力实现文化标准对文化法制化建设的技术支撑和保障作用，使文化标准化研究和贯彻实施真正成为文化法律法规前期研究和实践性检验的过程。研究具有我国自主知识产权的文化技术标准;建立全面、统一、公开的文化产品准入制度和评审规则;研究、制定文化经营场所的合格检验标准和验收规范,完善质量检测、检验规程;完善文化市场的分类服务标准,为贯彻文化市场法律法规提供可操作的依据和规则。

8. 加强文化标准的宣贯实施力度。通过文化标准行政主管部门出台行政法规,扩大文化标准的宣传范围和执行力度;加强文化标准的国内国际交流,广泛宣传我国文化标准化建设的意义和成果;逐步建立以推动文化标准贯彻实施为目的的认证、鉴定、检测机构,切实加强文化标准贯彻实施的措施;建立文化标准贯彻实施的奖励机制。

四、保障措施

要采取切实可行的措施,为标准化工作创造良好环境。建立以政府为主导,文化企事业单位和社会团体积极参与的文化标准建设机制;加强文化标准化组织的基础建设工作,保证文化标准化各项目标和任务的完成。加大经费支持力度。各级文化主管部门要加大公共文化安全、基础、通用、公益等行业标准的研究和制(修)订经费的财政支持,努力争取列入年度财政预算;鼓励和引导社会各界,特别是有条件的文化企事业单位出资制(修)订行业标准。加强文化标准化的推广宣传。大力加强标准化知识的普及、宣传和加大标准的宣贯工作,颁布《关于加强全国文化标准化工作的实施意见》。建立奖励机制,鼓励和调动文化企事业单位、社会团体积极参加文化标准研究制定和标准实施。激励全社会各行业的专家学者对文化标准化建设的创新。

健全文化标准化管理组织,完善文化标准化管理制度。根据文化行业的发展,逐步建立健全专业标准化组织,并加强归口管理工作。全面推动文化行业标准监督检验和认证机构的建设,加强对涉及公共文化安全的监督管理。逐步建立科学、合理的文化标准课题研究制度,努力完善课题申报、审批、审核和发行的规范化管理制度。不断培育标准研究制定的各类组织和标准化人才。

非物质文化遗产"三位一体"传承基地建设规范

（宁波市地方标准规范《非物质文化遗产"三位一体"传承基地建设规范》（DB 3302/T 1071—2016）由宁波市质量技术监督局于2016年5月9日发布，2016年6月9日实施。）

前言

本标准按GB/T 1.1—2009给出的规则起草。

本标准由宁波市文化广电新闻出版局提出与归口。

本标准主要起草单位：宁波市非物质文化遗产保护协会、宁波市文化馆、宁波市标准化研究院。

本标准起草人：汪志铭、邝菁琛、孔燕、竺蓉、李双、张一青、许可琢、李春晖、胡一俊。

1 范围

本标准规定了非物质文化遗产"三位一体"传承基地（以下简称基地）建设规范的术语和定义、基本要求、项目传承、公众传播、发展利用与运行管理。

本标准适用于市级非物质文化遗产"三位一体"传承基地的建设。

其它非物质文化遗产传承基地可参照实施。

2 术语和定义

下列术语与定义适用于本文件。

2.1 非物质文化遗产"三位一体"传承基地

非物质文化遗产保护传承的机构或平台，即通过非物质文化遗产代表性传承人的教、帮、带、传等活动，对非物质文化遗产进行保护、传承、传播和发展。

3 基本要求

3.1 组织

3.1.1 基地应建立有效的非物质文化遗产保护工作体系：
——贯彻执行国家和地方有关非物质文化遗产保护的法律、法规、方针政策；
——制定基地非物质文化遗产保护计划，明确保护宗旨、形式和内容；
——积极参加国内、国际符合项目特性的非物质文化遗产保护的活动。

3.1.2 基地应建立健全各项非物质文化遗产保护制度，逐步形成管理体系，确保各项工作符合规定的要求，包括但不限于：
——非物质文化遗产项目的引入、保护的要求；
——对非物质文化遗产经费管理与使用要求；
——对非物质文化遗产代表性传承人及其传承活动的要求；
——对非物质文化遗产项目传承、传播、宣传、推广的要求；
——对非物质文化遗产项目挖掘研究和创新发展的要求。

3.2 人员

3.2.1 基地应根据非物质文化遗产保护工作的需要配备相适应的人员，包括但不限于：
——应有非物质文化遗产项目代表性传承人；
——宜有从事非物质文化遗产资料收集、整理和研究的人员；
——应有日常管理工作人员。

3.2.2 各类人员应熟悉并能执行国家有关非物质文化遗产保护的法律、法规、方针和政策，具备与所从事非物质文化遗产保护工作相适应的专业知识和工作技能。

3.2.3 基地宜积极参与构建非物质文化遗产保护志愿服务体系，发挥志愿者自身特长，力所能及地参与非物质文化遗产保护工作。

3.2.4 基地应开展以提高工作效能、实现传承人满意为核心的教育培训，并将培训纳入到工作制度中。

3.3 经费

3.3.1 基地应采取政府投入、单位自筹等方式，多渠道筹措非物质文化遗产工作经费。

3.3.2 政府投入的工作经费应专款专用，不应挪用和侵占。

3.3.3 基地应鼓励企事业单位、社会团体和个人捐赠资助非物质文化遗产保护工作。

3.4 场所设施

3.4.1 基地的选址、建设和空间配置见附录A。

3.4.2 基地的公共设施和标识系统的设计宜融入非物质文化遗产元素和基地特色，并符合国家关于环境保护、文物保护和历史建筑等保护的相关规定。

3.4.3 基地内危险区域或地段防护设施有效，警告、警示、紧急疏散等安全标志齐全、醒目、规范。

3.4.4 基地宜配置与保护工作相适应专业设施设备及用品，且运行正常，无安全隐患；特种设施设备安全保障措施健全有效；消防、防盗等设施器材等齐全、完好、有效。

3.4.5 基地宜配备有为特定人群参与体验的服务设施。

3.4.6 基地宜有为公众提供休憩的空间与设施，有公共停车车位，内部道路布置符合人流、车流和安全疏散的要求。

注：基地空间狭小、面积有限时，可结合基地周边的公共空间或设施为公众提供休憩和停车服务。

3.5 环境

3.5.1 基地应整体保护非物质文化遗产项目所依赖的生态环境，为传承创造更为适宜的文化空间。

3.5.2 基地宜进行专门景观设计，有反映非物质文化遗产项目的文化符号，形成特色浓郁的人文环境。

3.5.3 基地宜有相适应绿化面积，主要节点和道路遍植花木，突出植物造景，改善生态质量。

3.5.4 基地宜实施亮化、美化工程，照明适度、合理，营造基地文化氛围。

4 项目传承

4.1 基本要求

基地应对非物质文化遗产实施全方位的保护和传承：
——对非物质文化遗产的文献资料（包括图片、影像等）实施档案式保护；
——对非物质文化遗产代表性制成品实施固态保存；
——通过保护传承人而对非物质文化遗产实施活态保护，实现活态传承。

4.2 调查和名录申报

4.2.1 基地应配合有关部门进行非物质文化遗产调查。

4.2.2 基地应组织实施非物质文化遗产代表性项目名录申报工作，对以下材料进行收集、整理：
——项目介绍：包括项目的历史、现状、价值以及代表性作品；
——传承情况：包括传承范围、传承谱系、传承人的技艺水平、传承活动的社会影响；
——保护要求：包括保护目标和所采取的措施、步骤、管理制度等；
——其他有助于说明项目的材料。

4.3 传承档案

4.3.1 基地应设置档案管理机构和人员，用实物、文字、图片、音视频、数字化多媒体等手段，对非物质文化遗产项目进行真实、完整的记录，建立全面、系统和立体的非物质文化遗产档案及相关数据库，包括但不限于：
——非物质文化遗产项目代表性传承人档案；
——非物质文化遗产的表现形式、代表作品档案；
——非物质文化遗产相关的生态环境、历史建筑档案；
——非物质文化遗产项目传承、传播、发展利用等活动档案。

4.3.2 非物质文化遗产项目涉及文物保护的，基地应按国家有关规定建立馆藏文物档案。

4.3.3 基地应积极参加非物质文化遗产管理动态信息系统的建设，对保护情况进行上报。

4.3.4 除依法应保密外，非物质文化遗产档案及相关数据信息应向公众公开，便于查阅和科学利用。

4.4 传承人

4.4.1 传承协议

基地应与非物质文化遗产项目代表性传承人签订协议，就传承活动进行约定，包括但不限于：
——在不违反保密制度与知识产权的前提下，提供完整的内容、技术规范、技艺要领、材料要求等非物质文化遗产资料；
——明确传承计划，落实传承任务，包括时限、范围、内容和要求；
——从事非物质文化遗产挖掘、生产、创作和研究，非物质文化遗产作品及其他智力成果的回购和提供。

4.4.2 信息管理

4.4.2.1 根据非物质文化遗产项目传承难易程度，基地宜对传承人进行评估和分类管理。

4.4.2.2 对年满70周岁以上的传承人应进行抢救性记录。

4.4.2.3 基地应收集整理传承人信息并进行动态更新，内容包括但不限于：
——传承人基础信息，包括年龄、性别、健康状况、文化程度、职业、工作单位等；
——该项目的传承谱系以及传承人的学习与实践经历；
——传承人的技艺特点、成就及相关证明材料；
——传承人持有该项目的相关实物、资料；
——传承人参加非遗活动的文字资料和照片；
——其他有助于说明传承人代表性的材料。

4.4.3 保护服务

4.4.3.1 基地应树立服务传承人的意识，联合政府、社会、媒体、志愿者等多方资源，为传承人提供保护服务。

4.4.3.2 基地应向传承人宣传国家法律法规、方针政策及有关文件精神，做好引导、教育和贯彻实施工作。

4.4.3.3 基地应定期走访传承人，掌握传承人的健康状况和生活生产情况，帮助落实有关帮扶、补助、补贴等政策措施，开展技能培训、法律帮助、金融服务以及生活照料、医疗保健、社会保障等服务。

4.4.3.4 基地应主动听取传承人建议和意见，掌握传承工作中遇到的困难，为传承人提供支持：
——资助授徒传艺或教育培训活动；
——提供必要的传承活动场所；
——协助有关资料的整理、出版；
——支持参与社会公益性活动；
——提供展演展示、宣传推广及其他有利于项目传承的帮助。

4.4.3.5 基地应加强传承人信息跟踪，及时向有关部门上报传承人的传承活动、健康状况及其他情况。

4.5 传承谱系

4.5.1 基地应协助传承人建立和完善传承谱系，形成"老中青三结合"的传承梯队。

4.5.2 基地应协助传承人遴选后继人才。

4.5.3 对于收徒确有困难的，基地应协助培养后继人才，向传承人推荐选用。

4.5.4 基地应建立鼓励年轻人学习传统技艺的有关措施，吸引他们关注和参与非物质文化遗产传承活动，为非物质文化遗产项目储备后继人才。

4.5.5 基地应对传承谱系进行动态管理，对传承梯队建设情况进行跟踪和预警。

4.5.6 基地应协助或指导传承人和学徒签订传习协议，并对协议的实施情况进行跟踪和管理。

4.6 传习

4.6.1 基地应指导和支持传承人开展传习活动，确保：
——传承人采取收徒、办学等方式，亲自参与或指导非物质文化遗产的活态传承；
——传承人将所在地本行业中最优秀的传统技术与技艺，以及自己所知道的相关知识与技能，原汁原味地传授；
——传承人恢复前辈传承的传统技艺或作品；
——传承人每年有传统产品、内容的生产或实践活动。

4.6.2 基地应指导和支持传承人建立稳定、持续的非物质文化遗产传习机制，包括但不限于：
——制定教学计划或方案；
——编写教学大纲、教材；
——形成固定的传习场地和时间。

4.6.3 基地应对传承人的传习内容进行定期认定、定期收集、定期整理、定期考核，通过文字、图片、音视频、数字化多媒体等方式进行保存。

4.6.4 在不影响活态传承的情况下，基地宜对非物质文化遗产项目代表性传承人的代表作、制成品和相关工具等进行定期收购或征集。

4.6.5 基地应建立学徒激励机制，定期对学徒考核，鼓励其学习、掌握传统技艺。

5 公众传播

5.1 基本要求

5.1.1 开展各类传播活动时，应制定相应的活动方案或指南，内容简明扼要，可操作性强。

5.1.2 活动时间安排灵活，形式多样，特色鲜明，具有较高的综合满意度和社会美誉度。

5.2 宣传推广

5.2.1 基地应通过公众媒体平台以及微博、微信、互联网客户端等多种渠道，开展非物质文化遗产保护的政策咨询，向公众积极宣传非遗知识、非遗理念、非物质文化遗产项目和代表性传承人。

5.2.2 基地应有非物质文化遗产专题宣传设施，内容定时更新。

5.2.3 基地应定期发放非遗普及读物，包括但不限于公开出版物、内部刊物、宣传资料等。

5.3 展馆开放

5.3.1 开放活动应在保护的前提下进行，并严格禁止可能造成重大安全事故的活动。

5.3.2 开放的内容应符合5.4的规定，每年更新展品（包括展演展示活动照片）比例宜不低于10%。

5.3.3 开放时应确保展品完整呈现，观感达到良好效果。

5.3.4 开放活动应满足以下要求：
——免费开放；
——公开开放时间，宜错时开放（如公共假期开放等）；
——设有专门的接待部门和人员；
——配备与开放相适应的展陈形式、展示手段和保护设施设备及用品；

——合理设计开放路线，可采用人工讲解、语音导览和自由参观等方式进行。

5.4 展示展演

5.4.1 固态展示和活态展演相结合，推动非物质文化遗产项目的传播。

5.4.2 固态展示可采用实物、文字、图片、音视频、数字化多媒体等形式开展，活态展演可采用舞台表演、工艺展示、作品创作等形式开展。

5.4.3 展示展演内容包括但不限于：
——项目的起源和发展史；
——项目传承人（群体）及其（专业）传承体系；
——行业知识、表演艺术（如场地与道具、表演内容、风格与特点）、传统工艺（如选料、工具、工序）、节日仪式（如仪式组织、流程、节日功能）等；
——项目表现题材、艺术技巧及代表性的艺术成就（成果）；
——与时代特征相融合的发展现状，挖掘传承、研究、创新研发等。

5.4.4 以基地固定场所展示展演为基础，组织或支持传承人进社区（村）、进学校、进单位、进景区（点），开展巡展巡演巡讲等活动。

5.4.5 在非物质文化遗产日期间，以及国家和地方各类文化活动、民间传统节庆期间，基地应组织或支持传承人开展或参与各种非物质文化遗产活动。

5.4.6 展示展演活动应有完善的应急处理机制，反应迅速，运行到位。

5.5 教育培训和对外交流

5.5.1 基地应组织或支持传承人通过讲座、教学、培训班等形式向社会开展各类非物质文化遗产教育培训活动。

5.5.2 基地应建立对外交流沟通渠道，搭建交流平台，组织或支持传承人参与：
——相关知名艺术节或国内外主流展览场所进行展示展演活动；
——非物质文化遗产项目推介推广活动；
——非物质文化遗产项目相关的公益活动、志愿者活动等。

6 发展利用

6.1 创新研究

做好非物质文化遗产的挖掘利用工作，为创造新文学、新艺术、新科学、新技术积累资源、提供参考和基本素材，包括但不限于：
——根据非物质文化遗产项目特点，组建或引入专家指导组；
——开展非物质文化遗产课题研究、学术交流与出版；
——开展非物质文化遗产的原始文献、典籍、资料等的整理、翻译、出版和研究工作。

6.2 合理利用

6.2.1 在有效保护的基础上，基地应组织或支持传承人合理利用非物质文化遗产项目，开发具有非物质文化遗产元素和市场潜力的文化产品：

——在传统技艺、传统美术、传统医药等领域，推动当地特色产业与非物质文化遗产项目融合发展，推动非遗生产性保护；

——推动商旅与非物质文化遗产项目的融合发展，通过开发非遗旅游产品、设计纪念品、礼品、在重点旅游景区（点）设置非遗展销厅等，推动非遗衍生品走向市场。

6.2.2 基地应支持传承人与文化创意、制作、经纪、营销机构合作，利用其人才、技术、资金和营销渠道，开展市场营销，扩大非物质文化遗产项目的影响力。

7 运行管理

7.1 安全管理

7.1.1 认真执行各项安全法规，无重大消防、质量、卫生、安全责任事故。组织或参加外出开展活动时，应根据现场的实际情况落实相关安全措施，确保无责任事故发生。

7.1.2 安全制度健全，人员配置合理，公共秩序稳定，治安状况良好。

7.1.3 高峰期和特殊时段以及人数过多、过频和过密的区域，应有健全的安全措施或预案，实施有效。

7.1.4 有突发事件、群体性事件等应急处理预案，措施有效，相关档案记录完整、准确。

7.2 卫生管理

7.2.1 基地环境优美、空气清新、舒适宜人，特色浓郁。

7.2.2 干净整洁，无乱堆、乱放、乱建现象。

7.2.3 垃圾分类回收，集中收集、清理，不留陈垃圾，不乱堆放，不就地焚烧或掩埋。

7.2.4 公共卫生间应无明显异味，无明显污垢、污渍，无积水，无乱写乱画，相关物品摆放整齐规范。

7.3 质量管理

7.3.1 主动接受社会监督，有信息反馈渠道。

7.3.2 诚恳对待投诉，存有完整的投诉记录、处理意见和反馈意见。

7.3.3 通过多种方式，定期收集和分析来自各方面的服务质量信息，不断改进服务质量。

附录 A
（规范性附录）
基地的选址、建设和空间配置

A1 选址

A1.1 在保护非物质文化遗产项目原生态环境的基础上，宜选择在可达性强、位置适中、环境及地质条件良好的地方。

A1.2 宜有独用的场地。当与其他合用时，应便于使用和管理。

A2 建设

A2.1 建设应充分利用原生态的生产和生活资料，开发建设过程中有效保护生态环境、文物、历史建筑、传统民俗等自然资源、人文资源，符合国家和地方有关环境保护、安全卫生、节约用地、节约能源、节约用水、节约材料的规定。

A2.2 建设规模应符合非物质文化遗产保护的基本情况、合理需求和发展趋势。

A2.3 建设时可与相关公共设施联合建设，将分散在教育、体育、科技、工会、共青团、妇联、文联、旅游等不同部门的公共服务资源和项目进行有效整合，促进各项相关活动的开展。

A3 场地和空间配置

A3.1 建筑与场地、内部空间与外部空间的功能配置，应满足非物质文化遗产保护的需要，包括但不限于表 A.1 规定场地。

表 A.1

场地	要求
工作室	为非遗传承人配置的创意生产和工作的空间。
传承活动场地	满足专业传承活动，以及必要的研究、生产、体验等多种用途的使用。
展示场地	——包括展馆、陈列室或展廊等； ——宜有较好的采光条件，可利用自然光必要时辅以局部照明，宜避免炫光和直射光； ——展廊可以用建筑物的走廊，也可利用开放式走廊或露天场地。

（续上表）

场地	要求
展演场地	——宜设计为多功能厅，以满足演出、集会、庆典等多种实用要求； ——如遇大、中型活动，可在其他公共设施中进行，也可利用露天场地举办； ——表演艺术类宜设置固定舞台，也可以根据实际需要设置活动舞台，综合利用活动空间。
室外活动场地	设置相应体量室外活动场地，或与其他公共服务设施合用，开展适宜的文化或休闲活动。
注：各类场地可根据其建设规模、项目特色和功能需求合理配置必需的专用设施设备及用品。	

A3.2 基地可根据自身承担的职能、任务以及工作特色，可对其各项活动场地或空间的使用面积比例进行调整。各类活动使用面积总和应不少于场所总使用面积的80%。

A3.3 功能分区应明确，空间宜考虑一室多用或多室组合使用的灵活性以及经营管理的独立性。

A3.4 对于有大量公众参与又相对集中的使用空间，如展馆、专业传承活动室等，宜设在建筑的地面首层或交通方便的部位。

A3.5 有儿童、老年人、残疾人活动的用房宜布置在建筑的地面首层，并设置无障碍设施。

芜湖铁画保护和发展条例

(2016年9月30日芜湖市第十五届人民代表大会常务委员会第三十次会议通过 2016年11月10日安徽省第十二届人民代表大会常务委员会第三十四次会议批准)

第一章 总则

第一条 为了继承和弘扬优秀传统文化,加强对芜湖铁画的保护和传承,促进芜湖铁画的创新与发展,根据有关法律、行政法规,结合本市实际,制定本条例。

第二条 本条例适用于本市行政区域内芜湖铁画的保护、传承、创新和发展等活动。

第三条 本条例所称芜湖铁画,是指始创并根植于芜湖,经三百多年的传承和发展,以铁为主要原料,通过剪、叠、錾、锻、铆、焊、锉等多道工艺手工制作,其锻制技艺已列入国家级非物质文化遗产名录的传统工艺美术品。

以铁或者其他金属为主要原料,兼收芜湖铁画锻制技艺制作的现代工艺美术品,适用本条例的有关规定。

第四条 芜湖铁画的保护和发展,应当坚持保护为主、合理利用、创新发展的原则。

第五条 市和有关县(区)人民政府应当将芜湖铁画保护和发展工作纳入本级国民经济和社会发展规划。

市和有关县(区)人民政府应当设立芜湖铁画保护和发展专项资金,用于芜湖铁画珍品及相关实物和资料的收购、传承与展示场所的建设和维护、锻制技艺的传习以及制作人员的补助等事项。

第六条 市和有关县(区)人民政府文化主管部门负责本行政区域内芜湖铁画的保护和发展工作。

市和有关县(区)人民政府工业经济行政主管部门和其他有关部门在各自职责范围内,负责芜湖铁画保护和发展的相关工作。

第七条 芜湖铁画行业促进机构是保护和发展芜湖铁画的社会团体法人,依法开展芜湖铁画的保护和发展工作。

市和有关县(区)人民政府文化主管部门、工业经济行政主管部门可以委托本行政区域内的芜湖铁画行业促进机构办理有关芜湖铁画保护和发展的具体事务。

第八条 鼓励和支持公民、法人和其他组织参与芜湖铁画的保护和发展工作。

任何组织和个人对危害芜湖铁画保护和发展的行为有权举报。

第九条 对在芜湖铁画保护和发展工作中做出显著贡献的组织和个人,按照国家和省有关规定予以表彰、奖励。

第二章 保护与传承

第十条 市人民政府文化主管部门应当做好芜湖铁画锻制技艺本级代表性传承人的认定工作。

第十一条 市和有关县(区)人民政府文化主管部门应当采取下列措施,鼓励、支持芜湖铁画锻制技艺代表性传承人开展传承与传播活动:

(一) 建立芜湖铁画传习基地,作为代表性传承人的传承场所;

(二) 采取助学、奖学等方式,资助代表性传承人的学徒学习技艺;

(三) 资助代表性传承人整理、出版芜湖铁画锻制技艺资料;

(四) 支持代表性传承人开展芜湖铁画锻制技艺讲座、交流、研讨等活动;

(五) 支持代表性传承人参与芜湖铁画锻制技艺的展示、传播等社会公益性活动;

(六) 支持代表性传承人开展传承与传播活动的其他措施。

第十二条 对长期从事芜湖铁画制作且技艺精湛、成就显著的人员,由芜湖铁画行业促进机构组织评审,可以授予芜湖铁画大师称号。

第十三条 对芜湖铁画锻制技艺代表性传承人以及参与芜湖铁画锻制技艺传承工作的中国工艺美术大师、安徽省工艺美术大师和芜湖铁画大师,市和有关县(区)人民政府应当给予相应的补助。

依照前款规定获得补助的人员应当履行下列义务:

(一) 传授芜湖铁画锻制技艺,培养后继人才;

(二) 收集、整理和保存与芜湖铁画锻制技艺相关的实物、资料;

(三) 参加与芜湖铁画保护和发展有关的公益性宣传。

第十四条 市人民政府文化主管部门应当建立芜湖铁画样稿版权数据库和芜湖铁画原创作品、首发作品以及各类获奖作品数据库,开放数据库中可以公开的信息,供公众查阅。

市人民政府文化主管部门开展数据库信息采集工作,芜湖铁画作品的著作权人应当予以配合。

鼓励和引导芜湖铁画作品的著作权人利用数据库信息依法维权或者开展版权交易。

第十五条 市人民政府文化主管部门应当会同工业经济行政主管部门,将被命名为中国工艺美术珍品和被认定为安徽省工艺美术珍品的芜湖铁画作品以及其他具有代表性的芜湖铁画优秀作品认定为芜湖铁画珍品,并建立芜湖铁画珍品名录,向社会公布。

市和有关县（区）人民政府文化主管部门和工业经济行政主管部门可以按照自愿、公平的原则，征集、收购芜湖铁画珍品及相关实物、资料。

第十六条　市人民政府应当支持设立芜湖铁画博物馆，收藏、展示芜湖铁画珍品及相关实物、资料，宣传芜湖铁画的历史。

芜湖市博物馆等相关公共文化机构应当设立芜湖铁画展示厅，用于芜湖铁画的宣传和展示。

鼓励公民、法人和其他组织设立芜湖铁画收藏、展示场馆，市和有关县（区）人民政府应当在资金、场地等方面予以扶持。

第十七条　市和有关县（区）人民政府文化主管部门应当搜集、整理并保存与芜湖铁画相关的原始文献、资料，编辑、出版芜湖铁画名家名作、名人名画选集。

鼓励和支持公民、法人和其他组织编辑、出版芜湖铁画历代优秀作品图文集，创作反映芜湖铁画历史文化、艺术人物的文化艺术作品。

第十八条　市和有关县（区）人民政府应当保护、恢复或者修建反映芜湖铁画历史、体现芜湖铁画特色且与芜湖铁画锻制技艺直接关联的建筑物、场所、遗迹及其附属物，具备条件的应当免费向公众开放。

第十九条　市人民政府教育主管部门应当组织编写芜湖铁画知识读本，并纳入全市中小学的素质教育内容。

鼓励和支持本市行政区域内的高等院校和中等职业学校设置与芜湖铁画相关的专业和课程，与芜湖铁画生产企业联合建立芜湖铁画人才实训基地，培养芜湖铁画专业人才。

第二十条　市和各县（区）人民政府应当结合节庆、民俗等文化活动，宣传或者展示芜湖铁画。

市和各县（区）人民政府有关部门应当利用广场、公园、景区、特色街区、公交车站和公益广告牌等公共场所和公共设施，宣传或者展示芜湖铁画。

新闻媒体应当开展芜湖铁画的宣传活动。

第二十一条　任何组织和个人不得实施下列行为：

（一）盗窃、损毁博物馆等公共文化机构或者其他公共场所展示的芜湖铁画及相关实物、资料；

（二）侵占、破坏与芜湖铁画锻制技艺直接关联的建筑物、场所、遗迹及其附属物；

（三）危害芜湖铁画保护与传承的其他行为。

第三章　创新与发展

第二十二条　市和有关县（区）人民政府文化主管部门、工业经济行政主管部门应当定期举办芜湖铁画创新成果展览和创意设计竞赛，为芜湖铁画的创新与发展提供服务平台。

第二十三条　芜湖铁画行业促进机构应当组织芜湖铁画企业和芜湖铁画制作人员参加国

内外工艺美术、文化艺术博览会。

第二十四条　对芜湖铁画产业园、产业集群和产品集聚地的建设，市和有关县（区）人民政府应当在项目、资金等方面予以扶持。

第二十五条　芜湖铁画锻制技艺代表性传承人、芜湖铁画大师和从事芜湖铁画制作的工艺美术大师创办企业或者建立个人工作室的，享受市和有关县（区）人民政府的创业扶持政策。

第二十六条　鼓励芜湖铁画生产企业在继承传统工艺的基础上研发新品种、新工艺，开发芜湖铁画衍生品、宣传品和适应现代生活需求的工艺美术品，市和有关县（区）人民政府应当在资金、技术服务等方面予以扶持。

第二十七条　市和有关县（区）人民政府应当培育和发展芜湖铁画艺术品收藏和拍卖市场。

鼓励公民、法人和其他组织开展芜湖铁画艺术品评介、鉴赏和收藏活动。

鼓励拍卖企业举办芜湖铁画艺术品拍卖会。

第二十八条　市人民政府旅游主管部门应当将具备参观条件的芜湖铁画生产、经营场所纳入工业旅游示范点。

鼓励芜湖铁画企业与旅游企业合作，开发、制作旅游工艺品，向旅游者宣传、介绍芜湖铁画。

第二十九条　市人民政府工商行政管理部门应当指导有关组织申请注册芜湖铁画地理标志证明商标或者集体商标，并引导符合条件的企业使用芜湖铁画地理标志证明商标或者集体商标。

鼓励芜湖铁画企业申请注册商标。

第三十条　市和有关县（区）人民政府管理专利工作的部门应当指导公民、法人或者其他组织申请与芜湖铁画相关的专利。

第三十一条　市和有关县（区）人民政府标准化行政主管部门、工业经济行政主管部门以及芜湖铁画行业促进机构应当推动芜湖铁画产品各类标准的制定。

鼓励芜湖铁画生产企业申请企业质量体系认证和产品质量认证，市和有关县（区）人民政府产品质量监督部门应当给予支持和指导。

第三十二条　芜湖铁画企业和其他企业合理利用芜湖铁画锻制技艺、开展创新与发展活动的，依法享受国家和省规定的税收、信贷、行政事业性收费等方面的优惠待遇。

第三十三条　芜湖铁画生产、经营活动中禁止下列行为：

（一）侵犯芜湖铁画相关权利人的知识产权；

（二）侵害芜湖铁画经营者权益的不正当竞争行为；

（三）妨害芜湖铁画创新与发展的其他行为。

第四章　法律责任

第三十四条　芜湖铁画制作人员在申报市级或者县级芜湖铁画锻制技艺代表性传承人过程中弄虚作假的，由认定机关撤销对代表性传承人的认定，并责令退还依照本条例给予的补助。

第三十五条　芜湖铁画锻制技艺代表性传承人以及参与芜湖铁画锻制技艺传承工作的中国工艺美术大师、安徽省工艺美术大师和芜湖铁画大师不履行本条例第十三条第二款规定义务的，由市或者有关县（区）人民政府停发依照本条例给予的补助。

第三十六条　违反本条例第二十一条、第三十三条规定，由有关部门依照有关法律、法规的规定给予行政处罚；构成犯罪的，依法追究刑事责任。

第三十七条　国有博物馆等公共文化机构未妥善保管其收藏、展示的芜湖铁画及相关实物、资料，造成损毁或者流失的，对直接负责的主管人员和其他直接责任人员依法给予处分；构成犯罪的，依法追究刑事责任。

第三十八条　文化主管部门、工业经济行政主管部门、其他有关部门及其工作人员违反本条例规定，在芜湖铁画保护和发展工作中玩忽职守、滥用职权、徇私舞弊的，对直接负责的主管人员和其他直接责任人员依法给予处分；构成犯罪的，依法追究刑事责任。

第五章　附则

第三十九条　市人民政府可以依照本条例制定实施办法。

本条例所称有关县（区），是指镜湖区以及由市人民政府确定的与芜湖铁画相关的县或者区。

第四十条　本条例自 2017 年 1 月 1 日起施行。

景德镇传统制瓷工艺

（江西省地方标准《景德镇传统制瓷工艺》（DB 36/ T 926—2016）由江西省质量技术监督局于 2016 年 9 月 28 日发布，2016 年 12 月 1 日实施。）

前言

本标准根据 GB/T 1.1—2009《标准化工作导则 第 1 部分：标准的结构和编写》给出的规则编写。

本标准由景德镇市市场和质量监督管理局提出并归口。

本标准由景德镇市古窑民俗旅游有限公司、景德镇陶瓷历史博览区管理处、江西省标准化研究院共同起草。

本标准主要起草人：周荣林、蔡妤荻、上官新会、洪玲、毛炜翔、杨新。

引言

为了更好地传承景德镇传统制瓷工艺，需要对其进行标准化。制定并实施景德镇传统制瓷工艺标准，有利于保护传承国家级非物质文化遗产，有利于规范仿古瓷市场，维护旅游景区仿古工艺瓷市场秩序，有利于保护消费者的合法权益。

本标准所指的制瓷工艺是景德镇从东汉时期到近代民国末这一时期的制瓷工艺，其工艺的主要特征是：瓷器制作使用传统原料，手工成型，手工装饰和柴窑烧成。

本标准的制定依据：景德镇市人民政府《关于同意公布景德镇市第一批非物质文化遗产名录的批复》（景府字〔2007〕50 号）文件，景德镇市文化局和景德镇陶瓷文化遗产研究保护中心相关申报文件；参考了古代部分相关的传统制瓷工艺文献；结合了景德镇古窑民俗博览区手工制瓷作坊和柴窑窑场生产线的操作工艺；征求了相关专家和单位的意见。

1 范围

本标准规定景德镇传统制瓷术语和定义、工艺流程、传统窑炉、判断依据。
本标准适用于景德镇传统制瓷工艺陶瓷制品的生产、宣传和销售。

2 术语和定义

以下术语和定义适用于本文件。

2.1 制瓷原材料工艺相关术语和定义

2.1.1 瓷土
用于制作瓷器的粘土原料，也指瓷石经过粉碎后所得的粉状料。

2.1.2 瓷石
制瓷用的一种石质原料。主要由石英、长石、绢云母和高岭石组成，并含少量蒙脱石或多水高岭石等。瓷石具有可塑性，以及干燥强度大、收缩率高、焙烧后色白等特性。

2.1.3 高岭土
一种主要由高岭石（或多水高岭石、地开石、珍珠陶土）组成的软质粘土。因首先发现于景德镇高岭村并传至海外而得名，后来国际上对这类特殊的粘土都称为"高岭"，成为国际通用名词。
注：景德镇使用的高岭，有明砂高岭土（又称东港高岭）、星子高岭土和临川高岭土多种。

2.1.4 不子
瓷石粉碎淘净后，制成砖状的泥块。这种泥块俗称"不子"或"白不子"。
注："不子"读音为读"dūn zi"。

2.1.5 滑石子
一种产于江西临川的高岭土，质地较纯。《景德镇陶录》载，滑石子与不子配合制作器胎。这种滑石子与非金属矿物原料的"滑石"无关。

2.1.6 下脚料
作坊内制坯余土、晒架塘沉泥、脚板踩踏过的泥料、破坯屑等，点滴收集起来，加工成为制坯原料，俗称"下脚料"。

2.1.7 釉果
制釉用的瓷石亦称釉石，与坯用瓷石相近，主要矿物成分为绢云母、石英和长石等，具有较瓷石稍低的熔融温度，熔融物具有良好的透明度。将釉石舂细淘净，制成砖状不子，俗称"釉果"。

2.1.8 釉灰

明代称炼灰,清代以来称釉灰或灰。是景德镇配制瓷釉的原料。它将石灰石与凤尾草或狼鸡草等相间堆叠燃烧而成。主要成份为碳酸钙,并含有少量的石英和钾、钠化合物,这是头灰。淘洗后的头灰再经陈腐、研磨、淘漂即为釉灰渣,是称二灰。其氧化钙成分含于釉灰,以陈为佳。

2.1.9 珠明料

又名叫珠子,国产青料名。矿土主要产于云南宣威、会泽、宜良等县。经选洗、煅烧,然后粉碎、磨细,加水和匀成为青花颜料供绘瓷用。约清嘉庆年间开始使用,以后逐渐成为主要青料。

2.1.10 玻璃白

陶瓷粉彩用颜料。玻璃白是含铅化合物,主要组分是硅酸铅、硅酸钾玻璃,系填粉彩用的不透明的色料,呈不透明白色。由红丹、石英、硝酸钾、氧化砷配制而成。多用作花头和人物服装的洗染的底色。也可用于配色。

2.1.11 樟脑油

润瓷笔作画的油料。还有老油、乳香油,可按颜色调成胶状使用。

2.2 成型工艺相关术语和定义

2.2.1 坯房

手工制瓷成型的作坊。

2.2.2 辘轳车

作坯胎的设备,做坯的叫琢车、利坯的叫利车、挖坯的叫挖车。

注:上面是一木质圆盘,中间为一圆木轴,一头插入地下,一头顶着圆盘。用的时候,将原料泥土放在圆盘中央,手拿木棒推动圆盘旋转,然后利用惯力手工使之成形。20世纪50年代有电动辘轳车,后又发展为机压成型。

2.2.3 晒架

坯房院中,露天搭建的晒坯架子,专供晒坯之用。坯胎定性后,将其排放在坯板上面,再放到晒架上让日光照晒,使之干燥。

2.2.4 晒架塘

系晒架之下挖设的水塘,为淘洗原料提供用水,塘中沉淀的泥料可回收利用。

2.2.5 淘桶

坯房淘洗泥料的木桶。原料不子放在淘桶中淘练,常以两只圆形的淘桶和一只椭圆形的淘桶组成一组配合使用。

2.2.6 泥锅

俗称"耳锅",为铁制双耳圆锅,双耳中间的曲形木棍梁是提锅的把手。系淘泥时的用具。

2.2.7 码头

做坯、印坯、利合坯工人,在做工时,都要将一个木制的架子放在身旁,以便放坯板与成坯,这个架子,叫做码头。

2.2.8　平架

坯房正间内落地靠墙的坯架。一般为五层,用于坯体的存放、保湿、防冻和烘干。

2.2.9　坯

也叫坯体、坯胎。它是瓷泥经过手工成型后未经窑火烧成瓷器的物体。可按其施釉与否分为釉坯和素坯,还可按其是否烧成分为素烧坯和生坯。

2.2.10　毛坯

瓷泥经过手工拉坯制成坯胎雏形,还未进行定形的坯。

2.2.11　头坯

毛坯印了一次,初步成形的坯。

2.2.12　初修坯

经过坯刀修整一次的头坯,又叫"头道"。

2.2.13　精修坯

经过修整两次的坯胎,又叫"两道"。

2.2.14　圆器

是指在辘轳车上一次拉坯成形的器物,如碗、盘、碟等。

2.2.15　琢器

是指不能完全依靠辘轳车一次拉坯成形的器物,如瓶、钵、缸、罐、盆等。其中的方形器、棱角器还要用刀裁好泥块,用原泥调和粘合。

2.2.16　脱胎

指明代永乐年间创造出来的一种薄胎瓷。脱胎是形容瓷器的胎极薄,似乎纯以釉汁制成。

2.2.17　灰可器

灰器与可器的合称,又称"灰渣器",属粗瓷饭碗。常用头灰和陈湾釉果配釉,在槎窑烧成或在柴窑低温区烧成。好的灰器不掺渣泥,可器掺渣泥,质地比灰器差。

2.2.18　大件

瓷器中的大型器物,如大瓶、大缸、大盆等。

2.2.19　粉定

琢器制品中的上等品。它的胎质薄,色如粉玉,故得名。原出品于河北定州,叫做北定。宋室南渡后,景德镇仿造,叫南定。

2.2.20　玲珑器

坯体透雕后洞眼补釉的瓷器。如花纹由呈米粒状的玲珑眼拼缀而成,则称"米花"或"米通"。

2.2.21　雕镶

琢器类瓷器,凡不能由辘轳车成形的方形或多角形器物,而是用手工粘镶、刀子雕刻的瓷器,均属此类。

2.2.22 浮雕
就是在坯体上先雕好各种凸起外浮的形象画面，再行烧炼。

2.2.23 堆雕
先在坯上画好画面，然后按装饰设计，用毛笔把泥浆堆上去、再行烧炼。

2.2.24 寸
计算瓷盘、瓷板大小的单位，如七寸、八寸等。是传统的俗成单位，与现行标准计量单位不同。

2.2.25 件
计算瓷缸、瓷瓶大小的单位，如三百件、五百件、千件、万件等。是传统的俗成单位，并因器物形状而异。

2.3 装饰工艺相关术语和定义

2.3.1 彩绘
用特制的颜料，在坯胎或白胎瓷器上画出花纹装饰，这个工艺过程，称为"彩绘"。

2.3.2 釉下彩
指在坯胎上彩绘，再上一层无色透明釉，在1300℃左右的高温一次性烧成。其特点是彩在釉下，永不褪脱，不易磨损，色泽鲜艳，无铅无毒。包括青花、釉里红、釉下三彩、釉下五彩、釉下褐彩等。元明清时期，景德镇青花是釉下彩的最成功制作。

2.3.3 釉上彩
也叫炉彩。指在已烧成的瓷器上用彩料进行彩绘，并在烧炉中以750℃到900℃左右的温度烤烧而成。因彩在釉上，有凸起的感觉。釉上彩包括釉上红彩、宋加彩、五彩、珐琅彩、粉彩、墨彩等。

2.3.4 斗彩
也叫逗彩。指釉下青花和釉上彩相结合的彩瓷工艺。明宣德时出现釉下青花和釉上红彩结合的工艺。真正的斗彩始于明成化时期。先在坯胎上用青花料描写图形，施透明釉高温烧成，再在釉上彩绘，然后烤烧完成。

2.3.5 古彩
即康熙五彩。景德镇制瓷业称之为古彩。康熙五彩的重大突破是发明了釉上蓝彩和黑彩，改变了明代以釉下、釉上彩相结合的青花五彩占主流地位的局面。古彩是用单线平涂的方法，即用各种简练而刚劲的线条勾成纹饰轮廓，然后在线框内不分阴阳地平涂颜色。其色彩鲜明，对比强烈，但因其不如粉彩那样有柔软感，故又叫硬彩。

2.3.6 珐琅彩
珐琅彩瓷器是清宫廷御用器，又称"瓷胎画珐琅器"。康熙时创烧，是在明代"景泰蓝"制作工艺的影响下移植、演化而成的彩瓷装饰技术。先在景德镇烧成涩胎瓷或白釉瓷，然后彩绘烧成。所用彩料在雍正六年（公元1728年）以前，均为进口的珐琅料。以后珐琅彩由宫廷自制。珐琅彩瓷的彩色、绘画、款式皆同于"康熙御制"款的铜胎珐琅彩器。雍正、乾隆时期，绘制愈加精巧，工艺也更趋精湛。

2.3.7 粉彩

也叫软彩。它创于康熙，盛于雍正，是在明清五彩的基础上和珐琅彩的影响下创制出来的。其制作是勾画轮廓后，先填一层"玻璃白"，再用其它色料进行描绘。由于"玻璃白"中有砷化物作为乳浊剂，所以烤烧后给人以"粉"的感觉，故被后人称为"粉彩"。所使用的颜料种类很多，每种颜色都有丰富的层次，柔和俊雅。

2.3.8 新彩

近代发展起来的一种釉上彩装饰。旧称"洋彩"，1949年后改称新彩，生产中也习称新花。其手工绘画特点为：不采用古彩、粉彩的勾线填色法，而用笔蘸取色料在瓷面上直接作画，表现技法和风格与水彩画相近。色彩种类丰富，品种繁多，发色稳定，呈色光亮。

2.3.9 镶金

在瓷画上画金色线箍。也是一个工序、工种。

2.3.10 斗方

又名"起堂子""开光"。在器物上留出某种形状的空间，如圆形、菱形、扁形等，内绘主纹，外为辅纹或色地。

2.3.11 边脚

指瓷器上口与底脚的图案。如回纹边，寿字脚，如意边等。

2.3.12 涩胎

指已烧成但未上釉的瓷器。

2.3.13 素胎

即上釉后烧成的白色瓷胎。

2.3.14 单料

是粉彩装饰专画线条的瓷用毛笔名称。

2.3.15 双料

粉彩装饰瓷用毛笔名称。多用于写字。

2.3.16 料半

粉彩装饰瓷用毛笔名称。用来绘画介于粗细之间的线条。

2.3.17 分水笔

青花装饰中的瓷用毛笔名称。用来分水，使青花画面表现出如水墨画一般的浓浅层次。

2.4 烧成工艺相关术语和定义

2.4.1 窑房

是烧炼瓷坯的场所。景德镇的窑房为砖木结构，用的木料是弯曲的杂木。前面为两层，上存窑柴，下面放匣钵和坯。窑炉位于窑房后部。

2.4.2 窑

一般指窑炉。是陶瓷坯体进行焙烧使之符合使用和外观要求的一种设备。其类型颇多，有横穴窑、竖穴窑、馒头窑、龙窑、阶级窑、葫芦窑、蛋形窑、狮子窑多种。此外，还指陶瓷生产的窑场或窑器。

2.4.3 窑室

又称窑弄，即窑炉内码放装有坯胎的匣钵之处。

2.4.4 柴窑

指用松柴为燃料，主要烧制细瓷的瓷窑。与用槎柴（杂枝柴）为燃料，主要烧制粗瓷的槎窑相区别。

2.4.5 窑柴

将松木锯成一尺左右的木段，再将它劈开，是烧柴窑的专用燃料。因为在山区这种柴多利用溪水流放运输，故以前又叫"水柴"。

注：窑柴的规格名称，分为天字号、地字号。天字号又叫"斧片"，即将直径1—2尺的松木，劈成长1尺，厚2寸的松柴；地字号，又叫"开片"，是将5—9寸直径松木锯劈成的松柴。还有一种叫鹿子，即用不满5寸直径的松树或树梢、松枝锯成的松柴。

2.4.6 槎窑

因其燃料用槎柴（即杂木枝柴），故名槎窑。因其外形象狮子，又称"狮子窑"。

2.4.7 槎柴

烧槎窑的燃料，是山上的松枝杂木。因主要用船运输，所以也称为"船柴"。

2.4.8 溜火

烧窑点火后的第一个时段，烧慢火，拖长低温时间，叫烧溜火。让水气慢慢蒸发，是保证瓷器成色漂亮的工艺要求之一。

2.4.9 紧火

溜火之后，逐步转入高温，火力要加大，故名紧火，又叫"赶余堂"。

2.4.10 闭火

烧窑到一定程度时，判断瓷器烧成，即停止烧柴，又名"歇火"。

2.4.11 把桩

柴窑工种名称。把桩师傅是全窑的生产指挥者，对烧窑技术全部通晓，又叫"火头"。

2.4.12 驮坯

柴窑工种名称。负责满窑、烧窑（上半夜）及调配全窑装坯数量，因为要亲自上坯厂引坯到窑场烧，故名"驮坯"。

2.4.13 架表

柴窑工种名称。负责满窑、砌炉栅，领班烧下半夜窑。因为负责窑内每柱匣顶上一层匣钵的满放，故名"架表"。

2.4.14 收兜脚

柴窑工种名称。通常设两人，分别担任驮坯和架表的助手。开窑匣钵全部搬出后，把最下一层的匣钵（兜脚）收出来，叫做收兜脚。

2.4.15 小火手

柴窑工种名称。接近出师的技艺学徒。满师后,还要再见习一年,在这一年中,还要兼顾窑厂一些杂事。

2.4.16 打杂

柴窑工种名称。负责挖泥巴、准备烧窑材料等工作的人员。

2.4.17 三夫半

柴窑学徒工种名称。负责把窑柴从楼上运到火门口,兼协助挖兜脚的事,因为比一般徒弟技术要高些,叫三夫半。

2.4.18 二夫半

柴窑学徒工种名称。工作与三夫半同,技术、工钱比三夫半低,故叫二夫半。

2.4.19 一夫半

柴窑学徒工种名称。工作与三夫半同,技术、工钱比二夫半低,故叫一夫半。

2.4.20 做重工

槎窑工种名称。职级相当于柴窑的驮坯,负责满窑、烧窑及调配全窑装坯数量,还要亲自上坯厂引坯到窑内烧。因其责任重,故名做重工。

2.4.21 打大锤

槎窑工种名称。职级相当于柴窑的架表,负责窑内每柱匣顶上一层匣钵的满放。因这项工作要劳动力强,好似铁匠打大锤,故名。

2.4.22 收纱帽

槎窑工种名称。槎窑前面烧小器,后面烧大器,部分空隙的地方,便拿零散小件去烧,排在顶上面的小件像顶帽子,故做这种工作的窑工叫做收纱帽。

2.4.23 红半股

槎窑工种名称。为职级最高的学徒工种,工作范围是撑坯,烧下半夜的窑。工钱为一般工人的一半,原先工钱是以肉牌计算,因肉是红色的,故名红半股。

2.4.24 黑半股

槎窑工种名称。职责与红半股相同,职级比红半股低。相对于红半股,称为黑半股。

2.4.25 叫驳

是窑工交接班的行话。上半夜烧窑即将结束时,叫下半夜烧窑工接班。

2.4.26 叫倒驳

指烧上半夜窑的窑工休息数小时后,又被叫起,与烧下半夜窑的窑工一起烧日窑。

2.4.27 窑爽

因火力未到,瓷器没有烧成熟。

2.4.28 窑黄

柴不干,烟未成火,瓷胎吸了烟而带黄色。

2.4.29 射火

匣钵未盖好,火直射到瓷胎上,瓷胎出现了黄点。

2.4.30 来窑
烧窑时,窑内有倒窑的征象,称来了窑。

2.4.31 开窑凳
又名花凳。是供开窑时放匣钵用的木凳子。

3 景德镇传统制瓷工艺流程

3.1 总则
景德镇传统制瓷工艺流程包含四大步骤,分别为制料工艺流程、成型工艺流程、装饰工艺流程和烧成工艺流程。

3.2 制料工艺流程

3.2.1 瓷石开采
3.2.1.1 瓷石采掘方法有两种:
——竖坑法,即由上掘下;
——横坑法,即挖一隧道,横向开采。

3.2.1.2 上层瓷石较为松散,便于采掘。下层矿石越来越硬,需矿工用薪柴附石燃烧,烧出裂纹;或用黑硝炸裂矿石,然后用工具掘采。

3.2.2 瓷石粉碎
景德镇地区多江河溪流,瓷工就其旁设水碓来粉碎瓷石。水流驱动水轮,水轮带动碓杆和碓杆一起一落,椎杵嘴落入方形的礁坑,其自上而下的冲击力将坑内的瓷石击碎。碓杆嘴落点在碓坑偏外一方,碓坑偏内一方竖一木板,使碓坑里的瓷石能上下自行翻动,达到均匀粉碎的目的。石料由此变成了粉料。

3.2.3 不子制作
不子制作流程如下:
1) 瓷石舂细后,瓷工截住水流让水碓停止工作;
2) 然后将瓷石粉铲入淘洗池中搅拌淘洗。淘洗后的悬浊液再进入沉淀池沉淀。经过一定时间后,将沉淀池中的浆体舀入稠化池进一步沉淀浓缩,稠化浓缩的浆体逐渐成为泥状;
3) 然后将其放上泥床,待水分进一步挥发后,用统一规格的木模制成砖状的泥块,俗语称之为"不子"。

3.2.4 瓷土采取
3.2.4.1 高岭土是疏松的土质原料,只需用锄头、簸箕等工具便可采取。

3.2.4.2 高岭土不需粉碎,只需淘洗加工。瓷工利用山溪的流动和自然落差来完成瓷土的淘洗。

注:在一组淘洗池中,上下前后池子出的高岭土的细度各不相同。不同细度的高岭土经过不同比例的配合,可以用来制作不同的瓷器产品,满足不同的需要。

3.2.5 试照配料

3.2.5.1 瓷石和高岭土都有软硬等品类等级，两种原料混合制胎也有不同的比例。

3.2.5.2 瓷工在选配原料前，需试烧照子。即把准备使用的泥料做成小块坯胎放到窑里烧炼，烧结后观察照子的烧成情况，即以照子的呈色来分析其耐火度和瓷化程度，从而鉴别原料的性质并确定原料配合的比例。烧炼中掌握火候也用照子，称之为火照。

3.2.6 泥料淘洗

土杂泥松，瓷胎必至坼裂，所以淘炼尤在精纯：

1）泥料淘洗使用篾箕、木耙和浅锅在淘洗桶内按一定方法进行。淘洗用的一副桶由一个粗桶和两个细桶组成；

2）淘洗完毕后，把细桶内的细泥浆搅拌均匀，然后用马尾筛和双层绢袋过滤，过滤后的泥浆放入搁泥桶。搁泥桶即为大匣钵，便于滤去泥浆中的水分。

3.2.7 泥料练制

泥料经过一定时间陈腐后，需对泥料进行踩练：

1）在泥房内，用泥铲铲动泥料，每铲一层泥料，都用赤脚有规律地踩踏，一脚跟一脚，沿边缘打圈向中心踩，踩练可使泥料干湿均匀；

2）踩练的泥料还要用泥铲拍打，以排除泥料中的空气泡。踩练拍打有"菊花蕊、莲花瓣，三道脚板两道铲"的俗语口诀。

3.2.8 码头揉泥

3.2.8.1 揉泥在坯房正间的码头上进行，码头为一前低后高的长板凳，上面常放一块平整的青石板作揉泥的凳面。

3.2.8.2 瓷工取适量的泥料做成一个泥团，然后双手用力地进行揉压。泥团成羊角式的长条形后，将它立起压短，进行第二次揉压，如此反复数次。这样使泥料中的水分进一步均匀，并排除泥料中残余的空气。

3.3 成型工艺流程

3.3.1 圆器拉坯

3.3.1.1 浑圆之器，用轮车拉坯成型。轮车又俗称辘轳车。轮车转盘要保持水平，旋转无滞，所拉之坯才可以避免厚薄偏侧。

3.3.1.2 拉坯者坐在车架上，用搅车棍拨动转盘使之旋转。然后双手按拉泥料以定圆器的款式和大小，并用坯碾校正器壁曲线和口径大小。最后捏断器物底部的余泥，把毛坯斜放在长条板上，俗称栽坯。

3.3.2 圆器修模

每种器物的模子都要修削多次，才能保证瓷器产品的款式和大小符合标准。由于坯体烧炼时会发生收缩，所以修模时应将模子的尺寸相应放大。因此修模工匠必须非常熟悉窑火和泥性，才能准确计算出模子应有的大小尺寸。

注：印坯模即内范，是圆器成型过程中的专用模具。印坯模用山土制成，干燥后有一定

的强度和吸水性。

3.3.3 圆器印坯

印坯俗称"拍死人头",是圆器坯体内侧面的定型操作:

1) 将拉坯成型后经过一定干燥的坯体覆于相应的模子上定位,先用木巴掌拍打坯底,使之坚固;
2) 接着双手拍打坯体外壁,边打边转动,使整个坯体的内形与模子完全吻合;
3) 拍打时用力须均匀,用力不当,产品将出现缺陷。俗语说,"十翘九印"。

3.3.4 琢器做坯

不能完全靠陶车成型的瓷器称为琢器:

——其圆形的大件器物,先用圆器拉坯的方法分段制作,然后用原泥调糊粘合;

——方形器、棱角器等成型要先用泥料制成泥片,再按需要裁成块段,然后粘合成型。坯体镶接处要利削洗磨,使之光滑洁净;

——另外,还有用模子印坯成型或注浆成型。坯胎如需雕刻,再由专门的工匠进行加工操作。

3.3.5 利坯刀具

3.3.5.1 利坯刀具是利坯操作必需的工具,每个利坯工所用的刀具有十余种,以用来满足利坯时的不同需要。利坯工还使用一种特制的铁钳,用来调整刀具的形状。

3.3.5.2 炼烧打造利坯刀具时用淬火的方法来增加它的强度和硬度。利坯刀具经过挫制,在刀口上留下明显的齿纹,目的是增加刀口的锋利程度,提高利坯的工效。

3.3.6 利坯挖足

3.3.6.1 利坯即为修坯,以使坯体表面光洁,厚薄合适,规整一致。拉制的圆器和琢器的坯体都需进行利坯修整。利坯在利车上使用利坯刀具进行,利坯工要熟悉泥料的性能和坯体烧炼时的变化,才能准确掌握坯胎的厚薄程度。

3.3.6.2 挖足前要先旋削去掉拉坯时为便于画坯施釉操作而留下的长把柄,然后再旋挖底足。

3.3.7 坯胎补水

经过利坯后,坯体表面常有细孔和痕迹,还附着坯粉和灰尘。如果直接施釉,产品就会出现麻点、针孔、剥釉等缺陷,所以坯体要经过补水:

1) 补水前要清扫、吹去坯体上的灰尘和杂质等,再用特制的补水笔蘸清水刷磨;
2) 补水时应经常换水,保持水的清洁,防止水中有污物杂质和混浊泥浆重新影响坯体的表面。

3.3.8 晾坯晒坯

3.3.8.1 拉制之坯,因坯体较厚,所以干燥不可以过急。否则,坯体表面干燥过快,内部水分扩散干燥较慢,内外收缩不一致而产生开裂或变形。因此用晾坯或晒坯的方法让坯胎自然干燥。

3.3.8.2 传统坯房建筑设有晒坯架和晾坯架。坯胎排列在料板上,瓷工很方便地将一板一板的坯胎放上架子，坯胎得到均匀的自然干燥。

3.3.9 炼灰配釉

釉是瓷器的外衣，而无灰不成其釉：

1）釉灰是用石灰石和凤尾草等重迭烧炼，用水淘洗而成的；

2）釉浆则是用釉灰和釉果细泥按配方比例调配而成。用浅锅做舀注工具，其俗名叫做"盆"。泥十盆，灰一盆为上品瓷器的用釉。泥七盆或八盆，灰三盆或两盆为中品瓷器的用釉。

注：如果泥和灰等比或灰多于泥则为粗釉。

3.3.10 蘸釉荡釉

施釉俗称剁合坯，施釉方法有多种：

——蘸釉，操作者一手持弯曲的棍子托住坯胎底，一手按住坯胎内心，将坯胎在釉浆中一浸即提起，使坯胎外表面一次性完成上釉；

——荡釉为器物内壁的施釉方法，用长柄釉勺舀釉浆倒于坯胎内，用手摇荡坯胎，使釉浆均匀覆盖内侧面，然后倒出过剩的釉浆，此时应转动坯胎，使口沿处都覆盖上釉。

3.3.11 浇釉吹釉

在釉缸上放一块木板，将坯胎放在木板上，双手各执一碗，盛釉浆从两面淋浇于坯面。浇釉法较难做到釉层的厚度一致，所以多采用吹釉法：

1）操作者左手持装有釉浆的碗，右手持一长约六、七寸的竹筒；

2）竹筒一端包着细布，操作时浸满釉浆，然后在竹筒另一端吹气，釉浆成雾状喷于坯胎表面。

注：浇釉，为大件器物的施釉方法。

3.4 装饰工艺流程

3.4.1 总则

景德镇传统制瓷的装饰工艺主要有四种：

1）胎体装饰。如印花、划花、刻花等；

2）色釉装饰。在瓷器的基础釉料中，分别加入铁、铜、钴等氧化金属着色剂，经过一定的烧成温度和火焰气氛，烧成后，瓷器釉面形成青、红、蓝等不同的色泽。这种工艺为色釉装饰，其制品称为颜色釉瓷。景德镇古陶瓷的颜色釉种类繁多，仅青釉就有20余种。清代《南窑笔记》将颜色釉分为高温釉和低温釉两大类。

3）彩绘装饰。彩绘装饰就是用颜料在瓷器表面绘制装饰图画。传统彩绘装饰主要有釉下彩、釉上彩和斗彩。釉下彩装饰是在胎体上用色料绘画，上釉后入窑高温一次性烧成，如青花、釉里红等。釉上彩是指在已烧成的瓷器的釉面上用彩料绘画，然后低温烧成，如五彩、珐琅彩、粉彩等。斗彩是指釉上彩和釉下彩的结合；

4）综合装饰。其中主要是釉、彩综合装饰。

3.4.2 传统青花瓷装饰

3.4.2.1 采取青料

绘制青花需使用钴料。采料工到山地挖取青料矿石，然后洗去矿石表面的浮土。其中颜色黑黄，颗粒较大而圆形的矿石为最好，成为顶圆子。品级较低的矿石，色泽平淡，只能画粗器。青料以它们的产地命名。

3.4.2.2 拣选青料

青料矿石采取后，运到窑场，埋入窑地煅烧三天，然后进行拣选：

——其中带有黑线而光润、色泽俱全者为上等料，用于绘制仿古和细瓷青花或配制霁蓝釉；

——颜色黑绿但鲜润的青花用来绘制粗瓷；

——颜色和光泽都差的矿料就弃之不用；

——有一种韭菜边的青料，烧炼时不受窑火的影响，所以绘制青花时的细描要用到它。

3.4.2.3 青花乳研

青花颜料要用乳钵研细。一乳钵盛放十两青料（古时十六两为一斤）磨研一个月之后才能使用。乳钵和磨料的乳槌头都是瓷器制品。乳钵放矮凳上，以镂孔的木板架竖起乳槌。人坐凳上，用双手握乳槌柄磨研，也有同时使用两手磨研两钵青料的。

3.4.2.4 青花绘制

磨研后的青花料经过调水即可在坯胎上绘画，其主要工艺有勾画和分水：

——勾画就是描绘纹样，运笔要缓慢均匀，防止线条粗细不一，忽断忽续和颜料的堆积；

——分水就是渲染填色，按照浓淡，料分五色。分水时运笔要轻捷自如，一气呵成。经过分水后的青花画面颜色呈现深浅不同的层次，有传统水墨画的神韵。

3.4.3 传统粉彩瓷装饰

3.4.3.1 试照调色

绘画前将各种颜料研细调合，用白瓷片绘制试烧，必须熟练地掌握颜料和火候。调色有用芸香油、胶水和清水三种方法。用油调色便于渲染，胶水调色便于拓抹，清水调色便于堆填。

3.4.3.2 起稿描线

在高温烧成的素胎上，起稿描线，根据不同的题材内容和描绘对象，采用不同的描线。有工笔，细如发丝；有写意，像国画中的用墨。

3.4.3.3 填色染色

在描画好的图案内填上一层可作熔剂又可作白彩的玻璃白，彩料施于玻璃白之上，再经过画、填、洗、扒、吹、点等技法将颜色依深浅的不同需要晕开，使纹饰有浓淡明暗层次，经720℃—750℃的低温烤烧而成。

3.4.4 瓷用毛笔

3.4.4.1 瓷用毛笔品类众多：

——釉下彩用笔有画坯笔、分水笔、双料拖笔、写字笔等；

——釉上彩用笔有单料笔、双料笔、料半笔、勾金笔、填笔、油笔、彩笔等。此外还有捺水笔、扫灰笔、打箍笔、堆雕笔等。

3.4.4.2 不同的瓷用毛笔有不同的特点和用途。制作笔头的材料有羊毫、兔毫和狼毫。制作过程有拔、洗、浸、切、配、扎、抖、修等十道工序。

3.5 烧成工艺流程

3.5.1 总则

3.5.1.1 烧成工艺的中心环节是满窑、烧窑和开窑，即"一满二烧三熄火"。景德镇蛋形窑（柴窑）的烧炼工有把桩、驮坯、架表、收兜脚、打杂、小火手、三夫半、二夫半、一夫半、推匣屑等，他们各司其责，在把桩师傅的指挥下，完成每一次的制瓷烧炼。景德镇传统柴窑烧成技艺已列入江西省非物质文化遗产名录。

3.5.1.2 烧成工艺还包括釉上彩瓷的烤烧，使用的是低温明炉和暗炉，景德镇俗称"红炉"。

3.5.2 成坯运输

坯胎成型的各道工序在作坊完成后，成坯要运到窑场装匣烧炼。成坯运输的工具有木制或竹制的料板、挑坯架等。一个运坯工双肩担着摆满瓷坯的又窄又长的板子向前行走，协调着步伐和身子，丝毫也不失去平衡，和行人互相避让，穿过好几条热闹的街道而不打破瓷坯。

3.5.3 匣钵制作

匣钵由匣底和匣壁两部分组成，制作方法是两部分单独成型，然后相互粘结，待其干燥后，即成土匣。土匣制成后不能直接装坯烧炼，还需入窑空烧一次后才能使用，俗称镀匣。烧过的土匣称为响匣。

注：匣钵土出产于景德镇里村、马鞍山和官庄等地，有黑红白三色。用宝石山出产的砂土配合制造匣钵，入火耐烧。

3.5.4 成坯装匣

使用匣钵装坯烧炼，可以提高产品质量和产量。装坯顺序是：

1）把沙渣放入匣钵铺平；
2）把瓷泥制成的垫饼放在沙渣上；
3）在垫饼上搁置坯胎。坯胎放入匣钵使用吊装的方法，用两股细丝兜住坯胎的腹部与圈足的交界处，吊起坯胎放入匣钵，坯胎在垫饼上放稳后再抽出吊线。吊装大件坯胎使用竹制的篾条。

3.5.5 柴窑满窑

满窑就是装好成坯的匣钵，搬进窑室内分行码好。首先要按照前后各部位的火度和气氛变化以及器物品种的不同安排好窑位，一般前数行是粗瓷，中间为细瓷，最后又是粗瓷，同时还要留出焙烧的空间，俗语称为火路。火路合理，才能保证通风流畅，窑火得到充分燃烧。

3.5.6 松柴制备

柴窑烧炼使用的燃料是松柴。松柴的制备流程如下：

1）柴工将松树砍倒，去掉枝丫，将树干锯成长约七寸的段子，然后把木段劈成厚约一寸半的柴片；

2）柴工用肩挑、车推或利用溪水漂流的方法将松柴运到山下河边，再用木船或竹排运到镇里；

3）窑工将松柴堆放在窑房的二层楼或在窑房外码起柴堆以备烧炼时使用。

3.5.7 投柴烧炼

柴窑的烧成可分为烧上半夜和烧下半夜。上半夜烧慢火，下半夜烧热火和速火。窑内温度和气氛的控制，主要通过投柴的操作来实现，因此对投柴的分量、时间间隔和方向等都有严格要求。窑工用观察匣钵亮色、吐口痰和看火照等方法决定是否歇火。一次窑的烧炼时间为十八小时到二十四小时。

3.5.8 柴窑开窑

开窑时从窑室内搬出坯匣，取出瓷件并清理窑室：

1）从满窑到烧成以三天计算，第四天清晨开始开窑；

2）因此时窑里装有瓷器的匣钵还带着紫红色，人难以靠近。窑工用十多层布制成的手套蘸过冷水后护手，用湿布包裹头部和肩背进窑搬取坯匣；

3）窑工还趁热窑放进新坯，使新坯得到烘焙，以利用余热并保证下一窑的烧成质量。

3.5.9 窑砖烧制

3.5.9.1 砌窑补窑需要特制的窑砖。制砖的原料主要有黄土、红土和砂土三种。黄土粘性好，耐火度高；红土也能耐火；砂土主要起骨架作用。它们配合起成为制砖的泥料。

3.5.9.2 砖坯制成后运到窑厂，利用瓷窑低温区的窑位烧成响砖，然后才能使用。

注：古时景德镇十八渡一带广布黄土、红土和砂土这三种土，所以窑砖生产集中在这一带。

3.5.10 砌窑补窑

3.5.10.1 砌窑补窑俗语统称挛窑。砌窑即砌结窑炉，窑炉的好坏关系到烧成质量。按照窑炉的结构有打窑基、结窑塝、封窑蓬、砌烟囱等工作。

3.5.10.2 砌窑用特制的窑砖和泥浆。泥浆稠如糖浆，砌窑工双手舀一捧泥浆排糊在先前砌好的砖面上，砌砖的工人拿着窑砖一块块地排粘。如果窑炉发生小的损坏，就由专职的补窑工进行修补。

4 景德镇传统窑炉

4.1 总则

景德镇传统制瓷烧成的柴窑有馒头形窑、龙形长窑、葫芦形窑和蛋形窑。蛋形窑达到了传统窑炉的最高水平。二次低温烧成釉上彩绘瓷使用红炉，有明炉和暗炉。

4.2 馒头形窑

半倒焰式马蹄窑将排烟孔从窑室顶移至窑炉的后壁。燃烧的火焰从火膛喷向窑室顶，窑顶没有出路，而后壁却具有排烟孔和烟窗形成的吸引力，火焰于是倒向窑室的后半部。这样延长了火焰在窑室内活动的路线和时间，充分利用了热能。

注：馒头形窑为景德镇瓷业宋至明代砌筑和使用的一种窑炉，外形象馒头，故名。因有的馒头窑窑室平面呈马蹄形，故又称"马蹄窑"。

4.3 龙形长窑

窑体由于倾斜而起到了烟囱的作用，依靠坡度形成的抽力，可以形成火焰温度和气氛。由于窑身长，所以能有效地利用热量，使热损降到极小。烧炼升降温速度较快，生产周期短。

注：龙形长窑为景德镇瓷业在宋元时期广泛砌筑和使用的一种窑炉。它依山坡或土堆倾斜建造，前端低，为窑头，后端高，为窑尾，就像一条火龙，故而得名。

4.4 葫芦形窑

明末宋应星记，其窑上空十二圆眼，名曰天窗，火以十二时辰为足，先发门火十个时，火力从下攻上，然后天窗掷柴烧两时，火力从上透下。可知葫芦形窑同时运用了龙窑和马蹄窑的砌筑技术，是蛋形镇窑的前身。

注：葫芦窑是景德镇瓷业元代至清初砌筑和使用的一种窑炉。它分前后两个窑室，形如葫芦卧于地面，故而得名。

4.5 蛋形镇窑

窑体有窑底、侧墙、拱蓬、燕尾墙、烟囱等几个构成部分。全窑约长十六米，容积约三百立方米，燃料为松柴，可装烧高、中、低温的瓷坯，适于多品种瓷器生产。镇窑结构简单，建造费用低，燃料消耗小，达到了传统窑炉砌结工艺的最高水平。

注：窑炉外形如半个鸭蛋覆于地面，所以称为蛋形窑，又称景德镇窑、柴窑。

4.6 明炉暗炉

白胎瓷器彩绘后需用明炉或暗炉低温烧炼以固定颜色：

——小件瓷器使用明炉。瓷器放在炉内可转动的铁轮上，炉中周围燃烧木炭，用铁钩拨动盛放瓷器的铁轮，使瓷器均衡受热，待彩绘颜色发出亮色烧炼便完成了；

——大件瓷器使用暗炉。将瓷器放在炉膛，炉顶盖板用黑泥封固，炉周围夹层燃烧炭火，下有风眼。烧炼需一昼夜。

5 景德镇传统制瓷判断依据

5.1 总则

5.1.1 景德镇传统制瓷工艺的判断依据主要体现在使用传统原料、手工成型、手工装饰和柴窑烧成等方面。

5.1.2 景德镇传统制瓷工艺的制品，应有明显的"白如玉，明如镜，薄如纸，声如磬"的特征。

5.2 传统原料要求

5.2.1 白瓷胎

各种颜色釉瓷的胎应是白色的，不能有灰胎或黑胎，铁含量应在1%以下，钛含量应在0.1%以下。

5.2.2 釉

景德镇传统瓷釉为釉果与釉灰按一定比例配合而成。

5.3 手工成型要求

5.3.1 景德镇传统制瓷成型生产不能用电动机械设备，做坯、印坯、利坯、挖足、施釉等工序应用手工完成。

5.3.2 手工成型和机械成型在瓷器制品上有不同的特征：
——手工成型的瓷器底足很深，角度倾向于直角；
——手工挖足的瓷器常带有旋纹、鸡心点、跳刀痕等。

注：机压成型的瓷器底足很浅，有斜角。

5.4 手工装饰要求

5.4.1 景德镇传统制瓷的绘画装饰应由手工完成。

5.4.2 手绘瓷各器物绘画间是有差异的。

5.4.3 青花分水工艺的瓷器制品，可以判定是手绘瓷。

注：贴花瓷不同器物间的图案、颜色、甚至每个局部均为一致。

5.5 柴窑烧成要求

5.5.1 景德镇传统制瓷烧成工艺要求应使用传统窑炉和匣钵，以松柴或槎柴为燃料，运用传统经验和方法完成满窑、烧窑和开窑。

注：现代烧制陶瓷，使用气体或液体燃料，硼板装烧，采用现代仪器控制烧成。

5.5.2 柴烧瓷在烧制时采用含油量高的高质量松柴，燃烧火焰长，烧成时间长、烧成曲线合理，较好保证了瓷器表面釉质的充分玻化，形成柴烧瓷釉面温润如玉的视觉效果。

参考文献：

［1］《陶记》宋代蒋祁撰，清康熙二十一年《浮梁县志》刻本、乾隆七年《浮梁县志》刻本。
［2］《陶书》明代王宗沐撰，明万历二十五年《江西省大志》刻本。
［3］《天工开物·陶埏》明代宋应星撰，明崇祯十年刻本。
［4］《陶冶图编次》清代唐英撰，文渊阁《四库全书》刻本。
［5］《陶说》清代朱琰撰，《续修四库全书》影印刻本。
［6］《陶政》清代吴允嘉编撰，清道光三年修、十二年增补《浮梁县志》刻本。
［7］《南窑笔记》清代佚名著，清张九钺稿本。
［8］《景德镇陶录》清代蓝浦著，嘉庆二十年翼经堂刻本。
［9］《陶雅》清代陈浏撰，《寂园丛书》本。
［10］《关于同意公布景德镇市第一批非物质文化遗产名录的批复》景德镇市人民政府（景府字［2007］50号）文件及景德镇市文化局、景德镇陶瓷文化遗产研究保护中心相关申报材料。

天津地方传统名吃 制作加工技术规范 天津煎饼馃子

(团体标准《天津地方传统名吃 制作加工技术规范 天津煎饼馃子》(T/TJCY 002—2018)由天津市餐饮行业协会于 2018 年 5 月 16 日发布,2018 年 5 月 26 日实施。)

前 言

本标准按照 GB/T 1.1—2009 给出的规划起草。
本标准由天津市质量管理研究所提出。
本标准有天津市餐饮行业协会归口。
本标准主要起草单位：天津市质量管理研究所、天津市餐饮行业协会、天津市公共服务标准化技术委员会、天津食天下文化传播有限公司。
本标准主要起草人：李家津、高勇、宋冠鸣、毕然、吴利蕊、杜新华、王建章、党代柱、陈晨。

1 范围

本标准规定了天津煎饼馃子的术语与定义、原料要求、辅料要求、制作场所及设备要求、加工过程卫生及人员要求、制作工艺要求、标识、包装、运输与贮存等内容。

本标准适用于以绿豆为主料制作的煎饼，其包裹馃子或馃箅儿，并配以面酱、葱末等小料加工而成的天津煎饼馃子（以下简称煎饼馃子）。

2 规范性引用文件

下列文件对于本文件的应用是必不可少的。凡是注日期的引用文件，仅所注日期的版本适用于本文件。凡是不注日期的引用文件，其最新版本（包括所有的修改单）适用于本文件。

GB 2716 食品安全国家标准 食用植物油卫生标准

GB 2760　食品安全国家标准　食用添加剂使用标准
GB 2761　食品安全国家标准　食品中真菌霉素限量
GB 2762　食品安全国家标准　食品污染物限量
GB 2763　食品安全国家标准　食品中农药最大残留限量
GB 5749　生活饮用水卫生标准
GB 7102.1　食用植物油煎炸过程中的卫生标准

3　术语与定义

下列术语与定义适用于本标准。

3.1　煎饼

以水泡发的绿豆、小米（可选）研磨成浆或以绿豆面、小米面（可选）及配料按一定比例配置，加适量清水调制成面糊，经煎饼铛加热并可加入鸡蛋及辅料制作而成的圆形薄饼。

3.2　馃子

又称油条，一种长条形中空油炸面制食品，口感松脆。

3.3　馃箅儿

一种油炸面制食品，以薄、脆为特点，形状多为方形。

4　分类

4.1.1　按加工场地不同分为：店铺经营型、餐车经营型。
4.1.2　按品种不同分为：馃子煎饼、馃箅煎饼。
4.1.3　按绿豆加工工艺不同分为：干粉型加工、水磨型加工。

5　要求

5.1　原、辅料要求

5.1.1　原料
绿豆面、小米面、鸡蛋、面粉等原料均应符合各自标准规定的合格产品。
5.1.2　辅料
面酱、葱花等辅料应符合各自标准规定的合格产品。

5.1.3 水、食用植物油

5.1.3.1 水应符合 GB 5749 的规定。

5.1.3.2 食用植物油应符合 GB 2716 的规定，煎炸过程中的食用植物油还应符合 GB 7102.1 的规定。

5.1.4 食品安全要求

所有原、辅料还应符合 GB 2761、GB 2762、GB 2763 及相关食品安全标准的规定。

5.2 性能指标及微生物指标

性能指标及微生物指标应符合食品安全标准的规定。

5.3 食品添加剂

5.3.1 食品添加剂质量应符合相关食品添加剂产品标准规定。

5.3.2 食品添加剂品种及使用量应符合 GB 2760 的规定。

6 制作场所及设施、设备要求

6.1 总则

制作场所及设施设备除应符合《餐饮服务食品安全操作规范》的相关要求外还应符合 6.2 及 6.3 规定。

6.2 制作场所通用要求

6.2.1.1 煎饼馃子（包括馃子、馃箅儿）的加工操作区域应布局合理，无交叉污染环节。

6.2.1.2 店铺经营的加工区域的地面应平整、光洁，易于清洗。墙壁干净、光洁。屋顶及天花板应选用无毒、不易脱落的材料。门窗应完整密封，并设置防虫蝇装置。

6.2.1.3 店铺经营加工制作区域内的照明设施应完善并采用安全照明安全措施，并应装有换气或空气调节设备装置。

6.2.1.4 餐车经营的加工制作区域应干净整洁，应具有防止灰尘措施及防虫蝇装置。

6.2.1.5 加工过程中，废水、废料、废气等废物的排放标准应符合国家有关规定。

6.3 设施、设备

6.3.1 卫生设施

6.3.1.1 店铺经营的场所应配备更衣柜，更衣柜应与加工区域相连。加工区域内不允许设置卫生间。

6.3.1.2 餐车经营的场所应干净整洁，应具有防止灰尘措施及防虫蝇装置。

6.3.2 加工、存储设备

6.3.2.1 加工、存储设备应是符合各自产品标准的合格产品。

6.3.2.2 加工、存储设备应按原料进入、原料处理、加工制作、成品供应的顺序合理布局。

6.3.2.3 与水接触的加工设备、器具应由耐腐蚀材料制成。

6.3.3.4 设备中物料的接触面要具有非吸收性、无毒、平滑，要耐反复清洗、杀菌。每日使用前、后应进行有效的清洗和消毒。

7 加工过程控制及机构、人员管理要求

7.1 加工过程控制要求

生产加工过程的控制要求应符合《餐饮服务食品安全操作规范》的有关规定。

7.2 机构及人员管理要求

机构及人员管理要求应符合《餐饮服务食品安全操作规范》的有关规定。

8 加工工艺要求

8.1.1 面粉的选用
制作馃子和馃箅儿应选用低筋面粉。

8.1.2 植物油的选用
选用合格的预包装食用植物油。

8.1.3 添加剂
与面粉混合的添加剂宜使用质量合格的馃子专用添加剂，也可使用制作商自己的配方，但不允许使用对人体有害或者国家禁止使用的原料。

8.1.4 和面
把面粉称好，放入容器内，将泡打粉或其他膨松剂放入面粉中，与面粉拌匀均匀后，加入适量的水和盐。和面时应不停揣面、叠面，根据面粉数量决定揣面的时间长短。通常0.5KG 面粉，揣叠（3—4）min 即可。和面后需要饧面，饧面时间根据环境温度和面粉的多少确定，一般控制在（6—15）h 内。饧好的面禁止揉或者折叠，只能拉长、擀平。

8.1.5 炸制

8.1.5.1 馃子
将饧好的面取出，擀至宽度（9—10）cm，厚度（1.5—1.7）cm 的条形面，剁成宽度为（2—2.5）cm 的剂子备用，炸制时把两个剂子摞在一起，抻长至（31—33）cm 放入油锅内。炸制过程中，控制油温（185—215）℃，待馃子两面颜色变为金黄色时捞出。

8.1.5.2 馃算儿

先将饧好的面切下（8—9）cm 左右的条形面，把面抻拉至厚度约为 2cm，宽度约为 7cm 的条形面，剁至 7cm 见方，厚度为 2cm 左右的方形小面块，用擀面杖上下擀开，然后抻拉四个角，至宽度为 20cm 左右，长度为（31—33）cm 的方形面片。用双手拉起平行的两个角，将一半面片放入油锅来回浸蘸数下后，再松手将面片完全放入油锅内，待馃算儿上浮后，翻面，炸制成两面为金黄色时捞出。炸制过程中，控制油温（185—215）℃。

8.2 辅料

8.2.1 面酱

面酱一般有两种：生面酱和熟面酱。熟面酱是把面酱加工制熟后使用，加工面酱的方法一般有三种：炸制、熬制、蒸制，在制作过程中，可以加入一些调节面酱口味的调味品。

8.2.2 葱末

根据个人口味选择。

葱末可以选用大葱、小葱或香葱。加工时，先将葱择好并清洗干净，加工成葱末。

8.2.3 辣酱

根据个人口味选择。

辣酱通常使用辣碎或辣面两种辣椒，通过加工后使用。加工的方法大致分为油炸或油炒。

8.2.4 腐乳（酱豆腐）

根据个人口味选择。

可直接使用生腐乳，或将生腐乳蒸熟。把腐乳碾碎加水调成糊状，即可使用。

8.2.5 芝麻

根据个人口味选择。

煎饼馃子可以添加芝麻作为调味辅料。芝麻（含黑芝麻、麻仁）应挑、择干净，不应含沙粒等杂物，芝麻宜炒制后使用。

8.3 煎饼馃子成品

8.3.1 绿豆加工

绿豆应选用颗粒饱满的绿豆。

干粉型煎饼馃子绿豆加工时带皮磨制，研磨至粉状，将研磨好的绿豆粉摊平、散热。

水磨型煎饼馃子绿豆加工时先将绿豆择洗干净，用磨将绿豆磕开、浸泡，将浮在水面的豆皮捞出，再用石磨加工。

水磨型煎饼馃子绿豆加工时可以带皮磨制，但磨制应精细，不影响口感。

8.3.2 面糊制作

8.3.2.1 干粉型

把磨好的干绿豆粉称至适量，倒入容器内，再加入清水，可放入特制的各种小料，顺或逆时针搅拌均匀（不可来回搅拌）。按环境温度不同，一般放置（2—4）h 后，待绿豆粉和水充分融合后即可使用。

8.3.2.2 水磨型

把泡好的绿豆使用石磨或电磨碾压成糊状后，加入特制的各种小料，加入适量清水调匀即可使用。

8.3.3 成品制作

将铛加热至规定温度，抹少许油，舀一勺面糊倒在铛上，用刮子摊成直径（38—45）cm 的圆形均匀薄饼。可在摊好的圆薄饼上加入鸡蛋，摊匀后撒上葱末（熟葱口味），待鸡蛋凝固后，沿煎饼边缘铲开翻面，继续熟制后，放上馃子或馃箅儿，卷好，放在铛上，煎成两面呈金黄色，根据口味不同，抹上面酱、撒上葱末（生葱口味）及其他辅料，中间对折后，装入专用食品袋中。

8.4 加工制作工艺示例

本标准附录 A 及附录 B 给出了供参考的煎饼馃子完整制作工艺示例。

9 标识、包装、运输和贮存

9.1 标识

成品的包装标识应注明煎饼馃子字样及其品牌、商标、地址、电话、产品保质期等内容。批量制作的辅料、调料或小料应按规定在包装上注明生产日期等信息。

9.2 包装

成品的包装应采用符合食品安全的食品包装袋。

9.3 运输

馃子、馃箅儿及辅料在运输时，应使用符合食品安全的装载物存放，装载物应密封、可清洗并符合卫生要求，运输车辆内应保持清洁、封闭，不得与有毒、有害、有异味或影响产品质量的物品混装运输。

9.4 贮存

9.4.1 馃子及馃箅儿应贮存在清洁、卫生、密闭专用器具内，不得与有毒、有害、有异味、易挥发、易腐蚀的物品同处贮存。

9.4.2 面糊、面酱、葱花等辅料（含其原料及半成品）的存放应与非食品、有毒有害物品分开贮存，并应分类、分架存放。

9.4.3 贮存期间，应定期检查、清理变质或超过保质期的食品。原、辅料的保质期按各自保质期规定执行，半成品的保质期一般不应超过一天。成品建议在两小时内食用。

附录 A
（资料性附录）
清真津老味煎饼馃子制作工艺

A.1 馃子及馃箅儿制作工艺

A.1.1 面粉选择

选用普通标准小麦粉为馃子、馃箅的主要原料。

A.1.2 和馃子面

将面粉称好，将面粉与水按1:0.4的比例混合，加入适量的盐、无铝泡打粉鸡蛋，再次加入水中搅拌均匀，和面手法采用折、叠、揉、压的方法数十次，将面团揉光后覆盖饧面。

A.1.3 和馃箅儿面

将称好的面粉与水按1:0.5的比例混合，加入适量的油、盐，混合加入水中搅拌均匀，和面方法采用折叠揉压的方式，将面团揉光后覆盖饧面。

A.1.4 饧面

将揉光后的面团用浸过油的纱布覆盖，夏秋饧8h左右，春冬饧12h左右（饧面时根据气温适当调节饧面时间长短）。

A.1.5 炸制

A.1.5.1 馃子

将饧面切成10cm宽的条形，擀成宽度为10cm，厚度为1.5cm左右，剁成宽度为2.5cm"剂子"，将两个"剂子"摞在一起，伸长至31cm之间下锅，待馃子两面颜色变为金黄色时捞出，控制油温为（185—215）℃。

A.1.5.2 馃箅儿

先将面切下9cm左右的条形面，把面伸拉至厚度约为2cm，宽度约为7cm的条形面，剁至7cm见方，厚度为2cm左右的方形小面块，用擀面杖上下擀，然后四个角伸拉，至宽度为20cm左右，长度为（31—33）cm的面片。两只手拉起平行的两个角，在油锅里先将一半面片下至油锅来回抖动各两下后，再整体把面片下锅，炸制两面为金黄色，控制油温（185—215）℃。

A.2 辅料加工工艺

A.2.1 面酱熟制工艺

锅中先加入食用油，再加入香料炸香，捞出香料放入面酱熬制约40min，待成熟关火晾至60℃后，加入秘制调料（根据季节投入量有差别）凉透后装桶储存。

A.2.2 腐乳熟制工艺

腐乳块放入容器上笼屉蒸制（30—40）min，出锅后冷却后，加入密料捣碎装桶储存。

A.2.3 辣椒油制作工艺

锅内加入食用油，油热后慢慢放入辣椒末并搅拌，炸制出香味，待油花变小关火，放入秘制料搅拌均匀。

A.2.4 葱末

切葱时，将香葱或葱白顺案板码齐，切成（1.5—2）mm的葱段，放入透气性好的容器入保鲜柜保存。

A.2.5 香菜

香菜选择叶多梗少的短棵香菜，浸泡0.5h左右取出，切成（1.5—2）mm的小段，放入透气性好的容器入保鲜柜保存。

A.2.6 虾皮

选用优质虾皮，磨碎后，加入面浆中使用。也可不必磨碎，放辅料时一并放入。

A.3 绿豆面加工工艺

A.3.1 精选绿豆

选用优质毛绿豆为主要原料。

A.3.2 挑选除杂

毛绿豆经过挑选，去除杂质、干瘪的绿豆，筛选优质饱满的留下备用。

A.3.3 磨粉

绿豆晾晒后经电磨机研磨成粉，将研磨好的绿豆粉摊平、散热。

A.3.4 过箩、装袋

待绿豆粉散热后，将绿豆粉过筛箩（60目）装袋，放通风干燥处储存。

A.4 面酱制作工艺

A.4.1 首先将面酱桶清洗干净，放入（6—8）L纯净水，加入磨好的绿豆粉5KG，秘制中草药小料搅拌至充分融合。

A.4.2 搅拌好的面酱放入冷藏柜二次融合，根据时令融合时间一般分为：春秋3h，夏季2h，冬季4h以上。

A.5 煎饼馃子熟制工艺

A.5.1 摊制煎饼皮

取（150—170）g面浆倒入煎饼铛用搂子摊至直径（430—45—450）mm左右，根据需求加入（1—2）颗鸡蛋摊匀，撒麻仁与香油（2—3）g，待鸡蛋凝固沿煎饼边缘铲开翻面继续熟制（10—15）s（秒）。

A.5.2 加入酱料

煎饼皮成熟后依次加入面酱（6—8）g、腐乳（2—4）g、辣椒油适量，撒入香葱末，卷入馃子或馃箅儿。

A.5.3 煎制

煎饼制作完成后，煎饼馃子（馃箅煎饼除外）应该铛上加上少许香油进行煎制，直至两面呈金黄色即可装袋给予食用。

附录 B
（资料性附录）
普缘和煎饼馃子制作工艺

B.1 馃子及馃箅儿制作工艺

B.1.1 面粉的选用

制作馃子、馃箅儿选用高质量的低筋面粉。

B.1.2 植物油的选用

选用正式厂家的桶装植物油。

B.1.3 和面

把面称好，加入适量的油、添加剂和盐，拌匀均匀，按1∶0.6的面水比例和面。和面时，不可揉面，只可用手或其他设备进行搅拌。搅拌至面粉呈絮状，再用力揣面、叠面。根据面粉数量决定揣面的时间长短。通常0.5KG面粉，揣叠（3—4）min即可。须揣叠两次，间隔30min。然后进行分面，再把分好的面密闭包裹起来饧面。根据温度、水温不同，饧面（2—12）h不等。饧好的面禁止揉或者折叠，只能拉长或擀平。

B.1.4 炸制

B.1.4.1 馃子

先将饧好的面拉长擀成条状，然后切成条状剂子。剂子的大小一般为：宽度2.5cm，厚度1.5cm，长10cm。制作馃子时候，先在切好的一个剂子中间竖向刷一条水线，把另一个剂子摞在一起，用筷子顺着水线按压，把两个剂子连在一起，押长至（35—40）cm后下锅。炸制时，油温控制在（180—220）℃，馃子在锅里炸2min左右，颜色呈金黄色时捞出。

B.1.4.2 馃箅儿

先将饧好的面切成厚度约1cm，长度（5—7）cm的方形，用擀面杖擀开。将擀开后的面片贴紧案板，双手拉押面片四角至非常薄后下锅。成品尺寸应在（25—30）cm。

炸制时，油温应在（185—215）℃，待馃箅儿接近枣红色出锅控油后即可。

B.2 辅料加工工艺

B.2.1 面酱

选用资质齐全并评价合格的厂家生产的优质甜面酱,加入祖传秘料,上锅蒸 30min 后即可。

B.2.2 腐乳(酱豆腐)

选用资质齐全并评价合格的厂家生产的优质腐乳,把腐乳碾碎加入秘料调成糊状,蒸熟后使用。

B.2.3 辣子

将干辣椒磨成辣碎,小火油炸、熬制后使用。

B.2.4 葱末

使用小葱或香葱,手切成葱末。

B.3 煎饼馃子成品制作工艺

B.3.1 绿豆

选用个大饱满,出浆率高的毛绿豆。

B.3.2 加工

先将绿豆择选干净,去除瘪豆、杂豆、砂子等,根据不同季节、温度,使用(30—40)℃的水浸泡(3—10)h。再用石磨将泡好的绿豆磨成糊状,加入祖传特制调味料和盐,搅拌均匀,两小时后即可使用。

B.3.3 制作

将铛加热,少许抹一层油,舀一勺绿豆糊倒在铛上,用刮子摊成直径 40cm 左右的圆形薄饼。待一面熟后,铲起煎饼翻面,煎成两面呈金黄色,放上馃子或馃箅儿,根据口味,抹上面酱、腐乳、辣椒酱,撒上葱末,中间对折即成。如在摊好的煎饼上加入一个或两个鸡蛋,摊匀后撒上葱末,翻面,再放入馃子或馃箅儿,抹酱,卷好对折,即成鸡蛋煎饼馃子。